KB135077

朝鮮時代 遊覽文化史 硏究

朝鮮時代 遊覽文化史 研究

李相均

景仁文化社

‖ 책을 펴내면서 ‖

지금 들에는 벚꽃과 목련이 한창이다. 어디를 가든 賞春客이 북적이고 있다. 매년 이맘때면 흔히 볼 수 있는 광경이다. 필자도 봄·가을 집 밖을 나서 꽃과 단풍 구경을 위해 여행을 떠나곤 한다. 그런데 나를 비롯한 현대인들은 왜? 바쁜 시간을 쪼개가면서라도 여행을 갈망 하는가? 무슨 목적을 가지고 여행을 하는 것인가? 일탈을 위해서? 요즘 대세인 힐링? 꽃이 피는 이 시기 여행에 앞서 늘 이런 의문을 가져보곤 했다. 하지만 이런 문제들에 의문을 가지다가도 항상 대수롭지 않게 생각하고 가볍게 넘겨버렸다. 그리고 다시 떠나는 필자의 여행은 또 막연한 것이 되어 버리곤 했다.

그래서 그 해답을 역사 속에서 찾아봐야겠다는 호기심이 생겼다. 출간된 서적과 개인 文集을 뒤척이면서 先人들은 무슨 목적으로 여행을 했는가를 살펴보게 되었다. 과거 무수히 많은 사람들도 요즘 여행과 관광의 개념과 같은 遊覽을 했다는 것을 알 수 있었다. 특히 조선시대 사대부들 사이에서 금강산·지리산·청량산·관동팔경 등 일생에 유람을 한 번 이상 다녀오지 않으면 그야말로 요즘 가수 싸이의 '강남스타일'을 모르는 것과 같은 문화흐름의 대세에 무지몽매한 사람취급을 받을 정도였다. 조선시대 사대부들 사이에서는 유람 열풍이 불고 있었다. 글로 남겨놓은 유람기록의 양도 어마어마하게 많았고, 그 기록에는 유람의 목적, 유람을 통해 파생된 문화현상들이 담겨져 있었다. 필자는 유람기록들을 살피면서 이 분야에 흥미가 발동했고, 좀 더 심도 있게 연구해 봐야겠다는 생각을 갖게 되었다. 결국, '여행은 무엇 때문에 하는가?'라는 話頭를 풀어보려고 한 숙제가 필자의 전공이 되어버린 셈이다.

유람과 관련된 연구는 문학사분야에서 괄목할만한 성과들이 나오고 있다. 공부를 하는 과정에 역사전공자가 문학사분야의 연구를 답습하는 것이 아니냐는 선배·동학들의 우려도 있었다. 그러나 분명 유람은 시대의 조류 속에서 파생된 문화사적 현상이라는 확신이 있었고, 연구 성과를 살펴보아도 문화사적 시각의 연구 성과는 문학사분야에 비해 턱없이 부족했다. 그래서 유람의 역사적 요소들을 파악하여 연구해볼 가치가 있겠다는 생각을 갖게 되었다.

기존 諸 분야의 연구들은 유람문화에서 파생된 자료인 산수유기를 활용하여 당시의 인물·사회·문화·생활·의식 등의 단면을 파악한 연구에 집중되어 있었다. 유람문화가 형성되고 발달하게 되는 시대적 배경에 대한 연구와 특히 유람문화를 주도했던 사대부들의 유람문화를 구체적이고 총체적으로 살펴본 연구는 없었다. 산수유기의 작자와 유람을 유행시킨 계층이 사대부라고 하는 개설적인 설명에 그치고 있고, 특정 산이나 인물에 한정한 산수유기를 각각의 학문분야에서 분석하는 각론적 연구에 치중되어 있다. 이러한 연구들은 사대부들 사이에서 유람의 열풍이 일게 되는 원인, 어떠한 명분과 목적의식을 가지고 유람을 했는지, 여기서 파생된 역사적 문화현상들을 종합적으로 설명하기에는 단편적이었다. 또한 공인의 정점에 있던 국왕과 조선에 使行오는 外國 使臣들도 유람을 한 사실들이 史書의 곳곳에서 확인되고 있으나 관심 밖이었다. 조선시대 유람문화에 대한 종합적인 이해를 위해서는 사대부와 그 밖의 계층에 대한 유람현상을 함께 규명할 필요성이 있었다.

이 책은 이러한 문제의식 속에서 필자가 학계에 발표했던 논문들을 엮어 제출한 「조선시대 유람문화 연구」라는 박사학위논문을 수정·가필한 것이다. 내용이 문화사적인 관점에서 연구한 것이라 제목에 '史'를 덧붙여 『조선시대 유람문화사 연구』라는 제목으로 출간하게 되었다. 유람을 문화사의 한 장르로 설정해 보고자 한 의도이다. 아직도 풀어야 할 과제가 많이 남아 있는데도 불구하고 이 같은 제목으로 출간하고자 한 과분하고도 어리석은 생각을 가진 것은 출판을 통해 선배학자들의 엄격한 비판을 받기 위함이다. 사실 아직까지 일천한 연구 성과를 가지고 책을 낸다는 것에 대한 두렵고 부끄러운 마음에 출간을 망설이고 있었다. 그러나 필자의 박사학위논문 심사위원장이셨던 손승철 교수님과 지도교수이신 유재춘 교수님의 격려와 추천 덕분에 출간에까지 이르게 되었다. 지면을 빌어 스승의 學恩에 존경과 감사를 드린다. 필자의 역량 부족으로 공부를 하면 할수록 이 분야가 점점 더 어렵다는 것을 느끼고 있다. 미진한 부분에 대해서는 많은 분들의 조언과 질타를 바랄뿐이다.

부족하나마 필자가 이 책을 낼 수 있었던 것은 많은 분들의 도움이 있었기 때문이다. 역사에 대해 아무것도 모르던 학부시절 역사연구의 방법을 훈련시켜 주신 방동인·신호웅·박노준·유춘근·김장수·김남현 교수님의 학은에 감사드리며, 연구자의 길로 접어들도록 조언해 주신 박도식·김동정·이상수·임호민 선생님께 감사드린다. 무엇보다 부족한 제자를 지도하시면서 질타보다 늘 격려로 이끌어 주신 유재춘 교수님께 깊이 감사드린다. 필자를 인자함으로 대해주시던 최복규 교수님, 학문의 열정을 몸소 실천 하고 보여주시던 손승철·권오신·차장섭 교수님의 남다른 조언은 필자의 연구에 반성과 신선함을 불어넣어 주셨다. 그리고 항상 필자를 동생처럼 아껴주신 엄찬호·남의현·신동규·김대기 교수님께도 감사의 인사를 올린다. 졸렬한 필자의 박사학위논문을 꼼꼼히 읽어보시고 가르침을 주신 강릉원주대학교 이규대 교수님과 한국학중앙연구원의 전경목 교수님께도 감사드린다. 글의 교정을 봐 주신 김정현·정병진 동학과 대학원 원우선생님들, 직장에서 10년간 동락하면서 지원해 주신 신동진 계장님, 조승호 위원님, 친형보다 친한? 김남균 선생님, 어려운 여건에도 출판을 승낙해 주신 경인문화사 한정희 사장님과 편집부 여러분께도 감사의 인사를 올린다.

끝으로 변함없는 마음과 희생으로 필자를 후원해준 사랑하는 가족들에게 이 책을 올리며 고마움을 전하고 싶다. 평생의 헌신으로도 모자라 아직도 부족한 자식을 걱정하시는 부모님 이성일·이금예님과 사위의 공부를 배려해 주신 장인·장모님께 감사드린다. 무엇보다 가장 든든한 평생의 후원자인 사랑하는 아내 강서연님과 이제 막 세상의 빛을 본 아들 찬유에게 고마운 마음과 한없는 사랑을 전한다.

2014년 4월

이상균

‖ 목차 ‖

서 론

'遊覽'의 사전적 의미는 '돌아다니며 구경한다.'는 뜻이다. '일이나 유람을 목적으로 다른 고장이나 外國에 간다.'는 사전적 의미를 가지고 있는 '旅行'의 범주에 포함되어 있다. 유람은 여행의 범주에 포함되어 있지만, 산천의 경승지를 두루 보고 즐기며, 심신을 수양하고자 하는 餘暇의 의미가 강하다. 유람은 오늘날 '觀光'[1]의 개념과 비슷하다고 할 수 있다. 『朝鮮王朝實錄』에 나타나는 관광의 用例를 보면 중국의 문물제도와 경관을 보고 습득하는 것, 山棚·儺禮를 구경하는 것, 使臣과 임금의 행차를 구경하는 것, 都城의 科擧를 구경하는 것, 일본사신이 조선왕이 베푸는 연회에 참석하거나 射藝·放火를 보는 것, 士大夫家의 부인들이 궁궐을 구경하는 것, 관찰사의 부임 행차를 구경하는 것 등으로 쓰였다.[2] 조선시대 관광의 용례는 주로 문물을 구경하는 의미로 사용되고 있다. 반면, 유람은 즐기고자 하는 사람이 주체가 되어 산천을 직접 노닐며 玩賞하는 의미로 사용되고 있다. 조선시대의 관광은 오늘날 관광의 개념과는 차이가 있고, 오히려 조선시대의 유람이 현재의 관광과 비슷한 의미로 사용되어 진다고 보아야 할 것이다.[3]

---

1) '觀光'은 '觀國之光'에서 유래되었다. '관국지광'은 국가의 빛남을 살펴본다는 말로 『易經』(上經 坤下 巽上 觀 "觀國之光 利用賓于王")에서 처음 사용되었다.

2) 한경수, 「한국에 있어서 관광의 역사적 의미 및 용례」, 『관광학연구』 25권 3호, 2001, 277~279쪽.

3) 본 글에서는 유람의 개념을 후자의 의미로 사용하였다. 그리고 조선시대의 유람에는 舟遊[뱃놀이]도 포함되어 있겠으나, 본 글에서는 山의 유람을 집중적으로 다

우리나라의 역사상 산수를 유람하는 문화는 고대부터 있어왔으나, 조선시대에 접어들면서 본격적으로 형성되고 17세기 이후 크게 유행하였다.[4] 중국에서도 17세기인 明末에 유람문화의 유행이 최고조에 달했다.[5] 조선과 명나라 양국에서 유람문화가 유행한 시기는 비슷하다. 양국에서 유람문화가 유행하는 시기에는 큰 차이가 없으나, 명나라에서 좀 더 일찍 유행하여 보편화되었다. 중국의 文風을 즐겼던 조선의 士大夫[6]들은 명에서 유입된 유람기록을 구해서 읽었고,[7] 명나라에서 가장 각광받던 유람지인 江南의 西湖를 대상으로 작성된 「西湖圖」와 『西湖誌』를 16~17세기 조선의 많은 사대부들이 애독하게 되면서 사대부들 사이에서는 서호유람을 소망하는 열풍이 불기도하였다.[8] 조선에 유입된 명의 유람문화는 조선 문풍의 진작뿐만 아니라 유람문화 촉진에도 큰 영향을 주었다.

조선시대에는 국내에서 이루어지는 유람이라도 많은 비용과 시간이 소요되었다. 교통이 발달한 현재처럼 1~2일의 여정이 아니라, 길게는 몇 달이 소요되는 여정이었으므로 일반 서민들은 쉽게 결행하지 못하였다. 유람은 장기간 이동하며 숙식을 해결할 수 있는 경제적 능력과 시간적 여유가 있는 사람들만이 할 수 있는 상류층의 문화였다.[9] 경제력이

루었다.

4) 우리나라의 유람문화 형성과정과 조선시대에 유람문화가 발달하게 되는 배경은 Ⅰ장에 후술.

5) 권석환, 「중국 전통 游記의 핵심 시기 문제-晩明시기 유람문화와 유기를 중심으로」, 『한국한문학연구』 49, 2012, 46쪽.

6) 본 글에서 사용한 '士大夫'는 조선시대 前·現職 文·武 兩班官僚, 士族, 士林, 山林, 선비 등 지배층을 총괄하는 일반적 개념으로 사용하였다.

7) 이종묵, 「조선시대 臥遊文化 연구」, 『진단학보』 98, 2004, 98쪽.

8) 16~17세기 조선 문인들의 강남열과 서호에 대한 동경은 정민의 「16·7세기 조선 문인지식인층의 江南熱과 西湖圖」(『고전문학연구』 22, 2002)가 참고 된다.

9) 화폐유통이 활발하지 않았던 조선중기까지 사대부의 유람에는 이들의 숙식 등을 도와주는 家僕이 따라가야 했고, 생필품 등의 현물을 가져가야했으며 모자라면

있어도 고령으로 거동이 불편한 사람은 가기가 매우 힘들어 家僕 등의 많은 수행원을 동반하여야만 가능하였다. 그러므로 조선시대의 유람문화를 향유한 다수의 주체는 사대부일 수밖에 없었고, 유람은 사대부가 누릴 수 있는 대표적인 여가문화로 자리 잡았다. 조선의 국왕도 유람을 했으나 궐 밖 거둥에 따르는 제약으로 인해 횟수가 그리 많지 않았고,[10] 외국 사신이 使行을 와서 조선을 유람한 경우도 있었으나 조선의 유람문화를 주도하지는 못했다.[11]

조선시대 사대부들은 書畵의 수집[독서와 감상], 作詩·作畵, 茶道 등 문예활동과 園藝의 고상한 취미를 즐겼다. 이외에 야외에 나가 즐기는 대표적인 여가활동이 雅會와 유람이었다. 아회는 문인들이 절경에 모여 이를 구경하고 문학작품으로 남기고자 하는 문화였으므로 유람문화의 한 형태였다. 조선시대의 문인들은 명대 문풍의 영향을 받아 '城市山林'을[12] 구가하고, 산수를 유람하며 이를 글이나 그림 등의 작품으로 남기고자 하였다. 아회는 산수에 居하며 유람하는 문화가 사대부들의 일상문화로 자리하면서 나타난 모임문화의 한 형태이다.[13] 조선의 사대부들이

현지에서도 조달해야 했다. 이러한 시기 사대부 유람의 동행자와 준비물, 생필품의 조달 방법 등에 대한 사례를 살펴볼 수 있는 상세한 연구는 이경순의 「1688년 丁時翰의 八公山 유람」(『역사와 경계』 69, 2008)과 정연식의 「조선시대의 여행조건-黃胤錫의 「西行日曆」과 「赴直紀行」을 중심으로」(『인문논총』 15, 서울여자대학교 인문과학연구소, 2006)가 참고 된다. 또한 화폐를 지참하고 다니던 조선후기의 유람비용 준비와 유람에서 소비한 비용에 대한 구체적인 사례는 노혜경의 「『頤齋亂藁』의 旅行記 分析:「西行日曆」을 중심으로」(『고문서연구』 20, 2002)가 참고 된다.

10) 이상균, 「조선전기 국왕의 出遊性 행차와 이에 대한 관료들의 인식」, 『전북사학』 40, 2012.

11) 외국 사신의 조선유람에 대해서는 이상배의 「조선전기 외국 사신 접대와 明使의 遊觀 연구」(『국사관논총』 104, 2004)과 이상균의 「조선전기 외국 사신들의 금강산 유람과 그에 따른 폐해 고찰」(『사학연구』 101, 2011)을 참조.

12) 마음에 산수를 간직하고 있다면 도시에 있어도 山林에 있는 것과 다를 바 없다는 인식이다.

야외에 나가 즐기고자 했던 여가는 주로 유람이었던 것이다. 즉, 유람은 조선시대 사대부들의 문화 활동에 있어 차지하는 비중은 매우 컸다. 조선후기를 특징짓는 문화현상으로 서민문화를 꼽기도 하지만, 조선시대 전반의 문화를 만들어냈던 계층은 대부분 사대부들이었다. 따라서 유람은 사대부들의 문화를 이해하는 동시에 나아가 조선시대의 문화를 이해하는데 있어서도 중요한 위치를 점한다고 볼 수 있을 것이다. 그러나 조선시대 사대부의 유람문화를 종합적으로 다룬 연구는 많지 않다.

지금까지 유람문화와 관련한 연구는 주로 조선시대에 창작된 유람기록인 山水遊記를 분석한 각론적인 사례연구 중심이다. 필자가 조사한 바로는 조선시대에 창작된 散文형식의 국내 산수유기는 [부록]에서 정리한 것과 같이 약 1,101편에 달한다. 작자는 대부분 사대부들이며 이 기록에는 유람의 여정, 유람자가 느낀 감회와 소회, 당시의 역사상·생활상 등이 다양하게 담겨져 있다. 그동안 이 작품들은 대부분 文學史 중심의 연구대상이 되어왔다. 산수유기를 古典文學의 한 장르로 설정하고, 1980년대부터 본격적인 연구가 시작되었다. 지금까지 작품의 장르적 특징 분석,[14] 작자의 산수인식·유람관과 이에 따른 산수의 문학적 표출양상,[15] 작자의 생애와 思惟認識,[16] 유람 과정과 경위,[17] 특정 집단·개인·

---

13) 송희경, 「조선후기의 野外雅會圖」, 『미술사학보』 24, 2005, 63쪽.

14) 박희병, 「한국 山水記 연구-장르적 특성을 중심으로-」, 『고전문학연구』 8, 1993; 손오규, 「江湖歌道의 종합적 검토:산수유기 연구」, 『도남학보』 14, 1994; 정기철, 「紀行歌辭 硏究」, 한남대학교 박사학위논문, 1996; 이종묵, 「遊山의 풍속과 遊記類의 전통:장서각본 『와유록』과 규장각본 『와유록』을 중심으로」, 『고전문학연구』 12, 1997; 박종익, 「遊山記 考察」, 『어문연구』 31, 1999; 정용수, 「산수유록으로서의 <錄>체와 「頭流紀行錄」」, 『반교어문연구』 11, 2000; 장유진, 「「금강유산일기」 연구」, 울산대학교 석사학위논문, 2006.

15) 손오규, 「退溪의 山水文學 연구」, 성균관대학교 박사학위논문, 1991; 호승희, 「조선전기 유산록 연구」, 『한국한문학연구』 18, 1995; 이진령, 「梅月堂의 유람시 연구」, 인천대학교 석사학위논문, 1997; 강현구, 「朴琮의 山水遊記 考察」, 한양대학교 석사학위논문, 1998; 권오규, 「산수문학에서의 山水와 山水美」, 『인문학연구』

4, 경상대학교 인문학연구소, 1998; 손혜리, 「鐺洲 朴琮의 山水遊記 硏究」, 경북대학교 석사학위논문, 1998; 박철완, 「柳宗元과 丁若鏞의 比較 考察:山水遊記를 中心으로」, 『한국어문교육』 8, 1999; 윤호진, 「秋史 金正喜의 조선산수기」, 『한국한문학연구』 23, 1999; 강구율, 「청량산 유산기에 나타난 영남지식인의 자연인식」, 『영남학』 4, 2003; 김은정, 「申翊聖의 금강산 유람과 문학적 표현」, 『진단학보』 98, 2004; 서신혜, 「『晩河夢遊錄』에서 作詩와 遊覽의 기능」, 『어문논총』 41, 2004; 김명순, 「李重慶의 雲門山 유람과 「遊雲門山錄」」, 『동방한문학』 29, 2005; 윤지훈, 「雪橋 安錫儆의 金剛山 遊記」, 『한문학보』 12, 2005; 강정화, 「16세기 遺逸文學 硏究:出處意識과 現實對應을 중심으로」, 경상대학교 박사학위논문, 2006; 안득용, 「農淵 山水遊記 硏究」, 『동양한문학연구』 22, 2006; 강정화, 「16세기 유일의 산수인식과 문학적 표출양상」, 『남명학연구』 23, 2007; 손혜리, 「鐺洲 朴琮의 백두산유람록 연구」, 『대동한문학회지』 26, 2007; 이훈, 「再思堂 李黿의 산수유람관과 「遊金剛錄」 연구」, 『강원문화연구』 26, 2007; 강정화, 「지리산 유산기에 나타난 조선조 지식인의 산수인식」, 『남명학연구』 26, 2008; 윤성훈, 「澹軒 李夏坤, 산수 애호와 문예 지향의 삶」, 『태동고전연구』 24, 2008; 황휘주, 「낙동강 연안의 유람과 창작 공간」, 『한문학보』 18, 2008; 박명희, 「靑溪 梁大樸의 산수遊覽과 시적 표현」, 『고시가연구』 24, 2009; 강정화, 「濯纓 金馹孫의 智異山遊覽과 『續頭流錄』」, 『경남학』 31, 2010; 강혜규, 「조선전기 방외인의 산수유람:秋江 南孝溫을 중심으로-」, 『한국문화』 52, 2010; 김주부, 「息山 李萬敷의 山水紀行文學 硏究:「地行錄」과 「陋巷錄」을 중심으로」, 성균관대학교 박사학위논문, 2010; 양재성, 「硏經齋 成海應의 山水記 硏究:東國名山記』를 중심으로」, 영남대학교 석사학위논문, 2010; 이명희, 「月沙 李廷龜의 遊記文學 硏究」, 충남대학교 석사학위논문, 2010; 전병철, 「感樹齋 朴汝樑의 지리산 유람과 그 인식:「頭流山日錄」의 분석을 중심으로」, 『경남학』 31, 2010; 최석기, 「지리산유람록을 통해 본 인문학의 길 찾기」, 『남도문화연구』 18, 순천대 남도문화연구소, 2010; 강정화, 「靑溪 梁大樸의 지리산 읽기, 「頭流山紀行錄」」, 『동방한문학』 47, 2011; 박명희, 「조선조 문인의 無等山 유람과 시적 형상화」, 『동방한문학』 46, 2011; 백민자, 「湖洞西洛記一考」, 『국어문학』 50, 2011.

16) 최석기, 「南冥의 산수유람에 대하여」, 『남명학연구』 5, 1996; 최석기, 「浮査 成汝信의 智異山遊覽과 仙趣傾向」, 『한국한시연구』 7, 1999; 홍성욱, 「조선전기 「遊頭流錄」의 지리산 형상화 연구」, 『한국학논집』 17, 1999; 최석기, 「남명학파의 지리산유람과 南冥精神 계승양상」, 『장서각』 6, 2001; 황경일, 「玉所 權燮의 산수 산문 연구:「海山錄」과 「夢記」를 중심으로」, 성균관대학교 석사학위논문, 2004; 이대형, 「洪直弼의 寧越 유람과 節義의 형상화」, 『한국문화연구원논총』 8, 2005; 이의강, 「樂齋 徐思遠의 東遊日錄에 나타난 敍述特徵과 性理學的 人間象」, 『동방한문학』 30, 2006; 홍성욱, 「權燮의 산수유기 연구」, 『국제어문』 36, 2006; 김용남,

시기별 작품의 특징,[18] 유람의 문화적 현상,[19] 등에 대한 괄목할만한 성

「李象秀의 「俗離山遊記」에 드러나는 議論의 강화와 그 특징」, 『고전문학과 교육』 17, 2009; 이종호, 「金壽增의 유람의식과 은거의식」, 『동방한문학』 41, 2009; 최석기, 「조선시대 士人들의 지리산유람을 통해 본 士意識:15~16세기 지리산 유산기를 중심으로」, 『한문학보』 20, 2009; 최석기, 「함양 지역 사대부들의 지리산유람록에 나타난 精神世界」, 『경남학』 31, 2010; 최은주, 「조선후기 영남선비들의 여행과 공간감성:18세기 영남선비 淸臺 權相一의 사례를 중심으로」, 『동양한문학연구』 31, 2010; 서현아, 「湖東西洛記에 나타난 金錦園의 삶과 의식지향 연구」, 고려대학교 석사학위논문, 2011; 정출헌, 「秋江 南孝溫과 遊山:한 젊은 이상주의자의 상처와 지리산의 慰撫」, 『한국한문학연구』 47, 2011; 양승이, 「금강산 관련 문학작품에 나타난 儒家的 思惟 연구」, 고려대 박사학위논문, 2012.

17) 최승순, 「梅月堂의 關東遊歷考」, 『강원문화연구』 11, 1992; 권혁진, 「淸平山 遊山記 연구」, 『인문과학연구』 29, 강원대학교 인문과학연구소, 2011.

18) 김태준, 「18세기 실학파와 여행의 精神史」, 『전통문화연구』 1, 명지대학교 한국전통문화연구소, 1983; 유재영, 「梅月堂 金時習의 「遊湖南錄」」, 『향토문화연구』 4, 원광대학교 향토문화연구소, 1987; 김주미, 「조선후기 山水遊記의 전개와 특징」, 성균관대학교 석사학위논문, 1995; 심경호, 「退溪의 산수유기」, 『퇴계학연구』 10, 1996; 이종묵, 「조선전기 문인의 금강산 유람과 그 문학」, 『한국한시연구』 6, 1998; 임은열, 「19세기 금강산 가사의 특징과 문화적 의미」, 『고전문학연구』 14, 1998; 유정선, 「18·19세기 기행가사의 작품세계와 시대적 변모양상」, 이화여자대학교 박사학위논문, 1999; 이종묵, 「朝鮮 前期 文人의 松都 遊覽과 그 文學世界」, 『한국한시연구』 7, 1999; 김명순, 「朝鮮時代 淸道 士族의 山水文學 硏究」, 『동방한문학』 18, 2000; 최석기, 「조선중기 사대부들의 지리산유람과 그 성향」, 『경남문화연구소보』 22, 2000; 김남이, 「15세기 관인의 산수 경험 양상과 그 의미」, 『이화어문논집』 19, 2001; 노경희, 「17세기 전반기 官僚文人의 산수유기 연구」, 서울대학교 석사학위논문, 2001; 우응순, 「山水遊記의 전통과 주세붕의 「遊淸凉山錄」」, 『우리문학연구』 14, 2001; 박진영, 「15世紀~17世紀 金剛山遊覽記 硏究」, 동국대학교 석사학위논문, 2005; 안세현, 「柳夢寅의 「遊頭流山錄」 연구:지리산 遊記의 전통과 관련하여」, 『동양한문학연구』 24, 2007; 손혜리, 「조선후기 문인들의 백두산 유람과 기록에 대하여」, 『민족문학사연구』 37, 2008; 오주학, 「愚潭 丁時翰의 『山中日記』의 연구」, 성균관대학교 석사학위논문, 2008; 오주학, 「愚潭 丁時翰의 「山中日記」 일고찰」, 『한문학논집』 26, 2008; 이효숙, 「17~18세기 壯洞 金門의 산수문학 연구」, 강원대학교 박사학위논문, 2008; 전송열, 「芝山 曺好益의 「遊妙香山錄」에 대한 고찰」, 『열상고전연구』 28, 2008; 박종익, 「기행문학 金剛山·四郡遊山記의 내용 분석」, 『어문연구』 64, 2010; 이성혜, 「士林들의 유람 입문서, 김종직의 「遊頭流錄」」, 『경남학』 31, 2010; 문정우, 「19~20세기 江右 文人의 金剛

과들이 나오고 있다.

반면, 타 학문분야에서 유람과 관련된 연구가 시작된 것은 2000년대에 들어서부터였다. 역사지리학 분야에서는 특정 산을 중심으로 한 공간적 특성, 여행자들의 성격과 여행 동기, 여정의 복원, 여행 준비와 동반자, 교통수단 및 숙박지, 여행 중의 활동 등을 밝혀내고 있다.[20] 조선시대 여행자들이 여행지를 선택하고 여행하게 된 동기, 선호하는 장소와 노정 등 여행의 방법과 과정을 살펴볼 수 있는 중요한 연구 성과이다. 이외에도 實景山水畵나 紀行寫經圖 등의 조선시대 繪畵가 발달하게 된 원인 중 하나로 유람을 언급한 연구도 있다.[21]

역사학에서도 2000년대부터 유람문화와 그 기록에 대해 관심을 갖기 시작했다. 산수유기를 분석하여 불교계의 동향과 寺院의 기능,[22] 유람

山 遊覽과 漢詩」, 『동방한문학』 48, 2011.

19) 이종묵, 「遊山의 풍속과 遊記類의 전통:장서각본 『와유록』과 규장각본 『와유록』을 중심으로」, 『고전문학연구』 12, 1997; 이종묵, 「조선시대 臥遊 문화 연구」, 『진단학보』 98, 2004; 이종묵, 「退溪學派와 淸凉山」, 『정신문화연구』 24권 4호, 2001; 김종구, 「丁時翰의 『山中日記』를 통해 본 當代人의 遊山文化 연구」, 경북대학교 석사학위논문, 2008.

20) 정치영, 「금강산 유산기를 통해 본 조선시대 사대부들의 여행 관행」, 『문화역사지리』 15권 3호, 2003; 정치영, 「유산기로 본 조선시대 사대부의 청량산 여행」, 『한국역사지리학회지』 11권 1호, 2005; 김민정, 「18~19세기의 백두산 기행로 및 기행 양식」, 성신여자대학교 석사학위논문, 2006; 김선희, 「유산기를 통해 본 조선시대 삼각산 여행의 시공간적 특성」, 『문화역사지리』 21권 2호, 2009; 정치영, 「조선시대 사대부들의 지리산 여행 연구」, 『대한지리학회지』 44권 3호, 2009.

21) 김현지, 「17세기 조선의 실경산수화 연구」, 『미술사연구』 통권 18호, 2004; 김현정, 「19세기 조선기행사경도 연구」, 홍익대학교 석사학위논문, 2005; 이상균, 「關東地域 기행사경도의 사료적 가치 고찰-김홍도의 「洛山寺圖」를 중심으로-」, 『강원문화사연구』 14, 2009; 박은순, 「조선시대 남한강 실경산수화 연구」, 『온지논총』 26, 2010.

22) 장현아, 「유산기로 본 조선시대 승려와 사찰」, 동국대학교 석사학위논문, 2003; 윤재승, 「『山中日記』로 본 조선후기 불교상황」, 동국대학교 석사학위논문, 2004; 김병인, 「고려시대 行旅와 遊覽의 소통 공간으로서 사원」, 『역사와 경계』 74,

의 조건과 관행,[23] 유람지의 환경 및 경제적 상황,[24] 특정 지역으로의 유람이 유행하게 되는 배경[25] 등의 연구가 진행되었다.

그러나 이러한 연구들은 유람문화에서 파생된 자료인 산수유기의 분석을 통한 각론적 사례연구임을 볼 수 있다. 대부분 산수유기를 활용하여 당시의 인물·사회·문화·생활·의식 등의 단면을 파악한 연구에 집중되어 있다.

조선시대를 풍미했던 유람문화에 대한 실상을 명확히 파악하기 위해서는 유람문화가 형성되고 발달하게 되는 시대적 배경에 대한 이해가 있어야 하고, 특히 유람문화를 향유했던 사대부들의 유람문화를 보다 면밀히 파악하는 연구가 우선되어져야만 한다. 그런데 아직까지 사대부들의 유람문화를 집중적이고 총체적으로 살펴본 연구는 부족하다. 단지 산수유기의 작자와 유람을 유행시킨 계층이 사대부라고 하는 개설적인 설명에 그치고 있고, 특정 산이나 인물에 한정한 산수유기를 각각의 학문분야에서 분석하는 각론적 연구에 치중되어 있다. 이러한 연구들은 사대부들 사이에서 유람의 열풍이 일게 되는 원인, 어떠한 명분과 목적의식을 가지고 유람을 했는가를 종합적으로 설명하기에는 단편적이라고 할 수 있다. 그리고 사대부들은 유람을 통해 인적네트워크를 형성하기도 했고, 유람에서 행해졌던 풍류와 관행이 있었으며, 유람의 유행으로 조선시대

2010.

23) 노혜경, 「『頤齋亂藁』의 旅行記 分析:「西行日曆」을 중심으로」, 『고문서연구』 20, 2002; 정연식, 「조선시대의 여행 조건 -黃胤錫의 「西行日曆」과 「赴直紀行」을 중심으로」, 『인문논총』 15, 서울여자대학교 인문과학연구소, 2006; 이경순, 「1688년 丁時翰의 八公山 유람」, 『역사와 경계』 69, 2008; 이상균, 「조선시대 사대부 유람의 관행 연구」, 『역사민속학』 38, 2012.

24) 김덕진, 「李夏坤의 湖南 유람과 瀟灑園 방문」, 『지역과 역사』 26, 2010; 최성환, 「유배인 김약행의 「遊大黑記」를 통해 본 조선후기 대흑산도」, 『한국민족문화』 36, 2010.

25) 이상균, 「조선시대 관동유람의 유행 배경」, 『인문과학연구』 31, 강원대학교 인문과학연구소, 2011.

의 문화발달이 촉진되었다는 점 등의 상관관계도 나타난다. 그러나 이러한 현상들도 아직까지 연구되지 못한 측면이 있다.

또한 조선의 국왕도 유람을 하고자 했고, 조선에 使行오는 외국 使臣들도 조선을 유람하고자한 사실들이 『조선왕조실록』 등 여러 곳의 사료에서 확인되고 있으나, 그간 유람에 대한 연구들이 사대부들이 남겨놓은 산수유기를 활용한 문학사분야에 집중되어 사대부 이외의 계층에 대한 유람은 관심 밖이었다. 조선시대 유람문화에 대한 종합적인 이해를 위해서는 사대부 이외의 계층에 대한 유람현상을 함께 규명할 필요성도 있다.

본 글에서는 이러한 문제의식을 가지고 조선시대의 유람문화를 살펴보고자한다. 다만, 유람의 행위양상을 살핀 계층은 사대부·국왕·외국 사신으로 한정하였다. 승려나 民人도 유람을 했으나, 남아있는 사료가 거의 없어 이들의 유람양상과 특징을 파악하기에는 한계가 있다. 본 글에서는 조선시대에 작성된 산수유기를 비롯한 『文集』과 『조선왕조실록』 등의 관찬사료를 조사·분석하고, 글의 이해를 도울 만한 회화자료를 함께 수록하여 활용하였다.

이상과 같은 연구를 위해 먼저, Ⅰ장에서는 우리나라의 유람문화가 형성되고 발달되는 과정과 역사적 배경을 살펴보고, 조선시대에 들어 사대부들에 의해 유람문화가 확산되게 된 배경을 살펴보고자 한다. 명승의 동경과 유람의 촉진, 팔경의 유행과 유람 명소화, 사대부들의 思惟認識에 기반 한 山水遊觀의 심화라는 세 가지 측면을 통해 유람의 확산원인을 규명해 보고자 한다.

Ⅱ장에서는 조선시대 유람의 주 향유층이었던 사대부들이 어떠한 명분과 목적의식을 가지고 유람을 결행했는가를 살펴보고자 한다. 이는 사대부들이 여가문화를 즐김에 있어 유람이 어떤 의미를 지닌 문화행위로 보편화 되어가고 있는지를 밝혀보는 계기가 될 것이다.

Ⅲ장에서는 유람을 통해 이루어졌던 사대부들의 交遊樣相을 고찰하였다. 조선시대는 불편한 교통과 통신여건으로 인해 멀리 있는 知人과 대면하는 기회가 적었다. 유람을 계기로 유람지의 승려 및 門人과 지인을 만나 교유하거나, 새로운 인물들과의 만남을 통해 교유관계를 맺었다. 유람은 산수를 즐기고 탐구하며 심신을 수양하고자 하는 목적도 있었지만, 사람들 간의 소통과 교유를 이끌어 냈던 문화행위였다는 점을 밝혀보고자 한다.

Ⅳ장에서는 사대부들의 유람에서 행해졌던 관행을 살펴보고자 한다. 사대부들은 유람지에서 守令의 접대를 받고, 遊興을 벌이며 승려와 지역민을 유람 使役에 동원하였다. 이같은 현상을 살펴봄으로써 유람이 사대부들의 대표적인 여가문화로 자리 잡아 가는 과정에서 의례적으로 행해졌던 풍류와, 유람을 통해 새로이 생겨나고 지속되어졌던 유람문화의 관행을 이해할 수 있을 것이다.

Ⅴ장에서는 국왕의 유람현상을 살펴볼 것이다. 公務에서 벗어나 유람 등의 유희를 즐기며 심신을 쉬이고자 하는 국왕의 私的 外遊의 욕구표출 현상인 出遊의 형태를 살펴보고, 관료들이 이를 어떻게 인식하고 제한하려 하였는지를 파악해보고자 한다. 사대부들의 유람과 비교해 볼 때 국왕의 유람은 어떤 방식으로 행해졌으며, 公人의 정점에 있는 국왕의 유람이 제3자의 입장에서 어떤 시각으로 비춰지고 인식되었는지를 알아보려는데 그 목적이 있다.

Ⅵ장에서는 외국 使臣들의 조선유람과 여기서 발생한 폐단을 고찰하고자 한다. 明·淸·日使들이 使行을 다녀가면서 조선을 유람한 목적과 구체적인 유람사례를 살펴보고, 조선에서는 각 나라의 사신들을 어떻게 수행하며 대우했는지를 파악해 보고자 한다. 이와 함께 조선에서는 사신들의 유람을 준비하고 수행하면서 구체적으로 어떤 폐해를 겪었는지를 살펴보고자 한다.

Ⅶ章에서는 유람으로 인해 촉진되었던 문화현상을 규명해 보고자 한다. 조선시대 이전에 전례를 찾아 볼 수 없던 수많은 유람기록의 양산, 경승을 직접 유람하며 회화로 남기는 紀行寫景의 유행과 유람지에 글을 새기는 刻字와 記文작성이 성행하는 등 유람이 일시적인 행위현상에 그치지 않고, 조선시대 문화발달을 촉진시켰다는 점에 주목하여 유람을 통해 이러한 문화들이 발달하게 된 원인과 과정을 밝혀보고자 한다.

이와 같은 연구를 통해 조선시대 양반 사대부 여가문화의 主流를 파악함과 동시에 유람문화 현상을 보다 구체적이고 종합적으로 이해하는데 일조하리라 생각된다. 나아가 이러한 연구의 토대 위에서 아직 검토되지 못한 방대한 양의 유람기록들을 하나씩 분석한 微視的 개념의 사례연구 성과들이 더욱 축적될 때 사대부 생활문화의 다양성과 유람문화의 특징을 보다 세부적으로 이해할 수 있을 것이다.

제 I 장

유람문화의 형성과 확산 배경

유람문화는 명확히 어느 시기에 어느 장소를 중심으로 형성되고 발달해 왔는지는 알 수 없다. 자연에 대한 사람들의 관심증가와 정치·사회·문화 등 여러 가지 요인에 의해 점차적으로 형성되어 발달해 왔고, 조선시대에 접어들면서 본격적으로 유행하게 되었다. 유람문화는 16세기부터 급속히 성행하기 시작하여 임진왜란과 병자호란이 끝난 조선중기이후에는 주목되는 문화현상으로 부각되었다.

조선시대에는 三神山으로 불리던 金剛山·智異山·漢拏山이 있어 사람들은 이 산의 명승에 대한 동경을 가지고 있었다. 수려한 경승뿐만 아니라 산속에 담겨있는 풍부한 문화유산과 歷史事蹟으로 인해 유람객의 발길이 끊이지 않았고, 이곳 유람을 평생의 소원으로 간직한 사람들도 많았다. 한편, 고려시대 중국에서 유입된 瀟湘八景의 영향으로 조선시대는 국내의 팔경이 정형화되고 본격적으로 유행하게 된다. 관동팔경을 효시로 각 지역별로 특색 있는 팔경들이 만들어졌다. 그 중에서도 관동팔경이 금강산과 함께 유람의 명소로 가장 각광받는 장소였다. 국내에 만들어진 팔경은 다른 경관보다 특색이 지워져 많은 유람객을 불러들이게 된다.

유람의 주 향유층은 시간과 금전적 여유가 있는 사대부들이었다. 유가적 소양을 갖춘 사대부들은 공자의 泰山 등정과 朱子의 南嶽 유람을 본받아 일생에 한번쯤은 산수유람을 소망했고, 다투어 유람을 발행하였다. 산수를 단순한 완상물로 인식하지 않고, 수양의 장소로 인식하여 돈과 시간을 투자해가면서 적극적으로 유람을 하고자 했다. 사대부들 사이에서 유람의 풍조가 확산되게 된 것은 이들이 자연을 대하는 思惟認識에서 기반 되었다는 측면에서 이해될 수 있다.

본 장에서는 우리나라의 유람문화가 형성되고 발달되는 요인과 과정을 살펴보고, 조선시대에 들어 유람문화가 확산되는 구체적인 배경이 무엇인지를 명승의 동경과 팔경의 유람 명소화, 사대부들의 유가적 思惟에 기반 한 山水愛好와 遊觀의 심화라는 세 가지 측면을 통해 규명해 보고자 한다. 명승의 동경과 팔경의 명소화에 대해서는 가장 대표성을 가지는 금강산과 관동팔경을 중심으로 살펴보았다.

제1절. 유람문화의 형성과 발달

자연을 유람하는 문화는 명확히 어느 시기 어느 공간에서 시작되었는지는 알 수 없다. 예나 지금이나 사람들은 자신이 거주하는 공간이나 일상에서 벗어나 길을 나서 새로운 경물과 문화를 체험하고 싶어 하는 욕구를 가지고 있다. 유람문화는 인간의 자연에 대한 관심과 그 속에서 홍취를 즐기고자 하는 내면적 의식의 발현에 의해 형성·발달되어 왔다고 볼 수 있을 것이다.

우리나라의 유람문화가 형성되어 온 과정을 살펴보려면 시대별로 자연에 대한 관심의 유형이 어떻게 나타나는지를 우선적으로 검토해야 할 필요가 있다. 우리나라는 고대부터 자연을 신성시해 왔고, 자연이 인간 생명의 근원이며 삶의 場이라는 점에서 항상 관심의 대상이었다.[1] 특히

---

1) 김치완, 「영주십경으로 본 조선 유학자의 선경 인식과 그 태도」, 『대동철학』 59, 2012, 133쪽.

우리나라 자연의 대부분을 차지하고 있는 산에 대한 인식은 시기별로 각각의 특색을 가지고 나타난다. 고대에는 天神의 강임처인 神山으로서 國家祭儀의 대상처라는 인식이 강했고, 이러한 국가주도의 山川祭 풍습은 조선시대에까지 이어진다. 국가에서 명산을 영역화 하고 상징화 해왔던 것이다. 신라 中代부터 고려시대에는 大刹의 입지처라는 인식이 강했고, 風水的으로는 吉地를 선택하는 중요한 기준이 되었다. 즉, 고대와 고려시대의 자연에 대한 인식은 국가가 주관하는 신앙의 대상이거나 특정 종교가 점유한 대상으로, 풍수에 의한 邑治의 입지적 경관의 요소로 인식되고 있는 것이다. 반면, 조선시대에는 유학자들이 산을 비롯한 자연을 修己의 장소로 인식하는 현상이 두드러지게 나타난다. 자연을 도덕의 수양장소와 삶의 이치를 터득하는 공부처라고 인식하였다. 이러한 유학자들의 자연에 대한 인식은 조선후기로 갈수록 더욱 심화되어진다. 그리고 조선후기 실학자들에게 자연은 可居地 생활권 선택의 요소가 되었고, 유람을 위해 체계적으로 기술되어야 할 지식이자 정보의 대상으로 인식되어졌다.[2)]

조선시대에 들어오면서 자연공간을 영역화 하고 의미화 하는 주체세력이 국가나 특정종교에서 벗어나 개인으로 확대되어 가고 있는 양상이 전개되고 있다. 개개인이 자연에 대한 관심을 가지고 경물을 探勝하며 그곳에 내재된 의미를 섭렵하고자 하였다. 이는 조선시대에 유람문화가 본격적으로 형성되는데 중요한 요인으로 작용하였다.

자연에 대한 사람들의 관심은 조선시대에 들어서면서 고조되기 시작하였다. 자연을 체계적으로 이해하고 기술하고자 하는 人文地理적인 이해도의 증대 양상은 우리나라에서 편찬된 지리지의 산천에 대한 기술형태에서도 확인된다. 『三國史記』지리지에는 산천에 대한 정보가 수록되

---

2) 최원석, 「한국의 명산문화와 조선시대 유학 지식인의 전개」, 『남명학연구』 26, 2008, 227~229쪽.

어 있지 않다. 『高麗史』지리지에도 별도로 山川條를 편재하지 않고 郡縣 설명의 말미에 대표적 산 이름과 祭祀 정도만 기술하였다. 조선시대에 들어서면서 편찬되는 官撰이나 私撰지리지에 山川條가 별도로 편재되기 시작한다. 특히 조선중기에 편찬된 『新增東國輿地勝覽』에는 군현의 산천과 이와 관련된 詩文·記文 등 산천에 대한 인문학적 정보가 대폭 수록되어진다. 『신증동국여지승람』에 수록된 산천에 대한 인문학적 정보는 사대부들의 유람기록에서 인용하였다. 그리고 조선후기에 편찬된 『輿地圖書』에는 조선중기의 지리지에 누락되었던 산이 추가되고 산에 대한 정보도 더 상세해 진다. 자연에 대한 정보의 누적과 관심은 조선후기 『山經表』나 『東國文獻備考』의 「山水考」와 같은 山譜類의 편찬을 통해 국토의 산지구성을 전국적이고 체계적으로 정리하게 되는 것에서도 나타나고, 『淸凉誌』·『頭流全志』 등 개별 山誌의 편찬으로 이어진다. 또한 여기에 수록된 記文들도 사대부들의 유람기록이 주로 참고되었다.[3)]

지리지에 산수의 형상과 더불어 인문적 내용의 정보들이 상세히 수록되는 것은 자연을 단지 하나의 현상으로만 보지 않고, 탐구하고 활용하고자 하는 대상으로 인식하고자 하는데서 기인하는 것이다. 그리고 자연에 대한 정보는 당시 지식인층의 국토에 대한 정보섭렵 욕구에 부응하는 것이기도 했고, 다양한 정보의 수록을 위해 개인의 유람기록들이 활용되어지고 있다. 또한 자신이 산천을 찾아 직접 유람에 나서기도 하는 것이다.

조선시대 자연에 대한 관심증대 외에도 유람문화가 발달하게 되는 요인은 여러 가지 측면에서 찾아볼 수 있다. 첫째로는 明나라에서 유행했던 유람문화가 조선에 유입된 요인을 들 수 있다. 중국에서도 고대부터

---

3) 최원석, 「한국의 산 연구전통에 대한 유형별 고찰」, 『역사민속학』 36, 2011, 226~240쪽.

유람이 간간히 있어왔지만 유람이 문화풍조로 흥기한 시점을 명대 후기로 보고 있다. 명나라의 유람을 유행시킨 주체는 사대부들이었고, 지역적으로는 경제와 문화가 발달한 江南이 주 유람지였다.[4] 명나라에서 이러한 유람의 확산 분위기는 "비정상적이고 미친 듯[如醉如痴擧國若狂]하다."고 표현될 정도였고, 명 말기에는 그 풍조가 최고조에 달하였다고 한다.[5] 조선에 파견되었던 明使들이 조선을 반드시 유람하고자 했던 이유도 명나라에서 홍행했던 유람문화의 영향과 상관관계가 있다고 볼 수 있을 것이다.[6] 명나라의 유람문화는 서적을 통해 조선에 전달되었다. 명나라의 유람서인 『名山勝槩記』가 조선으로 유입되는데, 이 책은 1576년 명나라의 愼蒙이 편집한 전문 유람안내서이자 명승의 명칭에 관한 기록이다. 17세기 조선에서 谷雲 金壽增(1624~1701)이 열람한 기록이 있고, 이후 農巖 金昌協(1651~1708) 등도 이 책을 읽었다. 또한 袁宏道를 비롯한 명나라 문인의 유람기록이 읽히는 등 조선에서는 명나라 산수유기가 유행하였다. 이에 따라 조선에서 명대의 산수유기를 골라 책으로 편찬하기도 하였는데, 『臥遊淸賞』이 대표적인 것이다. 象村 申欽(1566~1628)은 명나라에 사신으로 갔다가 『西湖志』를 구해왔다. 이 책의 좋은 글귀를 골라 『와유청상』을 만들고 나중에 증보하여 책명을 『藍田遺璧』이라고 했다.[7] 명나라의 산수유람에 대한 관심은 명나라의 문물을 동경했던 조선 지식인들의 유람문화 형성에도 큰 영향을 끼쳤다.

둘째로는 교통망의 발달과 유람정보의 섭렵이 前代보다 쉬워졌다는

---

4) 민경준, 「명대 후기 유람의 대중화와 여행정보」, 『동북아관광연구』 8권 2호, 2012, 176쪽.

5) 권석환, 「중국 전통 游記의 핵심 시기 문제-晩明시기 유람문화와 유기를 중심으로」, 『한국한문학연구』 49, 2012, 46쪽 주7 재인용.

6) 明使의 조선유람에 대해서는 이상배의 「조선전기 외국 사신 접대와 明使의 遊觀 연구」(『국사관논총』 104, 2004)와 이상균의 「조선전기 외국 사신들의 금강산 유람과 그에 따른 폐해 고찰」(『사학연구』 101, 2011)이 참조된다.

7) 이종묵, 「조선시대 臥遊 문화 연구」, 『진단학보』 98, 2004, 98쪽.

점을 들 수 있다. 조선은 건국초기부터 수도 한양을 중심으로 전국의 도로망과 驛院制 및 烽燧制를 개편하였다. 조선전기 도로망의 정비는 군사·행정상의 목적에 의해 주로 정비되었지만, 조선중기에 들어서면 상공업의 발달로 지역 간의 물자수송이 활발해짐에 따라 교통망이 더욱 확대되었다. 특히 관리나 상인, 기타 여행자들에게 숙식의 편의를 제공하기 위하여 요로에 설치한 院의 확대와 정비는 유람의 편의를 제공하는 중요한 시설이 되었다. 院은 대개 큰 산 밑이나 준령의 고개마루, 그리고 하천의 양안 등 여행 중 부득이 머물러야 하는 곳에 설치되었으므로 산천을 유람하는 사람들에게 반드시 필요한 시설이었다. 이러한 교통로의 정비와 확장은 유람을 보다 쉽고 용이하게 할 수 있게 하였다. 한편 조선시대에 다양하게 편찬되는 지리지나 山誌에 수록된 산수의 내용과 산수유기들은 유람의 지침서 역할을 하였다. 국토에 대한 인문지리적 관심의 확대로 산수의 정보가 담겨져 있는 지리지나 유람기록인 산수유기는 조선의 문인들이 문예취향의 독서물로 애호하게 된다. 이러한 글을 통하여 산수에 대한 현상이나 정보를 섭렵하여 자신의 유람에 적극 활용하였다.

셋째로 조선시대 문인들이 문예취향을 즐기기 위해 산수유람을 적극적으로 하고자 했다는 점이다. 당시의 문인들은 藏書와 書畵감상의 문예취미를 가지고 있었다. 남의 글과 그림을 소장하고 보는데 이어 자신이 직접 산수유람을 통해 느낀 감흥을 문장으로 담아내는 동시에 진경을 화폭에 담아오고자 했다.[8] 이러한 문예양상을 '紀遊文藝'라 칭하기도 한다. 기유문예는 산수유기·遊覽詩·기행사경도 등 산수를 유람하고 느낀 감회를 담아낸 모든 문예행위를 통칭한다. 이같은 현상은 조선후기 문인들의 문예특색으로 자리 잡았는데, 김창협·三淵 金昌翕(1653~

8) 김은정, 「東陽尉 申翊聖의 駙馬로서의 삶과 문화활동」, 『열상고전연구』 26, 2007, 252쪽.

1722)과 槎川 李秉淵(1671~1751) 등으로 이어지는 農淵그룹에 의해 적극적으로 전개되었고 촉진되었다.[9] 당시의 문인들은 山水美에 대한 발견과 산수·詠物詩를 창작하는 등 산수에 대한 문예적 표현은 매우 적극적이었다. 문인들의 문예취향의 고취는 유람문화의 발달에 영향을 주었다.

넷째로는 당면한 정치적 현실로 인해 사대부들이 江湖에 退處하여 산수를 愛好하며 즐겼다는 점을 들 수 있다. 조선시대에는 勳舊와 士林의 대립, 士禍, 朋黨을 겪으면서 벼슬에서 물러나 강호로 돌아가거나 처음부터 出仕에 뜻을 두지 않고 隱居하는 사대부들이 많았다. 현실을 개탄하며 飮酒放逸로 소일을 하거나 평생토록 독서하며 저술하는 것을 낙으로 삼기도 했다. 그리고 자연을 벗하며 세속에서 벗어나 생애에 바라던 유람을 적극적으로 행하기도 한다. 은거지의 산수에 대한 애정이 남달라 유람을 통해 求道에 힘쓰고 安貧知足의 삶을 추구하였다.[10] 이러한 산수로의 은일과 산수예찬의 표현은 江湖歌道의 文學思潮로 나타나기도 한다. 강호가도는 관직에 나아가 자칫 士禍와 黨爭에 휩쓸려 일신과 가문을 위기로 몰고 가기보다는 고향의 자연에 귀의하여 유유자적한 생활을 하면서 안전한 삶의 방식을 추구하고자 한 사대부들에 의해 구현되었다.

지금까지 살펴본 것을 종합해보면 우리나라 유람문화는 자연을 대하는 인식과 관심에 출발하여 정치·경제·문화·사상적 요인 등에 의해서 형성되고 발달되어 왔다고 할 수 있다. 그리고 시기적으로 보았을 때 유람문화가 본격적으로 형성되는 것은 조선시대이고, 임진왜란을 거친 조선중기에 이르러 유람문화가 확산된 것으로 파악되고 있는 것이다. 이러한

9) 이종호, 「17~18세기 기유문예의 두 양상-농연그룹의 문예활동을 중심으로-」, 『한문학논집』 30, 2010, 106~107쪽.

10) 이상균, 「조선시대 사대부의 유람 양상」, 『정신문화연구』 34권 4호, 2011, 44~45쪽.

견해는 기왕의 연구들에서 제기되어왔으며 학계에서 통념처럼 사용되어지고 있다. 그런데 아직까지 이러한 논지를 뒷받침해 줄 수 있는 보다 확실하고 구체적인 결과를 제시하고 있지는 못하다. 이같은 결과의 추가적인 도출을 위해서는 현재 기록으로 전해오거나 남아있는 유람기록에 주목해 볼 필요가 있다.

문헌상으로 나타난 우리나라 최초의 유람은 新羅의 花郎徒에서 찾을 수 있다. 화랑도는 國仙徒·風月徒·風流徒라고 불렸다. 郎徒들은 歌樂을 익히고, 명산대천을 유람하며 仙遊와 風流를 즐겼다.[11] 또한 기록상으로 찾아 볼 수 있는 고대의 유람은 통일신라시대 崔致遠의 유람을 들 수 있다. 최치원은 통일신라 말기 唐나라로 유학하여 文名을 떨쳤으나 신분제의 한계로 인해 40세의 나이에 은거를 결심하고 전국을 周遊하며 지냈다. 즐겨 유람한 곳은 경주의 南山, 경상북도 義城의 氷山, 지리산 雙磎寺, 昌原의 別墅, 東萊의 海雲臺를 비롯해 전국에서 절경으로 이름난 장소에 그 족적을 많이 남겼다.[12] 하지만 이시기의 유람기록이 전해지는 것은 없다.

고려시대에는 雙明齋 李仁老(1152~1220)의 『破閑集』에 수록되어 있는 지리산 靑鶴洞의 유람내용, 眞靜國師의 「游四佛山記」, 稼亭 李穀(1298~1351)이 關東을 유람하고 지은 「東遊記」, 西河 林椿의 「東行記」, 謹齋 安軸(1282~1348)의 「關東瓦注」, 白雲居士 李奎報(1168~1241)가 전주를 유람하고 지은 「南行月日記」 등이 유람기록으로 남아있다. 그리고 忠肅王이 1319년 元나라의 江蘇省과 浙江省을 유람하고, 수행관 權漢功·李齊賢에게 명하여 『行錄』 한권을 만들었다고 전하나 현전하지 않는다.[13] 이 기록은 소량이지만 고려시대 유람기록의 일면을 볼 수 있

11) 『三國史記』 권4, 新羅本紀4 眞興王 37年.

12) 『三國史記』 권46, 列傳4 崔致遠.

13) 『高麗史節要』 권24, 忠肅王 6年(己未, 元延祐 6年) 3月條.

는 저작들이다.

조선시대에도 얼마나 많은 사람이 어느 지역을 유람을 했는지에 대한 정확한 통계 수치는 알 수 없지만, 조선시대에 작성된 수많은 산수유기가 현전하고 있다. 필자가 조사한 바로는 조선시대 사대부들이 창작한 산문형식의 국내 산수유기는 [부록]에서 정리한 것과 같이 약 1,101편에 달한다. 고려시대와는 비교가 되지 않을 만큼 많은 기록이 전하고 있다. 이외에도 현재 밝혀지지 않은 이 방면의 책들이 산재되어 있어 그 숫자는 더욱 방대할 것으로 보여 진다. [부록]의 조선시대 국내 산수유기의 창작추이를 작자의 몰년을 기준하여 시기별로 살펴보면 <도표 1>과 같다.

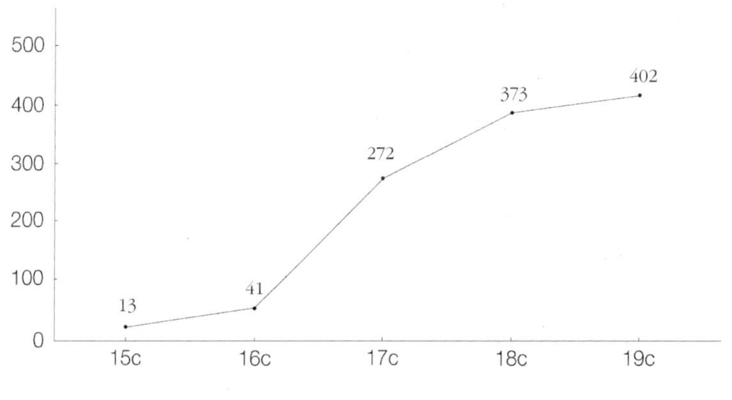

〈도표 1〉 조선시대 국내 산수유기의 시기별 창작추이

조선시대의 유람기록은 15세기부터 조금씩 증가하다가 16세기부터 급격한 증가양상을 보인다. 17세기 이후부터는 큰 증가폭 없이 꾸준한 상향을 보이고 있다. <도표 1>의 조선시대 산수유기의 시기별 창작추이와 앞서 살핀 여러 요인에 의해 유람문화가 형성되고 발달하는 시기를 대조해보면 서로 상보적인 관계가 이루어지고 있음을 알 수 있다. 유람기록의 증가는 그만큼 많은 사람[作者]이 유람을 했다는 것을 나타내 주는 것이기도 하다. 즉, 유람문화가 조선시대에 들어 본격적으로 형성되고, 조선중기 이후부터 개화하기 시작하였다는 것과 산수유기의 시기별 증가추이가 서로 합치되고 있다. 다만, 산수유기의 수치만을 가지고 유람의 확산시기를 단정 짓는 것은 문제점이 있으나, 앞서 살핀 조선시대 유람문화의 발달요인에 대한 결과를 뒷받침하는 수치로 해석될 여지가 있는 것이라 하겠다. 조선시대 유람문화의 발달요인과 산수유기의 시기별 창작 수치를 종합적으로 정리해 보면 15~16세기는 본격적인 유람문화의 형성기, 16~17세기는 擴散期, 17~18세기는 定着期, 18세기 이후는 유람문화가 일반화되는 普遍期라 구분지어 볼 수 있을 것이다.

특히나 조선전기까지만 하더라도 조선에 대한 산수의 관심보다는 중국의 산수를 동경하는 경향이 많았다. 중국의 산수를 임모한 산수화나 산수유기 등을 구해서 臥遊를 즐겼다. 중국은 쉽게 갈수 없는 나라였으므로 조선의 문인들이 중국을 존모하고 그 산수와 문물을 동경하는 경향은 조선후기에도 지속적으로 나타났으나, 조선의 산수에 대한 관심의 두드러진 증가는 이미 살핀 것과 같이 조선중기 이후부터였다. 그러므로 조선전기에 국내의 산수를 유람하는 현상이 크게 증가하지 않았던 반면 중후기로 갈수록 유람이 증가하고 있다.

이처럼 조선시대에 들어와 유람문화가 본격적으로 형성되기 시작하고, 이러한 분위기 속에서 명승과 명소를 보고 싶어 하는 기본적인 욕구 증대와 유람의 주 향유 층이었던 사대부들이 산수유람을 통해 심신을 도야하고 유학의 이치를 터득하고자 하는 山水遊觀의 심화는 조선시대의 유람문화를 확산시키는 구체적인 요인으로 작용 하였다.

제2절. 名勝의 동경과 유람 촉진

우리나라에서는 예로부터 三神山으로 불리던 금강산·지리산·한라산이 대표적 명승으로 꼽혔다. 삼신산은 본래 중국 전설에 나오는 蓬萊山·方丈山·瀛洲山이다. 이 산에 불로초가 있다고 믿어 秦始皇이나 漢武帝가 지속적으로 위치를 수소문 했다는 유명한 일화도 있다. 우리나라도 중국의 삼신산을 본떠 금강산을 봉래산, 지리산을 방장산, 한라산을 영주산으로 일컬었다. 南溪 申命耈(1666~1742)와 같은 조선시대 문인은 삼신산이 우리나라에 있다고 굳게 믿었다.

> 세상에서 항시 말하길 "삼신산은 우리 동방에 있는데, 풍악은 봉래라 하고, 한라는 영주라 하고, 두류는 방장이라 한다. 지금까지 전설로 전해진다. 더욱 두보의 시에 '방장은 三韓 밖에 있다고 하였다. 주석에 방장산은 조선 帶方國의 남쪽에 있다고 되어 있다. 대개 漢·唐의 이래로 이같은 설이 있다. 천하에 삼신산이 없다면 곧 그만이지만 있다면 곧 이곳이 아니겠는가. 삼신산이 분명 우리 동방에 있음은 의심할 여지가 없다.[14]

삼신산은 일찍부터 仙境으로 알려졌고, 사람들이 유람을 소망했다. 이밖에도 淸凉山·俗離山·妙香山·白頭山·伽倻山 등이 유람지로 각광받는 명승이었다. 이 산들은 경승자체도 수려하지만 특정 인물들에 의해 더욱 이름이 알려지고 동경의 대상이 되었다. 지리산은 南冥 曺植(1501~1572), 청량산은 退溪 李滉(1501~1570), 속리산은 尤庵 宋時烈(1607~1689)에 의해 산의 명성이 높아지고 후학들이 즐겨 찾아 유람하였다.[15] 그리고 北漢山·道峰山·水落山은 도성에 살고 있는 사대부들이

14) 申命耈, 『南溪集』 권3, 錄 「頭流日錄」(국립중앙도서관 청구기호 古3648-40-81-2).
15) 이상균, 「조선시대 유람을 통한 사대부의 교유양상」, 『사학연구』 106, 2012, 115~125쪽.

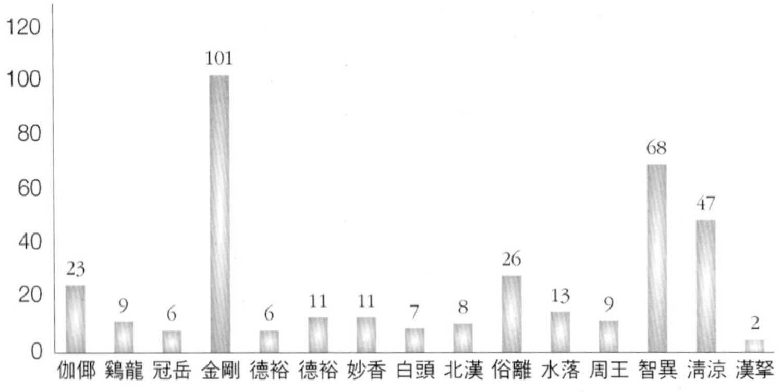

〈도표 2〉 조선시대 주요 산별 산수유기

나 도성을 오가는 사대부들이 즐겨 찾았다. 산 이외에 漢江·南漢江·北漢江·錦江·洛東江 등도 사대부들이 즐겨 舟遊하던 곳이었다. [부록]을 토대로 조선시대 주요 유람지로 주목받던 산들의 산수유기의 수를 살펴보면 <도표 2>와 같다.

조선시대에 창작되어 남아있는 산수유기의 양은 금강산이 월등히 많고, 지리산·청량산 순으로 높게 나타난다.[16] 청량산은 금강산·지리산에 비해 산의 규모도 적고, 유람의 선호도가 높았던 산은 아니었다. 그러나 산수유기의 수가 상대적으로 높게 나타나는 것은 이황이 태어나고 후학을 양성한 이후 그의 제자들과 이황을 추앙하는 사대부들의 발길이 끊이지 않았기 때문이다. 지리산은 금강산과 함께 삼신산으로 불리는 명산이었고 佔畢齋 金宗直(1431~1492)·濯纓 金馹孫(1464~1498)·조식에 의해 더욱 유명해져 조선후기로 갈수록 유람자들이 증가했다. 한라산 유람은 바다를 건너야했고, 백두산은 최북단 국경에 위치한 지리적 조건으로 인해 명성에 비해 비교적 많은 사람들이 유람하지 못했다.

---

16) 최강현도 『한국기행문학연구』(일지사, 1982, 124~125쪽)에서 조선시대 금강산과 강원도를 소재로 한 산수유기가 가장 많음을 밝히고 있다.

금강산은 지리산과 청량산처럼 조선시대 굴지의 학파를 열었던 유명한 인물과의 연고성은 없었다. 그럼에도 불구하고 조선 전시기에 걸쳐 유람객의 발길이 끊이지 않았다. 유람자들이 모두 기록을 남긴 것이 아니므로 유람기록만으로 선호도를 알 수 없지만 17~18세기 문인화가 趙榮祏(1686~1761)의 『觀我齋稿』에 의하면 "한 해 동안 금강산을 찾는 유람객이 어림잡아 수천 명이 넘었다."고 한다.[17] 금강산은 산 자체가 지니고 있는 수려한 경승만으로도 사람들에게 동경의 대상이 되어왔고, 많은 사람의 유람을 발행시켰다. 사람들 사이에서 금강산을 유람하는 것은 仙籍에 이름을 올리는 것이라 할 정도였다.[18] 당시 사람들이 자연을 동경하고 유람하고 싶어 했던 심정이 어떠했는지는 금강산의 사례에서 대표적으로 찾을 수 있을 것이다.

고려후기 문신 拙翁 崔瀣(1287~1340)의 기록에 금강산은 "겨울철 눈으로 땅이 얼었거나 여름철 장마로 물이 넘쳐 길이 험할 때를 빼고는 유람 가는 사람들이 길 위에 줄지어 서 있다."라고 하여 금강산은 고려시대에도 많은 사람들이 유람했던 것을 알 수 있다. 고려시대에 많은 사람들이 금강산을 찾아 유람하는 것은 禮佛이 우선적인 목적이었던 것으로 보인다. 이로 인해 고려후기에는 금강산의 사찰에 예불하는 사람들이 계층을 막론하고 줄을 이어 암자가 일 년에 백 개씩 불어날 정도였다고 한다.[19]

'金剛'이라는 불교적 함의의 명칭은 조선의 유학자들에게 많은 거부감을 주기도 했다. 하지만 이미 국내·외적으로 '금강'이란 명칭으로 확립되어 다시 고치기 어려웠다. 금강산의 명성은 고려시대부터 외국에 널

---

17) 趙榮祏, 『觀我齋稿』 권2, 序 「送李令君敬日躋 赴淮陽序」. 이하 별도의 출처를 밝히지 않은 문집은 한국고전종합DB(http://db.itkc.or.kr)에서 제공하는 텍스트를 활용하였음을 밝혀둔다.

18) 尹鑴, 『白湖全書』 권34, 雜著 「楓岳錄」.

19) 崔瀣, 『拙藁千百』 권1, 文 「送僧禪智遊金剛山序」.

리 알려졌다. 명칭에서 보듯이 佛世界로 유명하였기 때문이었다. 青溪 梁大樸(1544~1592)은 「金剛山紀行錄」에서 금강산 이름의 유래를 설명하면서 "佛經에 이르기를 渤海 삼만리 가운데 금강산이 있고, 金仙이 모이는 곳이다."라고 하였다.[20] 이황은 恥齋 洪仁祐(1515~1554)의 「遊金剛山錄序」를 써주면서 "竺書에 기록이 실려 있어 元 황제도 시주했고, 明의 高祖도 기이함에 탄복했다."라고 적고 있다.[21]

『세종실록』지리지에는 금강산은 인간의 淨土라 할 만큼 유명하다고 기록하고 있다. "우리나라 산수가 천하에 이름났고, 불서에 曇無竭菩薩이 머무르던 곳이란 말이 있어서 인간의 정토라 이르며, 중국 사람들이 고려국에 나서 친히 금강산 보기를 원한다."고 했다.[22] 금강산이 기록되어 있다고 하는 佛書는 『華嚴經』이다. 세조 12년(1457) 일본의 사신으로 왔던 賴永의 使者인 僧 守蘭이 귀국할 때 세조가 일본국왕에게 보내는 서신에 "금강산은 『화엄경』에 담무갈보살이 머무는 곳으로 기록되어 있다."고 설명하고 있다.[23] 橘山 李裕元(1814~1888)의 『林下筆記』에서도 국내·외 각종 문헌을 고찰하면서 '金剛'이라는 명칭은 『화엄경』에서 나왔다고 설명하고 있다.

> 『화엄경』에 이르기를 "바다 가운데에 金剛山이라 불리는 곳이 있는데, 예부터 여러 菩薩들이 이곳에 살고 있었다. 현재에는 法紀라는 이름을 가진 보살이 그 가솔인 여러 보살 1200명과 함께 항상 이곳에 있으면서 불법을 강론한다." 하였다. …중략… 『異稱日本傳』에 이르기를, "금강산은 조선의 강원도에 있는데, 本朝의 금강산과 이름이 같다. 『화엄경』에 '이로부터 동방에 금강산이 있는데, 法喜菩薩이 佛事를 일으켰다.' 하였는데, 조선과 일본의 금

---

20) 梁大樸, 『青溪集』 권4, 文 「金剛山紀行錄」.

21) 洪仁祐, 『恥齋遺稿』 권3, 「遊金剛山錄序」.

22) 『世宗實錄』地理志, 江原道 淮陽都護府 鎭山條. 이하 조선왕조실록은 국사편찬위원회(http://sillok.history.go.kr)에서 제공하는 텍스트 및 번역문을 활용하였다.

23) 『世祖實錄』 권38, 12년 윤3월 己亥.

강산은 모두 이것을 근거로 한 것이었던가." 하였다.[24)]

이밖에도 『稼亭集』·『星湖僿說』·『阮堂集』·『海東繹史』 등의 문집에 금강산은 『화엄경』에 담무갈보살이 12,000보살과 함께 항상 般若를 설법하고 있는 곳으로 기술되어져 있기 때문에 유명해 졌다고 하는 기사들이 나타난다.[25)]

秋江 南孝溫(1454~1492)은 「遊金剛山記」에서 皆骨·楓岳·涅槃·枳怛·衆香城 등 금강산의 다른 이름을 밝히고 있다. 이중 열반·지달·금강·중향성은 불교적 이름이다. 남효온은 금강산이 불교적 이름으로 전승되어 오는 것을 매우 비판적으로 받아들이고 있다. 그럼에도 '금강'의 칭호가 쓰인지 오래이기 때문에 자신도 '금강산'이라 지칭할 수밖에 없음을 「遊金剛山記」의 서두에서 자세히 설명하고 있다.[26)] 금강산은 풍악·개골 등으로도 일컬어 졌지만, 고려시대부터 이미 외국에 불교와 관련된 '금강'이라는 명칭과 함께 불교의 성지로 널리 알려져 있었던 것이다.

금강산은 신라와 고려를 거치면서 불교적 명성을 얻었을 뿐만 아니라 경승 자체로도 국내에서 가장 수려한 지역이었다. 조선시대 유가적 성향을 지닌 사대부들도 금강산을 지속적으로 찾았던 것에서 알 수 있다. 사대부들은 금강산에 산재한 불교의식을 폄하하기도 했으나, 조선의 오랜 역사와 문화가 축척된 보고로 생각하고 생애에 꼭 한번 돌아보아야 할 곳으로 인식했다.

금강산 유람을 통해 산수 자체를 즐기면서 古今의 폭넓은 문화지식과 풍부한 생활경험을 획득하는 계기로 삼고자 했다. 금강산 유람을 평생의

24) 李裕元, 『林下筆記』 권37, 「蓬萊秘書」(번역문은 한국고전종합DB 참고).

25) 李穀, 『稼亭集』 권6, 碑 「金剛山長安寺重興碑」; 李瀷, 『星湖僿說』 권2, 「天地門」 一萬二天峯; 金正喜, 『阮堂集』 권3, 「書牘」 21; 韓致奫, 『海東繹史續集』 권13, 「地理考」 山水條.

26) 南孝溫, 『秋江集』 권5, 記 「遊金剛山記」.

소원으로 간직한 사람들도 많았다. 李穀은 天磨嶺에 올라 금강산을 바라보고 다음과 같은 시를 지어 금강산을 한번 보고 평생의 소원을 다 풀었다고 술회하고 있다.

하늘 찌르는 흰 눈빛이 신광을 발하는데	攙天雪色放神光
천자가 해마다 향을 내리신다	天子年年爲降香
한번 보고서 평생의 소원을 이미 다 풀었으니	一望平生心已了
깊이 파묻혀 繩床에 앉아 있을 필요 있는가	不須深處坐繩床[27]

修堂 李南珪(1855～1907)가 통천수령으로 가는 沈士凡에게 보내는 글의 내용을 보면 "비록 고지식한 유학자나 속된 선비라 하더라도 목을 빼고 동쪽을 바라보면서 여윈 나귀와 從僕을 데리고 그 사이를 한번 유람하길 원하므로 통천군수로 나가기를 크게 원하고 있다."고 하였다.[28] 이남규는 조선말의 학자이다. 사람들이 금강산을 동경하고 유람하기를 희망하는 풍조가 조선 말기에도 수그러들지 않고 있음을 알 수 있다.

금강산을 유람하기 위해 금강산을 접하고 있는 고을 수령으로 부임하는 사람도 있었다. 簡易 崔岦(1539～1612)은 금강산 때문에 閑職인 간성군수로 부임하기도 했다. 최립은 간성군수 재임시절 歙谷縣令으로 재직하고 있던 石峯 韓濩(1543～1695)와 함께 금강산을 유람하였다.[29] 守夢 鄭淶(?～1613)은 通川守令으로 재직하면서 금강산을 세 번이나 유람하였다. 김창협은 정협의 유람록인 「四游錄」의 題跋을 써 주면서 정협이 통천수령으로 재직 시 금강산을 세 번 유람한 것을 문제 삼는다면 "송나라 주희가 南康의 수령으로 부임하여 열흘에 한 번씩 廬山를 유람한 고사를 가지고 해명해 줄 것이니 그 누가 옳지 않다고 하겠는가"라고

27) 李穀, 『稼亭集』 권6, 律詩 「天磨嶺上望金剛山」(번역문은 한국고전종합DB 참고).
28) 李南珪, 『修堂遺集』 권5, 序 「送沈士凡守通川序」.
29) 崔岦, 『簡易集』 권3, 序 「遊金剛山卷序」.

적고 있다.[30] 또한 김창협은 兪命岳과 李夢相 두 사람이 1개월 동안 금강산을 유람하고 돌아와 그곳에서 지은 자신들의 시를 한 권의 책으로 편집하여 묶은 「東游詩」에 서문을 써 주면서 금강산의 산수경관이 동방에서 가장 뛰어나다고 평하고 있다. 그리고 금강산을 두 번이나 유람하였지만 언젠간 다시 한 번 가보고 싶어 하는 마음을 다음과 같이 토로하고 있다.

> 나는 금강산을 무릇 두 번 유람하였으나 모두 유감을 남긴 고로, 마음 가운데 상시 담아두고 매번 가을바람이 일 때면 말 머리를 동쪽으로 향하고 싶을 때가 많았다. 대개 늙고 병이 들어도 이 뜻만은 오히려 시들지 않았다.[31]

김창협은 젊은 시절 행한 두 번의 금강산 유람에도 금강산을 속속들이 보지 못해 유감이 남아 있음과 과거의 회상으로는 모자라 한번 쯤 다시 가보고자 하는 심정을 나타내고 있다. 김창협과 같이 당시 사람들이 금강산 유람의 욕구를 과거의 유람을 회상하는 등의 臥遊로도 해소하지 못하고 꼭 가서 보고자 했던 이유를 최립의 글에서 찾아 볼 수 있다.

> 우리나라에서 태어난 선비라 할지라도, 한번 벼슬길에 오르면 유람을 한다 해도 일정한 방향이 없었기 때문에 (금강산에) 족적을 남긴 사람은 역시 드물다. 혹 요행히 기회가 있어서 장대함을 즐겁게 감상하고 그윽한 홍취를 느낄 수 있었다 하더라도 그것은 어디까지나 혼자서만 겨우 그렇게 할 수 있을 따름이니 아버지가 다녀왔다고 해서 아들에게 설명해 줄 수 없고, 아들이 다녀왔다고 해서 아버지에게 설명할 수 없다.[32]

금강산 경승이 기이하여 누구에게 얘기하기도 어렵고, 설사 듣는다

30) 金昌協, 『農巖集』 권25, 題跋 「題鄭可叔悏四游錄後」.

31) 金昌協, 『農巖集』 권22, 序 「送李瑋游楓嶽序」.

32) 崔岦, 『簡易集』 권3, 序 「遊金剛山卷序」.

하더라도 이해하기가 어렵다는 것이다. 이것은 금강산을 유람하기도 힘들뿐더러 본인이 직접 가서 보기 전에는 금강산의 형상과 그 흥취를 알 수 없다는 것이다. 西溪 朴世堂(1629~1703)도 금강산 경승이 세상에서 가장 좋고, 많은 墨客들이 유람을 다녀오고 시를 지었지만 그 빼어남을 온전하게 살린 시가 드물다는 것을 평소 괴이하게 여겼다. 그러던 차에 자신이 직접 다니며 눈으로 보고 나서야 금강산은 시인의 붓으로 일만에 하나도 형용하기 어려운 대상이라고 이해하고 있다.[33] 이밖에도 많은 문집에서 금강산은 직접보고도 그 형상을 얘기하기 어려우므로 금강산을 제대로 알고자 하면 직접 가서 유람을 해야 하는 것으로 기록하고 있다. 그만큼 금강산은 웅장하고 기이한 형상으로 인해 사람들로 하여금 이를 보고자 하는 흥취를 유발시켰고, 유람지로는 선망의 대상이었다.

특히 관료로 나아가는 사대부들은 금강산을 유람할 기회가 적었다. 재력이 있어도 벼슬길에 오르면 연속적인 공무에 시달렸고, 또 어디로 부임될지 모르기 때문이었다. 麗末鮮初의 문신이었던 陽村 權近(1352~1409)은 금강산의 形勝이 천하에 으뜸으로, 소문이 천하에 퍼져 구경하러 오기 원하지 않는 사람이 없으나 길이 없음을 한탄하며 그림을 걸어 놓고 예찬하는 사람까지 있었다고 전한다. 그러면서 자신은 조선에 태어났고 금강산의 거리가 가까운데도 불구하고 명예에 얽매이고 世利에 팔려 한 번도 가보지 못함을 한스러워 하며, 항시 가보고 싶은 뜻을 품었다.[34]

그래서 조선시대 관동관찰사나 수령 등에 補任되는 지인에게 전별을 뜻을 담아 써준 글에서 관동방백으로 나아가는 기회에 금강산을 꼭 한번 보고 오라는 내용이 자주 나타난다. 조선중기 문인인 谿谷 張維(1587~1638)는 회양수령으로 떠나는 洪雲에게 금강산을 볼 기회를 얻은 것을

33) 朴世堂, 『西溪集』 권3, 後北征錄 「楓岳四絶」

34) 權近, 『陽村集』 권17, 序類 「送懶庵上人遊金剛山詩序」.

揚州鶴의 비유를 들어 자신도 따라가고 싶어 하며 부러워하고 있다.[35] 양주학은 현실에선 이루기 힘든 지극한 소망을 성취한 것을 말하는데, 홍립이 회양수령으로 부임하여 금강산을 보게 된 것을 소망을 이룬 것에 비유하고 있다. 高峯 奇大升(1527~1572)도 관동안찰사로 가는 崔景肅에게 써준 송별시에서 금강산 유람의 기회를 얻은 최경숙이 매우 부럽다는 심정을 토로하고 있다. 실제로 최경숙은 관동안찰사로 부임하여 금강산을 두 번이나 유람했다.[36]

금강산은 사대부들뿐만 아니라 계층고하를 막론하고 모든 사람이 한 번쯤 유람해 보고 싶은 선망의 대상이었다. 正祖 20년(1796) 제주목사가 제주의 기생 萬德이 재물을 풀어 굶주린 백성들의 목숨을 구하였다고 조정에 보고하였다. 조정에서 상을 주려고 하자 만덕은 사양하면서 바다를 건너 上京하여 금강산을 유람할 것을 요청하였다. 이에 조정에서 허락해 주고 沿路의 고을들로 하여금 만덕에게 금강산 유람여정에 필요한 양식을 지급케 하였다.[37]

이처럼 금강산은 고려부터 조선 전시기에 걸쳐 예불과 유람을 위해 찾는 사람들이 지속적으로 이어졌다. 조선시대 최고의 화원이었던 謙齋 鄭敾(1676~1759)과 檀園 金弘道(1745~?)도 금강산을 紀行寫景하였고, 조선후기 많은 화원들이 금강산을 화폭에 담아갔다. 금강산의 승경은 전시기를 걸쳐 사람들에게 동경의 대상이 되었다. 국내에서 단연 으뜸가는 유람의 장소로 유람을 성행시킨 명승이었다. 금강산 외에도 조선후기로 갈수록 선대의 유람자들이 남겨놓은 기록을 통해 국내의 경승이 회자되고, 이를 동경하는 사람들의 유람욕구를 더욱 증가시켰다.

---

35) 張維, 『谿谷集』 권31, 七言律詩 「送淮陽洪使君雲」.

36) 奇大升, 『高峯續集』 권1, 存齋謾錄 「送景肅出按關東」·「景肅以詩來寄 又有將遊楓嶽之示 奉和以呈」.

37) 『正祖實錄』 권45, 20년 11월 丙寅.

〈그림 1〉 鄭敾, 辛卯年 『楓嶽圖帖』 中 「金剛內山總圖」, 1711年, 絹本淡彩, 37.4×36.0㎝, 국립중앙박물관

〈그림 2〉 鄭敾, 辛卯年 『楓嶽圖帖』 中 「三日湖」(上)·「侌遷」(下), 1711年, 絹本淡彩, 37.4×36.0㎝, 국립중앙박물관

제3절. 八景의 유행과 유람 명소화

우리나라의 팔경문화는 중국 瀟湘八景의 유입으로 유행하게 되었다. 소상팔경은 湖南省의 瀟江과 湘江이 만나는 지점의 팔경이 詩畵로 만들어진 것이다. 중국에서도 소상팔경 이후 이름난 명승지에 사람들 개인의 취향에 맞는 팔경을 만들어내고 시로 읊었다.

우리나라에 팔경문화가 유입된 것은 고려시대이다. 『高麗史』에 明宗이 문신들에게 소상팔경을 주제로 시를 읊게 하고, 李光弼에게 「소상팔경도」를 그리게 했다는 내용이 있다.[38] 고려의 문신인 金克己는 팔경시가 유행하는 가장 이른 시기에 한국의 팔경시를 제작하였다. 김극기는

38) 『高麗史』 권122, 列傳 35 李寧傳.

〈그림 3〉 作者未詳, 「瀟湘八景圖」, 16C, 紙本水墨, 91.0×47.7㎝, 국립진주박물관

사신의 임무를 띠고 江陵에 갔다가 승경에 취해 「江陵八景詩」를 남겼는데, 이 시가 한국팔경시의 효시이다. 「강릉팔경시」에서 읊은 주제는 綠筠樓·寒松亭·鏡浦臺·崛山鍾·安神溪·佛華樓·文殊堂·堅造島이다. 이 시는 단순히 강릉을 읊은 여러 시 중에서 8수를 뽑은 것이 아니라 대표적 팔경을 선정하여 읊은 것이다.[39] 이 중에서 경포대는 현재 일반적으로 알려진 관동팔경에 편승되었다. 이후 안축·이곡 등에 의해 「三陟西

39) 안장리, 『한국의 팔경문학』, 집문당, 2002, 46~51쪽.

樓八景詩」가 지어졌다. 삼척서루팔경은 죽서루의 팔경을 읊은 것으로 竹藏古寺·巖控淸潭·依山村舍·臥水木橋·牛背牧童·壟頭饁婦·臨流數魚·隔墻呼僧이다.[40] 이는 작자가 직접 현장을 보고 그 감흥을 읊은 것이다. 팔경시는 고려 말 신흥사대부 계층에 의해 자신의 고향이나 부임지 등을 배경으로 지속적으로 창작되어졌다. 고려 말부터 우리나라 중심의 팔경화 과정이 진행되고 있었던 것이다.

국내의 팔경이 만들어지는 것은 관동지역의 경승을 대상으로 시작되고 활성화되었다. 여기서 만들어진 관동팔경은 금강산과 더불어 유람의 명소가 된다. 금강산을 유람하는 사람들 대부분 관동팔경을 함께 유람했다. 국내의 팔경이 유행하고 유람명소로 부각되어 팔경을 유람하고자 하는 당시 사람들의 열망은 관동팔경의 사례에서 대표적으로 찾을 수 있을 것이다.

일찍이 고려시대의 이규보는 관동의 경치를 다음과 같이 칭송하고 한번 보았으면 죽어도 여한이 없겠다는 여운을 남기고 있다.

> 내가 듣기로 산수의 기이함과 수려함은 관동이 최고라고 한다. 金蘭[通川]의 叢石·丹穴과 高城의 三日浦와 翼嶺[襄陽]의 洛山 같은 곳이야말로 비록 蓬萊·方丈을 보지 못했지만 능히 이보다 못할 것으로 생각된다. 내 일찍이 진실로 거기를 한 번 보았으면 비록 죽어도 한이 없겠으나 다만, 속진에서 벗어나지 못하고 천리나 멀다 여기며 근심하여 동쪽만 바라볼 뿐이었다.[41]

여기서 조선시대 관동팔경에 꼽히던 곳의 叢石·三日浦·洛山과 같은 장소들이 나타난다. 그리고 안축은 1331년 江陵道存撫使로 임무를 마치고 돌아와 지은 「關東別曲」에서 國島·叢石亭·金幱窟·三日浦·四仙亭·仙遊潭·永郎湖·鏡浦臺·寒松亭·竹西樓·翠雲樓·越松亭 등의 명승지

40) 권석환, 『한중 팔경구곡과 산수문화』, 이회문화사, 2004, 281~287쪽.

41) 李奎報, 『東國李相國集』 권21, 序 「送全右軍奉使關東序」.

를 언급하였다.[42] 이 기록에 나타난 곳들이 고려시대에 이미 명승으로 이름나 있었던 것을 알 수 있다.

그러나 '관동팔경'이라는 용어는 고려시대나 조선 초기 문헌에는 보이지 않는다. 관동팔경의 장소가 구체적으로 나타나는 것은 訥齋 朴祥(1474~1530)이 지은 「關東八詠」이 처음이다. 이 시에서의 八詠은 鏡浦臺·金剛山·金幱窟·洛山寺·大關嶺·武陵溪·五臺山·叢石亭이다.[43] 이 외에 이황이 경포를 설명하면서 "강릉의 동북쪽에 있는데…중략…즉, 관동팔경의 제일이다."라고 한 내용과 苔泉 閔仁伯(1552~1626)이 "삼척 죽서루의 경승이 관동팔경 중의 최고이며 재차 논의하는 것이 무의미하여 다시 화폭을 보았다."라는 글에서 관동팔경이라는 용어가 나타난다.[44] 이 후 개인문집 등의 문헌기록에 관동팔경이라는 용어가 지속적으로 등장한다. 이 기록들을 살펴보면 '관동팔경'이라는 용어를 쓰면서 8곳의 장소를 모두 제시하는 사례(①), 특정한 장소만을 지칭하며 관동팔경중의 하나라고 제시하는 사례(②), 단순히 '관동팔경'이라는 용어만 쓰는 사례(③)가 있다. 이를 구체적으로 정리해 보면 <표 1>과 같다. 개인문집의 경우 간행연도가 생몰년의 선·후 관계와 상관이 없을 수 있으므로 <표 1>은 작자의 생년 순으로 정리하였다.[45]

---

42) 安軸, 『謹齋集』 권2, 歌辭 「關東別曲」.

43) 朴祥, 『訥齋集』 續集 권1, 詩 金文谷編 「關東八詠」.

44) 李滉, 『退溪先生文集攷證』 권4, 第十三卷書 「答洪應吉」; 閔仁伯, 『苔泉集』 권5, 遊賞 「三陟竹西樓」.

45) 관동팔경의 용어와 장소가 나타나는 문헌에 대해서는 이보라의 「관동지역의 팔경화 시기 연구」(『충북사학』 18, 2007)에 잘 검토되어 있다. <표 1>은 이보라의 논문에서 제시되지 않은 문헌과 내용을 필자가 추가하여 도표화하고, 사례별로 분류한 것이다.

〈표 1〉 문헌에 나타난 관동팔경의 용어와 제시된 팔경

作者	生年	出典	제시된 八景	사례
朴 祥	1474	『訥齋集』續集 권1,「關東八詠」	鏡浦臺·金剛山·金幱窟·洛山寺·大關嶺·武陵溪·五臺山·叢石亭	①
李 滉	1501	『退溪先生文集攷證』 권4,「答洪應吉」	鏡浦	②
閔仁伯	1552	『苔泉集』 권5,「三陟竹西樓」	竹西樓	②
權克中	1560	『青霞集』 권1,「上趙襄陽 素翁先生緯韓」	관동팔경 용어만 제시	③
曺友仁	1561	『頤齋集』 권1,「通川道中」	관동팔경 용어만 제시	③
李命俊	1572	『潛窩遺稿』 권3,「遊山錄」	洛山寺	②
申 楫	1580	『河陰集』 권2 「詠關東八景」	鏡浦臺·洛山寺·望洋亭·三日浦·越松亭·竹西樓·淸澗亭·叢石亭	①
		『河陰集』 권7 「關東錄」	三日浦	②
許 穆	1595	『記言』 권13,「竹西樓記」	鏡浦臺·洛山寺·三日浦·永郎湖·越松浦·竹西樓·叢石亭·海山亭	①
洪柱元	1606	『無何堂遺稿』 册2 「送李通川」	四仙亭·叢石亭	②
		『無何堂遺稿』 册3 「別李通川」	叢石亭	②
鄭必達	1611	『八松集』 권5,「自叙」	竹西樓·鏡浦臺	②
金昌協	1651	『農巖集』 권2,「東游記」	叢石亭·三日浦·四仙亭	②
任弘亮	1634	『敝帚遺稿』 권3,「關東記行」	叢石亭	②
肅 宗	1661	『列聖御製』 권9, 詩篇「關東八景詩」	鏡浦臺·洛山寺·萬景臺·望洋亭·三日浦·越松亭·竹西樓·叢石亭	③
申益愰	1672	『克齋集』 권1,「送三兄之平海」	越松亭	②
尹鳳九	1683	『屛溪集』 권15,「與金德裕 己酉」	望洋·越松	②

<table>
<tr><th>作者</th><th>生年</th><th colspan="2">出典</th><th>제시된 八景</th><th>사례</th></tr>
<tr><td>姜再恒</td><td>1689</td><td colspan="2">『立齋遺稿』 권4, 「題關東八景圖」</td><td>관동팔경 용어만 제시</td><td>③</td></tr>
<tr><td>李重煥</td><td>1690</td><td colspan="2">『擇里志』, 八道總論 「江原道編」</td><td>鏡浦臺·望洋亭·三日浦·侍中臺·竹西樓·淸澗亭·靑草湖·叢石亭</td><td>①</td></tr>
<tr><td>姜世晃</td><td>1712</td><td colspan="2">『豹菴遺稿』 권4, 「送金察訪弘道金察訪應煥序」</td><td>관동팔경 용어만 제시</td><td>③</td></tr>
<tr><td>李光靖</td><td>1714</td><td colspan="2">『小山集』 권13, 「贈戶曹佐郎東窩權公行狀」</td><td>관동팔경 용어만 제시</td><td>③</td></tr>
<tr><td>蔡濟恭</td><td>1720</td><td colspan="2">『樊巖集』 권18, 「稀年錄」</td><td>三日浦</td><td>②</td></tr>
<tr><td>黃胤錫</td><td>1729</td><td colspan="2">『頤齋遺藁』 권14, 「越松黃氏先跡考」</td><td>越松亭</td><td>②</td></tr>
<tr><td>洪大容</td><td>1731</td><td colspan="2">『湛軒書』外集 권2, 杭傳尺牘 「乾淨衕筆談」</td><td>관동팔경 용어만 제시</td><td>③</td></tr>
<tr><td>鄭宗魯</td><td>1738</td><td colspan="2">『立齋集』 권9, 「與李剛齋」</td><td>관동팔경 용어만 제시</td><td>③</td></tr>
<tr><td>正　祖</td><td>1752</td><td colspan="2">『列聖御製』 권18, 詩篇 「題關東八景圖屛」</td><td>鏡浦臺·洛山寺·萬景臺·望洋亭·三日浦·越松亭·竹西樓·叢石亭</td><td>①</td></tr>
<tr><td>李頤淳</td><td>1754</td><td colspan="2">『後溪集』 권1, 「畫關東八景」</td><td>鏡浦臺·洛山寺·望洋亭·三日浦·月松亭·竹西樓·淸澗亭·叢石亭</td><td>①</td></tr>
<tr><td>朴思浩</td><td>1786</td><td colspan="2">『心田稿』 권3 應求漫錄, 「春樹淸譚」</td><td>관동팔경 용어만 제시</td><td>③</td></tr>
<tr><td rowspan="2">李圭景</td><td rowspan="2">1788</td><td rowspan="2">『五洲衍文長箋散稿』 天地篇 地理類 州郡</td><td>「八路利病辨證說」</td><td>관동팔경 용어만 제시</td><td>③</td></tr>
<tr><td>「三陟府異景異産辨證說」</td><td>竹西樓</td><td>②</td></tr>
<tr><td>許　傳</td><td>1797</td><td colspan="2">『性齋集』 권4, 「冷窩遺稿序」</td><td>관동팔경 용어만 제시</td><td>③</td></tr>
<tr><td rowspan="3">李裕元</td><td rowspan="3">1814</td><td colspan="2">『林下筆記』 권37, 「蓬萊秘書」</td><td>三日浦</td><td>②</td></tr>
<tr><td rowspan="2">『嘉梧藁略』 册12</td><td>「彤谿觀重修記」</td><td>관동팔경 용어만 제시</td><td>③</td></tr>
<tr><td>「楓嶽書卷序」</td><td>관동팔경 용어만 제시</td><td>③</td></tr>
</table>

作者	生年	出典	제시된 八景	사례
張福樞	1815	『四未軒集』 권2, 「答李汝雷」	관동팔경 용어만 제시	③
曺兢燮	1873	『巖棲集』 권19, 「冠遊錄序」	鏡浦·洛山·望洋·三日·越松·竹西·淸澗·叢石	①

박상이 처음 제시한 관동팔경은 강원도 동해안을 중심으로 한 것이 아니라 강원도 전체를 아우르는 팔경이다. 현재 통용되는 강원도 동해안인 嶺東을 중심으로 하는 관동팔경의 장소 8곳이 구체적으로 제시된 것은 河陰 申楫(1580~1639)의 문집이 처음이라고 할 수 있다. 신즙 이후 관동팔경의 장소 8곳이 구체적으로 제시되고, 관동팔경의 용어와 장소를 제시한 문헌의 빈도가 점점 높아지는 것으로 보면 16~17세기 초 문인들의 인식 속에 관동팔경이 형성되어 정형화되고 있었음을 알 수 있다. 이 시기 다른 지역의 팔경도 지속적으로 만들어 지고 있었을 것으로 보인다.

<표 1>에 제시된 관동팔경을 나열해 보면 鏡浦臺·洛山寺·萬景臺·望洋亭·四仙亭·三日浦·侍中臺·永郎湖·越松亭[月松亭][46]·竹西樓·淸澗亭·叢石亭·靑草湖·海山亭 등 총 14개소임을 알 수 있다. 이 중 경포대·죽서루·총석정은 8경이 전부 제시된 기록에 한 번도 빠지지 않고 꾸준히 나타나고 있어 일찍이 관동팔경 중에 빠질 수 없는 장소로 자리잡고 있었음을 추측해 볼 수 있다. 다음으로 낙산사·삼일포·월송정 순으로 제시 빈도가 많다. 관동팔경은 제시하는 사람이 보고 인식하는 관점에 따라 약간의 편차가 있어 어느 것이 정설이라 할 수 없다. 보는 사람

46) 越松亭은 경북 울진군 平海邑 月松里에 소재해 있다. 문헌기록에 명칭이 越松·月松 2가지로 혼용되어 사용되고 있다. 신라 때 永郎·述郎·南石·安祥 등 네 화랑이 달밤에 솔밭에서 놀았다고 하여 月松亭이라 하기도 하며, 越國에서 소나무 묘목을 가져다 심었다고 하여 越松亭이라 한다고 전한다(디지털울진문화대전 참조:http://uljin.grandculture.net).

마다 개략 14개소의 명승 중 8곳을 뽑아 관동팔경으로 제시한 것으로 보인다.

이밖에도 이유원의 『林下筆記』, 趙希逸(1575~1638)의 『竹陰集』, 金弘郁(1602~1654)의 『鶴洲集』, 李海朝(1660~1711)의 『鳴巖集』[47] 등의 문헌기록에 '嶺東八景'이라는 용어가 보인다. 이들 기록 중 『鶴洲集』에 영동팔경으로 망양정과 월송정이 제시되어 있으며, 나머지 기록들은 영동팔경이라는 용어만 나타나 있다. 관동팔경과 영동팔경이 동일하게 사용되었는지는 알 수 없으나, 조선시대 정형화된 관동팔경이 강원도 嶺東에 한정되어 있으므로 두 가지가 혼용되어 사용된 것으로 보인다.

조선시대 관동팔경이 널리 膾炙된 영향을 松江 鄭澈(1536~1593)의 『關東別曲』에서 찾고 있다. 정철이 1580년 강원도관찰사 재임시절 도내를 巡歷한 후 지었던 『관동별곡』에서는 山映樓·총석정·삼일포·청간정·의상대·경포대·죽서루·망양정 등을 동해안의 명승으로 제시하였고, '관동팔경'이라는 용어는 직접적으로 사용하지는 않았다. 그러나 정철의 『관동별곡』은 후대 기행문학에 큰 영향을 끼친 작품으로서 여기서 제시한 동해안의 명승지는 관동팔경의 장소고착화에 큰 영향을 끼쳤을 것이다.

현재 통상적으로 관동팔경으로 일컫는 것은 통천의 총석정·간성의 청간정·고성의 삼일포·양양의 낙산사·강릉의 경포대·삼척의 죽서루·울진의 망양정·평해의 월송정이며, 흡곡의 시중대와 고성의 해산정을 포함하여 '관동십경'이라 부르기도 한다. 서울대학교 규장각에는 『關東十境帖』이 전해지고 있다. 이 화첩은 1745년 강원도관찰사로 부임한 道溪 金尙星(1703~1755)이 1746년 고을을 순찰하면서 화원에게 그림을 그리게

47) 李裕元, 『林下筆記』 권26, 春明逸史 「名山曆覽」; 趙希逸, 『竹陰集』 권7, 七言律詩下 「送趙仁甫令兄按關東」; 金弘郁, 『鶴洲集』 권9, 序 「送黃承旨中允蒙宥還平海序」; 李海朝 『鳴巖集』 권4, 詩 「峴山三十詠」.

한 후 太白·曺命敎·曺夏望·金尙翼·吳遂采·趙迪命·李喆輔 등 7명의 知人들에게 回覽시키고 시를 짓게 하여 2년 뒤인 1748년에 완성한 것이다. 여기에 그림으로 그려진 관동십경은 시중대·총석정·해산정·삼일포·청간정·낙산사·경포대·죽서루·망양정·월송정이다.48) 월송정 그림은 남아있지 않아 9폭만이 전한다.

관동팔경은 주로 樓亭 중심으로 구성되어 있다. 실제 유람에서 누정은 중요한 역할을 차지한다. 사대부들은 수려한 경치를 조망할 수 있는 누정에 올라 시를 읊으며 풍류를 즐겼다. 조선시대 문인관료들에게 누정은 손님을 접대하며 詩會를 열어 여가를 즐기는 장소로 중요한 역할을 담당했다. 관동팔경이 누정중심으로 정형화된 것도 이러한 영향이 있었음을 짐작할 수 있다.

이처럼 조선시대에 관동팔경이 정형화되고 사람들에게 널리 회자됨으로 인해 금강산과 더불어 유람명소로 부각되었다. 조선시대 대부분의 사람들은 금강산을 유람하면서 관동팔경을 함께 유람하는 것이 관례였고, 산수유람을 꿈꾸던 사람들은 이 여정을 최고로 삼았다. 이로 인해 조선시대의 관리들은 관동관찰사 보임을 금강산과 관동팔경을 비롯해 평소 가보기 힘든 곳을 두루 유람할 수 있는 좋은 기회로 삼기도 했다. 容齋 李荇(1478~1534)은 1525년 강원도관찰사로 부임하는 閔壽千에게 다음과 같은 전별의 글을 써주면서 관찰사 보임의 기회에 누구나 한번 쯤 꼭 가보고 싶어 하는 유명한 관동의 형승을 유람하게된 것을 축하해 주고 있다.

> 무릇 관동은 진실로 形勝의 고장이라 선비가 세상에 나면 유람을 해보고 싶어 하지 않는 자가 없다. 나는 일찍이 젊을 때 조금 유람해 보았지만 …중략… 답답한 가슴속을 씻어내기 위해 다시 유람하고픈 소원이 잊혀 지지 않

---

48) 서울대학교규장각 역, 『關東十境』, 효형출판사, 1999, 해제.

〈歙谷 侍中臺〉 〈通川 叢石亭〉 〈高城 海山亭〉

〈高城 三日浦〉 〈高城 淸澗亭〉 〈襄陽 洛山寺〉

〈江陵 鏡浦臺〉 〈三陟 竹西樓〉 〈蔚珍 望洋亭〉

〈그림 4〉 金尙星, 『關東十境帖』, 1748, 紙本彩色, 各幅 31×22㎝, 서울대학교규장각

> 아 밤이면 품은 마음이 상시 꿈으로 나타났다. …중략… 按察의 여가에 반드시 그윽한 곳을 골라 샅샅이 찾아 구경하고 생각을 가다듬어 시를 즐길 터이니, 예전에 내가 구경하고 싶어도 못했던 것들을 일일이 수습하여 돌아와서 나로 하여금 눈으로 보고 가슴을 씻을 수 있도록 해 준다면 평생의 소원을 이룰 수 있을 것이다.[49)]

민수천이 안찰하는 여가에 필시 명승지를 샅샅이 찾아 구경하게 될 것이라 하고, 유람한 일을 자신에게 소상히 얘기 해 줄 것을 부탁하고 있다. 최립은 선조 때 관동관찰사로 부임하는 寄齋 朴東亮(1569~1635)에게 "박공이 이제야 기막힌 유람을 하게되는 구나"라 하며 관동관찰사 부임은 금강산과 동해안에 산재해 있는 천하제일의 경승지를 유람할 수 있는 기회가 온 것이라고 축하해 주고 있다.[50)] 장유도 관동관찰사로 부임하는 尹仲素를 위해 다음과 같은 전별의 시를 지어 주면서 뛰어난 경승이 있는 고을에 부임하는 것을 부러워하고 있다.

이번 길 누구라서 부러워하지 않겠는가	玆行誰不羨
젊은 사람이 신선 고장을 안찰하네	綠髮按仙區
四牡[51)]타고 풍악산 넘으니	四牡凌楓嶽
호수에 雙旌[52)] 환히 비치리라	雙旌暎鑒湖
병조의 둘째 자리보다 높아진 반열	班高夏官佐
百濟 왕의 도읍보다 뛰어난 곳	地勝濟王都
외직이라 한가한 날 많을테니	報政饒閒日
평소 마음먹은 것을 실컷 찾아보겠네	尋眞愜素圖[53)]

이밖에도 조선시대 문인들이 관동의 지방관으로 부임하는 지인에게

49) 李荇, 『容齋集』 권9, 散文 「贈閔耆叟壽千觀察嶺東序」.
50) 崔岦, 『簡易集』 권3, 序 「送朴子龍公江原監司序」.
51) 네 마리 검정 숫말이 끄는 마차.
52) 지방관에게 신임의 표시로 내려주던 旗로 지방관 부임을 뜻함.
53) 張維, 『谿谷集』 권29, 五言排律 「送尹仲素按關東」.

써준 전별의 글 대부분에 관동의 수려한 경승을 논하면서 유람하길 권하는 내용이 담겨져 있다. 이는 전별의 아쉬움을 담아 써준 글이긴 하지만, 실제로 관동을 부임한 관료들 대부분이 순력 등을 기회로 관내의 경승을 유람하였다.

조선후기 실학자인 湛軒 洪大容(1731~1783)은 "강원이 바다에 연하여 관동팔경이 있고 연해 7백리에 산세가 明媚하고 海棠花가 흰 모래에 깔리고 亭臺가 서로 바라보이며, 窈窕하고 爽豁함이 국내의 제일 勝景이다."라고 하여 관동팔경을 국내 제일의 경승으로 꼽고 있다.[54] 홍대용의 글을 통해 조선후기 관동팔경을 비롯한 관동의 동해안인 영동지방이 국내에서 유명한 경승으로 이름나 있었고, 유람명소로 자리 잡고 있었음을 알 수 있다. 四佳 徐居正(1420~1488)은 강릉의 경포대,[55] 梧亭 朴蘭은 울진의 望洋亭 등을[56] 조선 최고의 경승으로 일컫는 등 문인들의 글속에는 관동팔경의 특정 장소를 격찬한 내용들이 무수히 많이 나타나고 있다.

관동지역 중 팔경이 소재한 동해안은 금강산과 함께 명승지로서 오랜 역사를 지녔고, 팔경문화의 유행으로 관동팔경이 정형화되자 금강산과 함께 조선의 유람지로 각광받게 된 것이다. 문인들이 자주 찾아 문학작품 속에 다채로이 표출되었음은 물론, 조선후기 진경산수화의 소재로 가장 각광 받는 장소였다. 그러므로 관동팔경 도처에는 왕으로부터 무명의 선비에 이르기까지 수많은 사람들의 시문과 족적이 남겨져 있다. 18세기 진경시대의 화가인 겸재 정선을 필두로 玄齋 沈師正(1707~1769)·烟客 許佖(1709~1761)·凌壺觀 李麟祥(1710~1760)·眞栽 金允謙(1711~1775)·豹菴 姜世晃(1713~1791)·復軒 金應煥(1742~1789)·之又齋 鄭遂榮(1743

54) 洪大容, 『湛軒書』外集 권2, 杭傳尺牘「乾淨衕筆談」.

55) 徐居正, 『四佳集』 권1, 記「江陵府雲錦樓記」.

56) 車天輅, 『五山說林草藁』,「車天輅撰」.

~1831)·김홍도·有春 李寅文(1745~1821)·心齋 李昉運(1761~?)·蕤堂 金夏鍾(1793~?) 등과 같은 당대 대표적 문인 및 화가들 대부분이 기행 사경을 위해 관동팔경을 유람했고 이를 그림으로 남기고 있다.

관동팔경은 금강산과 더불어 많은 사람들이 유람하길 소망하고, 우리나라 산천의 아름다움을 진경산수로 꽃 피우게 했던 장소이자 유람의 명소로 명성을 얻은 경승지였다. 관동팔경의 사례와 같이 국내 팔경문화는 각각의 지역적 특색을 가지고 만들어져 그 지역을 대표하는 명소로 자리 잡았고, 유람객을 불러들여 유람을 확산 시키는데 일조하였다.

제4절. 士大夫의 山水遊觀 심화

유람은 금전과 시간적 여유가 필요하기도 하지만, 험한 산에 오르는 것은 목숨을 걸 정도로 위험한 일이기도 했다. 유람으로 즐겨 찾는 명산들은 대부분 험준하여 항상 위험이 상존해 있었다. 그럼에도 불구하고 사대부들 사이에서 명승을 유람하고자 하는 풍조가 확산된 것은 사대부들에게 유람은 단순한 구경과 놀이이상의 의미라는 산수유관이 심화되었기 때문이다.

儒學에서 우주와 자연은 생명의 원천이며 터전으로 설명되고 있다. 유학사상을 근간으로 하는 조선의 사대부들은 天人合一을 중시했다. 산수와의 합일을 통해 安心立命하여 천명을 따르는 것을 삶의 경지로 여겼다.[57] 유학의 섭리를 익힌 사대부들은 산수는 天理대로 사는 삶의 방식을 익히는 도량으로 인식하였다. 조선전기의 문신 十淸軒 金世弼(1473~1533)의 다음과 같은 글에서 유학자들이 생각하던 공통적 산수

57) 윤사순, 『新 實學思想論』, 예문서원, 1996, 103~104쪽.

관념을 엿볼 수 있다.

> 혼돈이 한번 일어나자 위에는 하늘이 서고 아래에 땅이 서게 되었다. 가운데에 자리하게 된 것들은 하늘에서 氣를 받고, 땅에서 質을 받았다. 저 땅의 높은 것은 산이 되었고 깊은 곳은 물이 되어 넓고 두터운 곳에서 모여 흐른다. 그 사이에 모여 있는 사물은 초목과 鳥獸와 蛟龍과 물고기와 자라가 모두 한곳에 치우치게 의지하여 그 형질이 높고 깊숙함에 의지함을 알지 못한다. 사람만이 만물이 드러내는 빼어남을 생각하며 기탁 받은 質에 얽매이지 않고, 산수의 높고 깊음과 또 흐르고 우뚝 솟은 성질을 보고서 자신이 움직이고 고요하게 있는 德으로 삼는다. 그러므로 산수의 기이하고 수려한 절경을 보고 愛好하고 기뻐하는 것이 古今에 같은 것이다.[58]

김세필은 사람은 자연으로부터 기질과 본성을 부여받았지만 기질에 얽매이지 않고, 자연의 덕성을 본받는다고 했다. 그러므로 사람들이 자연을 감상하며 기뻐하고 애호하는 것은 예부터 지금까지 동일하게 가져온 생각이라는 것이다.

『詩經』의 小雅篇에는 "높은 산을 우러르며 큰길을 따라 걷고 걷는다."는 시구가 있다.[59] 여기서 높은 산은 泰山을 가리키고, 산은 높은 덕을 지닌 큰 인물에 비유된다. 더욱이 孔子가 태산에 올라 비로소 천하가 작게 보였다는 '登泰山小天下'와 군자의 智德을 산수에 비한 '仁者樂山 智者樂水'는 사대부들이 산수를 유람하는 이념적 기반이 되었다. 그러므로 사대부들에게 산수는 探勝物 이상의 의미를 가지고 있었다.

사대부들의 산수유관은 先儒를 본받아 유학의 이치를 터득하며 학문을 닦고 수양하는 것이었다. 守夢 鄭曄(1563~1625)은 "산수 역시 음란한 음악이나 美色과 같이 사람으로 하여금 점점 그 가운데로 빠져들어 돌아올 줄 모르게 하는 것이다. 仁者와 智者의 樂山樂水도 이와 같은

---

58) 金世弼, 『十清軒集』 권3, 文「山人敬懷山水軸序」.

59) 『詩經』, 小雅篇「車舝」. "高山仰止 景行行止".

것일까?"[60]라고 했지만, 위험한 곳을 오르는 고행을 통해서라도 공자의 '登泰山小天下'의 이치를 발견하고자 했다.

> 만약 비로봉의 절정에 오른다면 곧 우뚝 솟은 것, 흐르는 것, 모든 것이 흩어진 것들을 하나로 관통할 수 있을 것이다. 공자께서 천하가 작다고 하신 뜻이 천년이 지났어도 합치함이라. 내가 여력이 없어 그곳을 능히 부여잡고 오르고 밟을 수 없어 돌아보고 우두커니 서서 주저하고 슬퍼하며 바라 볼 뿐이요, 개탄할 뿐이다.[61]

정엽은 힘이 없고 나이가 들어 비로봉을 오르지 못하고 개탄만 했으나, 정상을 보면서 공자가 태산에 올라 천하가 좁다고 한 뜻을 깨닫고 있다. 再思堂 李黿(?~1504) 역시 금강산 유람을 통해 '인자요산 지자요수'의 요체를 깨닫고, 높은 곳에 올라 '行遠自卑'[62]를 알고, 흐르는 물을 보면서 '逝者如斯'[63]라는 공자의 말을 생각했다. 산의 유람은 중도에 일을 그만두는 나약함을 깨달을 수 있는 일이기도 하고, 배움을 힘쓰는 것이기도 하다고 비유했다. 그리고 금강산에 올라 읊은 시에서 "높은 산을 우러르며 敬仰하고, 흐르는 물은 정을 편다."라고 하여 금강산을 앞서 살핀 『詩經』의 '仰止'와 같은 대상으로 형상화하여 유학자의 外物의식에 접근하고 있다.[64] 산수유람을 통해 자신의 道理를 새롭게 깨닫고, 학문의 이치와 배움을 터득하는 방법을 체득하려 하고 있다.

이황은 "산을 유람하는 것은 독서하는 것과 같고, 산을 등정하는 과정은 도의 절정을 찾아가는 것과 같다."고 하였다.[65] 月下 趙運道(1718~

---

60) 鄭曄, 『守夢集』 권3, 雜著 「金剛錄」.

61) 鄭曄, 『守夢集』 권3, 雜著 「金剛錄」.

62) 『中庸』의 "行遠必者邇 登高必自卑". 먼 곳을 가려면 반드시 가까운 곳에서 출발해야 하고, 높은 곳에 오르려면 반드시 낮은 데서 출발해야한다는 뜻이다.

63) 『論語』의 "逝者如斯夫 不舍晝夜". 가는 것이 물과 같고, 밤낮으로 쉼이 없다는 말로 학문은 쉼이 없어야 한다는 뜻이다.

64) 李黿, 『再思堂逸集』 권1, 雜著 「遊金剛錄」.

1796)도 淸凉山 유람 중에 "이제야 산을 유람하는 것이 독서와 비슷함을 깨달았다."라 하고 있다.66) 사대부들은 산수유람과 독서를 같은 수양 방법으로 인식하고 있다. 또한 이황은 洪応吉의 「遊金剛山錄」의 서문을 쓰면서 유람은 聖賢을 본받는 일임을 다음과 같이 말하고 있다.

> 공자가 태산에 올라 흐르는 물을 보고 감탄했고, 주자는 남악에 올라 구곡을 노래했다. …중략… 산에 오르고 물에 임하는 것은 가히 해와 달로서 성현의 일을 본받아 배울 수 있는 것이다. 諸君은 이미 그것을 배웠다. 知에 이르며 仁을 지키는 것, 이 두 가지에 즐거움이 있는 것이니 내가 제군들과 서로 종신토록 힘쓰지 않겠는가.67)

이황은 산을 유람하는 것이 공자와 주자의 뜻을 본받는 것이라고 설명한다. 이황이 언급한 주자의 南嶽 유람과 韓愈의 衡山 유람 또한 사대부들의 산수유관의 심화에 영향을 주었다. 주자는 중국의 南嶽인 衡山을 유람하고 『南嶽唱酬集』을 남겼는데, 이 창수집은 사대부들이 주자의 「雲谷記」·「遊衡岳錄」과 함께 유람의 전범으로 삼았다. 그리고 「武夷九曲歌」를 본받아 이황은 「陶山十二曲歌」를, 栗谷 李珥(1536~1584)는 「高山九曲歌」를 지었다.

愼齋 周世鵬(1495~1554)도 자신의 청량산 유람을 주자와 張南軒의 「南嶽遊山後記」를 들어 이들의 유람을 본받고 있음을 다음과 같이 표현했다.

---

65) 李滉, 『退溪集』 권3, 詩 「讀書如遊山」.

66) 趙運道, 『月下集』 권2, 記 「遊淸凉山記」(국립중앙도서관 청구기호 한古朝46-가1902). "而始覺遊山之有似於讀書也". 이하 청량산 유람기록의 번역내용은 『옛 선비들의 청량산 유람록』(Ⅰ·Ⅱ, 청량산박물관 엮어옮김, 민속원, 2007·2009)을 주로 참고하였음을 밝혀둔다.

67) 李滉, 『退溪集』 권42, 「洪応吉上舍遊金剛山錄序」.

〈그림 5〉 李成吉, 「武夷九曲圖券」 부분, 16C, 紙本淡彩, 33×99㎝, 국립중앙박물관

> 이번에 가서 잡시 85수를 짓고, 전후의 일을 같이 기록하여 '淸凉散吟'이라 했는데 백여 편이 되었다. 돌아와 바닷가에 누어 아이들과 더불어 한번 펼쳐 보니 이번 유람이 적절하고 좋았다는 생각이 든다. 비록 그러하나 또한 경계할 것도 있다. 옛날 주자와 더불어 장남헌이 남악을 유람하고 甲戌일부터 庚辰일까지 무릇 칠일 동안 唱酬하여 얻은 시가 149편이었다. …중략… 「南嶽遊山後記」를 만들어 이르기를 "癸未일부터 丙戌일까지 무릇 나흘 동안 嶽宮에서 櫧州에 이른 것이 백팔십리인데, 그 사이 산천과 들의 풍경과 경물이 보이는 것 마다 시가 아닌 것이 없었고, 대개 시에 대해 궁리하고 찾아 서로 더불어 토론하기로 약속했으나 진실로 그렇게 할 여가가 없었다."고 하고, 또 말하기를 "시를 짓는 것이 본래 나쁜 것은 아니나 우리가 깊이 뉘우치고 단호히 그만둔 것은 근심을 일으키는 것을 걱정해서이다. 여러 사람이 있어 어진 것을 더하여 보완해주어도 오히려 혹 감정에 빠지는 것을 면치 못하는데, 하물며 무리를 떠나 혼자 있게 된 뒤이랴. 사물의 변화는 무궁하여 깜새의 짧은 사이에도 耳目을 미혹하고 마음에 뜻한 바를 움직이게 할 수 있으니 또 장차 무엇으로 이를 막겠는가."하였던 것이다. 일행이 마침내 그 얘기를 모두 기록하여 옆에 두고 보며 경계로 삼았다.[68]

주세붕은 주자를 본받아 청량산을 유람하며 지은 시를 「淸凉散吟」으로 묶고, 「유청량산록」을 남겼다. 그리고 주자가 유람 후에 반성한 바를 상고하며 자신들도 청량산 유람에 대한 경계로 삼고자 했다. 이황도 출사하여 여러 관직을 거치다가 1555년 2월 사직하고 같은 해 겨울 청량산에 들어가 한 달간 독서하였는데, 이때 산중에서 「遊山書事十二首」

68) 周世鵬, 『武陵雜稿』 권7, 雜著 「遊淸凉山錄」.

를 제작했다. 주자가 겨울에 南嶽을 올랐던 일을 상고하여 겨울에 청량산을 올랐고, 이 작품도 주자의 「雲谷雜詠」에 차운한 것이다.[69)]

김종직은 공자가 태산에 오른 것과 한유가 형산을 유람하던 뜻을 사모하여 지리산을 유람한다는 뜻을 밝히고 있다.[70)] 그리고 주자가 여산에서 빼어난 경승에 이름을 지었다고 하며, 자신이 지리산의 봉우리나 바위의 이름을 고치는 것에 대한 근거로 삼았다. 삶이 고단하고 나이가 많아 직접 남악을 유람하지는 못하나, 주자가 남악을 유람한 가르침을 받들어 벗들에게 알린다고 하여 주자의 유람을 본받고자하는 의지를 보이고 있다.[71)]

또한 寒岡 鄭逑(1543~1620)는 伽倻山 유람 중에 『朱子年譜』의 「武夷山記」, 『남악창수집』 서문과 시를 읽으면서 자신들이 가야산을 유람하는 사정과 흡사한 점이 너무도 많다고 회고하였다. 그리고 '곧은 마음으로써 원대함을 기대함이지, 눈앞의 광경만 탐함이겠는가[直以心期遠非貪眼界寬]'와 같은 시구의 의미는 산에 오른 자신들이 법으로 삼을 뿐만 아니라 산행을 하는 모든 사람이 의미를 알아야 한다면서 주자의 유람을 본받고자 하였다.[72)]

산수유람을 통해 공자와 주자의 뜻을 본받고자 하는 산수유관은 조선 전시기에 걸쳐 사대부들이 유람을 발행하는 근본이 되고 있는 것이다. 苟全 金中清(1567~1629)도 「遊清凉山記幷序」에서 산을 깊이 좋아하는 것은 군자만이 할 수 있는 것이라 하고, 산을 애호하게 되는 것은 사

---

69) 이종묵, 「退溪學派와 清凉山」, 『정신문화연구』 24권 4호, 2001, 14~16쪽.

70) 金宗直, 『佔畢齋文集』 권2, 「遊頭流錄」. "某嘗慕宣尼登岱之觀 韓子遊衡之志". 이하 지리산 유람기록의 번역내용은 최석기 外 譯, 『선인들의 지리산 유람록』(돌베개, 2000)·『용이 머리를 숙인 듯 꼬리를 치켜든 듯』(보고사, 2008)·『선인들의 지리산 유람록』 3·4(보고사, 2009·2010)를 주로 참고하였음을 밝혀 둔다.

71) 이혜순 외, 『조선중기의 유산기 문학』, 집문당, 1997, 79쪽.

72) 鄭逑, 『寒岡集』 권9, 雜著 「遊伽倻山錄」.

람 때문이라고 다음과 같이 설명한다.

> 仲尼께서 魯나라에만 계셨다면 곧 칠십 제자가 동쪽의 산을 유람하지 못하고 闕里를 유람했을 것이고, 茂叔[周敦頤]이 宋나라에만 있었다면 곧 二程[程顥·程頤]이 南嶽에서 시를 읊지 못하고 濂溪에서 시를 읊어 세상에 유람하며 읊조릴 만한 것이 없었을 것이다. 중니의 성스러움과 더불어 무숙의 어짊 같은 뛰어난 것이 있은 연후에야 朱晦庵과 張南軒이 있었고, 이에 형산을 유람하며 唱酬하게 된 것이다. 이 어찌 그 사람을 세상에서 볼 수 없다 생각하여도 그 사람과 같이 산을 보고 깊이 애호하기를 멈추지 않는 것이 아니겠는가.73)

공자와 주돈이의 유람을 통해 주자의 형산 유람이 있었고, 사람들이 산을 깊이 애호하고 찾게 되는 것도 이들의 유람이 있었기 때문이라고 설명한다. 그리고 이황이 청량산을 유람하고 시를 읊조린 것도 공자와 주자를 본받았기 때문이라고 하면서 이황을 청량산같이 청량한 인물로 비유했다. 김충정은 청량산을 유람하는 이유를 공자·주자와 더불어 자신의 스승인 이황의 전례에서 찾고 있다.

조선후기로 갈수록 사대부들은 산수유관의 모범이 되는 인물을 국내의 巨儒에서 찾고자 하였다. 그러므로 청량산은 이황의 유람이후 제자들과 士林들이 지속적으로 유람하는 현상을 가져온다. 이러한 현상은 청량산뿐만 아니라 지리산에서도 마찬가지였다. 지리산이 김종직과 그의 제자 김일손의 유람에 의해 嶺南士林들에게 알려지기 시작했고, 조식이 지리산에서 寓居하며 유람한 이후 조식의 문인들이 그를 기리기 위해 자주 찾게 된다.74)

산수는 道가 깃들어 있는 공간으로서 사대부들이 유람을 통해 선현의 뜻을 본받고 道心을 기르는 장소였던 것이다. 사대부들에게 산수는 심

73) 金中淸, 『苟全集』 권5, 記 「遊淸凉山記幷序」.

74) 이상균, 앞의 논문, 2012, 121~122쪽.

신을 수양하는 修己의 장이었다. 이러한 산수유관은 당시 사대부들이 지향하는 유람이었다. 그러므로 학문의 이치를 궁구하여 경물의 이치를 깨닫지 못하는 학문적 수준에 있는 사람의 유람을 자중시키기도 했다. 김창협이 53세 때인 1703년 黃奎河에게 유람의 유익함을 설명함과 동시에 함부로 유람하지 말 것을 권면하는 내용을 편지에 담아 보냈다.

> 유람의 유익함에 대해서는 蘇子由·馬子才의 글 두 편에 자세히 나와 있네. 그러나 그것도 평소에 글을 읽고 학문을 하여 마음속에 쌓인 것이 풍부해진 뒤에나 외물을 보고 듣는 것이 내면을 감동시켜 발현시킬 수 있다는 말일 뿐이니, 어찌 마음속은 공허하여 아무것도 없으면서 오로지 외물의 도움에만 의존한다는 뜻이겠는가. 仁者와 智者가 산수를 좋아하는 것도 이와 같네. 만약 평소에 이치를 궁구하고 마음을 보존하는 공부를 하지 않다가 갑자기 우뚝한 산의 정적인 모습과 흐르는 물의 동적인 모습을 보고 仁과 智의 취향을 끌어내려 한다면 어찌 어렵지 않겠는가.[75]

김창협이 이 편지를 보낼 때 황규하는 26세였다. 황규하가 유람을 하고자 전별의 글을 지어달라고 요청한 것이다. 김창협은 외물의 도움에만 의존하면 유람하는데 큰 의미가 없으므로 학문의 이치를 궁구하여 깨달은 이후에 유람을 하도록 권유하였다. 외물만을 보고자하는 유람을 자중할 것을 당부하고 있는 것이다. 김창협 자신도 젊은 시절 금강산을 유람하면서 아름답고 화려한 점만 좋아하여 바쁘게 오르내리며 널리 구경함으로써 만족하려고 했던 것이 매우 유감스러웠다고 밝히고 있다. 경물을 많이 보는데 빠져 道의 견지에서 관찰하고, 정신으로 이해한 후 성정을 도야하여 흉금을 넓히는 기회로 삼지 못했음을 아쉬워했다.[76] 황규하가 유람을 가려하자 자신이 젊은 시절 유람할 때 겪은 현상을 설명해 주고 유람을 권면하고 있는 것이다. 明齋 尹拯(1629~1714)도 沈廷熙의 손자

---

75) 金昌協, 『農巖集』 권18, 書 「答黃奎河」(번역문은 한국고전종합DB 참고).

76) 金昌協, 『農巖集』 권25, 題跋 「柳集仲溟嶽錄跋」.

가 금강산 유람을 간다고 하자 "조금이라도 한가한 때에 학업을 연마하지 않고 한가로이 돌아다니며 도로에서 세월을 허비함이 애석하다."하고 있다. 학문의 깊이 없이 유람하다가 외물의 경치에 빠져 유흥에 그칠 것을 우려했다.[77] 반면, 眉叟 許穆(1595~1682)은 천지 만물이 무궁하다는 것을 유람을 통해 얻을 수 있음을 다음과 같이 말하고 있다.

> 무릇 천지의 큼과 古今의 자취와 만물의 무궁함을 書籍으로 다 알 수 있다고 생각하였습니다. 중년에 山澤을 따라 유람하면서 태백산에 올라 해 뜨는 경계를 엿보고, 九域의 빈터를 지나서 維火의 아주 남쪽을 다 보았소. 그런 다음에 慨然히 탄식하였으니, 이른바 천지가 큰 것과 고금의 자취와 만물의 무궁함은 글만 읽어서는 깨칠 수 없는 것입니다. 지금 王孫은 邊塞 4천리를 뚫고 나가서 玄菟·扶仙을 지나 碣石·幽·燕의 옛터에 들어가서 옛 나라의 남은 風習을 探問하고, 또 三韓 밖에 나가서 三神洞을 유람하고 天王峯 맨 꼭대기 1만 4천 길을 올랐으니, 천하를 장하게 유람한 것이 지극했다 이를 만합니다. 글 속의 한없는 즐거움에 그윽이 合致했다 할 만하니, 더욱 감탄하고 흠모함을 금치 못하겠소.[78]

허목은 중년에 전국을 유람하면서 깨달은 바가 있었다. 고금의 자취와 만물의 무궁함은 글만 읽어서는 깨우칠 수 없다는 것이었다. 글 속에서 얻은 자연의 이치에 대한 깨달음의 즐거움이 유람을 통해 직접 봄으로써 더욱 합치되고 있다는 것이다. 허목은 유람에서 知行合一의 이치를 터득하고 있음을 설명하고 있는 것이다.

산수를 애호하고 즐기고 싶어 하는 생각은 누구나 가지고 있는 공통된 관념이었다. 풍류를 즐기고 경치의 완상만을 위해 산천을 유람하는 사람도 있었다. 그러나 조선시대의 유람문화를 향유했던 사대부들의 산수유관은 근본적으로 유가적 사상에 기반을 두고 있었다. 공자와 주자,

77) 尹拯, 『明齋遺稿』 권22, 書 「答沈明仲」.

78) 許穆, 『眉叟記言』別集 권7, 書牘3 「答朗善君俁」(번역문은 한국고전종합DB 참고).

그리고 先學의 유람을 본받아 산수에서 학문적 이치를 깨닫고자 하는 사대부의 산수유관은 점점 심화되었다. 사대부들의 산수유관의 심화는 사대부들이 유람을 발행하는 명분으로 작용하여 유람을 더욱 유행시켰다. 유가적 소양을 갖춘 사대부들 누구나 평생에 한번 쯤 유람을 소망했고, 학문의 체험과 성취를 위해 유람을 필수적으로 행해야 할 문화행위로 인식하였다.

임진왜란과 병자호란으로 국토가 황폐화되고 국가가 전후복구에 몰두하고 있는 시점에도 사대부들의 유람이 끊이지 않고 더욱 지속되었던 이유도 이러한 산수유관의 심화가 있었기 때문이다. 사대부 본인들 스스로가 유람은 인격수양과 공부를 위한 방법으로 인식하고 있었으므로, 戰後상황을 의식하지 않고 적극적으로 유람을 행할 수 있었던 것이다. 특히 양란 이후 제기되고 있는 國家再造論의 중요한 논점 중 하나가 유교 본래의 정치이념을 실천하자는 것이었다. 戰禍를 겪으면서도 조선정치의 근간을 이루었던 성리학적 이데올로기는 붕괴되지 않았다. 오히려 주자학 정치이론의 핵심인 修己治人의 修養論을 통해 국가를 재건해야 한다는 것을 강조하였다. 주자학에서는 治者를 君子와 사대부로 상정하고 이들의 학문과 정치는 수기치인으로부터 나오는 것으로 보고 있다. 사대부를 保民의 주체로 삼고 이에 상응하는 자질과 능력을 요구한 것이다. 즉, 학문과 爲政을 바로 하는 것은 수기치인에서 나오는 것이며 사대부는 이를 책무로 삼는 자였다. 그러므로 국가재건을 위해서는 치자들이 仁政과 王道政治를 구현하여야 하는데, 이를 위해서는 치자인 사대부의 自淨과 自修는 필수였고, 스스로 학문에 몰두하고 수기치인하여 국가나 민생의 기대에 부응해야 한다는 것이다.[79] 양란 직후 이러한 관념의 강화는 사대부들이 스스럼없이 유람을 할 수 있는 명분을 만들어 주었다. 오히려 더욱 적극적으로 유람을 행했다. 사대부들의 산수유관속

79) 김준석, 「兩亂期의 國家再造 문제」, 『한국사연구』 101, 1998, 118·141쪽.

에는 유람은 곧 산수를 통해 仁智之樂을 이루는 공부 방법 중 하나였고, 자신을 수양하는 행위로 인식되고 있었기 때문이다.

제Ⅱ장

사대부의 유람 명분과 목적

사대부들은 유람을 즐겨 했고, 산수를 좋아하여 '江湖歌道'를 만들어 내기도 했다. 유람에는 많은 비용이 소요되었고, 시간이 여의치 않거나 나이가 들어 거동이 불편한 사람들은 가기가 매우 힘들었다. 그러므로 선대 유람자들이 남겨놓은 산수유기를 읽거나 그림을 보고 간접체험을 하는 臥遊로 대신하기도 하였다.

사대부들이 유람을 행할 때는 그들만의 뚜렷한 명분과 목적의식을 가지고 있었다. 유람의 명분과 목적은 사대부들이 유람을 하고 직접 남긴 산수유기에서 살필 수 있다. 산수유기에는 유람을 하는 경위, 과정, 느낀 점 등이 소상히 기술되어 있다. 이 가운데 유람의 명분과 목적은 서두에서 주로 밝히고 있고, 직접 밝히지 않았다 하더라도 유람과정의 기술내용에서도 간간히 살필 수 있다.

사대부들의 산수유기를 분석하여 본 결과 조선 전시기에 걸쳐 공통적으로 나타나는 사대부들의 주요 유람 명분과 목적을 몇 가지 시각에서 파악할 수 있었다. 다만 분석의 시기가 광범위하다는 점과 파악된 내용이 작자의 특성과 시기차를 고려하지 않고 수평적으로 배열되고 있다는 문제점이 적시될 수 있다. 그러나 사료의 분석 결과 이같은 차이를 막론하고 조선시대 전반에 걸쳐 지속적이고 공통적 양상으로 나타나는 사대부들의 보편적인 유람 명분과 목적을 도출할 수 있었다.

사대부들은 유람을 통해 脫俗을 체험하며 자연 속에서 安分自足하는 삶을 느껴보는 시간을 가져보고자 했다. 또한 司馬遷의 유람과 같이 高

人과 才士의 발자취를 답사하여 浩然之氣를 길러 文氣를 涵養하고, 성리학적 입장을 견지하여 道를 체득하기위한 방편으로 유람을 행했다. 역사현장을 찾아 역사의식을 고양하기도 했고, 선현의 자취를 踏驗하기도 했다. 그리고 사대부들이 지방관으로 補任하면서 府內의 순찰을 명분으로 유람을 병행하여 즐겼다.

본 장에서는 이러한 사대부들의 유람 명분과 목적을 살펴봄으로써 유람이 조선시대 사대부들에게 어떤 문화행위로 보편화 되어가고 있었는지를 밝혀보고자 한다.

제1절. 脫俗과 安分의 체험

春亭 卞季良(1369~1430)은 산을 유람하면서 "먼 산길 구름 속에 반쯤이나 들어가니 이 유람이 俗塵을 피하기에 족하구나!"라고 하였다.[1) 변계량은 유람을 통해 속진을 벗어난 탈속의 기분을 느끼고 있다. 당시 사대부들이 유람하면서 지은 시들을 살펴보면 변계량과 같이 탈속의 감흥을 나타내는 문구들이 많이 나타난다.

李珥는 나라에 道가 있을 때는 出仕를 통해 정치적 이상을 실현하는 '兼善天下'를 이행하고, 도가 없을 때는 은거하여 '獨善其身'하는 것을 신하의 도리로 설명하고 있다.[2)]

조선시대 대부분의 사대부들은 출사에 목적을 두고 있었다. 출사의 길을 단념하고 退處해 버린 사대부들도 일부 있지만, 어느 시기를 막론하고 이이가 말하는 '독선기신'을 실천하는 사대부는 많지 않았다. 다만,

1) 卞季良, 『春亭集』 권1, 詩 「登山題惠上人院」.

2) 李珥, 『栗谷全書』 권15, 雜著 「東湖問答」 "論臣道".

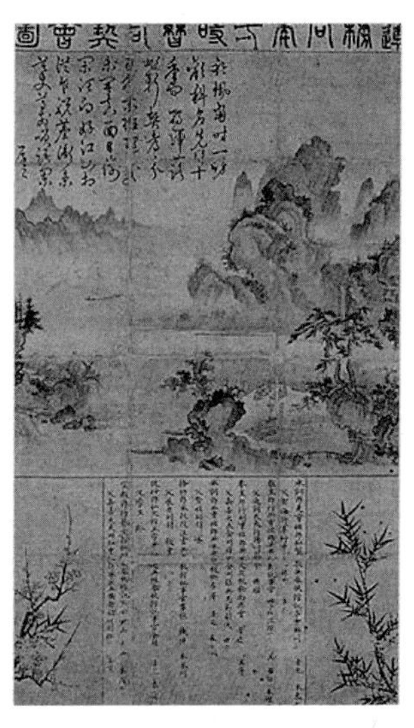

〈그림 6〉 作者未詳, 「蓮榜同年一時曹司契會圖」 1531年, 紙本淡彩, 101×62㎝, 국립광주박물관

복잡하고 번다한 일상에서 벗어나 탈속의 자유를 느끼고자 하는 열망은 모두 가지고 있었다. 河西 金麟厚(1510~1560)는 1531년 과거에 함께 급제한 7명의 동기생들과 契를 만들고, 여가가 있을 때마다 江山을 찾아 모임을 가졌다. <그림 6>과 같이 1542년의 契會를 그림으로 그려 놓았는데, 김인후의 題畵詩에 "한가한 겨를을 틈타 좋아하는 강산을 향하여 서로 좇아 잠시 세속의 굴레를 벗어났으니 술잔 앞 우스갯소리 늦추지 않는다."[3] 라고 하여 여가에 강산을 찾아 탈속을 느껴보고자 하는 심정을 느낄 수 있다.

탈속과 안분은 사대부들이 삶 속에서 항상 지향하는 이상이었지만 현실에서 벗어나기란 쉽지 않았다. 그리고 벼슬에서 아주 물러나지 않는 한 자신만의 편한 시간을 오래도록 갖는 것도 신하의 도리가 아니라 생각하였다. 澤堂 李植(1584~1647)은 「閑行」이라는 시에서 신하의 몸으로 한가히 노닐면서 일신의 安逸만 꾀하는 것을 부끄럽게 여기고 있다.[4] 그러므로 사대부들은 일상 속에 여가가 생기면 잠시나마 탈속과 안분의 체험을 느끼고자 하였는데, 그 하나의 방편이 유람이었다. 변계량처럼 사대부들은 유람을 탈속과 안분의 기분을 느끼는 기회로 삼기도 한 것이다.

서거정은 고향집을 추억하는 시에서 벼슬살이의 시름을 벗어나 歸去

3) 金麟厚, 『河西集』 권10, 詩 「辛卯蓮榜曹司契會軸」.

4) 李植, 『澤堂集』 권4, 詩 「閑行」.

來를 실천하지 못하는 심정을 토로하고 있다.

매화는 오늘의 비를 맞이하고	梅迎今日雨
보리는 옛 고향의 가을을 보내오네	麥送故園秋
집으로 돌아가는 것이 가장 좋은 줄 알거니	最識還家好
일어나는 벼슬살이 시름 어찌 감당하랴	那堪作宦愁
강산에는 나막신이 두 짝이고	江山雙蠟履
천지엔 낚싯배 하나 뿐	天地一魚舟
그 어느 날 깨달아 고향에 돌아가	歸去知何日
내 능히 어젯밤 꿈처럼 놀아보나	吾能昨夢遊[5]

〈그림 7〉 書義, 「五柳歸莊圖」, 中國 淸代, 紙本淡彩, 194.0×118.7㎝, 국립중앙박물관

서거정은 고향으로 돌아가 벼슬살이 시름을 내려놓고 안분을 즐기고자 하는 이상을 가지고 있어 귀거래를 실천하고 싶어 했다. 그러나 처한 현실의 모든 것을 버리고 그와 같이 할 수 없음을 한탄하였다. 醉默窩 金亨百은 이름난 산수에 노닐기를 좋아하였으므로 사람들이 處士라 불렀다. 금강산에 들어가 바닷가의 절경들을 유람하고, 서쪽으로 묘향산에 올라 沸流水를 굽어보는 등 옛사람의 발자취를 밟아가며 훌쩍 속세를 벗어날 뜻을 품었다.[6] 윤증도 비좁고 시끄러운 세상을 속히 피해 산

5) 徐居正, 『四佳詩集』 권20, 第13 詩類 「憶村家」.

6) 朴趾源, 『燕巖集』 권7, 鍾北小選 「醉默窩金君墓碣銘」.

과 계곡에서 한가롭게 노니는 생애를 누리고 싶지만 선뜻 그렇게 할 수 없음을 한스러워 하였다.[7)]

당시 사대부들의 탈속과 안분적 성향은 윤증이 쓴 申渷의 行狀에 잘 드러난다.

> 평소에는 교유하는 것을 좋아하지 않았으며 집안에 티끌 하나 없이 깨끗하게 청소하였다. 왼쪽에는 그림을 오른쪽에는 책을 두고, 소나무를 재배하고 학을 길렀다. 꽃 피는 아침과 달 밝은 밤이면 시를 읊조리며 스스로 즐거워했다. 평소 산수를 좋아하여 비록 城市에 居할지라도 일찍이 山林에 미치지 않은 적이 없었으며 풍악 등 여러 산을 유람하였다. 상시 말하길 "어수선한 지금 세상에서 거처할 곳이 보이지 않는구나. 하물며 늙고 몸이 쇠하였으니, 水石이 좋은 한 곳을 얻어 영원히 속진에서 물러나 띳집을 엮어 노닐며 남은 생을 마칠 수 있을까." 하였다. 陶淵明의 「歸去來辭」와 「歸去來圖」를 벽에 걸어 놓고 외고 읊조리며 회포를 부쳤다.[8)]

사대부들은 물러남의 가장 모범적인 미덕을 陶淵明의 歸去來에서 찾고 있다. 귀거래를 통한 탈속과 안분적 삶은 대부분의 사대부들이 항시 추구하고자 했던 이상이었다. 蛟山 許筠(1569~1618)은 중국의 은거자들에 대한 자료를 수록한 『閒情錄』에서 사대부가 山林에 참으로 은거할 마음이 없거나 은거의 정취를 체득하지 못하면 산림자체를 질곡으로 여긴다고 하였다. 그러면서 중국 宋나라 王安石이 산중에 은거하여 살았지만 세속을 다 잊지 못했고, 도연명만이 완전한 탈속을 이루었다고 평하고 있다.[9)]

葛川 林薰(1500~1584)은 1574년 광주목사로 재직 시 주변에 명승이 있다는 소리를 들으면 공무를 보는 여가에 짚신을 신거나 가마를 타고

---

7) 尹拯, 『明齋遺稿』 권9, 書 「上市南 壬寅六月三日」.

8) 尹拯, 『明齋遺稿』 권44, 行狀 「濟用監正申公行狀」.

9) 許筠, 『閒情錄』 권4, 「退休」.

가서 유람하며, 유연히 세속을 벗어나려는 생각을 갖기도 하였다.[10] 鶴峰 金誠一(1538~1593)도 西厓 柳成龍(1542~1607)이 지은 시를 차운하면서 반평생 관직에 매여 세상을 벗어날 수 없음을 한스러워 하며 淸遊하기를 원하고 있다. 전라도 나주 信傑山을 유람할 때에는 伏巖臺에 올라 술에 취해 이 길로 벼슬자리를 내던지고 고향의 전원으로 돌아가고 싶은 귀거래의 심정을 시로 읊었다.[11]

藥泉 南九萬(1629~1711)은 부여의 만수산 無量寺를 유람할 때 평소의 무궁한 시름을 다 잊었다고 시로서 술회하고 있다. 그리고 금강산에서 가을 경치를 구경하고 돌아온 李漢翼을 맞으면서 읊은 시에서는 "시내 바람이 속세로 돌아가는 이한익을 전송한다."고 하여 유람을 탈속으로 인식하고 있다.[12] 최립은 금강산을 유람할 때 물재를 내려오면서 "세상에 돌아갈 생각 없고, 黃龍의 바위를 지나면서 속세의 먼지를 털었다오"라고 하여 유람을 物外를 벗는 행위로 표현하기도 하였다.[13]

이처럼 사대부들은 유람을 仙境에 들어 탈속과 안분을 체험하는 행위로 인식하고 있다. 특히 사대부들 가운데 산수에 묻혀 살기를 원하는 山水癖이 있는 사람들이 있었다. 이들은 평생 산수유람을 그리워하기도 하고, 여가가 날 때마다 수시로 유람을 즐겼다. 峒隱 李義健(1533~1621)은 煙霞之癖[山水癖]이 있어 젊은 시절 명산을 유람하다 아름다운 경관을 만나면 그 속에 심취하여 돌아갈 것을 잊곤 하였다.[14]

이의건과 같은 산수벽은 많은 사대부들이 가지고 있었다. 김창협은 젊은 시절 두 번 유람한 금강산을 항상 마음에 두고, 늙고 병들어서도 그리워하며 다시 가보고 싶은 마음을 버리지 못하고 있다.[15] 이유원은

---

10) 林薰, 『葛川集』 권4, 附錄 「行狀」.

11) 金誠一, 『鶴峯逸稿』 권1, 詩 「次柳而見韻」.

12) 南九萬, 『藥泉集』 권1, 詩 「無量寺」.

13) 崔岦, 『簡易集』 권8, 東郡錄 「金剛山謝太熙相將到摩訶衍」.

14) 申欽, 『象村集』 권25, 墓碣銘 「峒隱李公墓碣銘」.

40년 동안 경기·관서·관동·영남·호남·호서·해서 등에 있는 경승지 곳곳을 유람하였다. 그가 지은 「春明逸史」에 자신의 유람을 술회하면서 개략적으로 나열한 유람지만 60여 곳이 넘는다.[16]

산수에 취해 수차례 유람을 다니는 사람도 있었고, 다녀온 뒤로 감흥을 잊지 못하고 그리워하였다. 박세당은 부귀에 빠져 한 번도 산수를 돌아보지 않는 사람들이 많음을 탄식하고 있다.[17] 유람은 부귀를 떠나 사대부들이 생애에 한번 쯤 꼭 해봐야하는 것으로 여기고 있다.

유람을 가지 못하면 산수유기를 대신 읽거나 산수화를 감상하는 臥遊를 통해서라도 탈속과 안분을 즐기고자 하였다. 사대부들이 유람을 쉽게 결행하지 못했던 것은 대부분 비용보다는 시간적 여유가 부족하거나 高齡인 이유에서였다. 서거정은 관동의 간성으로 부임하는 兪太守에게 시를 지어 주면서 와유라도 즐기고자 하는 마음을 표현하였다.

東韓의 기이한 경치로는 관동을 말하니	東韓奇勝説關東
오늘 그 지방에 부임하는 그대 부러워라	今日分憂羨我公
봉래산 바다에는 신선의 자취가 많으며	蓬渤神仙多勝跡
마을사람들에게는 순박한 풍속이 있고	朱陳人物有淳風
蘇州의 讌寢詩는 응당 절묘하지만	蘇州讌寢詩応妙
山簡의 풍류와는 풍취가 서로 같다	山簡風流趣自同
늙고 병들어 문 닫고 앉아 백발 되었으니	老病閉門空白髮
臥遊의 그리운 생각 자욱한 곳에 떨쳤네	臥遊情思墮涳濛[18]

서거정은 경승이 있는 곳으로 부임하는 유태수를 山簡의 고사에 빗대어 부러워하고 있다. 산간은 晉나라 사람으로 술을 매우 좋아하였다. 襄

---

15) 金昌協, 『農巖集』 권22, 序 「送李瑋遊楓嶽序」.

16) 李裕元, 『林下筆記』 권26, 春明逸史 「名山歷覽」.

17) 朴世堂, 『西溪集』 권8, 題跋 「題綠水亭詩後」.

18) 徐居正, 『四佳詩集』 권29 第17 詩類, 「寄杆城兪太守」.

陽太守로 있을 때 峴山아래 위치한 習氏들의 養魚池 경치가 좋아 매일 그곳에 나가 온종일 술을 마시고 유람하며 풍류를 즐겼다.[19] 서거정은 자신이 나이가 들어 산간처럼 풍류를 즐기지 못함을 안타까워하고 있다. 관동의 경승에 대한 그리움을 와유를 통해서라도 달래보려 하는데 기억이 나지 않음을 한스러워 한다.

와유를 즐기는 풍조는 조선후기까지도 꾸준히 이어졌다. 경제력을 갖춘 사대부들은 자신의 집 안에 假山을 꾸미고 園林을 조성하여 소요자적 하기도 했다.[20] 중국 南朝時代 宋나라의 宗炳之는 벼슬에도 나가지 않고 유람을 즐겼는데, 늙고 병이 들자 유람했던 곳의 경치를 집에다 모두 그려놓고 와유를 즐겼다고 한다.[21]

사대부들은 벼슬에서 물러나면 평소 보다 적극적으로 유람을 하면서 안분의 삶을 구현하려 하였다. 聾巖 李賢輔(1467~1555)는 관직을 두루 거치다가 1542년 76세 때 知中樞府事에 제수되었으나 병을 핑계로 벼슬을 그만두고 낙향하여 만년을 江湖에 閑居하였다. 자연 속에서 자유롭게 지내며 흥이 날 때마다 대지팡이와 짚신을 신고 산을 유람하였다. 마음에 드는 곳을 만나면 자리를 깔고 앉아 흡족하여 기뻐하고, 두서너 잔의 술로도 만족해하며 담소로 환락하는 청빈의 안분을 즐겼다. 유람할 때 시동에게 '漁父詞'를 부르게 하여 표연히 세상을 떠나서 홀로 있는 것과 같은 분위기를 즐기기도 했다. 山寺유람을 좋아하여 최후에는 臨江寺에 寓居하였다.[22] 이행도 관직에서 잠시 물러나 1510년 嶺南을 유람하면서 쓴 「南遊錄」에는 생애에 바라던 유람을 하면서 탈속과 안분의 자유를 표현한 시를 많이 남겼다.[23]

---

19) 『晉書』 권43, 「山簡傳」.

20) 조선시대 사대부들의 와유를 위한 가산의 조성과 원림경영의 자세한 내용은 이종묵의 「조선시대 와유 문화 연구」(『진단학보』 98, 2004)가 참조된다.

21) 許筠, 『閒情錄』 권5, 「遊興」.

22) 李滉, 『退溪集』 권48, 行狀 「崇政大夫行知中樞府事聾巖李先生行狀」.

爲政者들은 左遷도 유람의 기회로 인식했다. 이식은 대사간을 세 차례 역임하였는데, 1632년 인조의 私親인 定遠大院君의 追崇이 예가 아님을 논하다가 인조의 노여움을 사서 강원도 간성현감으로 좌천되었다.[24] 이때 간성의 동쪽 누대에 올라 다음과 같은 시를 지었다.

만리 장한 유람 두 눈앞에 있구나	萬里壯遊雙眼在
백년의 뜬세상 하나의 거품 같아	百年浮世一漚如
신선을 사귀는 건 내일이 아니거니	神仙可接非吾事
한가한 벼슬 얻어 은거를 배우면 될 것을	贏得閑官學遁居[25]

이식은 간성현감으로 좌천되었지만 금강산이 있는 곳에 현감으로 가는 것을 "장한 유람을 한다."고 표현한다. 좌천이 달갑진 않으나 한가한 벼슬을 얻어 평소에 하지 못했던 隱逸을 흉내 낼 수 있는 기회로 인식하며 현실을 스스로 달래고 있다.

仕宦의 길에서 물러나거나 평생 출사를 포기하고 탈속하여 은둔하는 사대부들도 있었다. 成宗~中宗代에 관계에 진출한 在野士林들이 黨爭과 士禍를 피해 退處하거나 출사하지 않았더라도 자신의 이상을 펼 수 없다 생각한 사림들은 은둔하였다. 대표적 인물 15명이 『燃藜室記述』 中宗·明宗代의 遺逸條에 실려 있다.[26] 이들은 은둔처에서 정치적 현실을 개탄하기도 하고, 학문적 성취를 위해 노력하기도 한다. 은거지의 산수에 대한 애정이 남달라 주변의 명승유람을 통해 구도에 힘쓰고 安貧樂道의 삶을 추구하기도 하였다.[27]

---

23) 李荇, 『容齋集』 권7, 「南遊錄」.

24) 『仁祖實錄』 권24, 9년 5월 癸未.

25) 李植, 『澤堂集』 권5 詩, 「杆城東樓作」.

26) 『燃藜室記述』 권9, 中宗朝故事本末 「中宗朝遺逸」(徐敬德·柳藕); 권11, 明宗朝故事本末 「明宗朝遺逸」(成守琛·李希顔·曹植·成悌元·趙昱·李恒·成運·韓脩·林薰·南彦經·金範·鄭碏·鄭磏).

제2절. 문기함양과 求道의 체득

사대부들에게 유람은 탈속과 안분을 체험하는 행위이기도 했지만, 公明과 政事에 뜻을 품은 사람이라면 누구나 실천해야 하는 '淸遊'이기도 했다. 청유는 유람 중에서도 깨끗하고 속되지 않은 유람을 말한다. 단순히 경승과 기물을 보고 풍류를 즐기는 것이 아니라 高人과 才士의 발자취를 답사하고, 그 성패와 득실의 思惟를 고찰하여 문장을 지을 때나 정사에 적용하고자 하였다.

이유원은 사람에게 長壽와 문장과 산수에 대한 욕심이 있는데, 산수에 대한 욕심을 가장 충족시키기 어렵다고 하였다. 명산대천에 문장이 있는 것이라 하고 오직 司馬遷만이 유람을 잘 활용하였다고 평가하고 있다.[28] 사대부들은 사마천과 桑弧蓬矢의 고사를 자주 인용하면서 자신들의 유람목적을 피력하였다. 사마천은 20세 때 남으로 江淮에 노닐고 북으로는 汶泗를 건너 천하의 산천을 유람하였다. 이때 浩瀚의 기운을 얻어 이를 문장으로 발휘하여 『史記』를 지었다고 한다.[29] 상호봉시는 남아가 태어나면 뽕나무 활과 쑥대화살을 사방으로 쏘아 큰 뜻을 이루길 바라는 것을 말한다.[30] 천지사방은 남아가 일할 곳이므로 먼 지방을 유람하는 것은 원대한 꿈을 성취하기 위한 진취적 기상을 기르는 것이다.

임훈은 1574년 광주목사로 재직할 때 霽峰 高敬命(1533~1592)에게 광주 無等山 유람을 제안하면서 자신의 유람에 대한 견해를 피력하였다. 천하의 장관을 구경하면서 浩然之氣를 구하는 일은 儒家에서 할 일

---

27) 『연려실기술』 유일조에 실린 인물들의 산수인식의 자세한 내용은 강정화의 「16세기 유일의 산수인식과 문학적 표출양상」(『남명학연구』 23, 2007)이 참고된다.

28) 李裕元, 『林下筆記』 권37, 蓬萊秘書 「蓬萊秘書序」.

29) 『古文眞寶』 後集, 「上樞密韓太尉書」.

30) 『禮記』 內則.

이라 말하고, 사마천의 문장 변화가 마치 四時에 萬像이 출현하듯 명문인 것은 유람에서 얻은 것이라 하였다. 그리고 다음과 같이 사대부의 유람자세와 목적을 설명하고 있다.

> (사마천)이후 유람하는 자들이 그 풍류를 흠모하여 그 행적을 따르지 않는 자가 없으나 단지 보는 것이 못은 물로 이루어진 것인 줄 알고, 푸름은 산으로 이루어진 것인 줄로만 알아보니 지나간 뒤에는 얻는 것이 없다. 돌이키면 한 덩이 텅 빈 몸뿐인데, 어찌 호연지기에 보탬이 있을 수 있겠는가.[31]

많은 사람들이 사마천의 풍류를 따라 유람하지만 경물의 아름다움만을 보고 유람의 이치를 깨닫지 못하는 것을 비판하고 있다. 유가의 유람목적과 자세는 호연지기를 기르고 자연의 이치를 터득하는 것으로 설명하고 있다. 이이도 "호연지기를 기르려고 하면 산과 물을 버리고 어떻게 하겠는가"라 하고 금강산을 유람하러 떠났다고 한다.[32] 즉, 사대부들은 산수유람을 수려한 문장을 창작할 때 도움이 될 수 있는 문기와 호연지기를 기르기 위해 행하기도 한 것이다. 그러므로 유람을 하면서 보고 느낀 경물을 대상으로 수많은 시를 習作하여 남기고 있다.

사대부들에게 製述은 기본 소양이었고, 과거입격을 위해서도 필수적 요건이었다. 世祖代에는 정2품 문신에게 보도록 한 拔英試에 御製詩 9章을 출제하기도 하였다.[33] 현직 문신의 경우 經筵과 왕실의 행사에서 국왕과 자주 酬唱해야 했고, 외국 사신들이 올 경우 이들의 시에 應酬해야 했다. 외국 사신들의 수준에 맞추어 수창할 수 있는 능력은 외교적으로 매우 중요한 사안이었다. 사신들과의 시문 수창은 양국 문화수준의 우월성을 가늠하는 척도로 작용하였기 때문이다.

---

31) 林薰, 『葛川集』 권2, 文 「遊澄上人遠遊序」.
32) 宋時烈, 『宋子大全』 권74, 書 「答金永叔」.
33) 『世祖實錄』 권39, 12년 5월 己卯.

조선에서는 사신들과의 시문 수창에 각별한 노력을 기울였다. 그러나 조선에서는 중국 사신에게 응수할 수 있는 제술능력을 가지고 있는 문신 선발에 많은 어려움을 겪었던 것으로 보인다. 中宗 28년(1533) 중국 사신의 응수 방안 마련을 위해 왕이 전교한 다음의 기사를 통해 이같은 상황을 알 수 있다.

> 정원에 전교하였다. "지난번 經筵에서 大提學 및 宰相이 '나라를 빛내는 일은 文臣에게 달렸다. 그런데 근래에는 製述을 즐겨하지 않아서 天使가 나올 경우 應酬할 수 없다.'고 했다. 그래서 문신으로서 글에 능한 사람을 가려 뽑아 자주 제술 시험을 보여 그 재능을 권면시키고 있다. 그러나 문신만이 아니라 生員과 進士로서 여러 번 응시하여 급제하지 못한 사람들 가운데 어찌 글에 능한 사람이 없겠는가. 이제 이들을 아울러 가려 뽑아 제술을 익히게 하여 천사가 나와서 遊觀할 때 이들로 하여금 돕게 하는 것이 어떻겠는가? 이들이라고 장구히 생원이나 진사로 있을 것은 아니며, 뒷날 과거에 급제하면 文士가 되는 것이다. 篆文을 朔書할 때는 문신이 아니라도 가려서 뽑아야 한다. 이런 내용으로 대제학과 예조에 하문하여 아뢰라."[34)]

문신들이 제술을 즐겨하지 않아 중국 사신이 올 경우 함께 유람할 때 응수 할 사람이 부족하여 문신들에게 자주 제술시험을 보게 하는 등 제술능력을 권면시켰다. 그리고 문과에 급제하지 못한 生員·進士라도 제술에 능한 사람들을 뽑아 교육시켜 사신들의 수창에 대비토록 하고 있다. 明宗 17년(1562)에는 시문에 능한 일본 사신이 온다는 소식을 접하자 漢吏學官을 지내 詞章에 뛰어났던 松溪 權應仁(?~?)을 宣慰使 일행에 포함시켜 사신의 수창에 대비하게 하였다.[35)] 권응인은 현직 관료가 아니었지만 사장에 뛰어났으므로 사신의 수창 대비를 위해 특별히 선위사 일행에 포함시켰던 것이다. 이처럼 제술능력은 조선을 방문하는 사신

---

34) 『中宗實錄』 권74, 28년 5월 丁巳.

35) 『明宗實錄』 권28, 17년 11월 丙戌.

을 맞이하는데 중요한 외교요소로 작용하였다.

사대부들은 제술능력을 기르기 위한 문기함양의 좋은 방편으로 유람을 제시하였다. 다음 기사를 통해 사대부들이 유람을 문기함양의 좋은 방편으로 인식하고 있었음을 알 수 있다.

> 行 副司果 魚得江이 상소하였는데, 그 대략은 다음과 같다. …중략… "대체로 詩는 溪山·江湖 사이에서 많이 나옵니다. 근세사람 金時習이 출가하여 우리나라 곳곳을 다니며 지은 詩文이 당시 제일이었습니다. 唐나라의 張說은 岳州 원님으로 있으면서 아름다운 강산 때문에 詩思가 크게 향상되었고, 漢나라 司馬遷은 禹穴과 衡·湘 땅을 탐방하고는 그의 글이 웅장 심원해졌습니다. 신의 생각으로는, 젊고 시문에 뛰어난 사람을 가려 使節처럼 금년에는 관동지방을, 다음해에는 영남지방, 호남지방, 호서지방, 서해지방, 관서지방, 朔方을 차례로 드나들면서 모두 탐방하게 하되 마음대로 실컷 유람하면서 그 氣를 배양하게 해야 한다고 여깁니다." 그렇게 하면 중국 사신이 나오더라도 감당할 수 있을 것입니다.[36)]

중종 37년(1542년) 副司果 魚得江(1479~1550)이 중국 사신과의 수창 능력을 기르는 대비책으로 시문에 뛰어난 젊은 인재들을 골라 유람시킬 것을 상소하고 있다. 梅月堂 金時習(1435~1493)과 사마천이 유람을 통해 문기를 크게 배양한 예를 들고, 젊고 시문에 뛰어난 사람을 뽑아 각 지방을 유람시켜 문기를 배양시킨다면 사신의 수창에 능히 응할 수 있을 것이라 하였다.

명나라 사신들은 주로 조선에 오는 동안에 감상한 자연경관을 대상으로 시를 지었다. 유람을 통해 경물을 실제로 보고 자연의 이치를 깨닫는 것은 문기를 함양하는데 도움이 되기도 하지만, 사신들이 詩作의 대상으로 삼은 자연경관을 직접 본 경험이 있을 때 응수에도 큰 도움이 되는 것이었다. 太祖 5년(1396) 권근이 表箋問題 해결을 위해 명나라 사신으

---

36) 『中宗實錄』 권98, 37년 7월 乙亥.

〈그림 8〉 作者未詳, 「蓮亭契會圖」, 16C, 94×59㎝, 絹本淡彩, 국립중앙박물관

〈그림 9〉 作者未詳, 「戶曹郎官契會圖」, 1550年, 93.5×58㎝, 絹本淡彩, 국립중앙박물관

로 갔을 때도 明 太祖가 친히 내린 詩題로 應製詩 20여 수를 지어 명 태조의 환심을 사고 조선의 문기를 크게 떨치기도 하였다. 특히 명 태조가 내린 시제중의 하나가 '금강산'이었다. 권근은 이때 금강산을 유람하지 못한 것을 한탄했었다고 회고하였다.[37] 이처럼 제술능력은 정치·외교에 중요한 요소로 활용되어졌으므로 立身에도 큰 도움이 되는 것이었다.

사대부들뿐만 아니라 조선시대 문예활동을 하는 모든 이들에게 산수는 詩題였고, 詩情을 자아내는 대상이었으므로, 산수의 감상과 체험은

37) 權近, 『陽村集』 권17, 序類 「送懶庵上人遊金剛山詩序」.

문기를 함양하는데 가장 큰 도움이 되었다. 그러므로 <그림 8~10>과 같이 文雅를 즐기고 친목을 도모하기 위해 조직했던 契會나 詩會의 모임은 경승에서 열렸고, 시를 수창하며 문기를 배양하였다.

〈그림 10〉 作者未詳, 「傳李東洞筆契會圖」, 朝鮮, 絹本彩色, 121.5×61.5㎝, 국립중앙박물관

앞서 살핀 것과 같이 유람을 즐긴 사대부들은 대부분 성리학자들로 산수는 그들에게 求道의 場이었다. 공자는 "仁者樂山 智者樂水"라 하여 군자의 최고 덕목인 仁과 智를 산수에 비유하였다. 유람을 즐긴 사대부들 대부분은 성리학 존숭을 표방하고 있었으므로 산수는 그들에게 求道의 場이었다. 산수는 道體였고, 유람은 구도를 실천하는 행위로 인식하였다. 또한 경승의 외형에만 빠져들 수 있는 玩物喪志의 경계를 체득하는 것이기도 하였다.

牧隱 李穡(1328~1396)은 독서를 유람에 비유하기도 하였다.[38] 이이는 "천지의 모든 물체는 理가 있는 도체이므로, 사대부가 유람하면서 산수의 도체를 알지 못하면 산수를 알지 못하는 것"이라 했다.[39] 산수에

38) 李穡, 『牧隱詩藁』 권7, 詩 「讀書」.

39) 李珥, 『栗谷全書』 권13, 跋 「洪恥齋仁祐遊楓嶽錄跋」.

담긴 道를 깊이 아는 것이 유람을 즐길 줄 아는 것임을 말하고 있다. 이황도 이식과 같이 산을 유람하는 것은 독서를 하는 것과 같고, 산을 등정하는 과정은 도의 절정을 찾아가는 것과 같다고 하였다.40)

사대부들은 유람을 떠나기 전 유람의 길잡이가 될 만한 전대의 유람 기록을 가지고 갔다. 여행에 필요한 식량과 서적들은 『壽親書』41)를 참고하여 구비하였다. 『수친서』에 서적은 유람에 반드시 필요한 물품으로 적혀 있었던 것으로 보인다. 유가적 성향을 지니고 있는 사대부들의 유람에는 性理書가 지참되었다. 대부분의 사대부들이 산을 유람하는 사상적 기반은 공자의 태산등정과 朱子의 남악유람을 본받고자 하는 유교적 이념에 있었기 때문이다.

정구는 가야산을 유람하면서 『近思錄』·『南嶽唱酬集』·『朱子年譜』 등을 지참하여 읽었다.42) 남효온도 지리산을 유람하면서 『근사록』·『小學』을 가져가 사찰에서 일행 등과 강론하였다.43) 松巖 權好文(1532~1587)은 주자의 남악 유람을 본받아 겨울을 택하여 청량산을 유람하였고 『근사록』·『皇極內篇輔解』·『杜詩補遺』를 가져가 읽었다.44)

윤증은 유람을 가려는 손자 東源에게 반드시 책을 가지고 가서 독서를 하도록 권유하고 있다.45) 靑莊館 李德懋(1741~1793)는 『中庸』과 『大學』의 중요성을 설명하면서 杜谷 高應陟(1531~1605)의 "乾糧 준비가 없는 遊山은 마침내 허기가 지고 말 것이다. 즉, 『중용』·『대학』은 건

40) 李滉, 『退溪集』 권3, 詩 「讀書如遊山」.

41) 『수친서』는 宋나라 陳直이 지은 『壽親養老書』를 일컫는 것이다. 노인 봉양에 필요한 것들을 기록한 책이다. 이 책에는 사계절별로 섭생 및 음용할 수 있는 약재 등이 기록되어 있다. 조선시대 유람자들은 이 책을 참고하여 유람에 필요한 도구를 챙겼다.

42) 鄭逑, 『寒岡集』 권9, 雜著 「遊伽倻山錄」.

43) 南孝溫, 『秋江集』 권6, 雜著 「智異山日課」.

44) 權好文, 『松巖集』 권5, 錄 「遊淸凉山錄」.

45) 尹拯, 『明齋遺稿』 권29, 書 「與孫東源 己卯三月」.

량이고 百家들은 유산이다."라는 말을 인용하고 있다.[46] 독서가 없는 유람은 의미가 없고, 책은 유람의 필수품임을 설명하고 있다. 龜川 李世弼(1642~1718)도 1704년 금강산과 강원도 嶺東을 유람하면서 禮書를 들고 가는 곳마다 講學을 하기도 하였다.[47] 이세필과 같이 유람을 즐기면서 문사들을 만나 함께 강학하는 것은 지역의 문풍 진작에 영향을 주는 것이었다.

사대부들은 성현의 도를 본받아 구도를 체득하기 위해 유람을 행하기도 한 것이다. 그 사상적 기반으로 공자와 주자의 산수유람을 전범으로 삼았다. 그러므로 사대부들의 유람은 경치만을 탐닉하는 것이 아니라 성리서를 지참하여 독서를 하는 등 도학적 의미를 띠기도 하는 것이다.

제3절. 역사현장과 名賢의 자취 踏驗

사대부들의 유람지는 주로 금강산·묘향산·소백산·지리산·청량산 등 국내의 명산을 중심으로 이루어졌고, 그 밖에 고려의 수도였던 開城을 많이 유람하였다. 이 산들은 도처에 수많은 사찰과 연관된 불교적 사건들과 역사유적이 남아 있었다. 사대부들은 이곳을 유람하면서 선대의 인물이나 역사적 사건을 회고하고 있다. 유람을 하면서 경승과 함께 그 속에 내포된 역사현장을 답사하고 음미하였다. 또한 앞서 다녀간 명현들의 자취를 답험하기도 한다. 사대부들의 유람은 목적에 따라 형태가 다양하게 나타나기도 하지만 역사현장을 돌아보고, 명현의 자취를 踏驗하는 계기로 삼았다.

46) 李德懋,『靑莊館全書』권6, 嬰處雜稿二「觀讀日記」.

47) 尹拯,『明齋遺稿』권16, 書「與李君輔 甲申至月」.

사대부들에게 역사지식은 기본적으로 갖춰야할 소양이었다. 太宗도 監春秋館事 河崙(1347~1416)이 『高麗史』를 撰進하자 "내가 前朝의 역사를 보고 勸戒를 삼으려 한다."하여 고려의 역사를 政事에 참고하고자 하였다.[48] 경연에서도 역사를 강론하였으며 사대부들은 治道를 구함에 있어 經學을 근본으로 삼고, 제자백가와 역사를 참고하였다.[49] 端宗代에 좌의정을 지낸 南智는 역사를 섭렵하여 이르는 곳마다 유능한 사람이라는 평판을 받았고,[50] 세조대의 判會寧府事 宣炯(1434~1479)이 특별히 1계급을 加資받는 이유 중 하나도 경서와 역사를 섭렵함 때문이었다.[51] 이처럼 역사지식은 정사에 적용하거나 자신의 가치를 높이는데 일조하였다. 사대부들은 史書를 탐독하여 역사지식을 획득하기도 하였고, 유람을 통해 역사현장을 직접 찾아 역사의식을 고양하기도 했다. 이를 위해 유람의 주목적을 답사로 삼기도 한 것이다.

前朝인 고려의 역사현장을 접할 수 있는 조선시대 최고의 유람장소는 개성이었다. 개성은 도성과 비교적 가까운 거리에 위치해 있고, 고려의 풍속과 유산을 가장 많이 접할 수 있는 곳이었다. 조선의 왕들도 황해북도 開豊郡에 있는 태조의 정비 神懿王后의 무덤인 齊陵에 親祭를 다녀오면서 개성의 朴淵瀑布와 고려의 역사유적지를 유람하기도 하였다. 사대부들이 개성을 유람하는 주목적도 역사현장의 답험이었다. 조선전기 문신인 三灘 李承召(1422~1484)는 사람들이 개성을 유람하고자 하는 목적을 다음과 같이 기술하고 있다.

> 계미년 가을 永川卿이 장차 松京을 유람하고자 나에게 글을 구하였다. 내가 말하기를 "고인의 업적을 여러 책으로 읽고 사귀는 것은 그들이 거처하던 곳

48) 『太宗實錄』 권1, 1년 4월 癸未.
49) 『成宗實錄』 권161, 14년 12월 丁卯.
50) 『端宗實錄』 권2, 즉위년 8월 乙酉.
51) 『世祖實錄』 권26, 7년 11월 癸丑.

을 찾아가 그가 남긴 유풍을 생각하는 것만 같지 못하고, 산천의 형승을 남의 얘기로 듣고 멀리 생각하는 것은 직접 등람하고 유람하며 그 경물을 보는 것만 못하다. 이는 태사공이 江淮에 유람하고, 會稽에 오르고, 齊·魯나라의 도읍에서 학문을 익히고, 梁·楚나라를 지나서 돌아온 이유다. 그리고 도연명이 성현의 유적을 中都에서 찾고자 한 것이었다. 송경은 5백년 옛 도읍으로 안팎에 산하의 장대함이 있고, 고금의 인물의 자취가 있다. 이로써 옛것을 좋아하는 군자가 많이 유람을 간다.[52]

이승소는 산천을 직접 찾아보고 성현의 유적을 답사하는 이유와 개성의 특징을 설명하고 있다. 개성은 고려의 도읍으로 역사현장을 찾기 좋아하는 사람들이 많이 유람하는 곳임을 말하고 있다.

林溪 兪好仁(1445~1494)은 成宗 68년(1476) 奉常寺 副奉事로 재직할 때 賜暇讀書 문신으로 선발되었다.[53] 이때 함께 선발된 문신과 함께 삼각산 山房에서 독서를 마치고 돌아와 함께 유람을 계획하였는데, 유람지를 개성으로 택하고 있다. 개성으로 택한 이유는 고려의 도읍을 답사하고, 남아있는 고려의 유풍을 체험하고자 함이었다. 유호인은 사가독서를 명받은 다음해인 1477년 楊熙止·申從濩와 함께 개성을 유람하였다. 개성의 역사적 의미를 되새겨 보는데 참고하기 위해 『史記』·『前漢書』·『後漢書』 등 역사서를 구비하였다.[54] 유호인과 함께 사가독서 문신으로 선발된 사람 중 許琛·權健·曺偉·蔡壽는 유호인 보다 먼저 개성 유람을 떠났다. 이들 일행이 개성을 떠날 때 양희지는 "무릇 송도는 왕씨가 5백년을 건국한 곳으로 고려의 풍속이 남아 있으니 궁궐, 만월대, 선죽교 등의 유적을 보고 世道의 흥폐, 인물의 성쇠, 가요의 美惡를 살펴 경계로 삼을 것"을 주문하고 있다.[55]

---

52) 李承召, 『三灘集』 권10, 序 「送永川卿遊松京詩序」.

53) 『成宗實錄』 권68, 7년 6월 乙酉.

54) 兪好仁, 『濡谿集』 권7, 文 「遊松都錄」.

55) 楊熙止, 『大峯集』 권2, 序 「送曺大虛蔡耆之遊松都序」.

〈그림 11〉 姜世晃, 『松都紀行帖』 中 「太宗臺」(上) · 「花潭」(下), 18C, 紙本淡彩, 33×54㎝, 국립중앙박물관

남효온도 1485년 9월 벗인 禹善言·李貞恩과 함께 개성을 유람하면서 고려의 유적지를 답사하였다. 개성에 있는 지인인 李摠을 방문하여 함께 유람을 하였는데, 이때 이총이 개성에 살고 있던 韓壽라는 노인을 초청하였다. 한수는 개성에 있는 고려의 古蹟을 잘 알기 때문에 길잡이

가 되어 주기를 청한 것이다.[56] 남효온의 개성유람이 답사목적이었으므로 한수라는 노인을 초청한 것이다. 그러므로 개성을 다녀오고 지은 「松京錄」도 개성의 유적자료가 풍부하게 남아있고, 유적의 현상을 기술한 답사기의 성격을 띠고 있는 것이다.

茶山 丁若鏞(1762~1836)은 1820년 춘천을 유람하고 「汕行日記」를 남겼다. 이 유람 기록의 대부분도 北漢江 유역의 유적, 人文地理와 관련된 내용이다. 정약용은 문헌고증을 통해 작성한 『我邦疆域考』의 초고를 1811년에 완성하고, 1836년까지 꾸준히 증보하는 등 上古史에 관심이 많았다. 춘천을 유람하고자 한 목적도 史書에 기록된 洌水의 위치 비정과 濊貊國의 관계를 밝혀보고자 한 의도가 많았다. 춘천지역을 유람하고 기존 학자들이 한강이나 대동강으로 비정하였던 열수를 춘천의 물과 華川의 물이라고 다음과 같이 고증하였다.

> 『史記』「朝鮮傳」注에 張晏이 이르기를 '朝鮮에 濕水·洌水·汕水 3水가 있는데, 이것이 합쳐 洌水가 되었다.' 하였고, 班固의 地志[『漢書』地理志]에도 呑列과 列口를 분명 지금의 江華 交豊 땅에 소속시켜 놓았다. 열수는 지금의 이른바 漢水인 것이다. 漢武帝와 光武帝가 모두 洌水로 夷와 漢의 경계를 삼았기 때문에 三韓 사람이 열수를 가리켜 漢水라 한 것이다. 이를 보면 汕水와 濕水는 분명 南北으로 두 강이 되었음을 알 수 있다. 그러나 옛사람이 나누어 지적해 놓지 않아 증거할 만한 문적이 없다. 그러나 北江의 물은 모두 산골짜기에서 나오니 이것이 汕水요, 南江의 물은 모두 原隰地에서 나오니 이것이 隰水로서, 글자의 의미로 보아 명확하여 혼동할 수 없는 사실이고, 몸소 답사하고 목격한 결과 전혀 의심할 수 없는 사실이다. 그러므로 나는 春川·狼川의 물이 汕水가 된다는 것을 단정지었다. 근년에 재차 춘천에 들어가 옛날의 들은 말로서 새로이 살핀 것을 징험하여 드디어 다음과 같이 尋源記를 쓴다.[57]

---

56) 南孝溫, 『秋江集』 권6, 雜著 「松京錄」.

57) 丁若鏞, 『茶山詩文集』 권22, 雜評 「汕水尋源記」(번역문은 한국고전종합DB 참조).

정약용은 열수의 위치를 비정하기 위해 답사 겸 춘천지역을 유람한 것이다. 그리고 「산행일기」와는 별개로 자신이 춘천을 답사하고 열수의 위치를 비정한 내용을 「汕水尋源記」로 남기고 있다. 또한 춘천을 樂浪의 南部都尉가 있었던 지역으로 비정하고, 춘천 貊國說과 강릉 濊國說을 강하게 부정하며 사료에 전거하여 다음과 같이 변증하고 있다.

> 춘천은 貊國이 아니다. 貊이라는 글자가 夷·狄·戎·蠻과 같이 正東을 夷, 정북을 狄, 동북을 貊, 동남을 閩이라 한다.[『周禮』에 보인다] 세상에 夷國도 없고 狄國도 없는데 어찌 유독 貊國이 있겠는가? 맥에는 많은 종류가 있어 濊貊·兩貊·小水貊·句麗貊의 각각 같지 않은 것이 마치 鳥夷·萊夷, 赤狄·白狄과 같은 것이라 맥은 나라로 이름 할 수 없는 것이다. 그리고 이들은 모두 중국의 동북쪽에 있는데, 춘천은 중국의 정동에 있으니 더욱 맥이라 이름하기에 불가한 것이다. 그런데 특별히 맥이라고 불리게 된 것은 그럴 만한 까닭이 있다. 漢·魏의 즈음에 樂浪이 南下하여 춘천으로 옮긴 후, 혹은 漢의 관리가 파견되어 지키기도 하고 혹은 土酋가 빼앗아 점령하기도 하였다. 그러나 낙랑의 근본은 平壤에 있었고 평양은 끝내 句麗에게 패망하였는데, 그 구려의 종족이 본래 맥과 더불어 혼합되었기 때문에 百濟·南韓 사람들이 다 같이 낙랑을 가리켜 맥인이라 불렀으니, 그 근본은 평양으로부터 왔고 평양이 당시 句麗貊이 되었기 때문이다. 賈耽의 『군국지』와 金富軾의 百濟史에서 그 그릇된 점을 분별해 밝히지 않고 낙랑으로 맥인을 만들어 놓았는데, 지금까지 그 그릇된 점을 그대로 답습하여 벗어날 줄 모른다. 孟子의 말에 "맥에는 五穀이 나지 못하고 오직 기장만이 난다."고 하였는데 춘천이 그러한가? 『漢書』 鼂錯傳에는 이르기를 "胡貊의 땅에는 나무껍질이 세 치나 되고 얼음 두께가 6척이나 된다."고 하였는데 춘천이 그러한가? 江陵이 濊가 아닌 이유가 또한 이와 같다. 濊人은 남하하여 迦葉原으로 옮겼는데, 가섭원은 河西良이다. 그러므로 강릉은 예가 아니다.[58]

사대부들은 답사목적이 아니더라도 명산을 유람하면서 간간히 만나는 역사현장을 확인하고 회고하기도 하였다. 금강산은 신라 花郞의 자취, 마의태자 설화가 얽힌 斷髮嶺,[59] 사찰과 관련된 역사적 사건이 무수

---

58) 丁若鏞, 『茶山詩文集』 권22, 雜評 「汕行日記」(번역문은 한국고전종합DB 참조).

〈그림 12〉 鄭敾, 辛卯年 『楓嶽圖帖』 中 「斷髮嶺望金剛山」, 1711年, 絹本淡彩, 36×37㎝, 국립중앙박물관

〈사진 1〉 崔致遠 撰, 智異山 雙磎寺 「眞鑑禪師大空塔碑」, 887年(사진 문화재청)

히 많았다. 樂全堂 申翊聖(1588~1644)·남효온·이정구·양대박 등 금강산을 유람한 사대부들은 이러한 역사적 사건이 얽혀 있는 장소를 만나면 사건을 고증하고 자신들의 史論을 덧붙였다.[60]

금강산과 더불어 역사유적이 많이 남아 있는 산은 지리산이었다. 지리산은 신라와 고려의 사찰뿐만 아니라 崔致遠을 비롯한 선대 역사적 인물의 사건을 가장 많이 담고 있는 곳이었다. 지리산은 최치원과 관련된 遺作이 많이 남아있어 유람하는 사대부들은 모두 보고자 하였다. 김종직·김일손·조식·양대박·於于堂 柳夢寅(1559~1623) 등의 지리산 유

59) 단발령은 麻衣太子가 경순왕에게 하직하고 금강산으로 입산할 때, 이 고개에서 부처의 도움을 받고자 멀리 여러 봉우리를 바라보며 출가를 다짐하는 뜻에서 삭발하였다고 하여 생긴 명칭이라 전한다.

60) 申翊聖, 『樂全堂集』 권7, 記 「遊金剛小記」; 南孝溫, 『秋江集』 권5, 記 「遊金剛山記」; 李廷龜, 『月沙集』 권38, 記 「遊金剛山記」; 梁大樸, 『淸溪集』 권4, 文 「金剛山紀行錄」.

람기록에 나타난 역사적 인물 중에 최치원이 가장 많이 언급되고 있기도 하다.[61] 그리고 고려 말 이성계가 왜구를 토벌하여 대승을 거둔 荒山大捷 등의 유적을 기념하고 있다.[62]

사대부들은 유람을 하면서 역사인물과 현장뿐만 아니라 근래 자신보다 앞서 유람한 인물의 자취를 찾기도 한다. 특히 사대부들은 유람 시 名儒의 자취를 돌아보는 일을 매우 중요하게 생각하였다. 윤증은 沈明仲이 금강산을 유람하면서 쓴 「東遊錄」에 글을 써주면서 다음과 같이 적고 있다.

> 나는 일찍이 "풍악은 실로 명산이지만 예로부터 명현의 유적이 조금도 없어서 廬山에 濂溪, 晦翁, 陶靖節의 諸賢의 流風이 있는 것과는 다르니 실로 명산의 큰 수치라고 하겠다. 만약 율곡의 시마저 많지 않았다면 곧 비웃음을 면치 못했을 것"이라고 말한 적이 있었네.[63]

윤증은 당시 조선 최고의 유람지인 금강산에 명현의 유적이 하나도 없는 것을 비판하고 있다. 금강산은 수려한 경관을 보기 위한 유람지로 손색이 없음은 인정한다. 다만 유람 시 본받을 만한 명현의 자취가 없다는 것이다. 그나마 율곡의 시가 있는 것을 들어 유람 중에 선현의 자취를 보는 중요성을 피력하고 있다. 윤증은 1662년 자신이 관동을 직접 유람할 때도 금강산을 보고, 영월 莊陵에 참배한 후 강릉에 가서 공자를 모신 九峯書院과 율곡을 배향한 松潭書院에 참배하였다. 이때 남긴 '송담서원'이라는 시에서 관동의 금강산 경치를 칭찬하면서도 옛 자취를 찾

61) 金宗直, 『佔畢齋文集』 권2, 「遊頭流錄」; 金馹孫, 『濯纓集』 권5, 錄 「頭流紀行錄」; 曺植, 『南冥集』 권2, 錄 「遊頭流錄」; 梁大樸, 『青溪集』 권4, 文 「頭流山紀行錄」; 柳夢寅, 『於于集』後集 권6, 雜識 「遊頭流山錄」.

62) 사대부들이 금강산과 지리산을 유람하면서 역사현장을 답사한 내용은 『조선중기의 유산기 문학』(이혜순 외, 앞의 책, 1997)을 참고하였다.

63) 尹拯, 『明齋遺稿』 권4, 「題孤松亭沈明仲東遊錄」.

아봐도 儒賢과 관련된 곳이 없는 것을 지역의 수치라 하였다. 그나마 율곡을 배향한 송담서원이 있어 이 수치를 씻을 수 있다고 하였다.

금강산 곧은 등성 태백으로 달리고	金剛直脊走太白
팔다리 떼어져 여기저기 바닷물에 출렁여라	肢股離披漾海水
하늘과 땅은 추녀를 뚫고 해와 달이 밝으니	乾坤軒豁日月明
눈에 닿는 산하 모두 진정 아름다운데	着眼山河皆信美
시골사람들 괴상한 것만 익혀	齊東野人習迂怪
천년이 지나도 안다는 게 고작 사선뿐	千載唯知四仙耳
내 와서 이곳저곳 옛 자취 찾아봐도	我來行行訪舊跡
유교의 가르침 있는 곳 없는 것이 한스럽구나	慨無一片名敎地
송담서원이 있지 않았다면	不有松潭廟貌存
관동지방의 수치를 누가 씻어 주었으랴	誰洗關東一方耻[64]

그리고 1704년 관동을 유람하고 있는 李世弼에게 보내는 답신에도 대관령 아래 선현의 유적이라고는 오직 송담서원 한 곳 밖에 없으니 꼭 가볼 것을 권유하고 있다.[65]

1570년 강원도관찰사로 보임한 正菴 朴民獻(1516~1586)도 도내의 고적을 찾아 유람할 때 己卯名賢이었던 三可亭 朴遂良(1475~1546)이 1520년 강릉에 세운 雙閒亭을 찾고, 화공을 시켜 그림으로 그려가기도 했다.[66] 박수량은 中宗代에 현량과로 천거되었다가 1519년 기묘사화로 파직되어 고향인 강릉에 내려와 쌍한정을 세우고 시·술·담론으로 세월을 보냈고, 후대 명현이라 칭송받는 인물이었다.

유람 시 명현의 자취를 방문하여 그 행적을 본받으려 하는 양상이 두드러지게 나타나는 것은 嶺南士林들의 청량산 유람이었다. 청량산은 주세붕과 이황이 유람하고 은거하며 학문을 닦아 큰 관심을 불러 일으켰

64) 尹拯, 『明齋遺稿』 권2, 詩 「松潭書院」.

65) 尹拯, 『明齋遺稿』 권16, 書 「與李君輔 甲申至月」.

66) 『燃藜室記述』 권 8 中宗朝故事本末, 「賢良科罷復」.

다. 청량산을 오른 조운도는 “愼齋와 퇴계 이후로 佛土를 혁파함으로써 精菜가 빛나는 선경의 한 구역이 되었고, 온통 도덕의 광채를 입음은 주자의 武夷山과 같았다.”고 하였다.[67] 청량산이 유람의 명소가 된 것도 학파적 배경이 있었던 것이다. 이 산을 찾는 유람자 대부분이 이들의 학맥을 이은 사람들이었다. 그러므로 산을 유람하기 전 자신들이 명현으로 追崇하는 주세붕과 이황의 유람기록을 참고하여 유람을 결행하면서 이들의 자취가 있는 곳을 방문하였다. 청량산을 유람하는 사대부들은 주세붕과 이황을 떠올리게 되는 것이다. 이황의 門人 김중청은 청량산을 깊이 애호하는 이유를 다음과 같이 설명하고 있다.

> 아! 사람이 산으로서만 산을 애호하는 것은 그 애호함이 얕은 것이다. 사람으로서 애호하는 것이 그 애호함이 깊은 것이다. …중략… 이로써 이곳에 훌륭한 사람이 곧 여기에 계신다면 그분을 사랑하고 산을 깊이 애호할 필요가 없고, 여기에 그런 분이 없다면 곧 애호하는 마음을 근본으로 하여 즐기셨던 산을 또 깊이 애호하지 않을 수 없다. 공자가 노나라에 있을 때 70여명의 제자들이 東山을 유람하지 않고 闕里에 유람하였고, 주돈이가 宋나라에 있어 程子 두 형제가 남악을 읊지 않고 濂溪를 읊었다. 세상에 유람할 수도 없고 읊을 수가 없었는데, 공자와 주돈이 같은 현자가 있은 연후에야 주자와 장남헌이 마침내 형산을 유람하며 唱酬했다. 이 어찌 그 분들을 사모하나 현세에서 만날 수 없으므로 그 분들이 유람한 산을 그 분과 같이 여겨 자신도 모르게 깊이 애호를 하는 것이 아닌가 …중략… 옛날 우리 이문순공 퇴계선생께서 청량산에서 봄, 가을, 겨울, 여름을 지내셨고, 올해도 명년도 또 그 다음해도 매년 그리하셨다. 칠십 평생을 이 산을 애호·완상하고 산을 유람하며 읊조린 시가 헤아릴 수 없다. …중략… 당시에 문순공의 곧고 고요하며 중후하고 청명하게 세상을 벗어난 모습은 실로 사람들 중에 청량한 분이다.[68]

김중청은 이황으로 인해 청량산을 깊이 애호하게 되고, 이황이 청량

67) 趙運道, 『月下集』 권2, 記 「遊淸凉山記」(국립중앙도서관 청구기호 한古朝46-가1902).

68) 金中淸, 『苟全集』 권5, 記 「遊淸凉山記幷序」.

산을 자주 찾았음을 술회하며 이황의 단정하고 맑고 깨끗한 사람됨을 청량산에 비유하고 있다. 이황의 제자들은 청량산을 유람할 때 먼저 다녀간 주세붕과 이황의 기록을 참고하고, 이들의 자취가 있는 곳을 방문하여 성현의 도를 본받으려 하고 있다.

1748년 지리산을 유람한 冥菴 李柱大(1689~1755)는 옛 사람들 중 지리산을 유람한 사람이 많았지만 김종직·김일손·조식의 유람이 가장 드러난다고 하였다. 이주대는 이 세 선생에 이어 지리산을 유람해 보고자하는 소원을 잠시도 마음속에서 잊어 본적이 없다고 하였다.[69] 세 명현의 유람을 본받아 지리산을 유람하고자 하는 뜻을 밝히고 있다. 그러므로 유람 시 성현의 유적과 먼저 다녀간 명유들의 자취를 찾았다.

정구는 가야산을 유람하면서 김종직·김굉필·김일손 등이 남긴 시와 김굉필이 공부하던 곳을 보고 감회에 젖는다. 그리고 앞서 산을 유람한 사람의 자취를 돌아본다.[70] 梧峯 申之悌(1562~1624)도 청량산에서 이황이 남긴 시를 살피고, "청량산이 존경심이 일어나게 하는 것은 이황이 평소 왕래하며 완상하여 그 자취가 남아 있기 때문이다."라고 하였다.[71] 이밖에도 권호문 등 이황의 문인들의 청량산 유람기록에도 이황과 주세붕의 자취를 찾아 흠모하는 내용들이 자주 보인다. 성리학 존숭을 표방하고, 학맥을 형성하고 있던 사대부들은 유람을 통해 명현의 자취를 답험하면서 그들의 행적을 본받고자 하였다.

이처럼 사대부들은 명현의 자취가 있는 곳을 찾아 유람하며 그들의 행적을 본받고자 했다. 명현이 유람한 곳은 지역명소로 명성을 얻게 되었고, 많은 사람들이 찾게 되는 것이다. 현재 國家名勝 제1호로 지정된

---

69) 李柱大, 『冥菴集』 권2, 雜著 「遊頭流山錄」(국립중앙도서관 청구기호 古3648-62-962-1).

70) 鄭逑, 『寒岡集』 권9, 雜著 「遊伽倻山錄」.

71) 申之悌, 『梧峯集』 권6, 記 「遊淸凉山錄」.

江陵 靑鶴洞 小金剛은 1569년 李珥가 벼슬을 그만두고 강릉에 내려와 유람하기 전까지는 세간에 많이 알려지지 않았었다. 강릉의 소금강은 이이가 유람한 이후 지역의 명소로 부각되기 시작한 대표적인 예이다. 이이는 소금강을 유람하고 「遊靑鶴洞記」를 남겼다. 현 소금강은 당시 유람하는 사람이 이르지 않아 크게 알려지지 않았고, 이름도 없어 이이가 곳곳의 바위와 경물에 이름을 붙이고 산 이름을 '靑鶴山'이라 하였다.[72] 이후 소금강은 세간에 알려져 수많은 사람들이 찾는 명소가 되었다.

또한 지역의 사대부들은 명현이 유람한 장소나 기거한 장소를 택해 모임과 유람의 장소로 삼아 풍류를 즐기기도 했다. 이러한 예는 현재 강릉시 연곡면 유등리[白雲洞]에 있는 流觴臺 터에서 찾아 볼 수 있다. 유상대가 언제 만들어 졌는지는 알 수 없으나 1933년 발간된 『增修臨瀛誌』 樓亭條에 철종 9년(1858) 金潤卿이 白雲洞에 白雲亭을 창건했다는 기록이 남아있고,[73] '流觴臺' 각자 인근의 立石에 '白雲亭洞門' 각자가 존재해 20세기 중반까지 유상대에 지어진 백운정이 남아있어 사대부들이 풍류를 즐겼던 것을 알 수 있다.

더욱이 유상대가 있는 계곡은 이이, 誠齋 崔沃 등 名儒의 講禮處로 사용된 白雲寺가 있고,[74] 『증수임영지』 樓亭條에 백운정이 있는 장소를 '율곡의 「靑鶴山記」에 흰 구름이 지나는 곳이 이곳이다.'라고[75] 하여 이이가 1569년 소금강을 유람하러 가면서 들렸던 곳임을 밝히고 있다. 지역의 사대부들은 이이의 자취가 서려있는 장소인 유등리 계곡에 유상대와 백운정을 만들고 流觴曲水를 즐겼던 것으로 보인다. 현재에도 이곳에는 수량과 유속을 조절하기 위해 만든 細分石과 流路에 잔을 가

72) 李珥, 『栗谷全書』 권13, 記 「遊靑鶴山記」.

73) 강릉문화원, 『完譯 增修臨瀛誌』, 1997, 72쪽; 강릉문화원, 『國譯 東湖勝覽』, 2001, 84쪽.

74) 강릉문화원, 『國譯 東湖勝覽』, 2001, 191쪽.

75) 강릉문화원, 『完譯 增修臨瀛誌』, 1997, 72쪽.

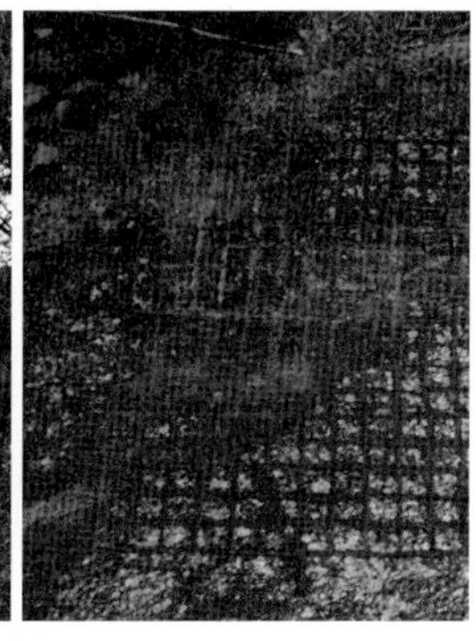

〈사진 2〉 강릉시 연곡면 유등리 '流觴臺'·'白雲亭洞門' 암각자와 바둑판

두기 위한 홈의 흔적이 남아있고, 암벽에 새겨진 23人名이 있다고 한다.[76] 先代 유명인사가 유람하는 등 자취가 남겨져 있는 곳은 후대 사람들이 그 자취를 다시 찾아 유람을 오게 되는 지역명소로 부각되었고, 그 장소는 또한 지역 사대부들의 유람처나 풍류를 즐기던 곳이 되기도 한 것이다.

제4절. 지방관 補任地의 巡遊

사대부들은 지방관으로 補任하면 任地를 순회하면서 주변의 경승지를 유람하는 경우가 많았다.[77] 당시 수령들은 임지에서 유람을 과하게 즐겨 비판을 받기도 했다. 成宗 10년(1479) 다음과 같은 기사를 보면 조선시대 水使들이 포구 순찰을 빌미로 유람을 일삼고 있음을 알 수 있다.

76) 노재현·신상섭·이정한·허준·박주성, 「강릉 연곡면 유등리 "流觴臺" 曲水路의 照明」, 『한국전통조경학회지』 30권 1호, 2012.

77) '巡遊'는 '이곳저곳 돌아다니며 노닌다'는 사전적 의미로 사용하였다.

> 임금이 柳子光의 상소를 하교하였는데, 그 대략에 말하기를 …중략… "水使가 그릇된 사람이면 포구를 순찰함에 소홀하여 오직 노래하는 기생만 싣고 주현을 왕래하며, 오로지 유람하는 것을 일삼는다고 합니다."[78)]

于復 柳子光(1439~1512)은 수사들이 포구 순찰에 소홀하고, 악공과 기생을 배에 싣고 유람을 일삼는 폐단을 고칠 것을 상소하였다. 지방 수령들이 임지에서 유람에 빠져 정사를 돌보지 않았던 사례가 있었다.

> 임금이 淸心樓에 나아가 술자리를 베풀고, 어가를 따라온 재상 2품 이상을 인견하였다. 임금이 말하기를 "이 지방 강산이 가장 좋으니 만약 어진 수령이 아니면 반드시 유람에 빠져 백성의 일에는 마음을 두지 아니할 것이니 잘 선택하여 제수하지 않으면 안 될 것이다."하였다.[79)]

성종이 경기도 여주의 英陵을 참배하고 청심루에 올라 주연을 베풀 때 2품 이상의 宰相에게 지시한 내용이다. 경승이 수려한 지역에 수령을 보낼 때는 유람에 정신이 팔리지 않고 민사를 잘 처리할 수 있는 사람으로 특별히 가려 뽑을 것을 지시하고 있다.

또한 지방의 수령 부임뿐만 아니라 공무로 잠시 지방을 순회하는 것을 유람의 기회로 삼고 있다. 김창협은 숙종 때 경상도 암행어사 임무를 수행하는 것을 변방의 산천과 백성의 풍속을 보고, 젊은 시절에 천하를 유람해 보지 못한 한을 달래는 기회로 삼고 있다.[80)] 中宗代에는 災傷敬差官이 御使를 겸하고, 馬政 조사를 담당하는 點馬官까지 겸하고 있었다. 그런데 모두 外方에 있는 목장을 조사한다는 이유로 유람과 유흥을 벌여 어사에게 점마관을 겸직시키는 것을 폐지하기도 하였다.[81)]

---

78) 『成宗實錄』 권106, 10년 7월 丁卯.
79) 『成宗實錄』 권245, 21년 윤9월 甲午.
80) 金昌協, 『農巖集』 권12, 書「答趙成卿」.
81) 『中宗實錄』 권80, 30년 8월 壬寅.

임지에서의 무분별한 유람은 政敵에 의한 탄핵이나 削職의 사유가 되기도 했다. 仁祖代의 문신 魯谷 尹煌(1572~1639)은 정묘호란 직후인 인조 6년(1628) 평안도 암행어사 임무를 수행하면서 산수를 유람한 일로 政敵에게 탄핵을 당할 뻔했다. 1628년 10월 15일 默齋 李貴(1557~1633)는 次對에서 윤황이 전란직후 임에도 어사임무를 수행하며 사사로이 유람한 일을 비판하였다. 인조도 윤황이 유람한 일을 비판하고 있지만 兩司에서 윤황을 변호하여 문책은 하지 않았다.[82] 윤황은 정묘호란이 일어나자 主和를 반대하며 주화파였던 이귀를 효시할 것을 세 차례나 청할 정도로 서로 정적관계였다.[83] 이귀는 유람을 빌미로 정적인 윤황을 탄핵하고자 했던 것이다.

숙종 39년(1713)에는 持平 權熼이 전라도 茂朱府使 韓配夏(1650~1722)가 무분별하게 유람한데 대한 논벌의 조처를 취할 것을 상소하였다. 한배하는 1709년 충청도관찰사 재임시절 관내 內浦 사족의 땅을 偸占하여 지평 李禎億의 탄핵을 받고 무주부사로 좌천되었다. 무주부사로 부임하여 고을의 많은 기생들을 데리고 府內에서 멀리 떨어진 충청도 俗離山으로 유람행차를 하였다. 이때 자신이 전 충청도관찰사였던 것을 내세워 역마를 징발시켜 음악과 女色을 싣고, 山房에 오랫동안 체류하며 음식과 車馬를 列邑에 요구하였다. 이일로 한배하는 무주부사에서 파직되었다.[84]

정조 20년(1796) 평안도관찰사였던 朴宗甲(1742~1799)은 평안북도 의주에 수재가 난 후에 여러 날 동안 묘향산을 유람하느라 피해 보고를 지체하여 비변사에서 삭직을 啓請하기도 하였다.[85] 이덕무의 『청장관전

82) 『凝川日錄』 권4, 戊辰年 下(인조 6) 8월 25일; 『仁祖實錄』 권19, 6년 10월 壬寅.
83) 『仁祖實錄』 권16, 5년 5월 丙戌.
84) 『肅宗實錄』 권53, 39년 5월 壬寅.
85) 『正祖實錄』 권45, 20년 9월 丙午.

서』에는 全羅兵使 李某가 月出山을 사사로이 유람했다는 사유로 파직 당했다고 적고 있다.[86]

특히 조선시대의 관찰사는 관내 각처를 수시로 순회·감독하는 巡歷이 본연의 임무였으므로 순력 시 도내의 자연경관을 자연스럽게 접하고 즐길 수 있었다. 조선초기 관찰사는 野人과 접해 있어 전쟁의 위험이 상존해 있는 평안도와 함길도만 식솔을 거느리고 장기간 상주하면서 수령을 겸직하였다.[87] 이 외에 다른 도의 관찰사는 가족을 임지로 데려가지 못하고 도내 관할구역을 순력하면서 관찰·黜陟하게 하였다. 그러므로 조선전기에는 관찰사가 감영에 留營하지 않고 연중 순력하면서 업무를 수행하였으므로 대부분의 도에는 별도의 감영건물이 없었다. 이후 인조 16년(1638)~정조 7년(1783) 사이에 관찰사의 임무가 감영에 머물면서 春秋 2회에 1개월 이내로 순력하는 방식으로 전환되어 감영시설이 갖추어 지게 된다.[88]

조선시대 관찰사로 순력하며 경관을 구경하고, 감흥을 읊은 대표적인 기행가사가 『關東別曲』이다. 선조 13년(1580) 정철은 강원도 관찰사로 부임하여 도내의 순력을 통해 절경들을 구경하고 『관동별곡』을 남겼다. 『관동별곡』은 정철이 순력하면서 본 강원도의 경치와 풍속, 고사들을 노래한 것으로 정철도 순력을 통해 유람을 즐겼음을 알 수 있다. 또한 박세당이 쓴 李俊耉의 묘지명에 다음과 같은 내용이 있어 관찰사의 순력 시에는 유람이 병행되었음을 알 수 있다.

> 여름에 강원도관찰사로 나갔는데, 嶺東에 큰 기근이 들었다. 공이 여러 차례 소장을 올려 환곡을 청하고, 힘을 다해 진휼하여 9개 군의 백성이 궁핍함을 면할 수 있었다. 部를 안찰할 때에 마부를 줄이고 유람을 정지하여 군읍의

86) 李德懋, 『靑莊館全書』 권62, 「西海旅言」 초6일 庚申條.

87) 장병인, 「조선초기의 관찰사」, 『한국사론』 4, 1987, 181쪽.

88) 이희권, 「조선후기의 관찰사와 그 통치기능」, 『전북사학』 9, 1985, 110~119쪽.

> 노고와 폐단을 살폈다. 부내로 와서 방탕하게 노닐며 오래도록 머무는 측근의 신하들을 맞이하지 않아서 비난을 당하였으나 동정하지 않았다.[89]

이준구는 1665년 강원도관찰사로 부임하였다. 관내를 안찰할 때 마부를 줄이고 유람을 정지하였다는 내용을 볼 때 당시 관찰사의 순력에 유람이 병행되었고, 이로 인한 폐단이 있었음을 알 수 있다. 관찰사들은 순력 시 공공연히 드러내놓고 유람을 하지 못했지만 순력을 기회로 삼아 유람을 즐겼던 것이다.

사대부들은 관찰사 부임을 평소 가보기 힘든 곳을 두루 유람할 수 있는 기회로 삼고 있다. 선조 때 강원도관찰사였던 鶴洞 李光俊(1531~1609)은 관동을 순력하며 백성의 풍속을 살필 때 여가를 내어 금강산을 유람하였다. 이때 이광준은 자신을 문안하러 온 두 아들을 함께 데리고 유람하였다. 유람을 마치고 강릉을 순력할 때 부사로 있던 최립에게 금강산을 유람하며 쓴 권첩을 보여주면서 글을 써주기를 요청하였다.[90] 장유는 醒愚 許啓(1594~?)의 고성군수 부임을 금강산이 있는 고을에 휴가를 떠나는 것으로 비유하고 있다. 그간 중앙의 관리로 번잡한 공무를 처리하느라 시름 푼 적이 없었으니, 고을 다스리는 일은 여사로 하고 선경이나 유람하면서 즐기다 오라는 것이다.[91]

국왕인 정조도 관찰사 보임을 유람하는 것에 비유하고 있다. 1787년 함경도관찰사로 부임하는 湖隱 李性源(1725~1790)에게 "좋은 경치 유람할 생각 오래 갖지 마오, 함경도 백성에게 은택 펴려고 잠시 빌려 준 거라오"라는 내용이 담긴 시를 써 주었다.[92] 이 시는 이성원에게 外職 수행이 길지 않을 것이라는 의중을 드러낸 것이기도 하지만, 당시 관찰

89) 朴世堂, 『西溪集』 권10, 誌銘 「禮曹參判李公墓誌銘」.
90) 崔岦, 『簡易集』 권3, 序 「遊金剛山卷序」.
91) 張維, 『谿谷集』 권31, 七言律詩 「送許沃余出守高城」.
92) 正祖, 『弘齋全書』 권6, 詩 「賜提學李性源出按關北」.

사들이 보임지에서 유람을 자주 했음을 볼 수 있는 내용이다. 이성원은 병조판서를 역임하고 있다가 1787년 8월 12일에 함경도관찰사를 제수 받았다. 그리고 같은 해 12월 12일 의정부 우참찬을 제수 받고 3개월 만에 돌아왔다.93)

이식이 1641년 강원도관찰사로 부임하는 李德洙를 전송하면서 지어 준 시에도 관찰사들에게 순력은 유람을 병행하는 기회로 인식되고 있음을 알 수 있다.

佳節에도 쓸쓸히 병들어 문 닫고서	佳節蕭條病掩門
울타리 꽃 따 보지만 술동이 빈 게 부끄러워	籬花斂蘂恥空尊
이런 때에 관동관찰사 또 보내다니	此時又送關東使
어느 때나 산골 마을 찾아다녀 볼까	何日相尋峽裏村
이 몸은 여전히 近臣의 반열 겸연쩍은데	自媿微踪仍近列
그대는 엄선되어 名勝의 방백이 되셨구려	方知睿簡在名藩
仙境 유람이 그대의 소원은 아닐 테니	神山浪迹応非願
순선에 힘 기울여 임금 은총에 보답하오	努力旬宣答寵恩94)

이식은 이덕수에게 다른 관찰사들처럼 순력을 유람의 기회로 삼지 말고 소임을 다 할 것을 당부하고 있다. 淸陰 金尙憲(1507~1652)도 1629년 강원감사로 있던 尹履之에게 다음과 같은 시를 지어주면서 순력 시 유람에 현혹되지 말 것을 비유적으로 말하였다.

동쪽 지방 유람계획 성사 못했거니	欲辦東遊計不全
조생 채찍 먼저 잡은 그대가 부럽구나	羨君先着祖生鞭
속세 인연 연속되어 뜬 인생이 늙었는데	塵緣袞袞浮生老
명산 유람 저버린 채 또 한 해가 간다	孤負名山又一年

93) 『正祖實錄』 권24, 11년 8월 丁未 ; 권24, 11년 12월 乙巳.

94) 李植, 『澤堂集』續集 권5, 詩 「送李觀察德洙按關東」(번역문은 한국고전종합DB 참조).

…중략…

鏡浦의 신선 유람 즐거움 끝이 없어	鏡浦仙遊樂未央
海山의 좋은 흥에 미칠 것만 같으리라	海山佳興欲淸狂
강릉은 예로부터 風流地라 불렸거니	江陵自古風流地
평소 닦은 鐵石 심장 시험하기 좋으리라	好試平生鐵石腸[95]

김상헌은 자신보다 먼저 강원감사로 부임하여 관동유람의 기회를 얻은 윤이지를 매우 부러워하고 있다. 특히 강릉의 경포는 흥이 나서 미칠 정도의 경관을 가지고 있어 철석같이 굳은 마음도 흔들어놓을 수 있는 곳이라 하고 있다. 즉, 강원감사로 강릉을 순력할 때 절경 유람에 빠져 공사를 구분 못할 수도 있으니 자중하라는 의미이기도 하다.

이같은 내용들은 외관직으로 나가는 지인들에게 전별의 뜻으로 써준 글에 나타나는 것들이다. 지방관 보임을 유람 가는 좋은 기회라고 했던 것을 단순히 전별의 아쉬움을 표한 의미를 담은 것이라 단정할 수 없는 것은 실제 많은 지방관들이 보임지를 순회하면서 유람을 행했기 때문이다.

<그림 13>은 현종 5년(1664) 北關[함경도]에서 시행하는 別試 감독을 위해 奉命官으로 파견된 우참찬 金壽恒이[96] 시험이 끝난 뒤 지방관들의 안내를 받아 七寶山을 유람하면서 읊은 시와 동행한 화원 韓時覺이 그린 승경을 시화첩으로 꾸민 것이다. 또한 영조 18년(1742) 경기도 관찰사 蒼厓 洪景輔(1692~1745)가 관내를 순시하다가 연천현감 申維翰과 양천현령 정선을 불러 羽化亭~熊淵까지 임진강 40리를 舟遊한 것을 그린 『漣江壬戌帖』(개인소장)이 남아있다. 정선이 그림을 그린 후 발문을 쓰고, 홍경보가 서문, 신유한이 '擬赤壁賦'를 각각 써서 만들었다. 北宋의 蘇東坡가 壬戌年(1082) 10월 湖北省 黃岡에서 舟遊를 즐기

---

95) 金尙憲, 『淸陰集』 권2, 七言絶句 「贈關東按使尹仲素」(번역문은 한국고전종합DB 참조).

96) 『顯宗改修實錄』 권11, 5년 7월 庚戌.

〈그림 13〉 韓時覺, 『北關酬唱錄』 中 「硯滴峯圖」(左)·「金剛峯圖」(右), 17C, 絹本淡彩, 29.6×23.5cm, 국립중앙박물관

〈그림 14〉 傳 金弘道, 『平壤監司饗宴圖』 中 「月夜船遊」, 19C, 紙本彩色, 71×196㎝, 국립중앙박물관

고 '赤壁賦'를 지었는데, 홍경보도 壬戌年 10월 가을 순력을 기회로 임진강을 舟遊하며 소동파의 文雅활동을 따라 한 것이다. 중앙관료가 지방에 파견되거나 수령이 재임지에서 공무를 기회로 유람을 즐겼음을 잘 나타내 주는 그림이다.

<그림 14>는 평양감사가 부임하여 밤중에 대동강을 舟遊하는 모습이다. 대규모의 수행원들이 따르고, 많은 백성들이 동원되어 횃불을 밝

히고 있는 모습을 볼 수 있다. 평양감사가 부임하여 대동강 유람을 즐겼음을 알 수 있다.

효종과 정조대에는 다음과 같은 상소가 올라와 관찰사들이 순력을 유람의 기회로 일삼는 폐단이 지적되기도 했다.

> 副司果 閔鼎重이 상소하기를 …중략… "감사의 경우에 있어서는 그 책임이 한층 더 무거운데 한갓 그 기세만 믿고 각 고을을 유람삼아 돌면서 기생을 곁에 끼고 술을 실컷 마시며 멀고 가까운 관계에 따라 제 사심을 자행하니, 이와 같이 하고서도 政化가 흘러갈 수 있고 민생이 보전될 수 있겠습니까."97)

> "監司라는 자는 봄철과 가을철에 고을을 순찰하는 업무를 유람하며 관광하는 기회로 여기고, 겨울과 여름에 수령들의 치적을 평가하는 일은 형식적인 겉치레에 불과합니다."98)

주지하는 바와 같이 조선후기에는 관찰사의 순력이 연간 춘추 2회로 제한되자 이때를 유람의 기회로 삼아 즐기고 있었던 것이다.

이 같이 지방관은 임지를 순회하는 업무를 가지고 있었으므로 자연스럽게 임지에서의 유람을 즐길 수 있었던 것이다. 공무 시 사사로이 드러내 놓고 유람하는 것은 허용되지 않았지만, 보임지의 순회를 명분삼아 유람을 병행했던 순유의 양상을 볼 수 있는 것이다.

---

97) 『孝宗實錄』 권6, 2년 6월 辛亥.

98) 『正祖實錄』 권29, 14년 2월 甲子.

제Ⅲ장

사대부의 유람을 통한 交遊

조선시대는 교통편이 편리하지 않았고, 통신수단이 부족하여 知人이나 族親들과의 교유는 주로 書信을 통해 이루어졌다. 유람은 평소 만나지 못했던 사람들을 직접만나 소통하며 교유하는 기회가 되었다. 유람의 동반자와 親交를 두터이 하기도 하고, 산중의 승려들과도 교유하였다. 또한 유람지에서 새로운 사람을 사귀거나 지인 및 門人을 만나 교유하였다. 이러한 현상은 유람의 또 다른 목적의식에 기인한다고 할 것이다. 유람행위 속에 교유의 목적이 병행되고 있는 것이다.

그러나 아직까지 조선시대 유람에서 행해졌던 인물간의 소통과 교유관계를 규명하고자 하는 연구는 이루어지지 않았다. 이는 유람을 통해 사람들을 만나고 교유하는 것은 조선 전 시기에 걸쳐 나타나는 일반적 현상이었으므로 시대적 변천과 특징이 부각되지 않는다는 한계점이 인식되었기 때문일 것이다.

하지만 유람기록들을 살펴본 결과 유람자의 行歷과 성향에 따라 교유를 선호하는 부류들이 있었다. 이 특징은 승려와 문인간의 교유관계에 가장 두드러지게 나타난다. 대체적으로 불교에 비판적이었던 사대부들 중에서도 승려와 교유하기를 즐기는 부류들이 있어 승려들을 만나 친교관계를 맺기도 한다.

또한 조선후기 士林들이 分岐하면서 청량산과 지리산을 유람하는 사대부들에게는 학문적 師承관계에 있는 문인간의 교유가 두드러진 특징으로 나타나기도 한다. 그리고 가장 일반적으로 나타나는 현상이 평소 면식이 있던 지인들을 만나 회포를 풀고 교유하는 현상이다.

시기별로 교유관계가 많이 나타나는 유람기록들을 선별하여 공통적이면서도 특징적으로 나타나는 교유관계를 파악하여 본 결과, 유람에서 사대부들이 교유했던 부류를 僧侶·門人·其他知人[1])으로 大分할 수 있었다. 따라서 본 장에서는 이 세 부류와의 관계를 중심으로 유람을 통한 사대부의 교유양상을 살펴보고자 한다.

제1절. 승려와의 교유

조선시대 사대부들이 유람 중에 가장 많이 만나는 方外人은 승려였다. 사대부들의 유람은 주로 금강산·지리산 등 명산을 중심으로 이루어졌다. 이 산들은 古來로부터 사찰들이 건립·운영되고 있었고, 사대부들의 산중 유람을 도운 것도 대부분 승려들이었다.

승려들은 사대부들의 유람에 산중 藍輿꾼으로 동원되었으며, 안내자 역할을 하였다. 그리고 사찰은 유람자의 숙식을 제공하는 장소였으므로 모든 사대부들의 유람에는 승려들이 함께하고 있다. 그러므로 사대부들의 유람기록에는 산에서 만난 승려들의 이름이 많이 등장하고 있다.

대부분의 사대부들은 불교의식을 폄하하고 비판했다. 남효온은 금강산의 명칭이 불교적 이름으로 전승되어 오는 것을 매우 비판적으로 받아들이고 있다. 그의 「遊金剛山記」에서 금강산의 다른 이름을 밝히면서 금강산의 불교적 칭호에 대해 비판하였다. 부처가 '朝鮮國'이라 일컬은

1) 知人의 경우 의미상 승려와 문인까지 포괄할 수 있겠으나, 여기서는 승려와 같은 특정 신분계층, 문인과 같이 사승관계로 특징지어 나타나는 교유부류 외에 族親·親友·地方官·직장동료 등 일반적으로 상시 나타나는 교유부류를 기타지인으로 구분하였다.

바도 없고 우리나라의 산을 알지도 못했는데, 신라의 승려들이 부처가 설법한 내용 중 바다 가운데 涅槃·枳怛·金剛·衆香城이 있다는 내용을 들어 스스로 자기나라를 높이 평가하기 위해 楓岳을 금강산으로 만들었기 때문이라고 비판하였다.[2)]

그러나 금강산 명칭의 불교적 함의를 비판한 남효온도 1487년 지리산을 유람할 때는 승려들을 만나 교유하였다. 德山寺의 주지 道崇을 만나 융숭한 대접을 받고 한밤중까지 담론을 나누었다. 黃芚寺에서는 함께 유람 간 崔忠成·金鍵과 함께 『小學』·『近思錄』을 강론하면서 法主 雪凝과도 밤을 새워 담론하였다. 설응이 비록 佛者이지만 일찍이 提學 兪鎭에게 『中庸章句』를 배운 사람이라 자신들의 말을 듣고도 거북해하지 않아 함께 담론하였다. 獅子庵에서는 젊은 날 불가의 벗으로 사귀었던 승려 海間을 만나 회포를 풀며 이틀을 머물렀다.[3)]

산중 유람을 통해 승려들과 교유하는 것은 고려시대부터 있어왔다. 불교를 국교로 삼았던 고려의 문인관료들은 산중의 사찰을 찾아 공부하고 유람하며, 승려들과 교유하였다. 고려중기 이후 居士佛敎가 유행함에 따라 문인관료와 유학자들이 입산하여 불교철학을 공부하고 高僧들과 교유하는 것이 잦았다.[4)]

고려시대와 마찬가지로 조선시대의 사대부들도 산중의 암자에 은거하며 수양하는 사례가 많았다. 다만, 대부분의 사대부는 승려들과 교유하되 불교를 적극적으로 옹호한다는 면모를 풍기려하지 않았다. 이황은 청량산 白雲庵의 중수기문을 써준 일이 있었는데, 주세붕으로부터 '幼婦之作'이라는 혹평을 받기도 했다.[5)] 이황은 '淸凉山人'이라 부를 정도

2) 南孝溫, 『秋江集』 권5, 記 「遊金剛山記」.

3) 南孝溫, 『秋江集』 권6, 雜著 「智異山日課」.

4) 김병인, 「고려시대 行旅와 遊覽의 소통공간으로서 사원」, 『역사와 경계』 74, 2010, 16~17쪽.

5) 周世鵬, 『武陵雜稿』 권7, 雜著 「遊淸凉山錄」.

로 청량산을 사랑하였다. 어려서부터 청량산의 암자에서 들어가 학문에 몰두하였는데 백운암이 그 중 하나였다. 그렇기 때문에 백운암의 승려 道淸의 중수기문 요청을 거절할 수 없었다. 예부터 명산과 절경에 高人과 逸士들이 은거할 수 있었던 것은 절이 있었기 때문이라 하고, 도청의 공을 치하하며 기문을 지어 준 것이다.[6] 이후 김성일은 이황의 언행록에 이 사실을 기술하였다. 이황의 기문을 승려가 암자의 벽에 새겨 놓았는데, 이황이 말년에 그 사실을 듣고 즉시 제거했다 하였고, 이황은 山僧이 와서 시를 지어 주기를 청하면 비록 거절하지는 않았지만 단지 煙霞와 水石의 경치만을 써 주었을 뿐, 佛家의 말에 대해서는 한 글자도 언급하지 않았다고 기록하고 있다.[7] 이황이 유학자로서 백운암 기문을 써 준 것과 승려들에게 시를 써준 것이 佛心에 의한 것이 아니라는 것을 강조하고 있다.

조선시대에 들어서 유가적 소양을 갖춘 사대부들이 불교에 대해 회의적인 것은 공통된 통념이었으나 모두 불교에 비판적인 것만은 아니었다. 유람 중 자신들을 안내해 주는 승려나 숙박하는 사찰의 주지들에게 고마움을 표하기도 했고, 학문적 소양을 갖춘 승려들과 교분을 쌓기도 한 것이다.

특히 서거정은 산을 유람하며 승려와 교유하는 것을 좋아하였다. 『四佳集』에서 자신의 이러한 성향을 다음과 같이 밝히고 있다.

> 내가 산을 유람한 이래로 매일 승려들과 더불어 거처하며 때로는 등불을 돋우고 차를 달이면서 경학을 담론하고 시를 논하였는데, 자못 뜻이 가는 사람이 있었다. 開慶寺에서는 智牛氏를 만났고, 興德寺에서는 信連·德行·楚牛·伊悅 氏를 만났다. 하루는 절의 누대에 올랐는데 연꽃이 만개하고 밝은 달이 중천에 떴다. 몇몇 승려들을 불러 聯句를 짓는데, 그 자리에 온 한 스님

6) 청량산박물관 옮겨엮음, 『옛 선비들의 청량산 유람록』 I, 민속원, 2007, 31~32쪽.
7) 金誠一, 『鶴峯續集』 권5, 雜著 「退溪先生言行錄」.

이 있었으니 그 용모가 마르고 정신이 맑아 내가 진실로 마음에 두고 있었다. 이윽고 對句를 짓는데 입에서 나오는 것마다 놀랄만하였으므로 나는 스님을 만난 것을 기뻐했다. 그 이름을 물으니 演熙이고, 智軒은 그 호라고 하였다. 집안을 물으니 선비 집안이고, 그가 하는 것을 시험해 보니 儒術에 통달하고 楷書를 잘 썼다.[8)]

서거정은 유학의 虛와 불교의 虛가 다르다는 관점에서 불교를 비판한 인물이었다. 유학의 허는 단순한 허가 아니라 理致를 갖추고 있다는 점에서 불교와 대비된다고 주장했다.[9)] 그러나 서거정은 산을 유람할 때 승려들과 거처하며 경전을 논하고 酬唱을 즐기며 교유하였던 것이다. 또한 최립은 다음과 같은 시에서 자신이 평소 명산을 유람하면서 승려들을 만나는 것을 좋아했던 심정을 표현하고 있다.

평생 명산의 승려 보는 것을 좋아했는데	平生喜見名山僧
난리 뒤 五陵에 있는 승려가 어찌나 많은지	亂後僧多住五陵
태평시대를 만나 즐기며 몸의 기력 되찾아	安得太平身再健
명산의 곳곳을 좇아 승려와 함께 등반해 볼거나	名山隨處共僧登[10)]

燕巖 朴趾源(1737~1805)도 유람을 좋아하여 국내의 명산 태반을 둘러보았다. 그리고 유람 중 특이한 승려를 만나 方外의 교유를 해 보고자 생각하였으나, 山水에 登臨할 적마다 그들을 만나지 못해 쓸쓸히 배회한 적이 많았다고 술회했다.[11)] 愚潭 丁時翰(1625~1707)이 1686~1688년 600일 동안 전국을 유람하고 남긴 『山中日記』에도 300여개소의 사찰과 승려의 이름 500여명이 거론되고 있다.[12)] 유람기간 동안 승려와의

---

8) 徐居正, 『四佳集』 권6, 序 「贈熙上人序」.

9) 徐居正, 『四佳集』 권1, 記 「虛谷記」.

10) 崔岦, 『簡易集』 권8, 還朝錄 「惠允卷韻」.

11) 朴趾源, 『燕巖集』 권7, 別集 鍾北小選 序 「楓嶽堂集序」.

12) 이경순, 「1688년 丁時翰의 八公山 유람」, 『역사와 경계』 69, 2008, 44·49~69쪽.

〈그림 15〉 作者未詳, 「金蘭契帖」 부분, 1857年, 紙本淡彩, 42×109.5㎝, 국립중앙박물관

활발한 교유가 이루어 졌음을 알 수 있는 내용이다.

사대부들이 유람 중 승려와 교유하는 중요한 매개체 중의 하나는 시였다. 조선시대의 일부 승려들 사이에서는 시가 매우 숭상되었고, 조선 중기 이후에는 詩僧들이 출현하여 사대부들과 격의 없이 수창하기도 했다.[13)]

<그림 15>는 1857년 安時潤이라는 사람이 음력 3월 보름에 북한산 重興寺에서 金蘭契員들과 詩會를 열고, 이를 기념하여 제작한 계첩이다. 이 그림을 보면 계원들의 시회에 승려들이 함께 참여하고 있음을 볼 수 있다. 또한 정약용의 『牧民心書』에 지방관이 지켜야할 것 중 詩僧과의 교유에 관한 내용이 있다. 시승으로서 친하게 지낼 만한 자라도 관아로 불러들이지 말고 사찰로 직접 유람을 가서 만나보아야 한다고 했

13) 김상일, 「조선중기 士大夫의 승려와의 交遊詩 연구」, 『한국어문학연구』 39, 2002, 222쪽.

다.[14] 사대부들이 시승과 교유하는 사례는 조선후기까지도 빈번했던 것으로 보인다.

승려들은 산중에 유람 오는 사대부들에게 대부분 시를 써달라고 요청하였고, 사대부들은 유람에 도움을 준 승려들의 후의에 보답하는 뜻으로 시를 써주곤 하였다. 이러한 승려들의 求詩행위는 대부분의 유람기록에 빠지지 않고 나타난다. 승려들이 사대부에게 시를 구하고 이를 시축으로 만들어 지니는 것은 당시의 古風이었던 것으로 보인다. 조선중기의 문신인 聽天堂 沈守慶(1516~1599)의 기록에서 당시의 이러한 풍조를 찾아볼 수 있다.

> 승려가 高官과 儒生들에게 詩를 구해서 몸가짐의 보배로 지니고 이것을 詩軸이라고 한다. 모두 승려들의 古風이다. 名公巨卿들 모두 시를 써 주었는데, 여성군 頤菴[宋寅]이 가장 많이 써 주었고, 나 또한 잘 써주길 좋아한다. 승려를 좋아해서가 아니라 산을 사랑하는데서 나오는 것이다.[15]

승려들은 유생들에게 구한 시로 시축을 만들어 몸가짐의 보배로 삼는다고 했다. 심수경은 시를 써주는 이유가 산을 사랑하는데서 나오는 것이라 하였는데, 이는 산수유람 중 승려들에게 시를 써주었던 것을 말한다. 사대부들이 산을 유람하는 것 중의 하나가 경물을 보고 자연의 이치를 깨달아 시를 습작하는 등 문기함양에 그 목적을 두고 있다. 그러므로 사대부들은 유람 중 수많은 시문을 習作하여 남기고, 승려들에게 시를 써주는 일은 다반사였다. 사대부들은 유람 중 승려들의 求詩에 부응하여 시를 써준 것이다.

1579년 정구가 가야산을 유람할 때 수행한 승려가 일행에게 시를 구하여 詩軸의 보배로 삼기를 원하였다. 그러나 정구일행은 거절하였다.[16]

---

14) 丁若鏞, 『牧民心書』 권1, 律己 六條 飭躬 「官府體貌務在嚴肅坐側不可有他人」.
15) 『大東野乘』, 沈守慶撰 「遣閑雜錄」.

신지제는 1594년 청량산 유람 시 蓮臺寺에 묵을 때 승려들과 이야기를 나누는 중 승려들이 다투어 시축을 보여주었다. 시축에 이황의 시를 비롯하여 자신의 친구인 金垓의 시와 여러 儒者들의 시가 있었다. 이들이 청량산을 유람하면서 승려들에게 써준 것이다.[17] 김중청도 스승 月川 趙穆(1524~1606)과 함께 1601년 청량산을 유람할 때, 大乘庵의 승려 祖一이 師僧 惠默의 시축을 가지고 와서 조목에게 보였는데, 조목 자신이 쓴 절구 두 편이 있었다. 일전에 조목이 유람하며 혜묵에게 써준 시를 혜묵의 제자 승려를 통해 청량산 유람에서 다시 보게 된 것이다. 이어 조일이 종이를 올려 시를 청하자 조목이 한 수를 쓰고 함께 유람 간 惺齋 琴蘭秀(1530~1604)와 김중청이 각각 한수씩 써 주었다.[18]

승려 조일은 시를 수집하는데 관심이 많았다. 修巖 柳袗(1582~1635)이 1614년 청량산을 유람할 때 蓮臺寺 東上室에서 승려 조일을 만났다. 조일을 비롯한 승려 一勳·戒幢이 각기 보관하던 시를 내놓았는데 이황·洪淵·주세붕·金八元·具鳳齡·김성일 등 모두 명현과 鉅公의 시로 사람들에게 회자되고 있는 것들이었다. 유진은 조일의 시축에 선친인 유성룡이 지은 시가 있는 것을 보고 슬픔과 감격의 눈물을 흘렸다.[19] 조일과 같은 승려는 사대부들이 청량산을 유람할 때 시를 받고, 기존의 유람자들이 승려들에게 써준 시들을 모아 수집하고 있었던 것이다.

청량산은 영남사림들이 자주 유람하던 곳이었다. 승려들은 이들을 자주 만나고 접대하였으므로, 유람객에게 얻은 시를 많이 보유하고 있었다. 浮查 成汝信(1546~1632)이 1616년 지리산 유람 중에 만난 승려 寶心의 시축에는 이미 고인이 되어버린 지리산 일대 벼슬아치들의 시가

16) 鄭逑, 『寒岡集』 권9, 雜著 「遊伽倻山錄」.
17) 申之悌, 『梧峯集』 권6, 記 「遊淸凉山錄」.
18) 金中淸, 『苟全集』 권5, 記 「遊淸凉山記」.
19) 柳袗, 『修巖集』 권4, 「遊淸凉山日記」.

많이 담겨져 있었다고 한다.[20]

作詩를 제법 잘하는 승려들은 사대부 유람객을 만나 서로 수창하면서 교유했다. 유몽인은 1611년 지리산 유람 중에 義神寺 주지 玉井과 太乘菴의 覺性을 만났다. 이 두 승려는 당시 시로 명성이 있는 승려들이었다. 각성은 임진왜란 때 僧軍을 이끌었으며, 광해군이 덕에 감복하여 判禪敎都摠攝에 임명하였다. 그리고 신익성을 비롯한 많은 사대부와 사귄 인물이다. 유몽인은 이들과 서로 수창하며 친해졌다. 또한 이 승려들과 함께 紅流洞과 妓潭에 나아가 비파로 '靈山會上'과 '步虛詞'를 연주하고 梵唄에 맞추어 춤을 추며 어울렸다. 유몽인은 이들과 교유하며 함께 지리산을 유람하고 싶었으나 작별하게 되자 매우 애석하게 생각했다.[21]

김창흡은 1708년 영남지방을 유람하던 중 지리산 上佛菴에서 海機라는 주지를 만났다. 당시 해기는 영남지역의 大首座로 나이가 여든 살에 가까워 기력이 쇠잔했지만 김창흡이 수창하는 것을 시험해 보니 매우 꿋꿋하였다고 한다. 김창흡은 해기의 작시능력을 보고, 번뇌 망상에 대해서도 서로 담론하였다. 해기에게 절구 한수를 지어 선물로 주었다.[22]

그리고 조선후기의 승려 釋應允은 1803년 지리산 實相寺에서 유람 온 玉川郡守와 咸陽郡守를 만나 수창하며 교유하였다. 두 군수에게 함께 담론할 것을 청하여 허락받고, 밤늦게까지 시를 聯句로 주고받았다. 이후 며칠 동안 지리산을 함께 유람하면서 수창하였다. 석응윤은 이때의 일을 「頭流山會話記」로 남기고, 당시 수창한 시들을 모두 수록해 놓았다.[23]

---

20) 成汝信, 『浮查集』 권5, 記 「方丈山仙遊日記」.

21) 柳夢寅, 『於于集』後集 권6, 雜識 「遊頭流山錄」.

22) 金昌翕, 『三淵集拾遺』 권28, 日記 「嶺南日記」. 이때 김창흡이 해기에게 지어준 시가 『三淵集拾遺』 권7(詩 「上佛菴贈老僧海機」)에 전한다.

23) 釋應允, 『鏡巖集』下, 記 「頭流山會話記」(국립중앙도서관 청구기호 한古朝46-가1766).

사대부들은 서로 알고 지냈던 승려였는데, 평소 소식을 모르다가 산중 유람시 우연히 다시 만나는 경우도 있었다. 산중에서 면식이 있는 승려를 만나는 것은 사대부들에게는 매우 반가운 일이었다. 이원은 1493년 금강산 유람 시 평소 한양에서 알고 지내던 正陽寺 주지 祖仁을 만났다. 그리고 表訓寺에서는 영의정 河演의 외손이자 中樞 朴去非의 손자인 沙彌僧 行淡을 만나 기뻐하기도 했다. 이원이 행담에게 승이 된 연고를 묻자 행담은 고개를 숙인 채 대답하지 않았다고 한다.[24] 東洲 成悌元(1506~1559)은 1531년 금강산을 유람하면서 表訓寺에서 승려 仁玉과 信連을 만났다. 이들은 성제원이 일년전 五申山에서 만나 알고 지냈던 승려였는데, 표훈사에서 다시 만나 그 기쁨을 이기지 못하였다고 한다. 절에 전염병이 돌아 들어가지 못하고 두 승려를 불러 이야기를 나눈 후 인옥을 데리고 함께 금강산을 유람하였다.[25]

신지제는 청량산 유람 중 蓮臺寺에서 20여 년 전 일면식이 있었던 승려 戒聖을 만나기도 했다. 계성은 안동 佳野의 進士 金彦璣의 문하에 왕래하였고, 그때 신지제가 김언기에게 학문을 배우고 있어 서로 마주친 적이 있었다. 연대사에서 서로 만났을 때 신지제는 계성을 알아보지 못했으나 계성이 먼저 기억하고 알아보았다. 신지제는 산속에서 계성을 만난 것을 운수로 생각하였다.[26] 陽谷 吳斗寅(1624~1689)은 1651년 지리산 能仁寺에서 자신의 선친과 季父의 유람을 수행한 승려 性天을 만나게 되었다. 능인사에서 점심을 먹던 승려 성천과 우연히 이야기를 주고받았는데, 성천이 여러 군자들이 산을 유람하면서 지은 시를 줄줄 외우며 20년 전 오두인의 선친과 5년 전 계부를 수행했던 얘기를 꺼낸 것

24) 李黿, 『再思堂逸集』 권1, 雜著 「遊金剛錄」.

25) 成悌元, 『東洲逸稿』 中, 記 「遊金剛山記」(국립중앙도서관 청구기호 한古朝46-가559).

26) 申之悌, 『梧峯集』 권6, 記 「遊淸凉山錄」.

이다. 오두인은 성천과의 만남을 특별한 인연으로 생각했고, 성천도 놀라서 감탄했다. 서로 옛일에 대한 감회를 저녁까지 나누며 친교를 쌓았다.[27] 春洲 金道洙(?~1742)는 1727년 지리산 七佛菴에서 금강산 유람 중 내원통암에서 교유했던 승려 2명을 다시 만나기도 했다. 이름은 밝히지 않았지만 승려들은 매우 기쁜 표정을 지으며 김도수를 맞이했다. 이들은 서로 지리산의 靑鶴洞과 梨花洞의 풍광에 대해 담론하며 회포를 풀었다.[28]

사대부들은 유람 중 교양과 학식 있는 승려들을 만날 때면 시문의 수창뿐만 아니라 經學과 佛道에 대해 함께 담론을 나누는 등 학문적 교제를 하였다. 襄陽府使를 그만두고 1618년 금강산을 유람한 정엽은 明寂菴에서 승려 應祥을 만났다. 응상은 四溟堂大師에게 수업하여 法脈을 잇고, 조정에서 그의 덕을 높이 사서 妙湛國一都大禪師라는 法號를 내리기도 했다. 정엽은 응상을 經文의 뜻을 이해하고, 부처 이후에 전해지는 율법을 아주 상세히 이야기한 인물이라 하였다. 정엽은 응상과 더불어 心性을 논했는데 깨달은 것이 있었다고 한다. 그리고 雲水菴에서 승려 法堅을 만났다. 법견은 西山大師의 대표적인 제자 중 한 사람으로 임진왜란 때 義僧將으로 활약하였다. 주로 지리산과 금강산에서 수도하였다. 해박함이 外典에 통달한 인물이었다. 두 사람은 밤늦게까지 理氣를 토론하며 교유하였다. 유가의 理氣, 불가의 윤회설과 存心法 등 서로 다른 점과 같은 점을 논하였다. 정엽은 이때의 담론이 세속사람들과 한담을 나누는 것보다 훨씬 나았다고 회고한다.[29]

白湖 尹鑴(1617~1680)도 1672년 금강산 유람 중 白蓮菴에서 天悟라는 80세 먹은 승려를 만났는데 정엽이 만난 응상의 徒弟였다. 천오는

27) 吳斗寅, 『陽谷集』 권3, 記 「頭流山記」.

28) 金道洙, 『春洲遺稿』 권2, 記 「南遊記」.

29) 鄭曄, 『守夢集』 권3, 雜著 「金剛錄」.

국내를 두루 유람하여 산과 물의 源委를 많이 알고 있어 윤휴와 금강산의 산세에 대해서 담론하였고, 천오가 飛白을 잘 써 윤휴가 시 몇 폭을 써달라고 부탁하기도 하였다.[30]

정엽의 제자 신익성은 1631년 휴가를 얻어 금강산과 강릉을 거쳐 五臺山을 유람하던 중 月精寺 觀音菴의 승려 性淨을 만나 經學과 禪에 대해 서로 강론하며 교유하였다. 성정은 광해군대의 인물로 休靜大師의 법맥을 이은 제자였다. 도력이 높아 스스로 일파를 이룰 정도였다 한다. 신익성은 승려를 무척 좋아하는 버릇이 있고, 승려들 가운데에서도 그를 좋아하는 이들이 많았다. 西山大師 이하 유명한 승려들을 거의 보지 못한 이들이 없고, 직접 보지 못하였어도 대개 戒行에 대해서 알고 있을 정도였다고 한다. 성정과 서로 강론한 후 정엽은 금강산에 살고 있는 禪師들을 통틀어 성정이 가장 知行을 갖춘 승려라 하고, 그의 뜻과 기개가 가히 한 시대를 능가하기에 충분하다고 극찬하였다.[31]

또한 승려가 논변하기 좋아하여 산중에 오는 유람객과 일부러 교유를 청하기도 했다. 1790년 遲庵 李東沆(1736~1804)이 지리산을 유람하러 입구에 들어설 때 法喜庵에 거하는 승려 道原을 만나 서로 대화를 나누었다. 도원은 모습이 준수한데다 호탕하고 언변이 유창한 인물이었다. 도원은 사대부들과 理氣心性의 說을 논변하기 좋아하여 이동항 일행을 君子寺로 데리고 가서 대접하고, 다시 明寂庵에 초청하여 함께 유숙하였다. 이동항은 명적암에 유숙하면서 도원과 함께 유가의 理氣論과 四端七情論, 불가의 頓悟漸修 등에 대해 서로 담론하며 교유하였다. 이동항은 도원이 가진 식견의 명쾌하고 뛰어남은 유교의 노성한 학자라도 당해내기 힘들 정도라고 했다.[32]

---

30) 尹鑴, 『白湖全書』 권34, 雜著 「楓岳錄」.

31) 申翊聖, 『樂全堂集』 권7, 記 「遊金剛小記」. 이때 신익성이 성정에게 지어준 칠언절구가 『樂全堂集』 권4(詩 「贈性淨」)에 전한다.

조선시대 사대부들은 불교에 대해 비판적이고, 승려들을 폄하하기도 했지만 서거정·최립·박지원·신익성과 같이 평소 승려들과 만나 교유하기 좋아하는 사대부들이 있었던 것이다. 평소 일상에서 자주 대하지 않던 승려들을 유람 중에 만나 교분을 쌓으며 교유하였다. 작시를 잘하는 승려들을 만나면 서로 수창하며 교유하였고, 학식 있는 승려들과는 유·불도에 대해 담론하며 학문적 교제를 나누었다. 그리고 산중 유람에서는 지식의 많고 적음을 막론하고, 면식 있는 승려들을 만나면 매우 기뻐하며 소회를 나누었다.

사대부들의 유람에서 승려들과의 관계는 불가분의 관계였다. 산중유람에서 만나는 사람들 대부분이 승려들이었고, 이들에게 유람의 도움 또한 받았다. 그러므로 유람을 통해 자연스러운 교감과 교유가 이루어 질 수 있었다. 더욱이 산중에서는 승려들과 교유함에 있어 다른 사람의 이목을 전혀 신경 쓸 필요가 없었다. 때로는 말동무를 삼아 잠시 이야기를 나누기도 했고, 깊은 담론을 나누며 경문을 주고받기도 했다. 즉, 유람과정 속에서 승려들과 교유함으로써 사대부들은 불교에 대한 비판적이고 敎條的인 감정을 완화시키기도 했다. 유람은 서로 소원해 지고, 괴리감이 들기 쉬웠던 조선시대 儒·佛者들 간의 관계에서 소통과 교유를 이끌어 내었던 문화행위 중의 하나였던 것이다.

제2절. 學脈的 門人간의 교유

조선시대 유람을 통한 문인간의 교유는 청량산과 지리산 유람자들에게 가장 두드러지게 나타나는 특징 중의 하나이다. 청량산과 지리산은

---

32) 李東沆,『遲庵集』 권3, 雜著「方丈遊錄」(국립중앙도서관 청구기호 古朝44-가27).

영남사림들이 가장 많이 찾는 산이었다. 봉화와 안동을 중심으로 하는 慶尙左道의 청량산은 이황이 후학을 양성한 곳이었다. 그리고 진주·산청·함양 등을 중심으로 하는 慶尙右道의 지리산은 조식이 후학을 양성한 곳이었다. 이황과 조식은 동갑이며 모두 경상도 출신이었다. 1545년 乙巳士禍 이후 屈起하여 東·西分黨 이전에 생을 마감했다. 영남사림의 宗祖인 김종직 이후 이황과 조식의 학통으로 생겨난 학파를 통칭해 영남학파라고 한다면, 영남학파는 크게 퇴계학파와 남명학파로 대별된다.[33] 금강산이 조선의 전 지식인에게 사랑을 받고 평생에 한번 돌아봐야 할 聖山으로 인식되었다면 청량산과 지리산은 영남사람들에게 성산으로 여겨졌다. 그러므로 청량산과 지리산 유람자들은 대부분 영남사림 출신이 주류를 이루었고, 유람을 통해 같은 학맥을 가지고 있는 지역 문인들을 만나 교유하였다.

청량산은 이황의 선배인 이현보에 의해서 알려지기 시작했다. 이현보는 1498년 문과에 급제하여 44년간 아홉 고을의 수령과 경상도관찰사를 지낸 인물이었다. 벼슬에서 은퇴한 뒤 자연에 몰두하며 살아가는 處士的 삶의 방식을 지향했다. 강호생활의 풍류를 詩歌로 표현하는 등 嶺南歌壇 형성에 영향을 미친 인물이다. 이현보는 禮安 靈芝山 남록 청량산이 바라보이는 곳에 거하였고, 죽어서 龍頭山에 묻혔다가 청량산 남록으로 이장되었다.

청량산을 유람하고 최초로 유람기록을 남긴 인물은 주세붕이었다. 주세붕은 1544년 청량산을 유람하면서 선배인 이현보를 배알하였다. 청량산에 오르기 전 먼저 이현보를 만나 바둑을 두고, 술을 마시며 '歸去來辭', '歸田賦', '將進酒', 蘇雪堂의 '杏花'를 노래하였다. 이때 이현보의 나이 78세 때의 일이었다. 이현보는 주세붕의 부친 周文俌와 동갑이었다. 주세붕이 산중 龍壽寺에 있을 때 이현보가 藍輿를 타고 직접 주세붕

---

33) 李樹健, 『嶺南學派의 形成과 展開』, 일조각, 1998, 328~329쪽.

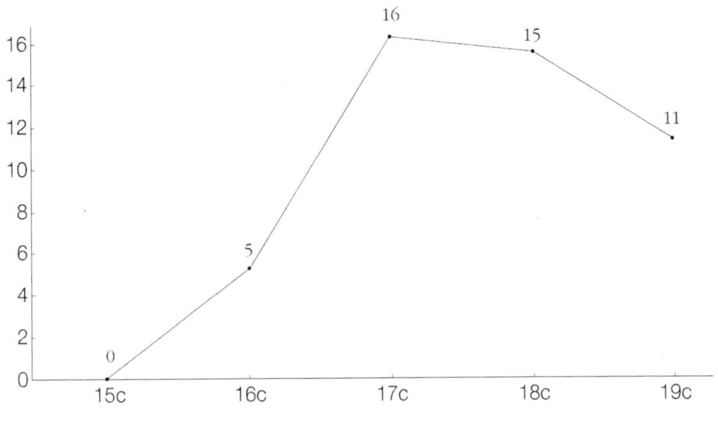

〈도표 3〉 淸涼山 산수유기의 시기별 창작추이

일행을 찾아와 함께 주연을 즐기며 교유했다.34) 이때 주세붕이 청량산을 유람하고 지은 「유청량산록」은 후대 청량산을 유람하는 사대부들의 典據가 되었고, 청량산을 알리는데 큰 역할을 한 기록물이 되었다.

주세붕의 유람이후 청량산은 이황에 의해 더욱 유명해지고, 그의 문인들이 즐겨 찾는 산이 되었다. [부록]의 청량산 산수유기 47편을 시기별로 정리해 보면 <도표 3>과 같다. 청량산 유람기록은 17세기에 가장 많은 편수를 보인다. 즉, 17세기에 청량산 유람이 증가하는 추이를 보이고 있는 것인데, 이는 이황의 死後 그를 기리는 후학들의 유람이 지속적으로 이어졌기 때문이다. 그러므로 청량산 유람자들의 특징 중 가장 주목할 만한 것이 이황과의 사승관계로 얽힌 인물들이 많았다는 것이다.35)

이황이 청량산을 자주 오르내린 것은 1515년이다. 주세붕의 「유청량산록」의 跋文을 쓰면서 청량산을 '吾家山'이라하고 자신이 어려서부터 숙부인 李堣, 형인 李瀣와 함께 산을 오가며 글을 읽은 것이 몇 번인지

34) 周世鵬, 『武陵雜稿』 권7, 雜著 「遊淸凉山錄」.

35) 정치영, 「유산기로 본 조선시대 사대부의 청량산 여행」, 『한국지역지리학회지』 11권 1호, 2005, 58~59쪽.

모른다고 하였다.[36] 이황은 '淸凉山人'으로 自號할 만큼 청량산을 애호하였다. 이황은 출사 후에도 서울과 고향인 예안을 오가면서 언젠가 낙향하여 청량산 기슭에 우거할 마음을 항시 가지고 있었다. 1549년 풍기군수로 부임하여서는 오랜 동안 마음으로만 염원했던 小白山을 유람하기도 하였다.[37] 같은 해 사직하고 溫溪의 서쪽에 寒栖庵을 짓고 거처하였다.

이후 이황은 다시 출사하여 여러 관직을 거치다가 1555년 2월 사직하고 같은 해 겨울 청량산에 들어가 한 달간 독서하였다. 이때 산중에서 「遊山書事十二首」를 제작했다. 朱子가 겨울에 南嶽을 올랐던 일을 상고하여 겨울에 청량산을 올랐다. 이후 다시 서울로 올라가 관직생활을 하면서 제자들이 전해오는 청량산 유람 소식만 간간히 듣다가 낙향하여 1564년 4월 제자들을 이끌고 청량산을 유람하였다. 이때 제자 李文樑·琴蘭秀·金應麟·琴輔·李德弘·柳仲淹·柳雲龍·金富儀·金富倫·南致利·權景龍·金士元이 함께 갔다.[38] 이 제자들 중 유운룡 등 몇몇 제자들은 이황이 산을 내려 온 후에도 山寺에 남아 독서를 했다. 이황의 많은 제자들은 스승을 본받아 청량산에서 독서하였다. 이황이 청량산을 오가며 제자들과 강학했던 연고는 이황을 필두로 하는 경상좌도의 사림들이 청량산을 지속적으로 유람하며 서로 교유하게 된 계기가 되었던 것이다.

1570년 11월 권호문은 청량산을 유람하고자 가는 길에 이황을 배알했다. 권호문은 이황 백형의 딸이 낳은 자식으로 이황의 제자이자 족친이었다. 청량산으로 떠날 때 이황을 먼저 배알하고 대접하기 위해 술을

---

36) 李滉, 『退溪集』 권43, 跋 「周景遊淸凉山錄跋」. 이황은 1549년 풍기군수로 부임하여 주세붕의 청량산 유람기록을 주민에게 얻어 읽어 보았다. 그리고 도성에서 벼슬을 시작하면서 주세붕과 친하게 지내게 되어 주세붕이 초고에 가감하여 다시 쓴 「유청량산록」을 보고 1552년에 발문을 썼다.

37) 李滉, 『退溪集』 권41, 雜著 「遊小白山錄」.

38) 李德弘, 『艮齋集』 권8, 年譜 「艮齋先生年譜」.

챙겼다. 이황을 만나면서 그의 제자 閔應祺·유운룡을 함께 만났다. 유운룡과 함께 隴雲精舍에 들어가 학문의 방법에 대해 강론하고 술을 마시며 교유하였다. 청량산 중에 있을 때 이황이 위독하다는 소식을 듣고 급히 내려와 다른 문인들과 시중을 들면서 이황의 임종을 지켰다.[39]

이황의 사후에도 그의 문인들과 이황을 흠모하는 사림들의 청량산 유람은 지속적으로 이어졌다. 葛峯 金得硏(1555~1637)은 부친의 壽宴자리에서 만난 친구들과 1579년 청량산을 유람하였다. 김득연은 이황에게 직접 배우지는 않았지만 안동에 거주하면서 유성룡의 문하에서 수학하여 이황의 학문적 영향을 받았다. 김득연은 朴翼·權訥·權山斗·琴順先·禹季綏·朴伯魚·朴仲胤·權得說 등과 청량산을 가는 동안 이현보의 家宅인 愛日堂에 들려 이현보의 아들 李叔樑을 만나고, 도산서원에 참배하였다. 그리고 이황의 제자인 조목을 배알하고 함께 유람할 것을 청하였다. 조목은 김득연과 처음부터 동행하지 않았으나, 청량산 西庵에서 만나 함께 술을 마시며 담론하였다.[40] 조목은 이황의 고향인 예안에 거주하면서 일찍이 이황의 제자가 되었다. 평생 동안 이황을 가까이에서 모신 인물이다. 벼슬에 거의 나가지 않고, 월천서당을 세워 많은 경상좌도의 사림을 양성하며 이황의 학문을 선양하는데 진력하였다. 도산서원을 건립하는데 주도적 역할을 했고, 도산서원 尙德祠에 배향된 인물이기도 하다. 이황의 사후 청량산을 유람하는 사람들은 조목과 같은 청량산 인근에 거주하는 이황의 제자를 배알하고 교유하였다.

1594년 신지제도 청량산 유람에 이황의 제자인 금난수를 배알하고, 낙동강 줄기를 함께 유람하며 교유하였다. 금난수는 이황과 동향인으로

---

39) 權好文, 『松巖集』 권5, 錄 「遊淸凉山錄」. 본 장의 인물에 대한 行歷은 한국역대인물종합정보시스템[http://people.aks.ac.kr] 및 한국고전종합DB[http://db.itkc.or.kr]에서 제공하는 年譜와 『國朝人物考』를 활용하였음을 밝혀두며, 이후 인물의 행력에 대한 기술에는 별도의 주를 명기하지 않았다.

40) 청량산박물관, 『옛 선비들의 청량산 유람록』 Ⅰ, 민속원, 2007, 80쪽.

조목의 누이동생 횡성조씨와 혼인하여 조목과는 족친관계였다. 10회 이상 청량산을 오가며 공부를 했다. 신지제도 이황의 문인이었던 金彦璣에게 수학하여 이황의 학문적 영향이 있는 인물이었다. 임진왜란 직후 신지제가 예안현감으로 재직할 당시 관찰사 洪履祥으로 부터 청량산에 군사적 거점으로 삼을만한 곳이 있는지 알아보라는 명을 받고 裨將 康孝業과 함께 유람하게 되었다. 신지제는 청량산을 가면서 선배문인인 금난수를 가장 먼저 배알했다. 금난수가 신지제를 기다리고 있다가 집을 구경시키고, 배를 타고 낙동강 줄기를 유람하면서 강가 절벽에 이름을 함께 썼다. 신지제와 함께 간 강효업의 선친 康詛이 금난수와 같은 해에 과거에 합격한 친분이 있어 매우 기뻐하여 술을 취하도록 마시기도 하였다.[41)]

1600년 安村 裵應褧(1544~1602)은 金玏·吳大源과 伊山書院에서 스승 朴承任의 『嘯皐集』을 교정하고 있었다. 이때 『퇴계집』 간행이 완료되었다는 소식을 듣고 告成祭에 참석하러 도산서원에 가는 기회에 청량산을 유람하였다. 도산서원에서 조목·金圻 등 이황의 문도들을 만났고, 함께 고성제에 참석하였다. 유람을 시작하면서 먼저 안동 佳松峽에 금난수가 지은 孤山亭을 방문하였다. 이때 금난수는 봉화현감으로 재직하고 있어 만나지 못했다. 청량산을 돌아보고 월천서재에 들려 조목을 다시 배알하였다. 조목은 술을 대접하며 이들의 遠行을 위로해 주었다.[42)] '日東精舍'라고도 불리는 고산정은 이황도 생전에 찾아 주변의 빼어난 경치를 즐기며 시를 지었고,[43)] 후대 청량산을 찾는 이황의 후학들이 자주 찾는 명소가 되었다. 고산정과 같이 이황의 자취가 있는 곳은 시간이 오래 흘러도 후학들이 기리고 찾았다. 현재 경상북도 봉화군에

41) 申之悌, 『梧峯集』 권6, 記 「遊淸凉山錄」.

42) 裵應褧, 『安村集』 권3, 雜錄 「淸凉山遊賞錄」.

43) 李滉, 『退溪集』 권2, 詩 「書孤山石壁」.

〈사진 3〉 孤山亭(上)·淸凉精舍(下)(사진 문화재청)

있는 淸凉精舍는 1832년(순조 32) 이황을 기념하기 위해 지역사림들이 건립하여 후학들이 학문수양 장소로 삼았고, 구한말 淸凉義陳이 조직되는 등 義兵鬪爭의 근거지가 되기도 하였다. 청량정사는 이황의 숙부 松齋 李堣(1469~1517)가 건립하고, 조카인 溫溪 李瀣(1496~1550)·이황 등을 가르치던 곳이다.

김중청은 1601년 11월 스승 조목과 함께 청량산을 유람하였다. 먼저 도산서원에서 조목을 배알하고, 며칠 뒤 조목의 일정에 맞추어 청량산으로 출발하기로 하였다. 조목의 문도 김기와 裵龍吉이 함께 하기를 원했으나 청량산에는 오르지 않았고, 李士安·琴學古가 함께 등산하였다. 그리고 조목을 모시고 청량산을 출발하기 전 조목과 동문이자 동갑인 春塘 吳守盈을 배알하였다. 김중청은 오수영과 조목이 만나 회포를 풀 수 있도록 자신의 집에서 두 사람을 모시고 술자리를 마련하였다. 동네의 여러 문도들이 소식을 듣고 배알하였다. 일행은 연대사에서 평소 의심나는 경전의 구절을 질문하였고, 조목은 질문에 대해 수많은 강론을 하였다. 그리고 산중에 조목의 동학인 금난수가 술을 가지고 찾아와 함께 유람하였다. 이들은 사람 간의 교유관계에 대해서 담론하고, 학문의 순서에 대해 논하기도 하는 등 학문을 강론하며 교유하였다.[44] 스승과 함께 청량산을 유람했던 연유로 김충정의 유람기록에는 경관의 묘사보다 스승 조목과 주고받은 대화들이 주로 기술되어 있다.

유성룡의 아들인 유진도 김성일의 사위인 金榮祖와 1614년 청량산을 찾았다. 유성룡도 형인 유운룡과 함께 이황의 문하에서 수학하였고, 김성일도 마찬가지였다. 유진은 청량산 인근에 살고 있는 金坽·金光繼·金延祖 등 유성룡과 鄭逑의 문도들을 도산서원으로 불러 서로 교유하였다. 유성룡이 도산서원에서 공부하며 백부인 유운룡과 청량산을 유람하고, 이황과 있었던 일화를 자신에게 얘기해 주던 것을 회상하며 선친의 남은 자취를 추념하였다. 유람 중에는 김령이 술을 가져와 산중에서의 흥을 돋아 주며 함께 교유하며 유람하였다.[45]

이처럼 청량산은 이황 제자의 후손들과 학맥을 이은 문하들이 지속적으로 찾아와 이황을 기리고 지역의 문도들을 만나 교유하고 있었다. 1647년 배응경의 손자 楡巖 裵幼章(1618~1687)이 유람하였고,[46] 1660

44) 金中淸, 『苟全集』 권5, 記 「遊淸凉山記幷序」.

45) 柳袗, 『修巖集』 권4, 「遊淸凉山日記」.

46) 裵幼章, 『楡巖集』 권2, 雜著 「淸凉山遊錄」(국립중앙도서관 청구기호 한古朝46-가

년 臺隱 權璟(1604~1666)은 從姪 虞卿과 함께 청량산을 찾아 지역의 문도 吳景利·吳生·趙生·朱生甫 등을 만나 교유하였다. 도산서원에서는 지우인 洞主 李嘉會를 만나 손을 부여잡고 꿈인 양 눈을 비벼가며 감격하고 있다.[47)]

1673년에는 葵亭 申厚載(1636~1699)가 청량산을 찾았다. 남인에 속한 인물로 부모 봉양을 위해 고향인 안동부사로 부임하여 太白山 覺華寺의 기우제를 기회로 유람하였다. 지역 문도 琴和叔과 林宇桂가 함께 하였다. 水谷村에서 柳榰·金啓光·柳振揮·柳聖時가 일행을 맞이해 술을 마시며 함께 교유하였다.[48)]

1686년 鳩巢 權聖矩(1642~1709)는 청량산 일대를 13일간 유람하면서 수많은 인물들을 만나 교유하였다. 벗인 金止而·河清卿과 유람을 함께했다. 권성구가 유람을 갈 때 마침 도산서원에서 재 간행되는 『퇴계집』을 교정하고 있어 많은 문도들을 만날 수 있었다. 九老洞에 도착하여 李聖徵을 만나 함께 출발하였다. 烏川의 濯清亭에서 주인 金清源과 만나 술을 마시고, 金澤宇·金鳴久·金吉甫·金明允 등을 불러 담소하며 교유하였다. 도산에 머물면서 權春卿·朴聖稱·李澤若 등 문도들과 함께 『퇴계집』 교정을 마치고 통독하였다. 온계의 青溪書院에서 李輝仲을 방문하여 술을 마시며 담론하였다. 산 중에 李道兼·金子久·金汝平·鄭子建·鄭子由가 합류하여 함께 유람했다. 이들은 청량산에서 수많은 수창을 하며 교유하였다. 하산해서는 함께 낙동강을 유람하였다. 權和遠·金振世·金聖警·南擎天·金君執·吳聖昌 등이 일행을 맞아 대접하고 함께 유람하며 수창하였다. 권성구는 청량산 유람을 기회로 많은 선후배 문인들

832). 이 기록은 청량산의 풍광과 유적에 대한 묘사 위주여서 문도들과의 구체적인 교유관계는 나타나지 않는다.

47) 權璟, 『臺隱集』 권1, 雜著 「遊清凉山錄」(국립중앙도서관 청구기호 古3648-07-200).

48) 申厚載, 『葵亭集』 권7, 記 「遊清凉山記」.

과 만나 교유하고자 했던 것이다. 유람을 마치고도 곧장 집으로 가지 않고, 李敬而·姜永善·權退之·權伯常·柳欽若·李重叔 등 지역의 여러 인사들을 만나서 회포를 풀었다.[49] 이후에도 李瀷·李萬敷·權以鎭 등 이황의 학맥을 이은 많은 학자들이 청량산을 유람하고 이를 기록으로 남기고 있으나, 권성구와 같이 많은 문인들과 교유하고 그 이름을 일일이 기록해 놓은 것은 매우 드물다.

1688년 정시한의 예천·안동일대 유람의 주요 일정도 퇴계를 모신 서원과 유적을 찾고, 그의 후손과 문도들을 만나 교유했다. 정시한은 퇴계의 학통을 계승한 유학자로서 퇴계의 문도들을 만나 자신의 정체성을 찾고, 동행한 손자 敬愼을 교육하고자 했다.[50]

이밖에도 청량산은 이황과 학맥이 다른 학자들에게도 꾸준히 각광받았다. 老論의 김창흡·李縡, 기호학파의 姜再恒·丁範祖·宋煥箕·宋秉璿 등이 청량산을 찾아 이황을 기리고 있다.[51] 이는 앞서 살핀바와 같이 이황은 동서분당 이전에 생을 마쳤으므로 黨色의 혐의를 받지 않았다. 이황은 학맥과 지연을 초월하여 朝野에 崇仰받는 인물이었다.[52] 분당이후 이황의 학문을 南人이 이었다고 하지만 당파가 다른 사림들에게도 이황은 숭앙받았다. 이러한 연유로 남인과 다른 당색을 가진 사림들도 도산서원을 찾고 청량산을 유람하며 이황을 기렸다.

청량산만큼이나 영남사림들이 기리고 자주 찾던 곳은 지리산이었다. 지리산은 일찍이 민족의 명산으로 자리 잡고 있었지만, 김종직과 그의 제자 김일손의 유람에 의해 영남사림들이 널리 찾기 시작하였다. 김종직은 1458년 문과에 합격하여 본격적으로 관료생활을 시작하였다. 1489년

49) 權聖矩,『鳩巢集』권3, 雜著「遊淸凉山錄」.

50) 이경순,「1688년 丁時翰의 八公山 유람」,『역사와 경계』69, 2008, 46쪽.

51) 이종묵,「退溪學派와 淸凉山」,『정신문화연구』24권 4호, 2001.

52) 李樹健, 앞의 책, 1998, 338쪽.

59세 때에 密陽의 田里로 돌아와 1492년 62세에 졸하였다. 조선전기 사림파의 道學을 본격적으로 연 굴지의 인물들인 鄭汝昌·金宏弼·김일손·楊浚·楊沈·洪裕孫이 그에게 수학하였다.

김종직은 모친 봉양을 위해 咸陽郡守로 재직하면서 1472년 曺偉·유호인·韓百源과 함께 지리산을 유람했다. 조위는 김종직의 처남으로, 어려서 김종직에게 수학하였다. 戊午士禍가 일어났을 때 김종직의 詩稿를 수찬한 장본인이라 하여 오랫동안 의주에 유배되기도 했다. 유호인은 함양에 살고 있었는데, 그의 나이 28세 때에 김종직이 함양군수로 부임하자 김종직을 찾아가 제자의 禮를 행하기를 고집했으나, 김종직이 친구로 대접하였다고 한다.[53] 유호인은 조위와 함께 성종 때 실시한 賜暇讀書 문신에 첫 번으로 뽑히기도 하였다.[54] 1472년 여름 조위가 關東으로부터 김종직이 있는 곳으로 와서 『禮記』를 읽고, 돌아가기 전 김종직에게 지리산 유람을 청했다. 이에 유호인을 불러 함께 지리산을 유람하였다. 김종직은 함양군수로 부임함과 동시에 지리산 유람을 원했었는데, 공무에 겨를이 없어 유람하지 못하고 유효인과 함께 기회가 있을 때 함께 유람할 것을 이야기하며 지냈다. 그러던 차에 조위가 司馬覆試에 합격하고 멀리서 찾아와 유람하기를 원해 일이 성사된 것이다.[55] 이후 김종직의 제자 김일손은 晉州牧學을 그만두고 1489년 동학인 정여창과 지리산을 유람하였다. 김일손과 정여창은 김종직의 문하에서 동문수학하며 평소 서로 마음이 잘 통하는 지우였다.[56]

지리산은 이들의 유람 이후에 남명학파, 퇴계학파와 畿湖學派 등 학맥적 사승관계를 가리지 않고 많은 이들이 유람하였다. 청량산 보다는

53) 『國朝人物考』 권26, 名流 「兪好仁 墓碣銘」.

54) 『成宗實錄』 권68, 7년 6월 乙酉.

55) 金宗直, 『佔畢齋文集』 권2, 「遊頭流錄」.

56) 金馹孫, 『濯纓集』 권5, 錄 「頭流紀行錄」.

유람자들의 학연관계는 뚜렷한 특징을 보이지 않으나 유람자들의 성향은 대체로 조식과 같이 만년에 관직과 거리를 두고 강호에 은거한 사람들이 많았고, 조식·이황의 문하를 비롯한 이이·成渾의 학통을 이은 기호학파 등 다양하게 나타난다.57) 그러나 조식이 지리산에서 우거하며 후학을 양성하고 유람한 이후, 조식의 문인들이 그를 기리기 위해 자주 찾았다. 1579년 조식의 문하 정구가 伽倻山에 올라 지리산을 바라보며 정여창과 조식의 명성으로 그 이름이 천하에 전해지게 되었음을 다음과 같이 말하고 있다.

> [지리산은] 鄭汝昌이 젊어서 은거하며 덕을 쌓았고, 曺植이 만년에 은둔하여 고상함을 키운 곳이다. 우리나라 남방의 제일가는 명산이고, 두 현인의 명성을 입어 장차 天地와 함께 이름이 전해지게 되었으니, 이 또한 저 산의 큰 다행이라 일컫지 않을 수 없다.58)

조식은 벼슬을 모두 물리치고 합천에 우거할 때인 1558년 지리산을 유람하였다. 이때 知友였던 晉州牧使 金泓, 秀才 李公亮, 高靈郡守 李希顔, 淸州牧使 李楨과 함께 했다. 김홍·이희안·이정은 조식의 知友였고, 이공량은 조식의 매부였다. 이 때 조식은 58세, 이희안 55세, 이정이 47세였고, 김홍과 이공량은 생년이 정확치 않아 나이를 알 수 없다. 산중에서는 벼슬을 따지지 않고 나이순으로 술잔을 돌리거나 자리를 정하였다. 이들은 산중에서 주홍을 즐기기며 농담도 하고 수창하면서 유람 중 허물없이 교유의 즐거움을 나누었다. 유람을 마치고 헤어지면서 서로 수 백리 떨어져 살아 훗날에 다시 만날 기약을 하기 어려워 매우 섭섭해 하고 있다.59) 실제로 이희안은 유람한지 일 년 뒤인 1559년에 사망했고,

---

57) 정치영, 「조선시대 사대부들의 지리산 여행 연구」, 『대한지리학회지』 44권 3호, 2009, 264~265쪽.

58) 鄭逑, 『寒岡集』 권9, 雜著 「遊伽倻山錄」.

〈그림 16〉 金允謙, 「智異全面圖」, 18C, 紙本淡彩, 30×35㎝, 국립중앙박물관

조식이 문상을 했다. 이후 조식은 1561년 智異山 德川洞으로 들어가서 山天齋를 짓고 우거하였다. 이정은 조식과 친분이 두터운 사이로 조식과 함께 지리산에 들어가 함께 살 것을 약속하였다고 한다. 그러나 1561년 발생한 진주의 淫婦獄으로 조식과 이정은 의절하게 되었다.[60]

조식의 문인이자 從叔이었던 河沆에게 수학한 松亭 河受一(1553~1612)도 제자들과 함께 1578년 지리산을 유람하였다. 鄭安性·河文顯·

59) 曺植, 『南冥集』 권2, 錄 「遊頭流錄」.

60) 이 음부옥은 河宗嶽이 喪妻한 후 맞이한 대사헌 李仁亨의 손녀 李氏부인의 수절과 관련된 송사였다. 이 과정에서 조식의 문하였던 李喜萬과 河沆 등이 이씨의 무죄판결을 항의하며 이씨 집안의 毁家黜鄕을 주도하였다. 이 일의 배후 인물로 조식이 지명되었던 것이다. 조정에서는 이씨를 음란죄로 처벌해야 한다는 쪽과 난동을 부린 조식의 제자를 처벌해야 한다는 쪽으로 갈라져 치열한 논쟁이 벌어졌다. 이때 이정은 조식에게 이씨의 일에 유림이 관여하는 것이 옳지 못하다고 하여 조식과 이정이 의절하게 되었다. 이 사건은 이희만과 하항을 구속하는데서 마무리 지어졌다. 후일 이정의 편에 서서 음부옥에 관한 조식의 처신을 비난했던 이황의 편지가 알려지면서 그 문인들 사이의 갈등이 깊어지고, 이는 정인홍이 이황과 이언적의 배척을 불러오게 하는 배경이 된 것이다(정만조, 「宣祖初 晉州 淫婦獄과 그 波紋」, 『한국학논총』 22, 국민대학교, 2000).

孫文炳·梁成海·孫誠·梁山海·梁宗海 등이 함께 하며 서로의 학문적 사승관계를 다지며 교유했다. 제자들과 '峯'자를 운자로 해서 각각 수창했다.[61]

感樹齋 朴汝樑(1554~1611)은 1610년 지평에서 사직하고 함양으로 내려와 문인인 합천군수 朴明榑·鄭慶雲과 함께 지리산을 유람하였다. 박여량과 정경운은 조식의 제자인 정인홍의 문인이었다. 박명부의 아우 朴明桂와 사위 盧腀, 愼光先·朴明益·李允迪이 함께 했다. 기생들을 데리고 산에 올라 주흥을 베풀며 즐겁게 교유하였다. 산에서 내려와서는 座首 崔應會을 만났다. 최응회는 어려서부터 박여량과 친한 사이었다. 중풍으로 걷기 어려웠음에도 박여량 일행을 찾았던 것이다.[62]

조식의 문인 성여신도 1616년 진주에 우거할 때 지우들과 지리산을 유람하며 교유하였다. 함께 유람한 사람은 鄭大淳·朴敏·文弘運·李重勳·姜敏孝와 아들 成鑌·成錞이었다. 이들은 자신들의 유람목적이 仙遊에 있다하고, 스스로를 모두 신선으로 부르며 유람했다. 龜巖洞에서는 奉事 河永堅의 집에서 투숙하였다. 하영견이 정성스럽게 술자리를 마련하여 대접했으며, 이정의 손자인 李漁變과 李次一이 찾아와 인사하였다. 다음날 金大成과 尹芳이 인사하고 이차일이 술을 가지고 와서 대접하였다. 이차일은 성여신의 벗인 李子擧의 서자였다. 이자거는 본처의 자식이 없어 서자 이차일이 집안일을 돌보고 있었다. 성여신은 이차일의 집에 들려 친구와의 옛 생각에 잠기기도 했다. 樂天에서는 姜以源이, 樹谷에서 姜士順이 합류하였다. 松林에서는 성여신의 형인 成汝孝의 사위 柳景禛의 형 柳景祉를 만나고 그의 집에서 잤다. 유경진은 일찍 죽고 그의 아들 柳枝萬이 성여신에게 글을 배우고 있었다. 다음날 姜遇周·姜翊周·鄭之悌·姜東立이 찾아와 배알했다. 錙巖에서는 武人 李祥

61) 河受一, 『松亭集續集』 권2, 記 「遊青巖西岳記」.
62) 朴汝樑, 『感樹齋集』 권6, 雜著 「頭流山日錄」.

이 일행을 맞아 주연을 베풀어 주었다. 마음에 맞는 여러 친구들이 함께 어울려 유람하였으므로 산에서 잦은 술자리를 마련하고 文字飮을 즐겼다. 또한 성여신의 「方丈山仙遊日記」에 유람자들과 교유하며 서로 주고받은 농담이 많이 기록되어 있다.[63] 성여신과 함께 유람한 박민 또한 이때의 유람 내용을 「頭流山仙遊記」로 남겼다. 여기서 박민은 사람들의 입에 자신들의 유람이 오르내리는 것은 성여신 때문이라고 밝히고 있다.[64]

특히 1790년 지리산을 유람한 이동항은 허목의 문하로 이황의 학통을 이어 받은 인물이었으나, 조식의 학맥을 이어 받은 지인들과 지리산을 유람하며 교유했다. 이동항은 벼슬에 나가지 않고 주자학에 심취하여 칠곡군 지천면에 우거하였다. 이동항은 37일간에 걸쳐 지리산 일대를 유람하였다. 이동항이 남긴 「方丈遊錄」에 기록된 동행한 인물만 朴聖洙·趙宅奎·李東淵·盧啓心·金致康·張東潤·尹槵·盧章龍·權必忠·尹東壆·姜龍燦·盧錫泰·盧錫漸·盧宣國·盧欽國·鄭生 등 20여 명이 넘었고, 수행원까지 약 70여 명이 되었다. 유람 중 만나서 교유한 인물은 30여 명에 달한다. 이때 이동항은 예전 守愚堂 崔永慶이 지리산을 유람할 때 따르는 이들이 1백여 명이나 되었는데, 愚伏 鄭經世가 그것을 매우 비판한 일을 상고하고, 자신들이 경계할 일을 범한 것에 대해 마음이 절로 위축되었다고 기록하고 있다. 정인홍의 문인 鄭蘊의 묘를 찾아 성묘하고 후손 鄭光顯을 만나 교유하였다. 鎭洞巖에서 예전에 유람하면서 두터운 친분을 쌓은 愼可默과 愼可穆을 만났다. 이들은 이동항의 벗인 愼命說의 아들이었다. 의복을 갖춰 입고 일행을 맞아 진동암 위에서 술자리를 베풀어 주었다. 안희현 관아에서는 20년 만에 친구 盧晦能을 만났다. 또한 정구의 문인이었던 朴明榑의 후손 박씨성의 두 유생이 일행을

63) 成汝信, 『浮査集』 권5, 記 「方丈山仙遊日記」.

64) 朴敏, 『凌虛集』 권2, 雜著 「頭流山仙遊記」.

초청하였다. 이들은 이동항의 집안과는 대대로 교분이 있었다. 일행들은 산에 올라 김종직의 「遊頭流錄」을 보며 상고하고, 조식·정여창·정온이야 말로 그 이름이 우주에 드높고 빛이 서책에 남겨져 지리산의 존귀하고 위대함에 짝할 만하다고 존경심을 드러내고 있다. 함양군 마천면 實宅村에서는 梁氏 유생들과 교유하였고, 德山에서는 벗인 宋日度와 崔兼五를 만나 담론하였다. 洗心亭에서는 崔震燮·崔昌孝 등 10여 명이 나와 일행을 맞이하였는데, 최창효와는 40년만의 만남이라 매우 반갑게 해후하였다. 덕천서원에 배향된 조식에게 예를 올리고 敬義堂에서 조식의 후손 30여 명에게 술과 음식을 대접 받았다.65)

이밖에도 지리산은 조식의 문하들과 당색이 다른 학자들도 꾸준히 유람하는 산이되었고, 조식의 문인들을 만나 교유하는 장이 되었다. 西人이었던 유몽인은 1611년 남원부사로 부임하여 지리산을 유람하였고,66) 오두인도 1651년 金長生의 문인 李尙逸과 함께 지리산을 유람하였다. 오두인은 조식과의 사승관계는 없었지만 덕천서원에서 조식의 사당에 참배하고 유생들과 술자리를 함께하며 교유하였다. 그리고 조식의 묘소에 예를 표했다.67) 특히 조식의 학통에서 별거한 집안의 후손인 士農窩 河益範(1767~1813)도 1807년 지리산을 찾아 조식을 기렸다. 하익범은 조식의 私淑人 河澄의 후손이었다. 그러나 하징의 손자 河名이 송시열의 문인이 되었고, 그 후 하익범의 집안은 老論化되었다. 하익범도 송시열의 후손 宋煥箕에게 수학하였다. 그러나 하익범은 지우들과 유람하며 덕천서원을 찾아 참배하면서 조식을 흠모했고, 鄭栻의 후손인 鄭明遠의 은거지를 찾아 교유하였다. 유람을 마치고 정여창과 조식으로 인해 지리산의 이름이 만고에 남아 영원히 전해질 것이라 평했다.68)

---

65) 李東沆, 『遲菴集』 권2, 雜著 「方丈遊錄」(국립중앙도서관 청구기호 古朝44-가27).
66) 柳夢寅, 『於于集後集』 권6, 雜識 「遊頭流山錄」.
67) 吳斗寅, 『陽谷集』 권3, 記 「頭流山記」.

그리고 이황의 학맥을 이어받은 정식·朴致復, 기호학파의 朴長遠·朴來吾·金之白, 송시열의 후손인 송병선 등 조식의 학맥과 다른 학자들이 지리산을 유람하면서 조식을 기리며 그의 문인들과 교유하였다.[69] 이는 조식도 이황과 같이 동서분당 이전에 생을 마쳐 黨色의 혐의를 받지 않은 인물이다. 또한 지리산은 우리나라의 삼신산 중의 하나로 금강산과 같이 국내의 명산으로 정평이 나 있었다. 지리산이 조식을 통해 더욱 유명해졌지만 학연과 상관없이 많은 사림들이 유람을 위해 찾았고, 이들은 지리산을 중심으로 형성되어 있던 조식의 문인들과 만나 조식을 함께 기리며 교유하고 있는 것이다.[70]

제3절. 기타 知人과의 교유

청량산과 지리산 외에도 조선시대 유람지로 각광 받던 곳은 금강산·개성·가야산 등이었다. 사대부들이 이 장소들을 유람하면서 교유한 인물을 살펴보면 간혹 학문적 사승관계가 나타나긴 하지만, 청량산이나 지리산과 같이 뚜렷한 공통의 특징을 찾을 수는 없다. 앞서 살핀 바와 같이 지리산은 김종직과 조식에 의해 영남사림들에게 추앙받는 산으로 자리잡았다. 금강산은 조선시대에도 국내 제일 유람지의 명성을 유지하며 모든 사대부들이 유람을 소망했고, 다양한 부류들이 유람한 곳이었다. 하지만 지역 특성상 조선시대를 풍미한 굴지의 학파를 이루었던 인물 등과

68) 河益範, 『士農窩集』 권2, 雜著 「遊頭流錄」(국립중앙도서관 청구기호 古3648-88-51).

69) 정치영, 앞의 논문, 2009.

70) 청량산과 지리산 외에도 宋時烈이 은거하여 후학을 양성한 속리산의 화양계곡과 같이 후학들이 스승의 자취가 있는 곳을 찾아 유람하는 지역들이 있으나, 본 글에서 모두 다루지 못하였음을 밝혀둔다.

의 뚜렷한 연고성이 없었다. 청량산은 이황, 지리산은 김종직과 조식이라는 등식이 성립하는 것과 같은 지역적 개연성이 부족하였다.

그러나 금강산과 개성 등의 장소도 사대부들이 유람을 위해 자주 찾던 곳이었다. 교유자 간의 사승관계에 얽힌 학파적 특징은 뚜렷하지 않지만, 사대부들이 자주 찾던 곳이었으므로 유람을 통한 지인들과의 교유 양상이 많이 나타난다. 유람지에서 주로 벗들을 찾아보고, 유람의 큰 조력자 역할을 해 줄 수 있는 지방관들을 만나 교유하였다. 또한 지인이나 족친들과 유람을 계획하여 함께 동행 하면서 오랜 회포를 풀며 교유하기도 하였다.

1476년 吏曹正郞으로 재직하고 있던 懶齋 蔡壽(1449~1515)는 賜暇讀書 문신으로 선발되어[71] 같은 해 3월 開城을 유람하였다. 사가독서 문신으로 함께 선발된 許琛·曺偉·楊熙止와 知友인 安處誠·成俔이 더불어 동참하였다. 개성에 도착하였을 때 察訪 宋逶가 영접하여 함께 술을 마시고, 留守의 별장에 투숙하였다. 다음날 判官 鄭希仁이 술자리를 베풀어 주어 함께 환담하며 교유하였다. 城中에서 지인인 成世明·成世源을 만나 함께 유람하였다. 이들은 개성을 답사하며 고려의 흥망성쇠에 대해 담론하고, 수창하며 교유하였다. 돌아오기 전 經歷·都事·察訪이 전별연을 베풀어 주었다.[72]

채수의 유람에 당초 사가독서 문신으로 함께 선발된 유호인이 동참하게 되어 있었으나 일정이 맞지 않아 함께 가지 못했다. 채수 일행은 개성유람에서 수창한 시 백여 편을 유호인에게 보여주었다. 유호인도 지인인 申從濩과 遊山具를 챙겨 1476년 4월 개성유람을 시작하였다. 개성에 도착하여 지인 趙廉老의 집에서 묵고, 다음날 經歷公과 유수를 만났다. 경력공은 이들을 초청해 예성강을 함께 유람하며 비파를 타고 술을

71) 『成宗實錄』 권68, 7년 6월 乙酉.

72) 蔡壽, 『懶齋集』 권1, 錄「遊松都錄」.

마시며 교유하였다. 그리고 籍田判官 鄭恕가 공민왕의 花園일대를 구경시켜 주었다. 돌아오기 전에는 留守가 僚佐들을 인솔하고 나와 巖防寺에서 전별연을 베풀어 주었다.[73]

채수와 유호인은 지인들과 함께 만나 유람을 기회로 교유하며 우호를 다졌다. 그리고 유람지에서도 관료나 지인들을 만나 교유하며 유람에 도움을 받기도 했다. 특히 남효온은 평생 江湖를 周遊하였는데, 지인들을 만나 교유하고 유람에 도움을 많이 받은 인물이었다. 남효온은 1478년 단종의 어머니 顯德王后復位를 포함한 8事를 성종에게 올렸으나 세조의 옹립을 지지했던 鄭昌孫의 반대로 받아들여지지 않았다. 이로 인해 당시 사람들이 그를 狂生이라 지목하자 세상에 뜻을 버리고 은거와 유랑생활을 했다. 김종직을 스승으로 모셨고, 1480년 진사과에 응시하여 합격하였으나 문과에 응시하지 않고 39세의 나이에 졸하였다.

남효온은 1458년 금강산 유람 직후부터 죽기 전까지 전국을 주유하며 지냈다. 남효온과 같은 상황에 처한 사대부의 장기간 잦은 유람에는 지인들의 도움이 많이 필요했던 것으로 보인다. 남효온의 유람기록을 살펴보면 유람 중 지인을 만나는 것은 교유의 목적도 있지만 유람 안내와 동행, 숙식제공의 도움을 받는 등의 이유가 컸던 것으로 나타난다. 남효온은 금강산 유람 중 가장 먼저 집안에 친분이 있는 지인을 만났다. 通川에서 면식이 있었던 郡守의 아들 子達을 만나 군수의 매우 정성스러운 대접을 받았다. 高城에서는 군수가 조부인 南俊과 친분이 있는 사람이라 만나서 후한 대접을 받았고, 양양군수 柳自漢을 만나 三日浦를 함께 유람하였다. 유자한은 남효온·金時習과 함께 평소 교분이 있는 사이였다.[74] 삼일포 유람에 유자한이 배를 태워주는 도움을 주었던 것이다. 삼일포 유람에는 訓導 金大倫이 함께 하였다. 이들은 삼일포 유람을 마

73) 兪好仁, 『濡谿集』 권7, 文 「遊松都錄」.

74) 李珥, 『栗谷全書』 권14, 雜著 「金時習傳」.

치고 松島에 정박하여 종일토록 술을 마시며 수창하였다. 간성객사에서 유숙할 때는 군수 元輔昆이 술과 음식을 보내왔다. 서울로 돌아가던 중 지인인 홍천현감 伯起 金楊震을 만나 함께 유숙하였다.[75)]

남효온은 금강산을 유람한 같은 해 가을에도 지인인 禹善言·李貞恩·李摠과 함께 개성을 유람하였다. 이들은 모두 淸談派의 일원이었다. 청담파는 탈속적 지식인으로 老·莊의 학풍을 토론하며 時政俗事를 멀리 하였다. 1482년 남효온·洪裕孫·이정은·이총·우선언·趙自知·韓景琦가 동지회를 조직하여 동대문 밖 竹林에 모여 시가와 담론으로 時事를 비판하였다. 자신들을 竹林七賢에 비유하였다. 이정은은 태종의 아들인 益寧君 李袳의 아들이었다. 인품이 돈후하고 학식이 깊어 남효온과 홍유손 등이 존중하였다. 癸酉靖亂 후 사람들이 생육신 김시습과 사귀기를 두려워하였으나, 그와 남효온·安應世·홍유손 등 네 사람은 변하지 않았다고 한다. 남효온은 李摠을 찾아가 개성의 유람길 안내를 부탁하였다. 이총은 태종의 別子인 溫寧君 李程의 손자이다. 즉, 태종의 증손이었다. 楊花渡에 별장을 짓고 살며 西湖主人으로 自號하였다.[76)] 특히 남효온은 이총을 찬양하는 「玄琴賦」를 짓는 등 두 사람은 깊은 교유관계를 형성하고 있었던 것으로 보인다.[77)] 이들은 개성에 남아있는 고려의 유적을 보기도 하고, 주연을 베풀며 춤을 추며 놀기도 했다. 바닷가에 앉아 서로 시사와 옛일을 논하고, 음양 조화의 담론과 潮汐 진퇴의 이치를 논하였다. 이때 밤새도록 홍취가 지극하여 속진의 회포가 사라졌다고 하면서 청담파다운 면모를 보이기도 한다.[78)] 탈속의 삶을 추구했던 이들 모두에게 개성 유람은 공유하고 있던 학문을 마음껏 담론하며 교유하기에

---

75) 南孝溫, 『秋江集』 권5, 記 「遊金剛山記」.
76) 南孝溫, 『秋江集』 권7, 雜著 「冷話」.
77) 『燕山君日記』 권53, 10年 5月 己未.
78) 南孝溫, 『秋江集』 권6, 雜著 「松京錄」.

더없이 좋은 매개였다.

이원은 1493년 금강산을 유람할 때 지인을 찾아 함께 유람하며 도움을 받았다. 고성에 도착하자마자 젊었을 때 사귀고 지냈던 金楗부터 찾아갔다. 김건은 고성군수 金智童의 아들이었다. 이원은 지기인 김건을 만나 금강산 유람에 동행시켜 도움을 받기 위함이었다. 금강산을 유람하고 고성에 돌아왔을 때 고성군수 김지동이 삼일포에서 배를 준비해 놓고 이원과 아들 김건 등을 태우고 함께 유람했다. 유람 4일째 금강산 정양사에서 양식이 떨어져 따르는 종자들이 불쾌한 기색이 있었다고 한다. 결국 장안사 승려 義熙가 이원에게 콩과 쌀을 보태주었다.[79] 이는 이원이 유람에 충분한 양식을 준비하지 않았기 때문이다. 이원의 유람에는 지인인 김건과 그의 부친인 고성군수의 도움이 컸던 것으로 보인다.

유람 중에 평소 면식이 있던 지인을 만나기도 했지만, 새로운 인물을 만나 교유하며 지인으로 사귀기도 했다. 1516년 冲庵 金淨(1486~1521)은 금강산 유람 중에 강릉에서 江湖居士 朴公達(1470~1552)을 만나 교유하였다. 김정은 1514년에 순창군수로 재직하면서 중종 때 폐출된 왕후 愼氏의 복위를 주장하고, 신씨 폐위 주모자인 朴元宗 등을 追罪할 것을 상소했다가 왕의 노여움을 사 보은에 유배되었다. 1516년 영의정 柳洵의 변호로 1516년 석방되었다. 이때 김정은 홀로 금강산을 유람하면서 강릉의 박공달을 만나 교유하였다. 박공달은 26세 때인 1495년에 生員이 되었으나, 고향에서 修身과 독서에만 전념하고 있었다. 김정이 유람 중 우연히 박공달의 집에 묵으며 교유하였는데, 김정은 박공달의 사람됨에 탄복하여 1519년 賢良科에 추천하였다. 이로 인해 박공달은 弘文館著作, 兵曹佐郎을 역임했다. 김정은 강릉에서 박공달과 헤어지면서 다음과 같이 교유의 정을 담은 시를 지어주기도 했다.

---

79) 李黿, 『再思堂逸集』 권1, 雜著 「遊金剛錄」.

은둔자와 서로 상봉하니	相逢棲隱者
이곳이 곧 方丈瀛洲 구나	此地卽方瀛
강과 바다의 외로운 배에 달 비추고	江海孤舟月
표연히 떠다니는 客의 작은 배하나	飄浮一客艅
홍은 더하여 皆骨山으로 가고	趣添皆骨去
눈으로 鏡湖의 푸르름이 들어온다	眼入鏡湖青
이별하면 또 천리 길	分手又千里
말 앞에 찬 잎사귀 떨어지네	馬前寒葉零[80)

그러나 박공달은 1519년 己卯士禍 때 벼슬을 버리고 다시 강릉으로 낙향했고, 김정은 錦山에 유배되었다가 1521년 辛巳誣獄에 연루되어 사사되었다. 이 두 사람은 평소 알고 지낸 사이가 아니었으나 김정의 유람 중에 만나 서로 교유하며, 관직에 천거까지 해 주었던 것이다.

晩悔堂 張慶遇(1581~1654)는 어려서 스승인 張顯光을 모시고 伽倻山을 유람할 때 이름과 字를 받기도 하였다. 합천 海印寺에서 장현광과 西川君 鄭崐壽, 정구, 東岡 金宇顒이 모여 교유하는 자리에서 이름과 字를 받았다. 장현광은 이황의 문하였고, 김우옹은 조식의 문하였다. 정구는 이황과 조식 모두를 스승으로 삼았다. 또한 장현광은 정구의 姪女인 청주정씨와 혼인하여 족친관계를 맺었다. 장현광이 제자 장경우에게 기록하도록 한 遊山錄을 세 사람에게 보여주자 칭찬을 아끼지 않았다고 한다. 이어서 제자인 장경우의 이름과 字를 지어주기를 부탁하여 이름을 '慶遇'라하고 字를 '泰來'라고 하였다.[81)]

특히 면식이 있어 평소 알고 지냈던 유람지의 지방관은 유람 중에 만나서 도움을 받기도 하고, 그간의 안부를 주고받으며 교유하였다. 홍인우는 1553년 4월 금강산을 유람하면서 일대의 수령들을 모두 만났다. 홍인우는 친구인 許國善·南時甫와 함께 금강산과 강원도 嶺東일대를

80) 『燃藜室記述』 권8, 中宗朝故事本末, 「賢良科罷復」·「己卯黨籍」.
81) 張顯光, 『旅軒集』 續集 권9, 附錄 「記聞錄 門人張慶遇」.

유람하였다. 남시보는 홍인우와 함께 徐敬德·이황의 문인이었다. 홍인우가 금강산 등지를 유람하고 지은 「關東錄」의 서문도 이황이 써 주었다. 이들은 함께 유람하면서 하나씩의 주제를 가지고 치열한 토론을 벌이기도 했다. 修己治人의 문제, 벼슬에 나아가고 물러가는 도리, 미미한 사람도 버리지 말라는 주제 등이었다. 유람을 통해 산수 구경만이 아니라 정신을 湖海와 같이 터놓고 知友들과 함께 즐거움을 찾고자 하였다. 정양사에서는 江原都事 黃伯溫을 만나 매우 기뻐하였다. 황백온과는 금강산 유람을 함께하기로 약속이 되어 있었으나, 홍인우 일행이 일정을 맞추지 못했다. 황백온이 먼저 금강산 유람을 하고 정양사에 왔을 때 홍인우 일행을 만난 것이다. 이들은 유람 여정 중 통천군수·간성군수·양양부사·강릉부사·원주목사 등 유람지의 모든 수령을 만나서 술과 음식대접을 받고 여정을 위로 받았다.[82]

홍인우도 평생 벼슬에 나가지 않은 사람이었다. 유람 중 지나는 고을의 수령들을 모두 만났는데, 이름을 일일이 적어 놓지 않은 것을 보면 평소에 교분이 있었던 사이는 아니었던 것으로 보인다. 다만, 조선시대에는 손님을 맞아 대접하는 것을 미덕으로 여겼고, 유람자들 또한 수령들과 같은 사대부들이었으므로 초면이긴 하나 서로 안면을 트고 도움을 주고받았던 것으로 보인다.

1572년 양대박은 아버지 梁艤가 원주목사로 재직하다 벼슬을 옮기면서 금강산을 유람한다기에 휴가를 내어 따라 나섰다. 먼저 금강산을 가는 길에 부친의 지기인 춘천부사를 관아에서 만나 늦게 까지 술을 마시며 숙박했다. 객관에는 춘천부사의 친족인 崔崑이라는 사람이 여러 달 머물고 있었다. 양대박과 같은 동향인 남원사람이었는데, 세속을 벗어날 생각을 가지고 있어 금강산 유람에 동행했다. 유점사에서는 고성군수가 일행에게 성대하게 술을 대접해 주었고, 간성에서는 군수가 맞이하여 술

82) 洪仁祐, 『耻齋遺稿』 권3, 「關東錄」.

자리를 베풀어 주어 새벽까지 술을 마시고 수창하며 교유하였다.[83]

유람은 지인들과 오랜만에 만나 회포를 풀고 교유하는 기회였고, 함께 숙식하고 담론하며 친교를 더욱 두텁게 만들어 주었다. 1579년 9월 정구는 벼슬에서 물러나 李仁愷·李仁悌·郭越과 서로 모여 글을 읽고 교유하며 지인들과 낙을 즐겼다. 그리고 이들과 함께 가야산을 유람하였다. 영양군수에서 물러난 친구 鄭仁弘을 불러 함께 가야산을 유람하였다. 이들은 모두 조식의 문하였다. 유람기회에 잡념을 없애고 학문에 더욱 열중할 것을 서로 다짐하였다. 해인사를 거쳐 知足菴에 도착했을 때 鄭德遠·李季郁·金志海·金渾源이 모여 일행을 기다리고 있었다. 이들은 정구와 헤어진지가 멀게는 3~4년이고 가깝게는 1년이었으므로, 서로 매우 반갑게 조우하였다. 학문에 관해서 토론할 때 朴叔彬·朴而章이 올라와 동참하였다. 저녁 무렵에 文勉·周國新·文弘道·曺應仁 등이 문안을 왔다. 이들은 자정까지 술을 마시며 회포를 풀었다. 다음날에 白雲臺에 갈 일정이 있었으나 모두들 "벗들이 한자리에 모여 지내는 낙은 본디 쉬운 일이 아니니, 오늘은 우선 이곳에 머물러 얼굴을 맞대고 이야기하는 즐거움을 누립시다."하고 그대로 머물러 술을 마시며 교유하였다.[84]

정구의 가야산 유람에는 많은 지인들이 동참하여 책을 탐독하며 학문적 교유를 즐겼다. 정구와 정인홍이 가야산을 유람하던 시기의 관계는 매우 호의적 관계였다. 그런데 1603년 『南冥集』을 편찬하는 과정에서 정인홍이 이황과 李彦迪을 배척하자 그와 절교하였다. 정인홍이 이황과 이언적을 배척하게 된 것은 앞서 살펴본 淫婦獄과 관련되어 있었다. 그러나 정구는 조식을 스승으로 모셨을 뿐만 아니라 이보다 앞서 이황의 문하에서도 수학한 인물이었다. 『남명집』은 정인홍의 주도로 합천 해인사에서 간행되었는데, 이 과정에서 정인홍이 이황과 이언적을 배척하자

83) 梁大樸, 『青溪集』 권4, 文 「金剛山紀行錄」.

84) 鄭逑, 『寒岡集』 권9, 雜著 「遊伽倻山錄」.

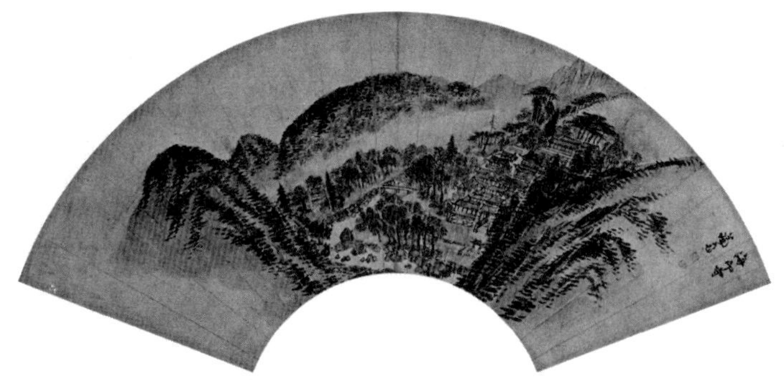

〈그림 17〉 鄭敾, 「海印寺圖」, 朝鮮, 紙本淡彩, 23×68㎝, 국립중앙박물관

정구가 절교했던 것이다.

특히 지방관이 인근지역을 유람할 때는 수령 등 지방 관리들과의 교유관계가 많이 나타난다. 정엽이 襄陽府使를 그만둔 직후 금강산을 유람할 때 고성군수 趙暄이 座首 崔德立을 보내 일행을 대접하였다. 총석정에서는 통천군수와 군수의 아우 克鑑, 극감의 손님인 李興復과 모임을 가졌다. 통천군수는 金克鍵으로 省菴 金孝元의 아들이었다. 당시 김극건에게는 아들 金世濂이 있었는데, 正言으로서 광해군대의 폐모론을 주장하는 자들을 탄핵하려다 郭山으로 유배를 갔다.[85] 군수는 아들의 일로 상심해 있던 차에 정엽 일행을 만나 술대접을 하며 하소연을 하기도 하였다. 낙산사에서는 萬戶 李澮, 上舍 崔基頷·禹泰承·朴宗文과 함께 모임을 가졌다.[86]

1618년 霽湖 梁慶遇(1568~?)는 전라도 長城郡守 재임시절 관찰사의 명으로 南海 郡縣의 續案조사라는 공무를 이용하여 유람을 병행하였기 때문에 지나는 곳의 거의 모든 수령들을 만나 교유했다. 靈岩郡에서 진사 白善鳴의 집에 들려서 묵었다. 백선명과 양경우의 집안은 양 先親간

85) 『光海君日記』 권121, 9년 11월 甲申.

86) 鄭曄, 『守夢集』 권3, 雜著 「金剛錄」.

의 교유가 있던 집안이었다. 양경우의 부친은 양대박이고, 백선명의 부친은 玉峯 白光勳이었다. 양경우는 유람 중 백선명을 만나 백광홍의 별장으로 올라가 두 집안이 우호하며 시와 술로 교유한 이야기를 나누었다. 이야기가 情誼에 이르자 양경우는 선친 생각에 눈물을 흘렸다. 그러자 백선명이 선친들이 주고받은 시를 보여주며 자신들의 만남도 우연이 아니므로 부친들의 시를 차운하고 양경우와 한통 씩 써서 나누어 가졌다.[87)]

久堂 朴長遠(1612~1671)도 1643년 부모 봉양을 위해 安陰縣監으로 부임했을 때 지리산을 유람하였다. 박장원과 교유관계가 두터운 李楚老라는 사람이 함양군 沙斤驛의 찰방으로 근무하고 있어 서로 서신을 오가며 지리산 유람을 약속하였다. 두 사람은 예안현감을 지낸 梁櫶과 上舍 申纘延을 만나 지리산을 유람하였다. 박장원과 양원은 같은 西人의 당색을 가지고 있던 사람들이었다. 이들은 유람 중 술을 마시면서 환담을 나누고 수창하면서 교유관계를 맺었다.[88)]

김창협은 금강산을 유람하면서 벗들을 만나기도 하고 새로운 인물들을 사귀기도 했다. 1671년 지인 金聲律·李有屈과 한 달간 금강산일대를 유람하였다. 淮陽에 도착해 부친의 벗인 府使 任奎를 배알하였다. 임규가 일행을 매우 환대하며 술자리를 마련하고 청사에 묵게 하였다. 임규의 장남 任鎭元을 만나 사귀었다. 앞서 살핀 바와 같이 正陽寺에서는 순찰사 일행의 문후를 온 간성군수 權世經을 만나 친분을 맺어 유람의 노자를 받기도 했고, 유점사에서는 고성군수 洪宇遠와 친분을 맺어 삼일포 유람에 배를 제공받기도 했다. 通川에 도착해서는 서울에서 알고 지내던 벗인 통천군수의 아들 李相休를 만났다. 이상휴가 놀라고 반가워하며 술자리를 베풀고, 함께 유숙하였다. 총석정을 구경하고 통천관아

87) 梁慶遇, 『霽湖集』 권11, 「歷盡沿海郡縣 仍入頭流 賞雙溪 神興紀行祿」.

88) 朴長遠, 『久堂集』 권15, 記 「遊頭流山記」.

로 돌아와 이상휴와 함께 술을 마시며 이별의 정을 나누었다.[89)]

晩醒 朴致馥(1824~1894)은 1877년 8월 12명의 지인과 함께 지리산 일대를 유람하였는데, 유람에 동참한 인물은 李震相·尹永燁·權仁擇·金麟燮·郭鍾錫·河龍濟·朴尙台·金基淳·趙鎬來·郭承根·河兼洛·趙性家 등이다. 박치복은 합천 三嘉 黃梅山에 百鍊齋를 짓고 김종직의 小學講規를 본받아 제자들을 가르쳤다. 당시 경상우도 지역의 대표적 학자로 인맥관계가 넓었던 인물이었다. 당초 박치복은 이진상과 유람을 약속했으나 지리산 인근 고을의 지인들에게 연락해 함께 유람에 동참시켰다. 특히 곽종석은 지리산을 유람한지 얼마 안 되었고, 권인택은 집안의 우환이 있었음에도 박치복의 권유에 못 이겨 유람에 동참하고 있다. 이들은 자신들의 유람을 남명 조식의 유람에 비유하며 그의 유람록을 참고하여 지리산을 유람하였다. 그리고 산청에서 鄕飮酒禮를 강론하기도 하고, 山天齋에 들려 조식의 후손인 曺衡七을 만나 교유하기도 했다. 하동군 慕寒齋에서 묵을 때는 지역의 士友 수십명과 만나 교유하였다.[90)] 박치복은 지리산 일대 유람을 기회로 평소 만나기 어려웠던 지인들을 만나 유람하며 교유하였던 것이다.

유람지에서 즉석 교유가 이루어지기도 했지만 유람을 떠나기 전 지인에게 서신을 보내 만날 것을 미리 약속하기도 했다. 신익성은 지인들을 만나고자 미리 연락을 해 놓고 금강산 유람을 떠났다. 도성을 떠나면서 道峯書院에 들려 서원의 학생인 徐亨履·徐弘履·尹文擧·尹宣擧·趙壽益 등을 만나 취할 때까지 술을 마셨고, 金化에서는 수령인 黃泳을 만나 함께 술을 마시며 회포를 풀었다. 고성에서는 군수 李克浦와 삼일포에서 만나 함께 유람하고 사선정에서 술을 마셨다. 이극포가 노래를 불러

---

89) 金昌協, 『農巖集』 권23, 記 「東游記」.

90) 朴致馥, 『晩醒集』 권7, 雜著 「南遊紀行」(국립중앙도서관 청구기호 한古朝46-가321).

홍을 돋우고, 신익성은 시를 지어 부채에 써주며 서로 회포를 풀고 교유하였다.[91] 이는 모두 신익성이 유람을 하는 차에 지인들과 서로 만나기로 미리 약속하였던 것이다.

유람지 주변의 현직 수령들이 함께 일정을 맞추어 유람을 가는 경우도 있었다. 泛虛亭 宋光淵(1638~1695)이 1679년 玉泉郡守로 부임하여 1680년 昇平府使 李益泰, 浴川縣監 李萬徵과 함께 지리산을 유람하였다. 이들은 서로 서신을 주고받으며 공무를 보는 여가에 함께 모여 유람하며 교유하기를 약속했던 것이다.[92] 道伯이 안찰하는 여가에 유람을 위해 들르는 산에는 주변의 수령들이 모두 모여 유람하기도 했다. 1784년 안찰사 李秉模가 청량산에 유람하러 가자 봉화군수 沈公著, 영양군수 金明鎭, 하양현감 任希澤, 안기찰방 김홍도, 홍해군수 成大中이 참여하였다. 심공저와 성대중은 청량산을 유람하기로 오래전 약속이 되어 있던 차에 안찰사의 유람에 참여하면서 서로 만났던 것이다.[93] 관찰사의 유람 수행으로 주변 수령들과 만나 함께 유람하며 교유한 것이다.

1672년 윤휴는 금강산 유람 길에 같은 黨人이자 선배였던 허목을 만났다. 허목을 배알하는 자리에서 宋漋·鄭泰岳을 함께 만났다. 허목이 頭流山·五臺山·太白山 등의 기록과 鄭虛菴傳·答子代父喪書를 보여주어 윤휴는 자신이 지은 禪繼說로 수답하였다. 집에서 술과 과일을 내놓아 몇 순배 대작하며 담론하였다. 얘기 중 윤휴가 길을 떠나는 정표로 허목에게 글을 지어달라고 청하자 篆書로 '光風霽月 樂天安土 受命安分' 열두 자를 써 주었다. 허목은 효종 때인 1659년 趙大妃 복상문제인 禮訟논쟁을 일으킨 南人이었고, 후에 1674년 2차 예송논쟁으로 정권을

91) 申翊聖, 『樂全堂集』 권7, 記 「遊金剛小記」.

92) 宋光淵, 『泛虛亭集』 권7, 雜著 「頭流錄」.

93) 成大中, 『靑城集』 권6, 記 「淸凉山記」. 이 유람에는 단원 김홍도가 안기찰방으로 참석하여 퉁소를 불고 있다. 김홍도의 퉁소 소리가 매우 듣기 좋았다는 것으로 보아 김홍도는 퉁소를 잘 불었던 것으로 보인다.

잡은 남인이 濁南과 淸南으로 나뉘었을 때 청남의 영수가 된 사람이었다. 윤휴도 예송논쟁에 참여했던 南人으로 허목이 영수로 있던 청남에 속했던 인물이다. 윤휴가 금강산을 유람가던 해는 1차 예송에서 송시열을 위시한 西人이 정권을 잡고 있을 때였다. 이때 윤휴는 벼슬에 나가지 않고 학문에 몰두하고 있었다. 허목도 삼척부사에서 파직된 후 관직에 나아가지 않고 경기도 漣川에 머물면서 강호를 주유하고 있을 때였다. 윤휴는 금강산에 가는 길에 철원군수 權順昌을 만나서 저녁을 대접받았다. 권순창은 沙溪 金長生의 문인이다. 沈器遠의 역모사건 평정에 참가한 공로로 1646년 寧國原從功臣이 된 인물이었다. 그리고 양양부사 李大玉이 윤휴의 일행을 탐문하고 낙산사에서 일행을 맞이하였다. 윤휴 일행은 이대옥이 대접하는 술을 밤늦게까지 마시며 수창하며 교유하였다.[94]

유람에는 지인들뿐만 아니라 族親들이 모여서 함께 하기도 했다. 竹潭 金永祚(?~1842)는 1867년 아우 金永祐, 族弟 金永汶, 叔父, 그리고 지인인 權翼鵬과 함께 모여서 지리산의 진경을 유람할 계획을 세웠다. 이들은 산청군에 도착하여 權正瞻을 만나 동행하였다.[95] 송시열의 후손 송병선도 1869년 族親인 安時容·安時默·安時任과 함께 지리산을 유람하였다.[96] 그리고 10년 뒤인 1879년에 다시 지리산을 유람하였다. 丹城의 선비 李達支가 따라나섰고, 1869년 유람에 함께 했던 안시임·안도행이 다시 함께했다. 그리고 안씨집안 족친인 安仲錫·安衡錫·安時和 등이 동행했다. 일행이 新安面에 이르자 유생 崔植敏과 그의 종형인 崔相敏, 유생 權雲煥·李東範·李炳斗와 만나 우암 송시열을 배향한 新安書社로 가서 여러 士友들과 교유하였다.[97]

---

94) 尹鑴, 『白湖全書』 권34, 雜著 「楓岳錄」.
95) 金永祚, 『竹潭集』 권2, 雜著 「遊頭流錄」(국립중앙도서관 청구기호 한古朝46-가940).
96) 宋秉璿, 『淵齋集』 권21, 雜著 「智異山北麓記」.

유람을 하면서 유람지와 인근에 거주하는 지인들을 만나서 교유하거나, 지인들이나 족친과 함께 유람을 하는 것은 현대의 관광현상에서도 찾아 볼 수 있다. 교통편과 통신수단이 발달하지 못했던 조선시대에는 유람을 기회로 평소 찾아보기 어려웠던 지인들을 만나 회포를 풀며 교유하고, 도움을 받기도 했던 것이다. 또한 지인과 함께 유람하며 교유관계를 더욱 돈독히 다지기도 했다. 즉, 조선시대 유람이라고 하는 행위는 지인들과 소통하며 교유하는 방편 중의 하나였던 것이다.

97) 宋秉璿, 『淵齋集』 권21, 雜著 「頭流山記」.

제Ⅳ장

사대부의 유람에 나타난 관행

Ⅱ장에서 살핀 바와 같이 사대부들은 탈속과 안분의 체험, 문기와 구도의 함양, 역사현장과 선현들의 자취 답험 등이라는 명분과 목적으로 유람을 결행했지만, 그 이면에는 유람지에서 행해지던 몇 가지 관행이 있었다.

사대부들은 유람을 하면서 지역 守令들의 접대를 받았다. 유람객 대부분의 출신성분이 사대부였으므로 지방 수령들은 평소 교분과 상관없이 유람객의 지위고하에 따라 이들을 예우하며 접대하지 않을 수 없었다. 수령들은 車馬費와 숙식제공, 술과 기생 등의 접대뿐만 아니라 유람을 함께 수행하기도 했다.

사대부들의 유람에는 술과 음악 등이 수반되는 遊興이 있었다. 유람은 일상의 권태로움에서 벗어나고자 하는 의도가 공존하였으므로 술을 마시고 노래를 부르며 풍류를 즐기는 것은 유람에서 빠질 수 없는 것이었다. 악공과 기생을 데리고 다니면서 산중의 사찰 등에서 질탕한 유흥을 벌이기도 했다.

그리고 승려들을 유람사역에 동원하였다. 승려가 사대부 유람객의 숙식을 제공하고 수발을 드는 것은 기본이었다. 유람객의 가마를 메며 길잡이 역할을 하고, 종복들이 하는 잡다한 심부름까지 해야 했다. 지역민도 유람사역의 동원 대상이었다. 유람객들의 접대로 농사의 시기를 일실하는 등 지역민의 폐해도 있었다.

금강산과 같이 유람객이 수시로 찾는 명승지에 사는 지역민들은 자신의 지역에 금강산이 있는 것을 한탄하기도 했다. 유람객 접대가 싫어 유람객이 자주 찾는 유적지를 일부러 훼손시키기도 했다. 사대부들은 자신들의 지위를 이용하여 승려들과 지역민에게 유람사역을 시켰던 것이다.

이러한 관행들이 유람과정의 전체적인 부분을 차지하는 것은 아니었다. 유람의 명분과 목적의 이면에서 간간히 행해졌던 행위현상이었다. 유람이 사대부들의 여가문화로 유행하게 되면서 유람과정에서 새로운 관행이 생겨나게 되었다. 이같은 현상은 조선시대의 유람에서 의례적으로 행해졌던 풍류이자 관행이 되었고, 조선 말기까지 지속되어 졌다.

제1절. 守令의 접대와 수행

지방의 守令들은 관할지에 유람하러 찾아오는 관료들과 사대부들을 접대하고 수행해야 했다. 사대부들은 유람을 겸해 유람지의 知人과 族親들을 찾아보고 유람에 필요한 도움을 받기도 했다. 반면, 지인들과 족친을 찾아보는 기회에 그 곳 주변의 유람을 결행하기도 했다. 특히 수령들에게 많은 도움을 받았다. 수령이 친인척이거나 교분이 있었던 경우도 있었다. 그러나 이와 상관없이 유람자의 지위고하에 따라 수령들은 이들을 예우하며 접대하지 않을 수 없었다. 당시 유람자들 대부분은 전·현직 관료나 사대부 출신들이었으므로 수령들에게 임지를 방문하는 유람객 접대는 상시 있어왔던 관행이었다.

수령들의 유람객을 위한 접대는 주로 숙식제공과 주연이었다. 그리고 노자와 같이 돈을 보태주는 사례도 간간히 보인다. 김일손은 晉州牧學으로 있으면서 1489년 지리산을 유람하였는데, 영남관찰사 金殷卿·天嶺郡守 李箴·丹城郡守 崔慶甫가 노자를 보태주었다.[1] 홍인우가 친구인 南時甫·許國善 등과 1553년 4월 금강산 유람을 갔을 때도 철원 豊田驛의 친구 黃察訪에게 노자를 받았고, 통천군수와 양양부사에게 술대접을 받았다.[2] 김창협도 금강산 유람 중에 금성현령과 간성군수에게 노자를 받았다.[3] 노자를 보태주는 사람들이 평소 교분이 있었던 사람이고, 아주 단편적인 사례지만 수령들의 유람객 접대 중에는 車馬費조의 금전적 접대도 병행되었던 것으로 보인다.

유람객이 수령의 인척인 경우에는 매우 후하게 접대하기 마련이었다. 1586년 양대박이 지리산을 유람할 때 雲峯縣監 李君會에게 매우 융숭한 접대를 받았다. 이군회는 양대박의 再從 인척이었기 때문이었다. 저녁에 운봉현에 도착한 양대박 일행을 이군회가 매우 반갑게 맞이하여 일행 모두 실컷 먹고 마시게 했다. 종들에게 까지 쌀밥을 배불리 먹었다. 아침에는 성대한 잔치를 베풀어 주었다. 활을 쏘기도 하고 술을 마시며 취한 뒤에야 자리를 파했다.[4]

유람객을 직접 수행하거나 만나지 못할 때는 간접적으로 유람에 도움을 주기도 했다. 김일손이 지리산을 유람할 때는 진주목사 慶太素가 광대 둘을 보내 그 재주로 산행을 즐겁게 했고, 유생 金仲敦을 보내 붓과 벼루를 받들고 시중을 들게 했다.[5] 1696년 김창협은 原州 黃株河의 장례식에 참석하던 중 춘천의 淸平寺과 麟蹄의 寒溪寺를 유람하였는데, 春川府使 南聚星은 매일같이 문안했고 橫城縣監 曺挺夏는 양식을 보내 주었다. 인제현감은 직접 만나지 못하자 衙前들에게 김창협을 맞이하여 관아에서 접대하고 東軒에서 묵을 수 있도록 조치하여 놓기도 했다.[6]

---

1) 金馹孫, 『濯纓集』 권5, 錄 「頭流紀行錄」.
2) 洪仁祐, 『耻齋遺稿』 권3, 「關東錄」.
3) 金昌協, 『農巖集』 권23, 記 「東游記」.
4) 梁大樸, 『青溪集』 권4, 文 「頭流山紀行錄」.
5) 金馹孫, 『濯纓集』, 권5, 錄 「頭流紀行錄」.

수령들이 사대부들의 유람에 제공하는 가장 많은 접대는 술대접이었다. 주로 官妓를 불러 주연을 베풀어 주었다. 허균은 1603년 司僕寺正에서 파직되어 외가인 강릉에 머물고자 가는 길에 금강산과 관동팔경을 유람하였다.[7] 洛山寺에서 유숙할 때 양양부사 洪汝成이 술과 기생을 보내주자 다음과 같은 시를 지어 고마움을 표하고 있다.

명부는 사귐의 정이 많아	明府多交誼
비색 산 맑은 술동이에 비치네	淸樽映翠鬟
바다에 떠갈 뜻을 가졌건만	還將泛海意
기생과 더불어 동산에 있네	携妓在東山[8]

1618년 남해안의 여러 邑과 지리산을 유람한 양경우는 공무를 이용하여 유람을 병행하였기 때문에 지나는 곳의 거의 모든 수령들에게 접대를 받았다. 전라도 長城郡守 재임시절 관찰사의 명으로 南海 郡縣의 續案조사 임무를 맡았던 것이다. 이를 기회삼아 지리산과 남해를 유람하였다. 대부분의 수령들에게는 숙식을 제공 받았으나 무인출신 興陽[高興]縣監 朴惟健은 角抵戱를 구경시키고 술과 기생을 접대하였다. 양경우가 홍양현에서 자고 아침 일찍 출발하려 하자 박유건은 그날이 5월 5일 단옷날이므로 하루 대접을 받고 가길 권했다. 관아에 읍민 100여 명을 불러 각저희를 시키고 각저희가 끝나자 夢蝶이라는 기생을 불러 술자리를 만들었다. 몽접은 임진왜란 때 떠돌다가 龍城[南原]에 이르러 양경우의 집에서 3년간 寓居하였었는데, 20년 동안 생사를 모르다가 홍양현감의 접대 기회에 양경우와 다시 만난 것이다. 이때 노래를 시켰는데 간드러지게 노래하는 목소리가 예전과 같았다고 회고하였다.[9]

---

6) 金昌協, 『農巖集』 권24, 記 「東征記」.
7) 許筠, 『惺所覆瓿藁』 권3, 賦部 「東征賦」.
8) 許筠, 『惺所覆瓿藁』 권1, 詩賦 「楓嶽紀行」 '府伯送酒妓'.

신익성도 양경우와 같이 유람 중 수령의 접대로 헤어졌던 기생을 다시 만났다. 신익성은 1631년 가을 휴가를 얻어 금강산과 양양·강릉을 유람하고 「遊金剛小記」를 지었다. 이 기록에도 신익성이 양양과 강릉의 수령에게 접대 받은 내용들이 담겨있다. 신익성이 일출을 보고자 낙산사에 들렀을 때 양양부사가 낙산사 梨花亭에서 술 접대를 했다. 술에 취해 자리를 의상대로 옮기고, 고깃배가 도착하자 부사가 바다의 진미를 대접해 계속 술을 마셨다. 그리고 어린 기생이 부르는 송강 정철의 『관동별곡』을 들었다. 강릉의 牛頭臺邊에 도착했을 때는 강릉의 관기 玉娘이 단장을 하고 기다리고 있었다. 옥랑은 신익성이 젊은 시절 강원도 平康에서 데리고 있던 어린 기생이었는데, 10년 만의 재회하였다고 「遊金剛小記」에 기록하고 있다.[10] 강릉부사가 옥랑을 보냈다는 기록은 없으나, 옥랑이 관기인 것으로 보아 부사의 배려가 있었던 것으로 보인다.

양경우는 續案조사라는 공무와 병행하여 유람을 했고, 신익성은 선조의 딸인 貞淑翁主와 혼인한 駙馬로 東陽尉에 봉해져 있었다. 그러므로 이들의 유람에 수령들이 신경 쓰지 않을 수 없었다. 현직의 중앙고관이 유람을 올 때는 지역 수령들이 더욱 각별히 관심을 가졌다. 유호인이 1477년 楊熙止·申從濩와 함께 開城을 유람할 때도 이들은 중앙의 말단 관료였으나, 留守가 직접 僚佐들을 인솔하고 나와 巖防寺에서 전별연을 베풀어 주었다.[11]

1603년 8월 예조판서로 있던 月沙 李廷龜(1564~1635)가 금강산을 유람하였을 때는 고을의 모든 수령들이 그를 수행하고 접대하려 했다. 이정구는 咸興府에 있는 和陵[12] 수리에 奉審禮官으로 참석하였다가 돌

9) 梁慶遇, 『霽湖集』 권11, 「歷盡沿海郡縣 仍入頭流 賞雙溪 神興紀行祿」.

10) 申翊聖, 『樂全堂集』 권7, 記 「遊金剛小記」.

11) 兪好仁, 『㵢谿集』 권7, 文 「遊松都錄」.

12) 이성계의 부친인 李子春의 묘.

아오는 길에 금강산을 유람하였다. 평소 가보지 못한 금강산 유람을 위해 봉심예관을 자청했다. 이때 韓濩가 흡곡현령으로 발령을 받았으므로 이정구와 함께 출발하였다. 이정구는 한호에게 최립이 간성군수로 있으니 화릉 수리를 마치고 난 후 모두 함께 금강산을 유람하자고 청했다. 이정구가 금강산을 유람한다는 소식이 있자 함흥에 있을 때부터 한호와 최립, 통천군수 安昶이 매일 일정을 물어왔고, 그 밖에 관동수령의 공문서를 가지고 일정을 묻는 자들이 줄을 지어 도착하였다고 한다. 함흥을 떠나 영흥에 도착했을 때 女眞族이 鍾城府에 내침하였다는 소식을 듣고 금강산 유람을 포기하려고 수령들에게 사과의 서신을 보냈다. 그러나 곧 여진족이 격퇴되었다는 소식을 듣고 유람을 재개하였다. 결국 흡곡현령 한호와 약속한 일정을 맞추지 못해 길이 어긋나 이정구는 몇 명의 수행원과 금강산을 유람하였다.13)

유람 중에 표훈사에서 원주의 都事 尹趌과 찰방 李汝機, 강릉의 集慶殿 참봉 盧勝을 만나 함께 유람하였다. 이들은 이정구를 만나러 왔다가 도성으로 갔다는 소문을 듣고 자기들끼리 유람을 하던 중이었다. 단발령에는 강원도관찰사 李光俊이 아들을 데리고 마중을 나와 있었다.14) 이광준은 도내를 巡歷하던 중 아들과 함께 금강산을 유람하고 있었다.15) 이때 이정구가 왔다는 소식을 듣고 단발령에서 기다리고 있었던 것이다. 예조판서였던 이정구의 유람에는 금강산 인근의 흡곡·간성·통천·회양·강릉의 수령들뿐만 아니라 원주에 있던 도사, 관찰사까지 수행하려 했던 것이다.

이정구의 경우 일정이 어긋나 수령들이 유람을 수행하지 못했지만 수령이 중앙관료의 유람을 모두 수행한 경우도 있었다. 1651년 陽谷 吳斗

---

13) 李廷龜, 『月沙集』 권38, 記 「遊金剛山記」上.
14) 李廷龜, 『月沙集』, 권38, 記 「遊金剛山記」下.
15) 崔立, 『簡易集』 권3, 序 「遊金剛山卷序」.

寅은 사헌부 持平으로 재직하면서 경상도의 災傷을 살폈다. 이때 영남의 40개군과 南海와 巨濟 사이의 島嶼를 돌아보았다. 그리고 영남을 시찰하던 차에 지리산을 유람해 보고자 진주목사 李相逸에게 유람을 청했다. 여기에 찰방 金釘, 河東太守 李震馝, 昆陽의 召募將 金緝이 합류하여 오두인과 함께 지리산을 유람했다. 이들은 모두 오두인이 시찰 중에 만나 남해를 함께 유람했던 사람들로 지리산 유람도 함께 수행했던 것이다.[16)]

김창협은 進士試 합격 후 21세 때인 1671년 금강산을 유람하였는데, "준비물이 『選唐詩』 몇 권과 『臥遊錄』 한 권뿐이었다."라고 적고 있다. 김창협은 약 한달 간 금강산과 관동팔경을 구경하였다. 이처럼 간소한 준비물로 한 달여간 유람할 수 있었던 것은 지역수령들의 도움이 있었기 때문이다. 가는 길인 金城에서는 현령 朴鑌에게 음식접대와 노자를 받았고, 淮陽府使 任奎는 부친의 벗이었으므로 숙식을 제공받았다. 김창협은 당초 금강산만을 유람할 계획이었는데, 杆城郡守 權世經의 도움으로 동해안의 三日浦와 叢石까지 유람할 수 있었다. 서로 아는 사이는 아니었으나, 권세경이 巡察使 일행의 문후를 위해 표훈사에 왔다가 우연히 김창협과 함께 묵게 되었다. 이때 김창협이 금강산을 유람하고 곧장 집으로 돌아갈 계획을 말하자, 권세경이 삼일포와 총석유람을 권하고 필요한 노자를 부담해 주었다. 삼일포 유람에도 고성군수 洪宇遠이 관아의 아전에게 명하여 준비한 배를 타고 유람하였다. 표훈사에서 권세경을 만난 후 이틀 뒤 순찰사 문후를 위해 온 홍우원을 유점사에서 잠시 만난 적이 있었다. 이에 홍우원은 산중에 있으면서도 아전을 시켜 김창협의 삼일포 유람을 위해 배를 준비해 주었는데, 권세경에게 김창협이 삼일포를 유람한다는 얘기를 들었기 때문이다.[17)] 김창협이 금강산을 유

16) 吳斗寅, 『陽谷集』 권3, 記 「頭流山記」.

17) 金昌協, 『農巖集』 권23, 記 「東游記」.

〈그림 18〉 作者未詳, 『龍灣勝遊帖』 中 「鴨綠江泛舟圖」(左)·「官妓馳馬圖」(右), 1723年, 絹本彩色, 各幅 48×33㎝, 국립중앙박물관

람할 때는 관로에 진출하기 전의 어린 나이었다. 평소 교분이 없었던 수령들의 후한 접대를 받을 수 있었던 것은 아버지인 金壽恒(1629~1689) 때문이었다. 이때 김수항은 이조판서를 지내고 있었으므로 김창협은 수령들의 극진한 접대를 받을 수 있었던 것이다.

중앙관원의 유람에 수령들의 접대가 있었던 것은 <그림 18>을 통해서도 알 수 있다. 1723년 遠接使 趙泰億(1675~1728)이 義州유람을 기념하여 제작한 것이다. 조태억은 淸使를 영접하러 의주로 갔다가 淸使가 도착하기 이전에 의주지역을 유람하였다. 義州副使의 접대로 압록강을 舟遊하고, 統軍亭에서 官妓들이 말을 달리는 것을 보았다.

특히 조선시대 관찰사는 도내를 순력하면서 유람을 병행하는 경우가 많았다. 그러므로 지방의 수령들은 관찰사들의 유람을 가장 많이 수행하고 접대해야 했다. 1807년 宜齋 南周獻(1769~1821)은 함양군수로 있으면서 지리산을 유람하였다. 경상도관찰사 尹光顔이 편지를 보내 지리산을 함께 유람할 것을 권했기 때문이다. 이때 진주목사 李洛秀와 산청현감 鄭有淳이 동행하였다. 윤광안은 순력을 빌미로 지리산을 유람한 것이었다. 이들의 유람 길에는 관찰사가 동행했으므로 가는 곳마다 등불·깃발·북 등이 화려하게 설치되어 있었다. 섬진강에서 지리산 雙磎寺로 향하는 배에 탄 인원은 하인, 깃발 잡는 사람, 생황 켜는 사람, 퉁소 부는 사람, 그리고 각 고을에서 징발한 요리사 등 수행원이 3백~4백 명이었다고 한다. 그리고 지리산에 함께 올라간 하인들이 1천여 명에 달했다고 한다. 관찰사의 순력에 유람이 병행되었으므로 대규모 인력이 지리산 유람에 동원된 것이다. 유람 중 병마절도사·하동부사 등이 이들을 접대하였다.[18]

조선시대 유람기록에는 수령이 직접 유람을 하거나 유람의 접대와 수행에 公物을 이용하는 경우가 많이 나타난다. 관원이 현직에 있으면서 사사로이 유람을 하거나 공물을 사용하는 것은 비판과 파직의 사유가 되기도 했다.

김종직이 지리산을 유람하고 마을에 돌아 왔을 때 고을의 父老들이 "사또께서 탈 없이 구경하고 오신 것을 치하드립니다."라는 소리를 듣자 비로소 백성들이 일을 팽개치고 놀기만 한다고 허물하지 않은 것을 기뻐했다.[19] 관찰사와 지리산을 유람한 남주헌도 유람을 마치고 돌아 왔을 때 父老들이 길에 담처럼 둘러서서 "군수께서는 유람하시면서 별탈이 없으셨는지요?"라고 안부를 전하였다. 남주헌도 이 인사를 받고서야 안도하는 마음이 들었다고 한다.[20] 백성들이 군수가 유람이나 하면서 일을 하지 않는다고 비판하지 않는 것을 알고 비로소 안도하는 마음이 든

18) 南周獻, 『宜齋集』 권11, 記 「智異山行記」(서울대학교규장각 청구기호 古3428-318).
19) 金宗直, 『佔畢齋文集』 권2, 「頭流紀行錄」.
20) 南周獻, 『宜齋集』 권11, 記 「智異山行記」(서울대학교규장각 청구기호 古3428-318).

것이다.

숙종대에는 강원도의 지방관원이 유람에 사사로이 역마를 사용해 관찰사가 파직된 사례가 있었다. 숙종 27년(1701) 江原都事 李廷揆가 橫城의 士人을 데리고 산을 유람하면서 保安驛의 말을 내어서 짐을 싣는데 이용하였다. 이때 역의 찰방이 감영에 보고하였다. 그러나 당시 강원감사였던 柳以復이 이를 묵살하고, 새로 오는 감사에게도 보고하지 말도록 하였다. 이 사실을 掌令 鄭維漸이 숙종에게 보고하였다. 이 일로 이정규와 유람에 동행한 사인은 처벌받았고, 감사 柳以復은 파직 당하였다.[21)]

금강산·지리산 등 유람명소로 자리 잡고 있던 지역의 수령들은 잦은 유람객을 맞이하여 접대하고, 때로는 함께 유람을 하기도 했던 것이다. 빈번한 접대에 수반되는 비용과 물자를 사비로 충당하기는 어려웠을 것이므로 공물을 이용하기도 했다.

이처럼 조선시대 사대부들은 유람지의 수령들에게 도움을 받으면서 유람을 하였다. 사대부들은 전·현직 관료이거나 상위층이었으므로 수령들은 교분이나 인척여부에 관계가 없어도 도움을 주고 접대해야 했다. 거마비 제공, 관아를 이용한 숙식제공, 관기와 악공의 동원, 술과 기생 등의 접대뿐만 아니라 유람을 함께 수행하기도 했다. 조정의 현직 고위 관료와 관찰사의 순행에 곁들여 이루어지는 유람에서는 인근 수령들의 합동수행이 이루어졌으며, 특히 유람자의 성향에 따른 배려가 있었던 것으로 파악되었다. 수령의 입장에서는 사대부 유람객의 접대와 배려가 관행화 되어있었다. 이러한 접대의 관행은 조선 전시기에 걸친 일반적 관행으로 자리 잡고 있었던 것이다.

수령들의 사대부 유람객 접대와 수행이 자의인지 타의인지 사료에 구체적으로 나타나지는 않는다. 당시 관찰사들은 도내를 순력하면서 업무

21)『肅宗實錄』 권35, 27년 9월 戊戌.

를 보았고, 지방행정에서 절대적 권력을 행사하였다. 또한 도내의 모든 수령을 지휘 감독하면서 수령의 근무 성적을 평가하여 보고하는 권한이 주어졌으며, 도내를 순찰하면서 관리들을 규찰하는 업무를 맡고 있었다. 그러므로 수령들은 관찰사들의 유람을 적극적으로 수행한 것으로 보인다. 이외에도 중앙의 전·현직 관료 등도 지방의 租稅, 수령 및 지방관 인사 등의 각종정책과 행정을 입안하였으므로 수령들이 만나서 접대하는 것은 중앙과의 연결고리를 만들 수 있는 계기로 작용했던 것으로도 볼 수 있다.

제2절. 유람지에서의 遊興

사대부들의 유람에서는 대부분 술과 음악, 놀이 등 유흥이 수반되었다. 유람은 일상의 권태로움에서 벗어나고자 하는 의도가 공존하였으므로 술을 마시며 풍류를 즐기는 것은 유람에서 빠질 수 없는 것이었다.22) 사대부들의 유람기록에는 유람지에서 술과 풍류를 즐기는 대목을 자주 찾아 볼 수 있다.

1544년 주세붕은 아들 博과 諸生 등을 데리고 청량산을 유람하였다. 안동의 피리부는 사람 貴欣을 빌려 嚮導로 삼아 데리고 갔다. 유람 중 이현보를 배알하고 술대접을 받았다. 이현보는 종복에게 거문고와 아쟁을 켜게 하고 '歸去來辭'·'將進酒' 등을 불렀다. 주세붕과 아들이 일어나 춤을 추자 당시 78세였던 이현보도 함께 춤을 추었다. 청량산 克一庵에서는 피리악공에게 '步虛詞'를 불게하고 제생들에게 노래도 시키고 춤도 추게 하면서 아주 기뻐하였다. 龍壽寺에 유숙할 때는 이현보와 85

22) 이종묵, 「遊山의 풍속과 遊記類의 전통」, 『고전문학연구』 12, 1997, 392~394쪽.

세의 琴萬戶라는 사람이 肩輿를 타고 찾아와 함께 유흥을 벌였다. 술이 반쯤 돌자 주세붕은 아들과 조카에게 노래를 시키고 제생들에게 춤을 추게 하였다. 이때 85세의 금만호도 함께 춤을 추었다고 한다.[23)]

주세붕·이현보와 같은 巨儒도 유람 중에 유흥을 벌였고, 분위기에 들떠 나이를 잊은 채 춤을 추기까지 하였다. 조식도 지리산을 유람하면서 기생들과 악공들을 데리고 유흥을 벌였다. 1558년 5월 조식은 지인들과 지리산을 유람하였다. 승려였다가 환속한 元右釋이란 자가 노래를 잘 불러 데려갔다. 지리산 초입부터 악공에게 피리와 북을 연주하게 하였다. 산중에서도 승려에게 북을 치게 하고, 악공 千守에게 피리를 불게 하였다. 神凝寺에서는 한바탕 피리를 불게하고 일제히 노래를 불렀다. 그리고 승려가 접대하는 술을 마시며 바위위에서 춤을 추고 실컷 놀았다.[24)]

술은 승려들과 함께 마시기도 했다. 양대박은 1571년 금강산을 유람하면서 산중에 동행하는 승려들과 함께 술을 마셨다. 珠纓巖에서 能仁庵의 승려 戒崑과 함께 술을 마시고 있을 때 유점사의 주지 道岑이 찾아와 함께 술을 마셨다.[25)]

이정구는 1603년 금강산에서 돌아온 다음 이웃의 子齊 및 申子方과 함께 三角山을 유람하였는데, 산중에서부터 하산하면서 까지 유흥을 벌였다. 산속에서는 피리가 없으면 안 되므로 피리 부는 사람을 반드시 데려 가고자 했다. 이정구는 금강산 유람의 홍취에서 벗어나지 못하고 있던 차에 삼각산 重興寺의 노승 釋性敏이 沙彌僧 天敏을 시켜 서신을 보내 유람 올 것을 청했다. 노승 석성민은 이정구의 벗이었다. 이정구는 석성민의 편지를 받고 삼각산 유람에 나섰다. 이때 신자방이 데리고 있

---

23) 周世鵬, 『武陵雜稿』 권7, 雜著 「遊淸凉山錄」.

24) 曺植, 『南冥集』 권2, 錄 「遊頭流錄」.

25) 梁大樸, 『靑溪集』 권4, 文 「金剛山紀行錄」.

는 피리악공 億良을 데려 가자고 신자방에게 서신을 보냈다. 억량은 당시 장안에서 피리 잘 불기로 이름을 떨치고 있어 이정구도 잘 알고 있었다. 신자방이 오지 않으면 혹여 억량도 오지 않을 것을 염려하여 이정구는 가는 길에 李山守라는 악공이라도 데려가려 했으나 집에 없었다. 결국 자방과 억량이 유람에 따라오긴 했다. 이정구는 1603년 금강산 유람 때도 피리악공 함무쇠[咸武金]를 도성에서부터 데려갔고, 악공을 반드시 앞세워 유람 내내 불게 하였다.[26] 또한 삼각산에도 피리악공을 반드시 데려가려 했다. 삼각산을 유람하면서 억량에게 피리를 불게 하여 술을 마시며, 노래하고 춤추는 등 유흥을 두 차례 벌였다. 산에서 내려오자 거문고를 연주하는 李樂師가 기다리고 있자 餘興이 벌어졌다. 물에 술잔을 띄워 마시며 취기가 오르자 자제는 단풍나무가지를 꺾어 머리에 꽂고 이정구는 국화를 따서 술에 띄웠다. 피리를 불고 거문고를 타게 하고 날이 저물자 모두 일어나 어지러이 춤을 추었다고 한다. 술이 많이 남아 있자 도성 문이 닫히기 직전까지 모두 마셨고, 이정구가 집에 도착할 때쯤 三更이 지나고 있었다.[27] 이정구는 삼각산의 흥취가 가시지 않아 산에서 내려와 늦은 밤까지 餘興을 즐기다 만취해서 집에 돌아갔다.

유흥은 유람을 위해 산에 들어가기 전부터 시작되기도 했다. 1611년 유몽인은 순천부사 柳詢之와 지리산 유람을 출발하면서부터 酒興을 크게 벌였다. 유몽인은 1611년 유유자적 하고자 중앙의 벼슬을 사양하고 고향인 전라도 興陽으로 낙향하려 했다. 그러나 조정의 지인들이 사직을 안타깝게 여겨 전라도 龍城[雲峯]縣監에 추천하였다. 유몽인은 용성현감 부임을 계기로 유순지와 지리산 유람을 위해 지리산 서쪽 在澗堂에서 만나 술자리를 열었다. 기생들이 노래하고 악기를 연주하여 모두

26) 李廷龜, 『月沙集』, 권38, 記 「遊金剛山記」下.

27) 李廷龜, 『月沙集』 권38, 記 「遊三角山記」. 이때 이정구가 악공 억량에게 고마움을 표하는 시를 한편지어 주었는데, 『月沙集』 권16(倦應錄上 「又次贈笛工億良」)에 전한다.

실컷 취했고 밤늦게까지 술자리가 이어졌다. 다음날 유순지는 술이 덜 깨 말을 타지 못하고 수레를 타고 갔다. 百丈寺에 들어가 유숙할 때도 유순지는 숙취가 풀리지 않아 佛殿에 먼저 들어가 잤는데, 코고는 소리가 우레와 같았다고 한다.[28)]

사대부들은 유몽인처럼 지인과 함께 유람을 약속할 때는 유람시작 단계에서부터 우선 술로 회포를 풀었다. 그리고 산속에서의 유흥은 물론 산을 내려와 餘興으로 이어지는 경우가 많았다. 아무래도 혼자보다 여럿이 어우러져 함께 유람할 때 유흥의 횟수가 더욱 많아 질 수밖에 없었다. 유람에서의 유흥을 위해서는 술은 기본적으로 가져가야 했고 흥을 돋우기 위한 악공은 필수였다.

선경 유람 시에는 흥을 돋우는 악기 중 피리가 가장 기본적이고도 필수였던 것 같다. 1542년 七寶山을 유람한 錦湖 林亨秀(1504~1547)도 唱妓 姑蘇와 피리악공을 데리고 다녔고, 下山歌 세 곡을 지어 창기에게 부르게 하는 등 술에 흠뻑 취한 채 하산하였다.[29)] 1610년 지리산을 유람한 박여량도 악공을 데리고 다니면서 피리를 불게 하였는데, 종들로 하여금 춤을 추게 하고, 피리를 불게 하는 것은 심한 피로감을 잠시나마 잊기 위해서라고 하였다.[30)] 그리고 유람에 악공을 반드시 데려 가고자 한 것은 노래의 반주를 위해서였다. 사대부들은 대부분 유람지에서 악기의 반주에 맞추어 노래를 부르면서 흥을 돋운 것이며, 사대부들의 풍류문화에서 음악은 빠질 수 없는 것이었음을 알 수 있다. 1616년 성여신은 지리산 유람에 북·피리·노래하고 춤추는 기생들을 데려와 주흥과 춤판을 열었다. 흥에 겨워 모두 일어나 덩실덩실 춤을 추자 들판에서 벼를 베던 사람들이 서서 쳐다보았다고 한다.[31)]

---

28) 柳夢寅, 『於于集』後集 권6, 雜識 「遊頭流山錄」.

29) 林亨秀, 『錦湖遺稿』, 雜著 「遊七寶山記」.

30) 朴汝樑, 『感樹齋集』 권6, 雜著 「頭流山日錄」.

1743년 金光瑞라는 사람과 지리산 청학동을 유람한 明庵 鄭栻(1683~1746)도 유람에 피리악공을 반드시 데려가길 원하고 있다. 정식은 김광서에게 "선경에 들어가는데 퉁소 부는 객을 데려가지 않는 것은 옳지 않다?"라고 묻자 김광서가 "나를 따라 유람하는 사람 중에 金潤海라는 이가 있는데, 퉁소를 잘 붑니다. 또 동네에 玄德升이란 자 역시 퉁소를 잘 붑니다."라고 했다. 정식은 크게 기뻐하여 이들을 불러 청학동에 데리고 갔다.[32]

유람 시 피리악공 외에도 흥을 더욱 돋우기 위해 소리꾼과 거문고·아쟁·비파를 타는 악공을 모두 갖추어 데려 가기도 했다. 양대박은 지리산 유람에 노래 부르는 愛春, 아쟁 타는 守介, 피리 부는 生伊를 데리고 갔다. 이들은 모두 기생이었다. 용유담에서 정경에 취해 이들에게 음악을 연주시키고 노래를 부르게 하여 일행과 무수히 술잔을 주고받으며 한껏 즐기다 파하였다고 한다.[33] 유람에 소리꾼과 악공을 동반한 것은 조선후기까지 꾸준히 계속되는 유람풍조였다. 1803년 섬진강을 유람한 하익범도 배에다 악공, 소리꾼을 모두 갖춰 태우고 유람을 다녔다.[34]

유람에는 악공과 소리꾼뿐만 아니라 기생들이 함께 하였다. 보통 기생들은 유람지에서 수령들이나 지인들이 유람객의 산행을 전후한 접대를 위해 많이 동원하였지만, 산중 유람에도 함께 데려가는 경우가 있었다. 당시 기생들 대부분 唱樂의 기예를 함께 갖추고 있었다. 그러므로 양대박의 지리산 유람이나 임형수의 칠보산 유람에 따라 갔던 기생들과 같이 소리꾼과 악공을 겸하는 경우도 있었고, 악공이나 소리꾼과는 별도의 기생을 데려가는 경우가 있었다. 이러한 기생의 경우 술을 따르거나

---

31) 成汝信, 『浮査集』 권5, 記 「方丈山仙遊日記」.

32) 鄭栻, 『明庵集』 권5, 錄 「靑鶴洞錄」(국립중앙도서관 청구기호 古3648-70-148-1-3).

33) 梁大樸, 『靑溪集』 권4, 文 「頭流山紀行錄」.

34) 河益範, 『士農窩集』 권2, 雜著 「遊頭流錄」(국립중앙도서관 청구기호 古3648-88-51).

춤을 추어 유흥의 흥취를 돋우고, 유람자의 수발을 드는 역할을 했던 것으로 보인다.

조식의 경우 지리산 유람에 악공과 별도로 기생들을 데려갔다. 데려간 기생은 4명으로 鳳月·甕臺·江娥之·貴千이었다. 강아지는 조식과 함께 유람했던 청주목사 李楨이 평소 가까이 지내던 기생이었고, 귀천은 진주목사 金泓의 형인 金涇이 데리고 온 기생이었다. 강아지는 이정이 산중에서 내장이 꼬이고 괴로워하며 설사를 심하게 하자 밤새 간호하였고, 귀천은 김경이 병 때문에 하산할 때 데리고 내려갔다.[35] 유람에는 대부분 친분이 없던 초면 기생을 데려갔는데, 강아지와 귀천은 일행과 평소 친분이 있어 산중까지 데리고 갔다. 그러므로 밤새 병수발을 들고 행동을 함께하였다.

조식의 유람기록에는 자세히 나오지 않지만 친분이 있어 별도로 데려간 기생은 밤 수청의 역할까지 했던 것으로 보인다. 유람에서 기생과 함께 자려했던 경우는 종종 있는 일이었다. 박여량은 지리산 君子寺에서 악공들과 기생을 동원해 밤새 술자리를 열어 북을 치며 춤을 추고 놀았다. 이때 함께 간 前 합천군수 朴明榑는 기생들과 잠자리를 같이 하려고 노력했으나 끝내 이루지는 못했다고 한다.[36] 1672년 윤휴도 관동팔경 유람 중 기생과 함께 잠자리에 들었으나 함께 자지는 못했다. 낙산사에서 유숙하였을 때 밤새 여러 기생이 옆에 있었다고 한다. 다음날 아침 함께 유람한 좌중들과 기생들에 대해 얘기하면서 거사는 치르지 못했다고 토로하였다.[37]

<그림 19>는 평양감사가 부임하여 밤중에 대동강을 舟遊하는 모습을 그린 그림의 일부이다. 악공과 기생이 함께 하고 있어 당시 유람에

35) 曺植, 『南冥集』 권2, 錄 「遊頭流錄」.

36) 朴汝樑, 『感樹齋集』 권6, 雜著 「頭流山日錄」.

37) 尹鑴, 『白湖全書』 권34, 雜著 「楓岳錄」.

〈그림 19〉 傳 金弘道, 『平壤監司饗宴圖』 中 「月夜船遊」 부분, 19C, 紙本彩色, 71×196㎝, 국립중앙박물관

악공과 기생을 동원하고 있음을 잘 나타내 준다. 또한 신윤복의 『蕙園傳神帖』 중 「舟遊淸江」(간송미술관소장)의 그림에도 악공과 생황을 부는 기생 등이 함께하고 있음을 볼 수 있다.

산중에서의 유흥시간은 대부분 저녁이고 장소는 사찰이었다. 산중유람의 숙소가 대부분 사찰이었기 때문이었다. 당시 사대부들에게 유람 중 사찰에서의 유흥은 그리 흠이 되는 일로 생각지 않았다. 유람 중 가장 일반적인 일이었다. 1618년 지리산을 유람한 玄谷 趙緯韓(1567~1649)은 기생들을 데리고 다니면서 사찰에서 유흥을 벌였다. 지리산 神興寺에서 慶尙兵使 南以興이 데려온 진주기생 7명과 술을 마셨다. 절의 누각에 올라 잔치를 열었는데, 노래와 북소리가 질탕하게 울려 퍼지고 곱게 화장한 기생들이 열을 지어 노래하고 춤을 추었다고 한다. 이 유흥은 달 밝은 야심한 밤이 되어서야 모두 대취하여 파했다.[38] 산속에서 술자리가 만들어지면 악공들에게 피리를 불게하고 기생에게 춤을 추게 하였다.

38) 趙緯韓, 『玄谷集』 권14, 錄 「遊頭流山錄」.

박여량은 지리산 天王堂에서 묵을 때 피리악공 淪乞에게 '界面調'·'後庭花'·'靈山會相'·'步虛詞' 등을 연주하게 하고 길을 안내하러 따라온 승려와 종들에게 번갈아 일어나 춤을 추게 하였다. 安國寺의 승려 處嚴과 雲逸이 춤사위가 가장 빼어났다고 술회하고 있다.[39)]

사대부들은 유람 중 평소 지친 심신의 피로를 풀고 유람의 흥취를 더하기 위해 간간히 유흥을 열었다. 그러나 여러 사람이 어울려 유흥만을 위한 유람으로 물의를 일으키는 경우도 있었다. 세종 23년(1442) 성균관 유생 26명이 유희를 목적으로 삼각산 덕방암에 유람을 갔다가 승려들과 싸움이 붙은 일이 발생하기도 하였다. 이때 암자의 승려가 刑曹에 고소하여 사실이 발각되자 유생들 모두 도망가 버렸다. 유생 중에는 공신의 후손과 有蔭者들이 포함되어 있었는데, 모두 의금부에 하옥되었다. 사찰에 부녀자들과 유생들이 유람하는 것은 이미 세종 21년(1439) 국가에서 금단토록 조치하였는데, 유생들이 이를 어긴데다 승려들과 싸움까지 한 것이었다.[40)]

앞서 살핀 성여신의 사례처럼 고된 노동을 하고 있는 백성들에게는 사대부들이 유람하며 요란하고 과도하게 벌이는 유흥은 좋게 보일 리 없었을 것이다. 윤증은 1699년 8월 아들 行敎가 金山에 유람을 간다고 소식을 전하자 간소하고 담박하게 유람할 것을 당부하고 있다. 처음에는 농민들의 가을일이 한창 바쁠 때이므로 職事에 관계된 것이 아니면 가지 말라고 당부한다. 그러나 행교가 관찰사의 유람에 참석하기 때문이라고 하자 다음과 같은 내용이 담긴 서신을 보냈다.

> 金山의 모임에 方伯이 만약 온다면 곧 나가서 기다리지 않을 수 없으나, 산중에서의 유람은 간략하고 담박한 것이 좋으니 지나치게 번거롭고 요란한 것

---

39) 朴汝樑, 『感樹齋集』 권6, 雜著 「頭流山日錄」.

40) 『世宗實錄』 권85, 21년 4월 己丑 ; 권97, 24년 7월 己卯.

은 부당하다. 邊山에 한 번 가는 것도 무방한데 누구와 함께할 것이냐? 말과 종자는 간편히 하여 단지 선비의 행차같이 하는 것이 좋겠다. 대략 士友 두 세 사람과 더불어 함께 유람해야 하고, 雜類들과 어지러이 섞이는 것은 불가하니 경계하고 경계해라.[41]

산중에서의 놀이는 요란하지 않게 간략하고 담박하게 할 것, 말과 종자는 간편하게 하고 잡류들과 섞이지 말 것 등을 당부하고 있다. 윤증이 아들에게 이같은 서신을 보낸 것은 우선 행교가 副修撰에 재직하고 있었으므로 관원의 몸으로 유람하는 것이 흠이 될까하여 염려해서였다. 이는 반대로 사대부들이 유람 중에 지나치게 요란하고 잡류들과 뒤섞여 유흥을 벌이는 일들이 있었다는 얘기이기도 하다. 실상 조식의 지리산 유람에서는 유람일행을 수발들기 위한 종복들만 40명에 달하고 있다.[42] 또한 경상도관찰사 尹光顔이 순력을 빌미로 남주헌과 함께 한 지리산 유람에 동원된 인원도 대규모였고 매우 요란스러웠다.

유람 중 간간이 행해지는 유흥은 당시 사대부의 일반적인 풍류문화로 이해해야 하겠으나, 과도한 유흥은 지탄의 대상이 될 수 있었다. 그러므로 윤증과 같이 유람 중 번거롭고 요란한 것과 잡류들과 어지러이 섞이는 것을 피하는 것을 예로서 삼고 경계해야 한다는 것을 의식하기도 한 것이다.

제3절. 승려와 지역민의 유람 使役

사대부들의 유람은 대부분 하루에 끝나는 것이 아니라 며칠이 걸리는

41) 尹拯, 『明齋遺稿』 권28, 書 「與子行敎 三月八日」.

42) 曺植, 『南冥集』 권2, 錄 「遊頭流錄」.

여정이었다. 대부분의 유람처가 산중이었고, 산중에 驛이나 客館이 없었으므로 사찰이나 암자 등이 유람객의 숙소로 이용되었다. 그러므로 승려들은 유람 오는 사대부들의 숙식을 제공하고 수발을 드는 등의 사역을 감당해야 했다. 또한 승려가 산중의 길을 가장 잘 알고 있어 유람의 길잡이는 승려들이 도맡았으며, 유람객들이 타고 다니는 가마를 메야 했다.

조선시대의 불교는 鮮初부터 抑佛로 크게 위축되었고, 好佛王이었던 世祖 이후로는 국가의 비호에서 더욱 벗어났다. 특히 국가에서 僧役을 부과하여 승려들을 통제하였다.[43] 당시 불교계의 상황이 이러하므로 승려들은 자신들에게 역을 부과하고 통제하던 사대부의 유람사역을 거절하기란 거의 불가능했을 것이다.

사대부들은 산중에서는 말에서 내려 가마를 타고 유람하였다. 종복이 메는 가마를 타고 다니다가도 산중에서는 산길에 익숙한 승려들의 가마에 옮겨 타서 유람을 하였다. 이때 이용되는 가마는 '藍輿'·'肩輿'·'筍輿'·'竹輿'·'篠輿' 등으로 불렀다. 남효온의 경우 1485년 금강산을 유람할 때 직접 걸어서 다니기도 했지만,[44] 유람기록에 대부분의 사대부들은 나이와 관직고하를 막론하고 대부분 가마를 타고 다녔음을 알 수 있다. 김창협은 21살의 젊은 나이에도 가마를 메기 어려운 금강산의 험한 길까지 모두 가마를 타고 유람하였다.[45]

승려들은 가마를 메고 길잡이 역할을 하는 것은 물론, 술·안주·다과대접 그리고 쌀·김치와 간장 같은 생필품을 대주기도 했고, 술병과 지필묵을 들고 따라 다니기도 했다. 남효온은 지리산을 유람할 때 雪根이라는 승려에게 유람에 필요한 김치·간장을 받아갔고,[46] 권호문은 1570년 청

---

43) 배명애, 「조선전기의 승려통제 책과 僧役」, 『역사와 세계』 30, 2006.

44) 南孝溫, 『秋江集』 권5, 記 「遊金剛山記」.

45) 金昌協, 『農巖集』 권23, 記 「東游記」.

〈그림 20〉 鄭敾, 辛卯年『楓嶽圖帖』中「百川橋」, 1711年, 絹本淡彩, 39×34㎝, 국립중앙박물관

〈그림 21〉 李昉運,『四郡江山三僊水石帖』中「舍人巖」, 1803年, 紙本淡彩, 33×36㎝, 국민대학교박물관

량산 유람에서 승려 둘을 시켜 한명은 술병, 한명은 지필묵을 들고 따라 다니도록 하고 있다.[47]

정선이 금강산을 紀行寫景한 辛卯年(1711)『楓嶽圖帖』의「百川橋」라는 그림을 보면 가마를 내려놓고 쉬고 있는 고깔 쓴 가마꾼 승려들과 나귀를 몰고 주인을 기다리며 대기하고 있던 家僕들이 있어 당시 승려들의 가마 메는 풍속을 짐작케 한다. 그리고 조선후기의 화가 이방운이 丹陽을 기행사경한『四郡江山三僊水石帖』의「舍人巖」그림에도 가마를 타고 유람하는 사대부들의 모습을 엿볼 수 있다.

정약용의『與猶堂全書』에 수록된 '肩輿歎'이란 시는 산중에서 가마를 타고 다니는 기쁨과 메는 자의 고통을 구체적으로 묘사해 주고 있다.

사람들이 가마타기 좋은 줄만 알고	人知坐輿樂
가마 메는 고통은 알지 못한다	不識肩輿苦
가마 메고 높은 비탈 오를 때는	肩輿上峻阪

46) 南孝溫,『秋江集』권6, 雜著「智異山日課」.

47) 權好文,『松巖集』권5, 錄「遊淸凉山錄」.

빠르기가 산 오르는 사슴 같고	捷若躋山麞
가마 메고 낭떠러지를 내려갈 때는	肩輿下懸崿
우리로 돌아가는 양처럼 쏜살같다	沛如歸苙羖
가마 메고 깊은 구덩일 뛰어넘을 땐	肩輿超谽谺
다람쥐가 달리며 춤추는 것 같다	松鼠行且舞
바위 곁에선 살짝 어깨를 낮추고	側石微低肩
좁은 길에선 민첩하게 다리를 꼬아	窄徑敏交股
절벽에서 깊은 못을 내려보면	絶壁頫黝潭
놀라서 넋이 달아날 지경이다	駭魄散不聚
평탄한 곳처럼 신속히 달려라	快走同履坦
귓가에 씽씽 바람이 이는 듯하니	耳竅生風雨
이 때문에 산에서 노닐 적엔	所以游此山
이런 즐거움을 반드시 먼저 꼽는다네	此樂必先數

…중략…

우두머리 승려는 대오를 정돈하여	首僧整編部
영접하는데 시한을 어기지 않고	迎候不差限
가는 데는 엄숙히 서로 뒤따라서	肅恭行接武
헐떡이는 숨소리 여울소리에 섞이고	喘息雜湍瀑
헌 누더기 땀이 흠뻑 젖는다	汗漿徹襤褸
팬 곳 지날 땐 곁 사람 빠져나가고	度虧旁者落
험한 곳 오를 땐 앞사람이 구부리고	陟險前者傴
멜빵에 눌려 어깨엔 흠이 생기고	壓繩肩有瘢
돌에 부딪쳐 멍든 발은 낫지를 않네	觸石趼未瘉
스스로 고생하여 남을 편케 함은야	自瘁以寧人
당나귀나 말과 다를 것이 없구나	職與驢馬伍

…중략…

가마 탄 자 한 마디 위로도 없이	浩然揚傘去
호연히 일산 드날리며 떠나가거든	片言無慰撫
힘이 다 빠진 채 밭으로 돌아와선	力盡返其畝
실낱같은 목숨 시름시름 하누나	呻唫命如縷
내 이 때문에 견여도를 작성하여	欲作肩輿圖
돌아가 임금님께 바치려고 하노라	歸而獻明主[48]

48) 丁若鏞, 『與猶堂全書』一集 권6, 詩 松坡酬酢 「肩輿歎改人作」(번역문은 한국고전종합DB 참조).

이 시는 산중에서 가마를 메고 다니는 모습, 가마를 탄 사람의 기분과 태도, 가마꾼의 질고를 모두 보여주고 있다. 작자는 여기서 가마꾼의 질고를 대변하고 이러한 모습을 담은 '肩輿圖'를 임금에게 바치고자 한다면서 시를 마무리하고 있다. 그만큼 가마꾼의 노고가 심했음을 말해주고 있다. 朴齊家가 1769년 묘향산을 유람하고 남긴 「妙香山小記」에 藍輿의 구조와 모양, 메는 방법에 대해 자세히 기술해 놓았다.

> 藍輿의 멜빵은 삼으로 엮어 만들었고, 그 멍에목은 등나무를 휘어 만들었다. 藍輿는 한 줄로 서서 메는 것이 있다. 옆으로 갈라서지 않고 앞의 사람은 끌고 뒤의 사람은 따라간다. 구부러진 길에도 잘 들어갈 수 있는 것은 멜빵이 길기 때문이며, 언덕에 잘 오를 수 있는 것은 앞사람이 끌고 뒷사람이 밀기 때문이다. 앞이 들릴 때는 앞을 늦추고 뒤를 들며, 숙일 때는 앞을 들고 뒤를 늦춘다. 기울면 팔로 조절하고 발을 맞추는 것이다. 이리하여 轎子가 항상 안전하게 된다. 나는 메고 가는 사람의 어깨가 홈처럼 자리가 나고 등에 굵은 땀방울이 맺힐 때 마다 차마 그대로 앉아 있을 수가 없어 가끔 쉬게 하였다.[49]

우리나라에서 승려들이 유람용 가마를 메는 풍조가 언제부터 시작되었는지는 정확히 알 수 없으나, 이식은 산중 유람에 승려들의 가마를 타고 다니는 풍조는 蓬萊 楊士彦(1517~1584)으로부터 시작되었다고 기록하고 있다.

> 내가 금강산에 들어갔을 때 절의 승려에게 가마 메는 고통을 듣고 이런 일이 누구로부터 비롯되었는지 물었더니, 말하기를 '부사 楊士彦이다'고 하였고, 가마를 타지 않은 사람이 있었느냐 물었더니, 말하기를 "오직 進士 任某뿐이다."라고 했다.[50]

---

49) 심경호, 『산문기행-조선의 선비, 산길을 가다』, 이가서, 2007, 758쪽에서 재인용.
50) 李植, 『澤堂集』別集 권10, 行狀 「任疏菴言行錄」.

이식은 양사언이 회양부사로 있으면서 금강산을 유람할 때 가마를 타는 풍조가 시작된 것으로 알고 있다. 양사언이 회양부사로 있을 때가 정확히 언제인지는 밝혀지지 않았으나 1574~1577년 사이이다. 양사언은 회양부사 시절 금강산을 자주 드나들며 萬瀑洞 바위에 '蓬萊楓嶽元化洞天' 8자를 새겼다. 이때 가마를 타고 금강산을 오르내렸던 것으로 보인다. 정엽도 산중유람에 승려들의 가마를 타고 다니는 풍조는 양사언으로부터 시작되었다고 한다.[51)]

그러나 1544년 주세붕의 청량산 유람에 이현보가 산중에 견여를 타고 주세붕을 찾아오고 있어[52)] 양사언 이전부터 승려의 가마를 타고 산을 유람하는 것이 관습화되어 있음을 짐작할 수 있다. 이황도 1549년 소백산을 유람하면서 승려가 메는 가마를 탔다. 이황은 비록 허약했지만 걸어 올라가고자 했으나 승려들이 의논하여 "肩輿가 아니면 안 되니, 전에 주태수께서 이미 타고 가신 故事가 있습니다."라고 하였다. 이는 주세붕이 청량산 유람에 가마를 타고 올라갔음을 말한 것이다. 결국 이황도 가마를 타고 걷기를 번갈아 하면서 소백산을 유람하였다.[53)]

이황은 소백산 유람에서 탄 가마가 모양이 간단하고 쓰기에 편하다고 하였다. 藍輿는 뚜껑이 없는 의자와 비슷한 가마이다. 산길 등 좁은 길을 다니기에 용의하게 만들어져 산중 유람에 많이 사용되었던 것이다. '筍輿'·'竹輿'라는 명칭에서도 보듯이 재질은 대부분 가벼운 대나무였다. 지리산을 유람한 南周獻은 "승려들이 멘 대나무 藍輿를 타고 절 입구 3리쯤에 이르렀다."라고 하였고,[54)] 정약용의 시에는 "대가마가 줄을 이어 산모퉁이를 오른다."라고 하였다.[55)]

---

51) 鄭曄, 『守夢集』 권3, 雜著 「金剛錄」.
52) 周世鵬, 『武陵雜稿』 권7, 雜著 「遊淸凉山錄」.
53) 李滉, 『退溪集』 권41, 雜著 「遊小白山錄」.
54) 南周獻, 『宜齋集』 권11, 記 「智異山行記」(서울대학교규장각 청구기호 古3428-318).
55) 丁若鏞, 『與猶堂全書』 권6, 詩 松坡酬酢 「夜臥無聊戲爲十絶以抒幽鬱」.

사대부들은 승려들을 가마꾼으로 동원하는 것을 당연시 생각하고 있었다. 김중청은 1601년 청량산을 유람할 때 승려에게 가마를 메게 하는 것은 나쁜 것이 아니므로 함께 간 친구에게 승려 2~3명을 데려오도록 하고 있다.[56] 승려의 가마를 타고 유람하는 내용은 조선중기부터 작성되는 유람기록에 빠지지 않고 등장하고 있어 유람에 승려들의 藍輿를 이용하는 것은 조선전기부터 관행으로 자리 잡아 조선중기 이후부터 상용화된 것으로 생각된다.

그냥 오르기도 힘든 가파른 산길에 가마를 메는 것은 매우 고된 노역이었다. 사대부들은 자신들이 가마를 타면서도 가마를 메는 승려들을 안쓰러워하기도 했다. 1680년 송광연이 지리산을 유람하면서 內堂峴과 外堂峴을 넘을 때 승려의 가마를 타고 갔는데, 길이 몹시 비탈져 승려들이 한 번에 열 걸음 이상을 갈 수 없었다. 송광연은 이런 상황에서 가마를 타면서도 이들을 지극히 불쌍하고 가엽게 여기고 있다.[57] 최립은 자신의 금강산 유람에 가마를 메어준 승려 行正에게 감사의 뜻으로 다음과 같은 시를 지어주기도 한다.

늙은 몸으로 산 헤매기엔 다리 힘 부족하니	白首尋山脚力微
천봉에 올라 어찌 휘파람 소리 한번 내 보리요	千峯一嘯計全違
남여타고 등반하면 통쾌함 맛보기 어렵지만	藍輿濟勝難稱快
그대 덕분에 나는 듯 빨리 달린다고 으스대네	賴汝翻誇疾若飛[58]

조찬한은 개성의 天磨山과 聖居山을 유람할 때 가마 메기를 게을리하지 않은 승려의 이름과 자신을 안내한 승려의 이름을 유람기록 마지막에 일일이 열거하고 있다. 가마꾼 승려는 雲居寺의 法瓚이고, 안내한 승

56) 金中淸, 『苟全集』 권5, 記 「遊淸凉山記幷序」.

57) 宋光淵, 『泛虛亭集』 권7, 雜著 「頭流錄」.

58) 崔岦, 『簡易集』 권8, 「東郡錄」. '謝贈藍輿僧行正'.

려는 大成·持敬·惠一·信惠·海仁·法行·雙允·能印·智眞·信準이었다.[59]

정엽은 금강산을 유람할 때 楡岾寺 승려의 가마를 타면서 "가마를 탔어도 피곤하여 견딜 수 없는데 가마꾼은 오죽하겠는가?"라고 하면서 가마꾼 승려의 고통을 말하고 있다. 정엽이 鴈門岾에 이르자 長安寺의 승려들이 교대를 와서 기다리고 있었다. 가마꾼이 모자라 부득이 유점사의 승려에게 다시 가마를 메게 하였는데 매우 괴롭게 여겼다고 한다.[60] 승려 가마꾼은 유람객의 수에 따라 수십 명까지 동원되었다. 박장원은 친구 세 명과 함께 지리산을 유람하였는데, 천왕봉에 오를 때 승려 70명이 가마꾼으로 동원되었다고 적고 있다.[61] 윤휴가 금강산을 유람할 때도 안문점에 이르자 유점사의 승려 50~60명이 와서 대기하고 있었다. 유점사 승려들이 일행이 왔다는 소식을 듣고 가마꾼을 교체하기 위해 기다리고 있었던 것이다.[62]

이 안문점은 회양과 고성의 경계로 승려들이 가마를 교체하는 장소였던 것으로 보인다. 이유원의 「蓬萊秘書」에 "안문점에 오르면 정상에 초막하나가 있는데 肩輿를 교체하는 곳이다."라고 하였다.[63] 유람의 처음부터 끝까지 한 사찰의 승려들이 가마를 멜 수 없었으므로 일정 구간에서 승려들이 교대를 하고 있는 것이다. 오두인의 지리산 유람에서도 德山寺의 승려 수십 명이 가마꾼 임무를 교대하러 나와서 일행을 맞이하는 모습을 볼 수 있다.[64] 1761년 性潭 宋煥箕(1728~1807)가 지인 6명과 청량산을 유람하였을 때 산 입구에 도착하자 승려 수십 명이 가마를

59) 趙纘韓, 『玄洲集』 권15, 記 「遊天磨聖居兩山記」.

60) 鄭曄, 『守夢集』 권3, 雜著 「金剛錄」.

61) 朴長遠, 『久堂集』 권15, 記 「遊頭流山記」.

62) 尹鑴, 『白湖全書』 권34, 雜著 「楓岳錄」.

63) 李裕元, 『林下筆記』 권37, 蓬萊秘書 「鴈門嶺 隱仙臺 十二瀑 曉雲洞 外船潭 萬景臺 中內院」.

64) 吳斗寅, 『陽谷集』 권3, 記 「頭流山記」.

대령하고 맞이한다.[65] 이는 유람객이 자주 찾는 산에는 사찰 자체적으로 유람객을 수행하는 구간을 나누어 놓았기 때문인 것으로 보인다.

승려들은 가마 메는 것이 괴롭고 힘들어 뚱뚱한 사람은 기피했고, 오르기 어려운 곳은 유람객에게 볼만한 것이 없다고 거짓말을 하기도 했다. 양경우가 지리산 쌍계사에서 佛日庵으로 갈 때 가마를 멘 승려들이 소처럼 숨을 몰아쉬며 구슬 같은 땀을 흘리자 뒤따르던 노승이 “앞길이 멀지 않으니 게을리 말아라. 작년 하동수령은 몸이 비대해 산처럼 무거웠는데도 너희는 오히려 능히 감당해 냈다. 그런데 이번 산행을 어찌 고생스럽다고 말하겠느냐”라면서 재촉하였다. 그러자 가마를 멘 승려들이 “왜 하필 하동수령을 말합니까. 근자에 討捕使가 왔을 때도 복이 없었습니다.”라고 하였다.[66] 하동수령과 토포사의 몸이 비대해 승려들이 가마를 메는데 애를 먹었음을 토로하고 있는 것이다.

청량산의 菩薩峯은 웅장하여 유람객들이 찾고 싶어 하나 너무 비탈져 대부분의 유람객과 가마꾼 승려들은 御風臺와 風穴臺에서 지쳐버려 滿月菴에서 행보를 멈춘다. 유람객이 보살봉의 경치를 감상하고자 가마 메는 승려들에게 물으면 곧바로 볼만한 곳이 없다고 한다.[67] 가마를 메고 오르기 매우 힘들기 때문이었다.

승려들은 특별한 품삯을 받는 것 없이 가마를 메고 다녔다. 유람 사역에 종사해 봐야 사대부들은 먹다 남은 쌀 등의 생필품을 사찰에 조금 남겨두고 가거나 시를 한편 써주는 것이 고작이었다. 품삯이라 해봐야 술 한 잔 정도였다. 남주헌은 승려들의 가마를 邑治까지 타고 와서 시골 막걸리를 사서 먹인 후 돌려보내고 있다.[68]

---

65) 宋煥箕, 『性潭集』 권11, 雜著 「淸凉山遊覽錄」.

66) 梁慶遇, 『霽湖集』 권11, 「歷盡沿海郡縣 仍入頭流 賞雙溪 神興紀行錄 五月」.

67) 宋煥箕, 『性潭集』 권11, 雜著 「淸凉山遊覽錄」.

68) 南周獻, 『宜齋集』 권11, 記 「智異山行記」(서울대학교규장각 청구기호 古3428-318).

반대로 사찰에서 유람객들을 접대하는 데는 막대한 비용이 들었던 것으로 보인다. 정약용의 『牧民心書』에 이러한 실태가 잘 나타나 있다.

> 縣令이 절에서 한번 놀면 승려들이 거의 반년 동안의 생활비용을 써버리게 된다. 무릇 일행들이 대부분 술·밥·담배·신발을 토색하게 마련이요, 또 만약 기생을 데리고 가서 풍악을 울리고 여광대를 시켜서 雜戱를 벌이면 뭇 남녀가 와서 구경하면서 다 승려에게 밥을 토색하니 승려들이 그것을 감당하겠는가. 혹시 돈과 쌀을 주어서 그 비용을 갚아 주지만, 비록 면전에서 친히 주더라도 수령이 문 밖을 나서면 아전과 관노들이 빼앗아 가버린다. 혹 쌀을 받을 수 있다는 小券인 稅米尺文[쌀을 받았다는 내용을 기재한 작은 문건]을 주어야만 바야흐로 겨우 받을 수가 있다.[69]

고을 수령이 사찰에서 한번 놀면 함께 동반한 사람들의 공궤를 위해 사찰의 반년 생활비를 써버린다고 하였다. 그리고 혹시 수령들이 비용을 충당해 주기 위해 돈과 쌀을 사찰에 주면 수령이 절 밖을 나서자마자 아전과 관노들이 빼앗아 버렸다고 한다. 錦溪 裵瓚(1825~1898)이 고을의 某수령과 지리산을 유람하였는데, 花林菴에서 숙식할 때 수령이 승려들이 올린 음식 경비를 자비로 충당한다고 하자 승려들이 은혜에 감사하고 덕을 칭송할 정도였다.[70] 승려들이 유람객 접대비용을 부담하는 것은 당연하게 생각되고 있었던 것이다.

유람객들은 대부분 전·현직 관료거나 사대부였으므로 승려들은 하기 싫어도 대가없이 유람사역을 해야만 했다. 특히 조선시대 승려들은 賦役을 지고 있었으므로 현직 관원들의 부탁을 어길 수도 없는 입장이었다. 그래서 승려들은 관직에 있는 유람객들을 통해 과도하게 부여되는 사역을 하소연하기도 했다. 지리산 신흥사와 쌍계사 승려들은 유람 온

69) 丁若鏞, 『牧民心書』 권1, 律己 六條 飭躬 「治理旣成衆心旣樂風流賁飾與民皆樂亦前輩之盛事也」.

70) 裵瓚, 『錦溪集』 권3, 雜著 「遊頭流錄」(국립중앙도서관 청구기호 古3648-28-31-1-2).

조식에게 과도한 부역을 하소연했다. 그리고 고을목사에게 사찰의 부역을 줄여달라는 편지를 써달라고 하자 조식은 이들이 하소연할 데가 없음을 안타깝게 여겨 편지를 써 주기도 했다.[71] 양대박이 지리산을 두 번째 유람하면서 君子寺가 많이 피폐해지고 승려들이 줄어 예전 같지 않음을 승려에게 물었을 때 연이은 유람객과 산더미 같은 부역 때문에 사세가 기울었다고 말하고 있다. 승려가 손가락을 꼽아가며 부역을 헤아리자 양대박과 함께 동행 한 吳勳仲이 수령에게 고하여 부역을 줄여줄 것을 약속하자 승려가 수없이 고개를 조아렸다.[72]

또한 사찰에서의 숙식 수발, 기생들과 함께 춤을 추기도 하는 등 사대부들의 종복과 같은 역할까지 해야 했다. 양경우는 지리산을 유람하면서 승려들에게 물놀이를 시키기도 했다. 瀑布淵과 北池塘에 이르렀을 때 따라온 노복이 승려들이 물놀이를 잘한다고 하자 미소년 승려 7~8명에게 물놀이를 시켰다. 승려들은 발가벗고 음부를 가린 채 시키는 대로 물놀이를 하였다. 못 위에 서있던 한 승려가 숲에서 나온 큰 벌에게 이마를 쏘여 땅에 쓰러져 울부짖자 흥이 깨져 자리를 파하였다.[73] 윤휴는 금강산 유람 중 승려들에게 약초 캐는 것을 시키기도 했다.[74]

유람자들이 사찰에 요구하는 작폐가 심하여 그 폐단도 적지 않았다. 潛谷 金堉(1580~1658)은 개성 天摩山의 절 태반이 비어 있는 이유가 산중에 유람을 오는 사람들이 끊이지 않아 무뢰한 자들이 山僧들을 침학하였기 때문이라고 적고 있다.[75] 仁祖代의 役軍을 거느리는 어떤 部將은 사찰에 가서 藍輿를 내어주도록 요구하며 승려들을 잔인하고 혹독하게 대하였다고 한다. 승려를 결박하여 마구 때리며 먹을 것과 물품을

---

71) 曺植, 『南冥集』 권2, 錄 「遊頭流錄」.

72) 梁大樸, 『靑溪集』 권4, 文 「頭流山紀行錄」.

73) 梁慶遇, 『霽湖集』 권11, 「歷盡沿海郡縣 仍入頭流 賞雙溪 神興紀行祿」.

74) 尹鑴, 『白湖全書』 권34, 雜著 「楓岳錄」. “沿路 使僧徒採都盧巴草”.

75) 金堉, 『潛谷遺稿』 권14, 錄 「天聖日錄」.

내키는 대로 요구하기도 하였다.[76]

유람사역과 접대는 승려뿐만 아니라 지역민도 예외가 될 수 없었다. 금강산의 경우 가장 심하였다. 금강산은 고려시대부터 유람객이 끊임없이 찾아왔고, 조선시대에는 관동팔경과 함께 전국에서 가장 각광 받는 유람장소였다. 고려시대에는 元使, 조선시대에는 明使까지 예불과 유람을 위해 자주 찾는 지역이었다.[77] 그러므로 유람사역으로 인한 지역민의 피해가 매우 컸다. 고려후기 문신이었던 최해는 이와 같은 폐해를 다음과 같이 기술하고 있다.

> 위로는 公卿大夫로부터 아래로 士庶人에까지 처자를 거느리고 다투어 가서 예배를 하는데, 겨울철 눈으로 땅이 얼었거나 여름철 장마로 물이 넘쳐 길이 막힐 때를 빼고는 금강산으로 가는 사람들이 길 위에 줄지어 서 있다. …중략… 더러는 近侍가 王命을 받들고 말을 달려 사시사철 끊임없이 금강산에 香을 전하는데, 관리들은 위세를 두려워하여 명을 받들기에만 분주하다. 거기에 드는 비용이 걸핏하면 수만 냥에 이르곤 한다. 금강산 주변에 사는 백성들이 이들을 접대하느라 시달린 나머지 화가 치밀어 "이 놈의 산이 어찌하여 다른 고을에 있지 않은가." 하며 욕지거리를 내뱉기도 한다. …중략… 중들이 이 산을 팔아 자신들의 배를 채우려고 하는 바람에 백성들이 그 피해를 받고 있으니 더 이상 무슨 말을 하겠는가. 이 때문에 나는 금강산을 유람하러 가는 사대부들을 보면 비록 힘껏 말리지는 못하지만 마음속으로는 비루하게 여긴다.[78]

특히 고려 왕실의 명을 받고 사시사철 금강산에 예불을 하러 오는 중앙의 관리들로 인해 큰 폐해를 겪고 있었음을 알 수 있다. 지방의 관리들은 이들의 위세를 두려워하여 예불에 수반되는 많은 비용을 부담하였

---

76) 『承政院日記』, 仁祖 4년 10월 丙午.

77) 이상균, 「조선전기 외국 사신들의 금강산 유람과 그에 따른 폐해 고찰」, 『사학연구』 101, 2011.

78) 崔瀣, 『拙藁千百』 권1, 序 「送僧禪智遊金剛山序」(번역문은 한국고전종합DB 참조).

고, 인근 백성들을 중앙 관리 접대에 동원하였다. 최해 자신도 금강산을 유람하였지만 이러한 상황을 목도한 후 사대부들이 금강산을 유람하는 것을 비루하게 생각했다.

접대에 시달린 백성들은 자신의 고을에 금강산이 있는 것을 한탄하고 있다. 고려말 江陵道 存撫使에 임명되어 巡行하던 안축도 총석정에서 목도한 지방민의 사역동원의 폐해를 시문으로 남기고 있다.

> 일을 벌이기 좋아하는 사람들 모두 관동의 경승 중 國島가 최고라고 하면서 유람을 준비하는 사람으로 하여금 배를 준비시키고 술, 음식, 기생, 악공 등을 싣도록 하는데, 농사를 방해하고 백성에 해를 끼치니 온 지방이 고통스러워한다. 이로 인하여 長句 6韻의 시 한편을 지어 후에 오는 자로 하여금 경계로 삼고자 한다.79)
>
> …중략…
>
> 노를 저으니 피로한 백성들 땀이 흐르고　搖棹疲民流熱汗
> 연회를 마련하니 가난한 고을의 남은 고혈을 짜낸다　具筵貧邑瀝殘膏
> 만약 동해의 물을 불릴 수 있다면　若爲添作東溟水
> 진기한 경관 모두 잠겨서 이런 노고를 면할텐데　沒盡奇觀免此勞
>
> …중략…
>
> 아름다운 말이 사방으로 퍼지자　嘉言遍四方
> 사신과 손님이 다투어 찾아온다　使賓競來訪
> 옆 고을은 맞이하고 보내는데 익숙한데　傍邑慣送迎
> 분주히 이바지할 장막을 옮기네　奔走移供帳
> 정자아래 吏屬들은 입 벌려 떠들고　亭下吏呀咻
> 술동이 앞에서 선녀 같은 기생이 노래하네　樽前仙妓唱
> 백성들은 이제 농사시기를 잃어　民今失農業
> 처자식을 봉양할 수도 없구나　妻子不能養
> 한말 비축한 것은 이미 비었는데　斗蓄已殫空
> 한번 연회가 아홉 번 식사보다 낫네　一宴勝仇餉
> 어느 사람이 그림으로 그려서　何人寫作圖
> 임금과 재상에게 바칠까　持獻君與相80)

79) 安軸, 『謹齋集』 권1, 「關東瓦注」 '國島詩幷序'.

국내·외에 소문난 금강산과 동해안의 수려하고 기이한 자연경관은 끊임없이 유람객을 찾아오게끔 했다. 안축은 관동지방의 경승으로 인해 지역민이 폐해를 겪고 있으므로 이를 아예 없애버려야만 수고로움을 덜 수 있다고 하였다. 유람을 하는 사람은 일생에 한두 번이지만 지방관아에서는 연쇄적으로 찾아오는 유람객들의 향락을 제공하느라 사철 분주했다. 지역민들은 접대 노역에 징발되었고 이로 인해 농사의 시기를 잃는 등 폐단이 심하였다.

유람지에서의 지역민의 유람동원과 사역은 고려시대부터 조선후기까지 이어졌던 관행이었다. 정조대에는 비변사에서 關東御史가 가지고 갈 事目을 작성하였는데, 제1사목에 유람객이 끼치는 폐해를 금단하라는 내용이 담겨져 있다.

> 本道는 이름난 山水가 가장 많은 곳이니, 寺刹과 民村을 막론하고 서울이나 外方의 유람객들 중 흉년인데도 폐해를 끼치게 되는 자는 발견하게 되는대로 통렬하게 금단하라.[81]

관동지역은 이름난 산수가 많아 유람객들이 많이 찾으므로 지역민에게 폐해를 끼치는 것을 방지하기 위한 조처였다. 관동암행어사에게 이같은 것을 발견하면 금단할 것을 지시한 것이다.

지역민들은 유람사역과 접대가 싫어 유람객이 자주 찾는 명승을 훼손시키기도 하였다. 고성 三日浦 斷崖에는 永郎·述郎 등 신라시대 四仙이 와서 놀았던 흔적인 "述郎徒南石行"이라는 巖刻이 5寸 깊이로 새겨져 있다. 이중 '徒'와 '行'자는 지역민이 유람 온 자들을 접대하기가 괴로워서 글씨를 깎아 내 희미해 졌다고 한다. 그리고 강릉의 寒松亭터에도 정자가 있었는데 지역민이 유람객이 많이 찾아오는 것을 싫어하여 정

80) 安軸, 『謹齋集』 권1, 「關東瓦注」 '叢石亭宴使臣有作'.

81) 『正祖實錄』 권16, 7년 10월 丁亥.

자를 철거하였으므로 오직 石竈와 石池와 두 개의 石井만이 남아있었다고 한다.[82] 또한 소실되어 조선중기까지 터만 남아 있던 금강산 神溪寺는 근처 驛에 사는 驛奴가 유람 오는 벼슬아치들을 따라 말을 몰고 험한 곳을 다니는 것을 괴롭게 여겨 사찰에다 불을 질렀다는 얘기도 전한다.[83]

유람 중에 지역민과 소를 동원하는 경우도 있었다. 박여량은 지리산 유람 중 군자사 앞에 있는 시내가 험악하여 말을 타고 건너면 넘어질 것 같아 산골백성 중에 건강한 사람들을 동원시켜 업고 건너게 하기도 하였다.[84] 권호문은 청량산 유람 중 퇴계 이황이 위독하다는 소식을 접하고 급히 하산하고자 하였다. 그런데 다리에 힘이 빠지자 승려에게 민가에 내려가 소를 빌려오도록 해서 타고 가기도 하였다.[85]

지리산 주변의 지역민은 관찰사와 수령들의 유람을 위한 산중 숙소를 짓는 비용부담과 노역에 동원되었다. 1806~1807년 2년 동안 함양군에서는 지리산 上峯에다 관찰사의 유람에 대비한 숙소를 만들었다. 상봉이 함양군 소속이었으므로 監營에서 함양군에 숙소 건립을 지시하였다. 숙소 건립을 위해 각 마을에서 부담한 비용이 50~60金이 넘었다. 숙소에는 온돌방·회의실·수선실·부엌 등을 일체 완비하였다. 그리고 상봉에서 七佛菴까지 나무가 빽빽하여 군사 1만 명을 동원하여 90리에 달하는 길을 내었다. 나무를 베어내고 평지의 길처럼 넓고 평탄하게 만드는 노역으로 민폐가 극에 달했다고 한다.[86]

---

82) 李穀, 『稼亭集』 권5, 記 「東遊記」. 『稗官雜記』(魚叔權, 권4)에 의하면 고을에 오는 유람객이 반드시 丹書를 찾으므로 한 군수가 그 번잡하고 비용이 드는 것을 싫어하여 돌로 글자를 쳐서 지워버렸고, 현재의 글씨는 뒤에 만들어내기 좋아하는 자가 있어서 다시 새긴 것이라고 한다.

83) 申翊聖, 『樂全堂集』 권7, 記 「遊金剛小記」.

84) 朴汝樑, 『感樹齋集』 권6, 雜著 「頭流山日錄」.

85) 權好文, 『松巖集』 권5, 錄 「遊淸凉山錄」.

86) 河益範, 『士農窩集』 권2, 雜著 「遊頭流錄」(국립중앙도서관 청구기호 古3648-88-51).

이 내용은 1807년 하익범이 지리산 유람 중 상봉의 숙소에서 함양의 아전이 하는 말을 기록해 놓은 것이다. 같은 해 지리산 상봉에 오른 남주헌은 상봉의 관찰사 숙소 외형이 초가집이라고 설명하고 있다. 상봉의 정상에는 원래 집이나 담장이 없었는데, 관찰사를 위해 몇 칸의 초가집 같은 처소를 만들고 여러 수령들의 쉴 곳을 지어 놓았다고 했다. 動巖面과 馬川面의 백성들이 60년 동안 세 차례나 사역에 종사하여 한참 봄일 할 때의 백성들은 더욱 고달팠을 것이라 하고 있다.87) 이 숙소는 60년 전 건립되기 시작하여 지속적인 증축이 이루어 진 것으로 보이며, 여기에 지역민에게 돈을 부담하게 하고 使役을 시켰던 것이다. 이 공역은 후대 유람자들이 경상감사 尹光顔이 1807년 유람할 때 지시한 것으로 기록하고 있다.88)

이처럼 사대부들이 편안하게 유람을 할 수 있었던 것은 승려들과 지역민들의 사역이 있었기에 가능한 일이었다. 사대부들이 승려의 가마를 타는 것은 당시 산중 유람의 상용수단이었고, 승려와 지역민에게 유람사역을 시켰던 것은 시대적 관행이었다. 그러나 조식과 양대박의 지리산 유람 중 승려들이 과도한 僧役을 경감해 줄 것을 요청한 것과 같이 사찰들은 과도한 부역에 시달리고 있었고, 여기에 더하여 유람객들의 잦은 방문은 사찰을 피폐화 시키는데 영향을 주고 있음을 볼 수 있다. 또한 김육이 말한 것과 같이 유람객들이 무시로 찾아드는 산중의 사찰들은 이들의 수행과 접대로 인해 수난을 겪었고, 유람지로 각광받는 지역의 지역민들 또한 잦은 유람사역에 동원되어 농사의 시기를 일실하는 등의 폐해를 겪어야 했던 것이다. 이러한 사대부들의 유람풍조는 관행으로 굳어져 조선말까지 지속되었다.

87) 南周獻,『宜齋集』 권11, 記「智異山行記」(서울대학교규장각 청구기호 古3428-318).
88) 朴致馥,『晩醒集』 권7, 雜著「南遊紀行」(국립중앙도서관 청구기호 한古朝46-가321).

제Ⅴ장

국왕의 出遊와 관료들의 인식

조선의 국왕들도 범부들과 같이 개인적인 취미를 가지고 있었고, 공무상 외출 외에도 궐 밖을 벗어나 유람이나 사냥과 같은 유희를 즐기며 심신을 쉬고자 하는 外遊의 욕구가 있었다. 이러한 국왕들의 외유성 행차는 『조선왕조실록』(이하 '『실록』')에서 '출유'라고 표현하고 있다.

그러나 왕의 궐 밖 행차에는 일정의 법식과 의례가 있었으며, 많은 수종인원이 따라야 했다. 그리고 지나는 곳에서 供頓을 마련해야 하는 등 많은 폐해가 발생하여 국왕의 공적 행차라도 자제할 것을 청하는 상소가 많았다. 더욱이 관료들은 국왕이 출유를 통해 즐기는 유희는 정사의 소홀함을 가져와 망국에 이르는 요인이 되는 것으로 보고, 출유를 治道에 있어 가장 경계해야 할 것 으로 인식하였다. 출유 횟수의 다소를 막론하고 관료들은 원천적으로 국왕에게 출유를 경계할 것을 권면하고 제한하려 하였다. 하지만 조선시대 국왕들은 출유의 욕구를 계속 억제하지만은 않았다. 도성 근교에 나가 사냥을 즐기거나 유람하기도 했고, 정자나 이궁을 지어 유람의 장소로 삼기도 하였다. 또한 관료들의 비판을 우려해 공적행차의 기회에 출유를 병행하여 즐기기도 했다. 그러므로 국왕의 출유는 공식화된 행차처럼 표면적으로 보이는 것보다 이면에 나타나는 사례들이 많다.

이와 같은 사실은 국왕들이 공무 외에 여가를 즐기기 위한 출유성 행차에서 찾아 볼 수 있다. 국왕의 출유성 행차사례는 선초에 집중되어 있다. 선초에 잦았던 국왕의 출유는 관료들의 지속적인 비판과 이를 제한하려는 경향이 분명해지면서 조선중기 이후에 급격히 줄어들고 있다. 그리고 중종대 이후에는 국왕의 출유는 물론, 출유적 성격의 행차내용을 거의 찾아볼 수 없다.

이에 본 장에서는 국왕의 外遊的 성격의 출유가 어떤 양상으로 나타나고 있는가를 소개하는 동시에, 사대부들의 유람과 비교해 볼 때 국왕의 유람은 어떤 방식으로 행해졌으며, 公人의 정점에 있는 국왕의 유람이 제3자인 관료의 입장에서 어떤 시각으로 인식되고 이를 제한하려 하였는지를 살펴보고자 한다.

제1절. 국왕의 '출유' 용례와 의미

조선시대 국왕들의 궐 밖 행차는 '行幸'으로 일컬었다. 세종 전까지는 고려의 예전 제도를 물려받아 御駕가 궐 밖으로 행차하는 것을 '陪奉'이라 불렀다. 세종 즉위년(1418) 11월부터 공식적으로 '행행'으로 고쳐 일컬었다.[1] 행행은 巡幸·陵幸·觀稼·講武 등 국왕의 공무상 외출이 대부분이었다.

국왕의 의지에 따라 사냥과 주연·행락·온행·園幸 등과 같이 행행이 변형되는 경우도 있었지만, 행행은 국왕의 권위와 면모를 民人에게까지 드러내어 통치자의 실체를 파악하게 하는 국왕의 통치행위로써 의례와 법전에 의거해 법제화되었다.[2]

조선의 국왕들은 공무상 외출 외에도 궐 밖을 벗어나 유람이나 사냥과 같은 유희를 즐기며 심신을 쉬고자 하는 욕구가 있었다. 이러한 국왕

1) 『世宗實錄』 권2, 즉위년 11월 丁卯.
2) 이왕무, 「조선후기 국왕의 都城內 幸行의 추세와 변화」, 『조선시대사학보』 43, 2007, 97쪽.

들의 사적 기호에 의한 외출행위는 『실록』에서 '출유'라고 표현하고 있다. 이러한 국왕의 출유는 행행의 광의의 범주에 포함될 수 있겠으나, 지극히 사적인 욕구에 의한 외출로 공적 성격을 많이 가지고 있는 행행과는 다른 일면을 지닌다. 『실록』에 나타나는 출유의 용례는 약 101회인데, 대부분 유람하며 즐기는 것을 의미하고 있다. 출유의 용례를 유형별로 나타내면 <도표 4>와 같다

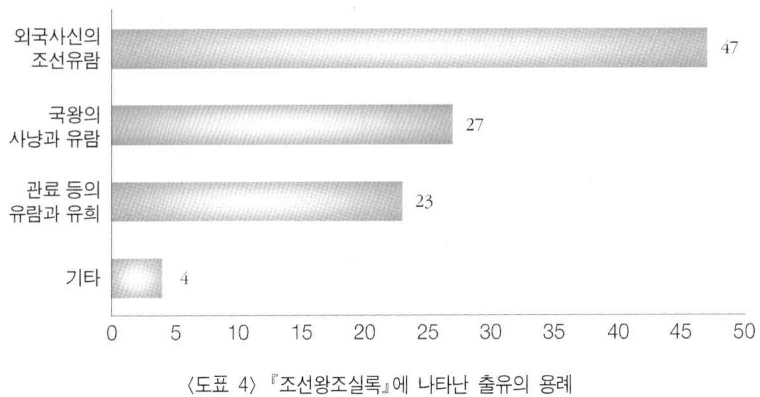

〈도표 4〉『조선왕조실록』에 나타난 출유의 용례

출유의 용례는 외국 사신들의 조선 유람을 나타내는 것이 47회, 국왕이 궐 밖에 나가 사냥과 유람을 즐기는 것을 나타내는 것이 27회, 세자나 관료 등이 유람을 즐기는 것을 나타내는 것이 23회, 기타가 4회이다. 기타를 제외한 출유의 용례는 모두 사냥과 유람 등의 유희를 즐기는 것으로 설명되어 지고 있다. <도표 4>에서 파악되는 국왕의 출유에 대한 용례와 내용을 구체적으로 살펴보면 <표 2>와 같다.

〈표 2〉『조선왕조실록』에 나타난 국왕의 出遊 용례와 내용

연번	出典	用例	내용
1	『太祖實錄』 卷1, 總序 83번째 기사	每出遊輒奏胡樂	유람
2	『太祖實錄』 卷7, 4年 5月 庚申	憲司請止輕出遊幸	유람
3	『定宗實錄』 卷2, 1年 10月 丁酉	玆欲出遊以舒鬱結之氣耳	유람
4	『太宗實錄』 卷6, 3年 9月 癸卯	上以單騎出遊	사냥과 유람
5	『太宗實錄』 卷11, 6年 2月 辛未	今日出遊非常例也	사냥과 유람
6	『太宗實錄』 卷11, 6年 2月 丁丑	出遊郊外	사냥과 유람
7	『太宗實錄』 卷11, 6年 3月 癸卯	許以不輕出遊	사냥과 유람
8	『太宗實錄』 卷23, 12年 3月 辛卯	不可出遊	사냥과 유람
9	『太宗實錄』 卷23, 12年 3月 辛丑	予今日出遊後	사냥과 유람
10	『太宗實錄』 卷24, 12年 10年 辛酉	今冬不復出遊矣	사냥과 유람
11	『太宗實錄』 卷24, 12年 10年 壬戌	此後不復出遊	사냥과 유람
12	『太宗實錄』 卷25, 13年 3月 丁酉	故數出遊耳 上王欲出遊城外	사냥과 유람
13	『太宗實錄』 卷35, 18年 4月 戊子	乃欲駕言出遊	유람
14	『世宗實錄』 卷1, 卽位年 9月 癸酉	欲出遊郊外	유람
15	『世宗實錄』 卷1, 卽位年 10月 乙酉	須當以時出遊節宣	사냥과 유람
16	『世宗實錄』 卷11, 3年 2月 辛亥	上王非時出遊	유람
17	『燕山君日記』 卷55, 10年 9月 辛卯	王出遊則令謹嬪乘轎	行樂
18	『燕山君日記』 卷58, 11年 5月 庚寅	出遊禁標內無虛日	유람
19	『燕山君日記』 卷61, 12年 1月 丁亥	王出遊	유람
20	『中宗實錄』 卷2, 2年 1月 甲申	以爲出遊之所耳	유람
21	『中宗實錄』 卷15, 7年 4月 癸卯	以象四祖出遊之狀	유람
22	『中宗實錄』 卷15, 7年 5月 甲辰	彼以象四祖出遊之狀	유람
23		乃象四祖出遊之狀也	유람
24	『中宗實錄』 卷38, 15年 3月 己亥	出遊無度	유람
25	『仁祖實錄』 卷45, 22年 7月 辛丑	上出遊後苑	유람
26	『肅宗實錄』 卷50, 37年 7月 乙卯	卽皇帝所出遊處	유람
27	『正祖實錄』 卷11, 5年 2月 丙辰	不但隨節出遊而已	유람

『실록』에 나타나는 국왕의 출유는 모두 궐 밖으로 나가 유람하며 즐기는 행위를 의미하고 있다. 이 밖에도 국왕의 궐 밖 행차에 '출유'라는 용례를 직접 사용하지 않았지만 遊觀·유람 등 출유성 형태를 띠고 있는 국왕의 행차사례가 많이 나타난다.

조선시대의 문집류에서도 "나가 놀기를 수없이 했네[駕言出遊亦無算]",[3] "사군은 나가서 유람할 때도[使君亦出遊]"[4] "호숫가 산에 나가 노닌다[出遊湖上山]"[5] 등의 사례와 같은 많은 출유의 용례가 나타나고 있다. 문집에서 나타나는 용례도 대부분도 '나가서 노닌다'는 사전적인 의미로 사용하는 등 외유의 의미로 사용되고 있다. 『실록』에 나타나는 국왕의 출유용례와 동일한 의미로 사용되고 있는 것이다.

즉, 국왕의 출유는 통치행위의 공적인 행차인 행행과는 별도의 의미로 보아야 할 것이다. 국왕의 공적인 외출보다는 사적기호에 의한 놀이성 외유의 의미로 사용되고 있는 것이다. 그리고 이러한 출유형태는 국왕들이 공적외출과 병행하기도 했고, 관료들의 반대에도 불구하고 놀이욕구를 해소하기 위해 강행하기도 했다.

제2절. 국왕의 출유성 행차양상

1) 太宗의 사냥을 위한 출유

조선시대 왕의 출유 중 가장 잦았던 것은 사냥이었다. 왕의 사냥은 『실록』에 '遊獵'·'遊畋'·'遊田'·'打圍'로 표현되고 있어 왕이 즐기는 놀

---

3) 徐居正 등, 『續東文選』 권5, 七言古詩 「題鼇頭錄後」, 朴誾의 詩.

4) 徐居正, 『四佳集』 권41, 詩類 「送晉州姜牧事子平八詠效姜景醇」.

5) 權韠, 『石洲別集』 권1, 五言律詩 「自詠」.

이 중의 하나였음을 알 수 있다. 『실록』에 왕들이 직접 사냥을 하거나 구경하기 위해 출유한 횟수는 약 581회 정도 나타난다.[6] 왕이 친림하여 군사훈련을 겸한 공식적 수렵대회인 講武와 閱武 등의 사냥을 제외한 횟수이다. 왕대별 횟수를 나타내면 <도표 5>와 같다.

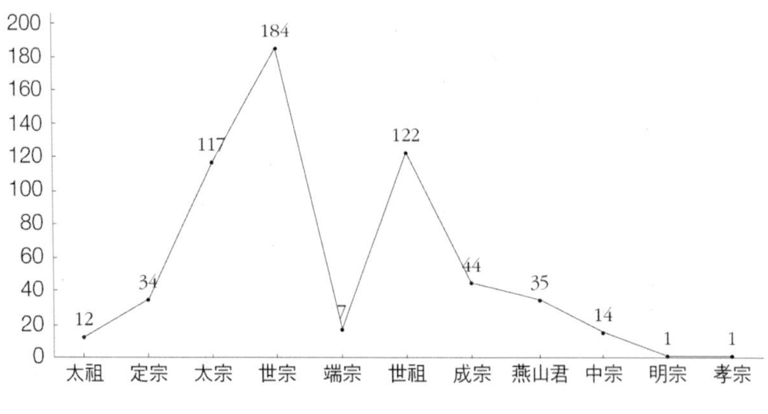

〈도표 5〉 조선시대 국왕의 사냥(관람 포함)을 위한 출유 횟수

재위기간에 비례해 횟수의 다소가 있겠으나 사냥을 가장 많이 즐긴 왕은 태종이었다. 효종이후 왕들이 직접 사냥을 즐기는 것은 나타나지 않는다. 도표 상으로는 세종이 184회로 가장 많지만 이 중 약 73회는 上王이었던 태종의 사냥에 동행한 횟수이다. 정종은 짧은 재위기간에 비해 사냥 횟수가 많은데, 상왕과 太上王 시절 즐긴 것이 30회 포함되어 있는 수치이다. 결국, 조선시대를 통틀어 가장 많이 사냥을 즐긴 왕은 태종이고, 다음이 세조이다. 이 두 왕이 가장 好武的 성향을 지니고 있었음을 추측해 볼 수 있다.

6) 국사편찬위원회의 조선왕조실록(http://sillok.history.go.kr)에서 사냥과 관련된 키워드로 검색한 수치이다. 검색과정에서 누락된 부분이 있을 수 있어 실제와 약간의 차이가 날 수도 있음을 밝혀 둔다.

태종이 武를 중요시 했던 점은 적극적인 강무 시행 사례에서도 찾아 볼 수 있다. 강무는 태종대에 본격적으로 시행되어 황해·강원·경기·충청도 등에서 春秋로 10일가량 연2회 매년 실시하였다. 세종도 태종의 정책을 이어받아 강무를 시행하였으나 강무장을 4곳으로 한정하고 연1회로 줄였다. 성종이후 강무는 크게 줄어들고 조선후기에는 사냥의 요소가 생략된 열무 형태로 변하게 된다.[7)]

세종이후 강무시행이 줄어드는 것은 강무로 인한 폐해와 백성들의 부담을 줄이기 위한 것이 중요한 요인이었다. 그리고 장기간에 걸친 평화와 '文'을 중용시하는 士林의 정계진출 등의 요인이 고려될 수 있을 것이다. 또한 강무 횟수와 국왕의 사냥 횟수가 비례하는 현상을 보면 국왕의 사냥 好不好 성향이 강무시행에도 영향을 미쳤으리라 짐작된다.

강무에 적극적인 의지를 보였던 태종이 사냥을 즐긴 횟수가 가장 많다. 태종대에는 강무 시 사냥으로 인해 백성들에게 끼치는 폐해 등으로 강무정지 상소가 적지 않았다.[8)] 태종 15년(1415)에는 사헌부 持平 金益濂과 사간원 우정언 金尙直이 講武를 정지토록 청하였고, 參議 許稠는 울면서까지 정지를 청하였으나 모두 윤허하지 않았다.[9)] 태종은 간원들의 지속적인 강무정지 상소에도 불구하고 매년 거르지 않고 춘추로 꾸준히 강무를 시행하였다.

태종은 재위기간 18년 동안 총 23회 강무를 실시하였다.[10)] 태종 2년(1402) 9월에는 종기를 치료하고자 平州의 온천에 避接을 하고자 하였는데, 사헌부에서 湯沐을 빌미로 사냥을 즐기기 위함이라 하여 피접을

7) 정재훈, 「조선시대 국왕의례에 대한 연구:講武를 중심으로」, 『한국사상과 문화』 50, 2009, 235~240쪽.

8) 『태종실록』에는 태종 6년(1406년 2月 癸未) 사헌부의 상소를 시작으로 총 21회의 강무정지 상소가 나타난다.

9) 『太宗實錄』 권29, 15년 2월 己巳.

10) 이현수, 「조선초기 강무 시행사례와 군사적 기능」, 『軍史』 45, 2002, 239~240쪽.

반대하였다. 그러자 태종은 장차 평주 근처인 해주에서 강무하겠다는 의지를 밝히고 있다.[11] 즉, 강무를 통해 해주에서 사냥을 즐기겠다는 의미이다. 태종의 적극적인 강무시행 의지는 國治에 있어 '武'의 중요성을 강조한 면도 있겠으나, 사냥을 매우 좋아하는 개인적 성향도 많이 반영되었던 것으로 보인다. 이 같은 태종의 호무적 성향으로 인한 잦은 사냥 습관은 태종대에 출유가 집중되는 요인이 되기도 한다.

국왕이 사냥하는 蒐狩法은 태종 2년(1402)에 예조에서 상정하여 이미 채택된 바 있었다. 이 때 수수법의 내용은 국왕의 사냥을 연 3회로 규정하고, 정한 예법에 따라 실시한다는 것이다. 수수법은 예조에서 중국 古典의 天子와 諸侯가 사냥하는 것을 살펴 만들었는데, 그 목적을 세 가지로 밝히고 있다. 첫째는 孝子의 마음에 천지자연의 짐승 고기가 본인이 기른 것보다 좋으므로[逸豫肥美] 잡은 짐승으로 종묘에 薦新하기 위한 것이고, 둘째는 짐승으로부터 곡식을 지키기 위한 것, 셋째는 제사를 간소하게 지내고 賓客을 소홀히 대접함은 不敬이므로 사냥을 하여 이를 충당하게 한다는 것이다. 그리고 국왕의 사냥 7일전부터 준비해야 할 것과 사냥 후 잡은 짐승을 종묘에 올리고 분배하는 것까지 정하였다.[12]

그러나 태종은 수수법을 어기고 자주 교외로 나가 사냥을 즐겨 대간들이 사냥을 위한 출유정지 상소를 올렸다. 수수법이 정해진 해 9월 16일에 태종은 李叔蕃 등의 관료들과 甲士 10여 명을 데리고 南郊에 나가 매사냥을 하다 저녁에 돌아 왔다. 다음날 사간원에서는 사냥하여 즐기는 일을 삼가고 예법에 따라 거둥할 것을 상소하였다. 이때 태종은 상소를 깊이 받아들였다고 하였지만,[13] 이후에도 사냥을 위한 출유는 계속되었다.

---

11) 『太宗實錄』 권4, 2년 9월 己亥.
12) 『太宗實錄』 권3, 2년 6월 癸亥.
13) 『太宗實錄』 권4, 2년 9월 丙辰·丁酉.

태종 3년(1403)에는 金瞻에게 사냥하여 종묘에 천신하는 의례를 상정하게 하였는데, 掌令 李灌과 대간들이 사냥의 불가함을 잇따라 상소하였다. 태종은 사냥하여 종묘에 제물을 바치는 것이 禮文에 실려 있음을 들어 자신의 사냥이 정당하다는 명분을 밝히는 동시에 천신을 기회로 궐밖에 나가 遊觀하며 사냥하고 싶은 솔직한 심정을 다음과 같이 밝히고 있다.

> 나는 九重宮闕에서 태어나 자란 사람이 아니다. 비록 대강 詩書를 익혀서 우연히 儒者의 이름은 얻었으나, 실상은 武家의 자손이다. 어려서부터 오로지 말을 달리고 사냥하는 것을 일삼았는데, 지금 왕위에 있으면서 할 수 있는 일이 없어, 일찍이 經史를 보았더니, 참으로 재미가 있어서 하루도 책을 놓지 못하였다. 이것은 近臣들이 다 함께 아는 바이다. 다만 조용하고 편안한 여가에 어찌 遊觀하고 싶은 뜻이 없겠는가? 요새 교외에 기러기 떼가 많이 온다는 말을 들었고, 또 때가 매를 놓기에 좋은 때이다. 내가 생각하기를, '이것은 儀仗을 갖추어 행할 수도 없고, 또 數騎로 낮에 행할 수도 없다.'고 여겨, 새벽에 나가서 매를 놓고 돌아온 것이었다. 너희들과 諫院이 서로 잇달아 상소하므로, 곧 아뢴 대로 따른 것이다. 대저 내가 사냥을 하는 것은 심심하고 적적한 것을 달래기 위함이다.14)

태종은 私家에서 자주 사냥을 즐겼고, 왕이 되어서도 이 욕구를 억제하기 매우 힘들었던 것이다. 비록 자신이 국왕이긴 하지만 여가에는 범부와 같이 출유하여 유람하거나 사냥을 즐기면서 적적함을 달래고 싶어하는 심정을 토로하고 있다.

태종은 사냥을 즐기기 위해 지속적으로 출유했고, 출유 정지상소도 계속 반복되었다. 이로 인해 태종은 대간들이나 외인들 몰래 출유하고자 하였다. 태종 6년(1406) 3월 13일에 동교에서 매사냥을 구경하기 위해 새벽에 출유하려고 하자 左司諫大夫 宋愚가 급히 와서 출유를 정지할

---

14) 『太宗實錄』 권6, 3년 10월 乙巳.

것을 아뢰었다. 태종은 자신의 행차를 외부에 말하지 않았는데, 간관이 급히 아뢰자 대언 孟思誠에게 이 일을 누설했는지를 물어보면서 앞으로 사냥을 위한 출유가 외부인에게 알려지는 것을 원치 않음을 밝히고 있다.[15]

태종을 비롯한 왕들은 매사냥을 즐기기 위해 자주 출유하였다. 위의 기사에서 보이듯이 왕들은 매를 이용해 주로 기러기를 잡았다. 기러기는 시베리아 등지에서 번식한 후 우리나라로 이동하여 추수 후의 나락을 먹고 겨울을 보낸다. 왕들은 매를 통해 기러기를 주로 사냥하였고, 계절의 특성상 여름은 농작물이 자라고 숲이 무성하여 사냥하기 어려웠다. 이 때문에 매사냥을 위한 왕들의 잦은 출유는 주로 가을걷이가 끝나서 농번기가 시작되기 이전인 음력 9~2월까지로 집중되어 있다. 매사냥은 많은 갑사들과 몰이꾼을 동원하여 벌판에서 들짐승을 사냥하는 것보다 적은 인원이 동원되어 비교적 손쉽게 즐길 수 있다. 그러나 농번기를 고려하지 않은 무분별한 매사냥으로 국가에서 사사로이 하는 매사냥을 금지하였다.

태조대에 각 도 軍官들의 매사냥 금지를 시작으로, 정종대에는 鷹牌 없이 마음대로 매를 놓는 자는 憲司로 하여금 규찰하여 다스리게 하였다.[16] 응패는 매를 기르고 놓아 사냥할 수 있는 허가증으로 왕이 宗親·駙馬·功臣 및 武官大臣 등 특별한 신분에 있는 사람에 한하여 발급하였다.[17] 이러한 조치에도 응패를 위조하여 사사로운 매사냥이 지속적으로 성행하였던 것으로 보인다.

이에 태종은 응패 없는 매사냥을 재차 엄금시키고 기존에 발급한 흑색 응패를 모두 녹색으로 바꾸어 이후 흑색 응패를 차고 사냥하는 사람

15) 『太宗實錄』 권11, 6년 3월 癸卯.
16) 『太祖實錄』 권6, 3년 12월 丙子; 『定宗實錄』 권2, 1년 11월 丁卯.
17) 『太宗實錄』 권20, 10년 7월 乙酉.

〈그림 22〉 作者未詳, 「放鷹狩獵圖」, 朝鮮時代, 紙本淡彩, 89×48㎝, 국립중앙박물관

은 엄하게 규찰하도록 하였다.[18] 태종은 이후 매사냥으로 전곡이 많이 손상되는 폐해가 발생하자 응패를 모두 회수하기도 했다.[19]

<그림 22>는 조선시대 매사냥의 모습을 그린 것이다. 양반들이 사냥개를 거느리고 몇 명의 몰이꾼을 대동하여 매사냥을 즐기고 있다. 매사냥은 몰이꾼을 동원하여 멧돼지나 사슴 등을 사냥하는 것보다는 비교적 간단히 즐길 수 있는 사냥이었다. 그러나 왕의 매사냥은 많은 호종인원이 수반되고 근처에는 사람의 출입을 금하였다. 태종은 1406년 9월 동교에서 매사냥을 구경하기 위해 갑사들로 하여금 동대문을 把守하게 하고 사람들이 가장 많이 오가는 午時[11~13] 동안 동대문 출입을 금지하였다. 태종은 수종한 대간과 掌務를 불러 자신의 매사냥에 대해 다음과 같이 논의하고 있다.

18) 『太宗實錄』 권14, 7년 12월 丁酉.
19) 『太宗實錄』 권32, 16년 7월 甲午.

> 所司에서 모두 매사냥을 그르게 여기나 내가 본래 깊은 궁궐에서 생장하지 않았기 때문에 潛邸 때부터 즐겨 하던 것이라 지금 그만둘 수 없다. 경들은 괴이하게 여기지 마라."하니, 左司諫大夫 尹思永 등이 말하기를, "移御所는 厄을 피하기 위함이고, 매를 놓는 것은 사냥을 하는 것입니다. 액을 피하는 방법은 마땅히 두려워하고 수양하며 반성해야만 되는데, 지금 사냥을 하시며 즐거움을 따르시니 신 등은 불가하게 여깁니다."하였다. 임금이 다시 말하였다. "내 한번 시험해 본 뒤에 그만두겠다. 경들이 나를 강제로 그만두게 하려는가?"[20]

태종은 각 官司에서 자신의 매사냥을 그르게 여기는 것을 알고 있다. 그러면서도 즉위 전 자주 즐기던 사냥 욕구를 왕이 되어서도 버리지 못하고 계속할 수밖에 없다는 의견을 피력하고 있다. 이처럼 태종의 사냥 욕구는 매우 강하였다. 태종 12년(1411) 9월 경기도에서 강무하고 돌아온지 얼마 지나지 않아 10월 9일 고양에서 매사냥을 구경하면서 "이번 겨울에 다시 출유하지 않겠다"하고, 다음날 또 다시 西郊로 매사냥을 나가려 하자 사간원에서 상소를 올려 매번 약속을 어기고 있음을 간하고 있다.[21]

태종은 상왕이 되면서 신하들의 눈치를 보지 않고 더욱 사냥을 즐겼다. 태종은 세종 2년(1420년) 豐壤의 離宮으로 移御한 뒤 이궁 근교에 더 자주 출유하였다.[22] 태종의 상왕시절은 4년이었는데, 사냥을 위해 출유한 횟수가 무려 73여 회이다. 재위기간 18년 동안 117여회 출유한 횟수에 대비하면 상왕시절 대부분 사냥을 즐기며 보냈던 것을 알 수 있다.

태종의 상왕시절 사냥에는 세종이 자주 동행하였다. 세종이 예우로 동행한 것도 있었지만 태종의 권유가 많았던 것으로 보인다. 특히 세종은 몸이 비대하여 태종의 권유로 사냥에 동참하였던 것을 다음의 기사에

---

20) 『太宗實錄』 권12, 6년 9월 辛巳.

21) 『太宗實錄』 권24, 12년 10월 辛酉; 12년 10월 壬戌

22) 『世宗實錄』 권10, 2년 10월 戊午; 권11, 3년 1월 丁卯.

서 알 수 있다.

> 상왕이 일찍이 河演으로 하여금 정부와 육조에 유시하기를, "주상은 사냥을 좋아하지 않으시나 몸이 肥重하시니 마땅히 때때로 나와 노니셔서 몸을 존절히 하셔야 하겠으며, 또 문과 무에 어느 하나를 편벽되이 폐할 수는 없은즉, 나는 장차 주상과 더불어 武事를 강습하려 한다."고 하였다.[23)]

> "주상의 몸이 너무 무거우니, 내일은 주상과 더불어 노상왕을 모시고 동쪽 교외 廣津에 가고자 한다. 또 앞으로 楊根·廣州에서 사냥을 할 터이니, 곧 병조로 하여금 경기도 各官의 才人·禾尺을 草伐里로 모이도록 약속하라."고 하였다.[24)]

세종은 비만인 체구로 인해 운동과 사냥을 비롯해 몸을 활발히 움직이는 것을 좋아하지 않았던 것이다. 태종은 이러한 세종의 성향을 염려하여 몸을 움직이고 武事를 강습시키고자 사냥을 권유하였던 것이다. 세종은 태종의 권유로 인해 태종과 함께 자주 사냥을 나갔다. 세종이 사냥을 위해 자주 출유하자 이를 비판하는 사람도 있었다.

張月下라는 사람이 의금부의 문초에서 자신과 同類인 李得春에게 "音驪興王[禑王]이 사냥을 좋아하여 출입에 절차가 없고, 닭과 개를 쏘아 죽이며 남의 부녀를 빼앗으려 하다가 이것으로 세상에 오래 계시지 못하였었는데, 주상은 무슨 까닭으로 또한 사냥을 좋아하여 출입이 잦으신가"라 했다고 하자 의금부에서는 월하의 죄는 大逆으로 능지처참하고, 이득춘 등은 알고도 말하지 아니하였으므로 형장 일백에 3천리 유배를 보내라고 주청하였다. 이때 상왕인 태종은 장월하에게는 형장 백대와 처자는 제주의 官奴로 沒入시키고, 이득춘 등은 전라도 각 관청의 관노로 분배하라고 하였다. 柳廷顯 등이 세종에게 태종의 지시와 같이 처리

---

23) 『世宗實錄』 권1, 卽位年 10월 乙酉.

24) 『世宗實錄』 권3, 1년 2월 乙未.

하기를 청하였으나 세종이 허락하지 않았다.[25)]

이런 비판은 세종이 태종의 권유로 사냥을 자주 나가므로 인해 생긴 것으로 보인다. 세종은 근본적으로 사냥을 좋아하지는 않았다. 태종이 사망한 이후에도 세종은 사냥을 꾸준히 즐기긴 했으나 강무를 제외하고 직접 사냥에 나서기 보다는 도성 인근에 거둥하여 매사냥 관람을 즐겼다.

세종 이후의 왕들도 친히 사냥하기 보다는 주로 사냥을 관람하였다. 이는 사냥 자체를 즐기기 보다는 가끔 교외로 출유하여 유람하며 적적한 심사를 달래기 위함이었다. 태종이 수시로 사냥을 행해 대간들의 상소를 자주 받았던데 비해 세종 이후에는 사냥을 위한 출유정지 상소는 많이 나타나지 않는다.

2) 世祖의 출유성 강원도 巡幸

조선시대 국왕의 순행은 어가의 호위문제, 재해발생, 농사의 피해, 순행지방에서의 공돈마련 등의 문제로 쉽게 결행하지는 못했다. 특히 도성을 장기간 비워두어야 하므로 정국이 불안정한 시기는 더욱 행하기 어려운 일이었다. 그러므로 국왕이 순행의사를 밝히면 정지를 청하는 간원들의 상소가 많았다.

이런 문제를 감수하고도 조선시대 원거리 순행을 가장 많이 한 국왕은 세조였다. 세조는 재위기간 동안 총 네 차례 순행을 결행하였다. 첫 번째는 세조 6년(1460)에 약 한 달간 실시한 평안도와 황해도 순행이었다.[26)] 두 번째 순행은 세조 10년(1464)에 약 한 달간 실시한 충청도 온양으로의 순행이었다.[27)] 세 번째 순행은 세조 12년(1466) 약 38일간의

25) 『世宗實錄』 권6, 1년 12월 乙未.

26) 『世祖實錄』 卷22, 6年 10月 丙午~11月 丙辰.

강원도 순행이었다.[28] 네 번째 순행은 두 번째와 같은 충청도 온양 지역의 순행이었다. 재위 말년인 세조 14년(1468)에 약 45일간 이루어졌다.[29] 충청도 순행은 주로 온양행궁에 머물러 있는 온행의 성격을 띠고 있었다.

특히 세조의 세 번째 순행인 강원도 순행은 세조의 출유성 행차를 위한 목적으로 계획된 순행이었다. 1466년 3월 17일 고성 온천 거둥을 시작으로 閏3월 24일까지 약 38일간 강원도를 순행하였다. 강원도 순행은 세자가 동행하였다. 이때 隨駕한 사람은 다음과 같이 나타난다.

> 李允孫을 內禁衛將으로 삼고, 鄭軾을 獅子衛將으로, 許亨孫을 控弦衛將으로, 閔信達을 壯勇隊長으로, 吳子慶을 捉虎將으로, 勿巨尹 李徹 輜重將으로, 儀賓 鄭顯祖를 雜類將으로 삼았다. 王世子가 永膺大君 李琰·密城君 李琛·永順君 李溥·蛇山君 李灝·영의정 신숙주·좌의정 具致寬·南陽君 洪達孫·左參贊 崔恒·中樞府知事 康純, 同知事 金守溫·金國光·尹欽, 이조판서 韓繼禧·호조판서 盧思愼·中樞府同知事 任元濬·襄陽君 林自蕃·永嘉君 權擎·行大護軍 林得禎·巴山君 趙得琳·唐城君 洪純老·병조참판 朴仲善·參知 韓致禮 등과 더불어 隨駕하고, 百官이 時服 차림으로 도성문 밖 길 왼쪽에서 祗送하였다.[30]

수가한 사람은 왕세자를 비롯한 종친 4명을 포함하여 영의정과 좌의정을 비롯한 26명의 관료들이다. 이 기록에는 수가한 관리의 명단만이 있고 세조의 宿衛를 위해 동원된 병졸의 수는 자세히 나와 있지는 않다. 그러나 1460년 평안도와 황해도 순행에 "內禁衛 2백으로 獅子衛를 삼고, 別侍衛 甲士 2백을 뽑아 射隊·壯勇隊를 삼고, 破敵衛 1백을 병합하여 시위하게 하였다"라는 내용이 있다.[31] 이 내용으로 보아 강원도 순행

27) 『世祖實錄』 卷32, 10年 2月 更子~3月 甲戌.

28) 『世祖實錄』 卷38, 12年 3月 丁巳~閏3月 乙未.

29) 『世祖實錄』 卷45, 14年 1月 戊子~3月 壬申.

30) 『世祖實錄』 卷38, 12년 3월 丁巳.

에도 국왕의 宿衛를 위해 갑사만 족히 5백여 명이 동원되었던 것으로 파악된다. 『실록』에 구체적인 수치는 제시되지 않았지만 부수적으로 수반되는 수종인원까지 합쳐진다면 어가행렬이 대규모였음을 짐작할 수 있다.

강원도 순행은 1달 전부터 고성 溫井行宮 수축을 시작으로 순행을 준비하였다. 1466년 2월 龜城君 李浚과 中樞府知事 金漑로 하여금 먼저 高城에 가서 온정행궁을 수축하게 하였다. 승정원에서는 傳旨를 받들어 강원도관찰사로 하여금 고성군으로 직접 가서 이준 등의 온정행궁 수축을 돕도록 하고, 도로와 교량은 아직 수리하지 말 것과 산과 들을 불태우지 말고 군사의 말먹이 풀을 준비토록 지시하였다.[32)]

순행을 준비하던 支應使 金國光은 순행 때 군사와 隨駕하는 인원이 양식을 가지고 가는 것과 부족한 양식을 민가에서 사는 것도 어려우므로 호조에서 포를 바치게 하여 순행 시 지나는 읍에서 서울의 시세대로 米豆로 교환토록 하였다. 또 승정원을 통해 3월 16일 高城에 거둥할 것이므로 서울에 올라오는 野人 가운데 이미 길을 떠난 자는 路程을 계산하여 임금의 행차가 끝난 뒤에 지나가게 하고, 길을 떠나지 아니한 자는 올려 보내지 말도록 하였다.[33)] 약 한 달간 강원도 순행준비를 마치고 어가가 3월 16일 도성을 출발하였다. 세조의 어가가 도성을 출발하여 강원도를 순행하고 돌아가기까지의 여정을 일자별로 정리해 보면 <표 3>과 같다.

---

31) 『世祖實錄』 권22, 6년 10월 丙午.

32) 『世祖實錄』 권38, 12년 2月 壬辰.

33) 『世祖實錄』 권38, 12년 2월 癸巳·甲午.

〈표 3〉 세조의 강원도 순행여정[34)]

일자(陰曆)	경유지	現 행정구역	비고
3. 16	都城→楊州(灰谷川)→抱川	도성→양주시→포천군	서울·경기도
3. 17	鐵原	철원군	강원도
3. 18	金化(所里川)	김화군	북강원도
3. 19	金城(宮川)	김화군	북강원도
3. 20	金剛山(洞口)	회양군	북강원도
3. 21	金剛山(長安寺·正陽寺·表訓寺)	회양군	북강원도
3. 22	淮陽(和川平)	회양군	북강원도
3. 23	通川	통천군	북강원도
3. 24	通川(過夜川·不乙地)	통천군	북강원도
3. 25～ 閏3. 10(16일)	高城(院川·溫井行宮) 閏3월 6일 楡岾寺 擧動	고성군	북강원도
閏3. 11	杆城(明波驛)	고성군	강원도
閏3. 12	杆城(土城)	고성군	강원도
閏3. 13	襄陽(洛山寺)	양양군	강원도
閏3. 14	江陵(連谷里)	강릉시	강원도
閏3. 15	江陵(丘山驛)	강릉시	강원도
閏3. 16	江陵(五臺山)	평창군	강원도
閏3. 17	江陵(上院寺)	평창군	강원도
閏3. 18	江陵(巨禾田)	평창군	강원도
閏3. 19	江陵(末叱橋)→橫城(實美院)	평창군→횡성군	강원도
閏3. 20	原州(沙器幕洞)	원주시	강원도
閏3. 21	砥平→楊根(鍾縣)	양평군	경기도
閏3. 22	楊根(時位洞)	양평군	경기도
閏3. 23	楊州(妙寂山)→楊州(平丘驛)	남양주시→양주시	경기도
閏3. 24	峨嵯山→忠良浦→興仁門	광진구→중랑구→도성	서울시

34) 『世祖實錄』 권38, 12년 3월 丁巳～윤3월 乙未까지의 순행내용에 나타난 장소 명을 토대로 작성한 것이다. 이후 세조의 강원도 순행과 관련하여 상세히 기술한 내용도 동 기록을 참고하였으므로 별도 각주는 생략하였다.

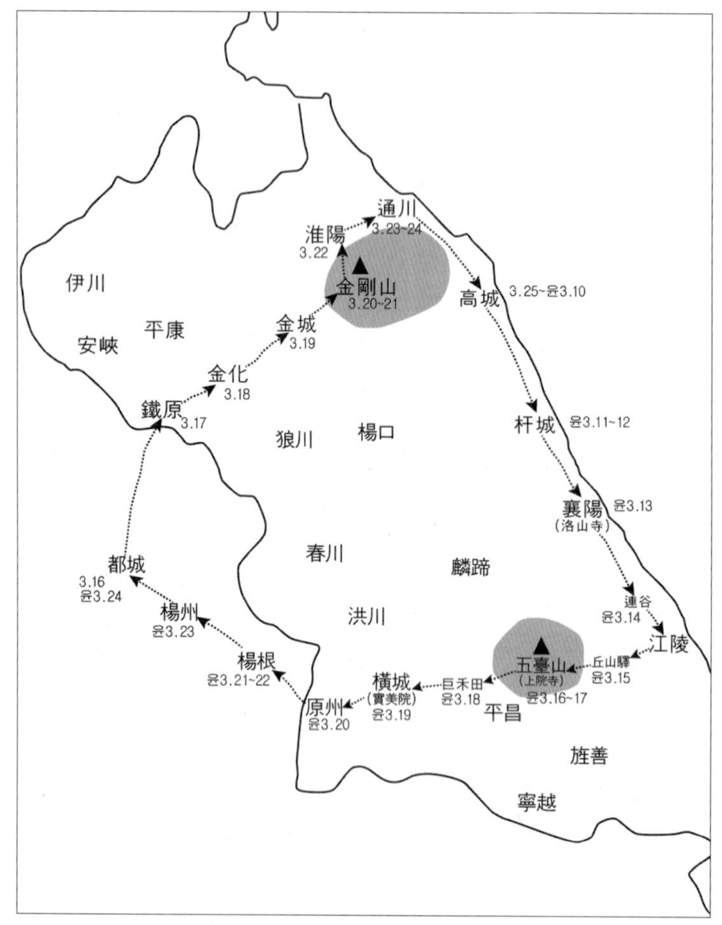

〈그림 23〉 世祖의 강원도 巡幸路

세조는 강원도 순행 중 주로 고성의 온천에서 湯沐하고, 금강산의 장안사·정양사·표훈사를 방문하였다. 효령대군에게 표훈사에서 水陸會를 베풀게 하고, 양양의 낙산사, 강릉 오대산 상원사를 방문하였다.[35] 도성으로 돌아가는 길에 경기도 양평지역과 남양주 妙寂山에서 사냥을 하였

35) 상원사는 현재 평창군에 소재해 있으나, 세조대에는 강릉의 관할구역이었다.

다. 세조는 백성의 위무를 목적으로 강원도를 순행하였으나 실제적인 내용을 살펴보면 사찰방문, 온천휴양, 사냥, 유람 등의 출유를 병행한 양면성있는 순행이었다. 순행 중 16일을 고성 온정행궁에서 머물러 있어 실질적인 순행의 내용은 많지 않다.

세조의 네 번의 순행 중 세 번의 순행에 사찰방문 일정이 들어있다. 서북면 순행 때는 두 곳의 사찰방문이 이루어졌다. 1460년 10월 7일 황해북도 개풍군에 있는 齊陵에[36] 친제하고 衍慶寺에 거둥하여 쌀·콩 1백석을 내려주었고, 10월 8일에는 개성 송악산의 王輪寺를 방문하여 쌀 10섬을 내려주었다.[37] 1464년 충청도 순행에서도 2월 28일 보은현 속리산의 俗離寺와 福泉寺에 들려 복천사에 쌀 3백석·노비 30구·田地 2백결, 속리사에 쌀·콩 30석을 하사하였다.[38]

세조는 好佛王이었으므로 숭불은 즉위 초부터 계속되었고, 순행 시 사찰을 방문하는 것은 그리 이상한 일이 아니었다. 세조는 즉위 과정에서 희생된 사람들에 대한 죄책감, 자신의 병, 아들인 懿敬世子의 죽음 등의 고통을 달래기 위해 불교를 더욱 신봉하였다. 세조는 의경세자의 병을 치료하기 위해 스님 21명을 경회루 아래에 모아서 孔雀齋를 베풀며 밤이 새도록 佛法을 행하기도 했다.[39] 그러나 의경세자는 세조 3년(1457) 9월 2일 사망하였다.[40] 이듬해에 세자의 묘가 있는 正因寺를 중창하기도 했다. 세자의 죽음이 단종 모후인 顯德王后 혼령의 살을 맞아 횡사한 것이라는 말도 있었다. 또한 세조가 자신의 병을 치료하고자 오대산 상원사의 계곡에서 목욕을 하다 문수보살을 친견했다는 이야기도 전하고 있다.[41] 세조는 자신의 고통을 종교적 신념으로 극복하고자 했

---

36) 太祖의 妃인 神懿王后 韓氏의 무덤.

37) 『世祖實錄』 권22, 6년 10월 乙卯·庚戌.

38) 『世祖實錄』 권32, 10년 2월 辛亥.

39) 『世祖實錄』 권8, 3年 7月 己丑.

40) 『世祖實錄』 권8, 3年 9月 癸亥.

다. 그러나 강원도 순행에는 일정 대분이 사찰방문이다. 특히 세조의 오대산 상원사 방문에 주목할 필요가 있다.

세조의 강원도 순행은 상원사 낙성식에 참석하기 위한 목적으로 계획된 출유성 순행이었다. 강원도 순행은 세조 12년(1466) 3월 16일 고성 온천 거둥으로 시작되었다. 앞선 두 번의 순행에는 폐단을 우려하여 순행 반대상소가 여러 번 있은데 반해, 강원도 순행에 대한 정지상소의 내용은 『세조실록』에 보이지 않고 있다. 강원도 순행은 세자[睿宗]가 동행하였다.[42]

상원사는 세종대 화재이후 세조에 의해 크게 중창되었다. 『세조실록』에는 세조가 1465년 2월 "僧 信眉가 오대산에 상원사를 構築하고자 하니 承政院에 명하여, 경상도관찰사에게 正鐵 1만 5천근, 中米 5백석을 주고, 濟用監에 명하여 면포 2백필, 정포 2백필을 주게 하고, 內需所는 綿布 3백필, 정포 3백필을 주게 하였다"라는 기록이 있다.[43] 이 기록 외에 『세조실록』에서는 상원사 중창과 관련된 기록은 찾아볼 수 없다.

그러나 상원사 중창에 참여한 慧覺尊者 信眉의 동생 金守溫이 쓴

41) 진성규, 「세조의 불사행위와 그 의미」, 『백산학보』 78, 2007, 166쪽.

42) 『世祖實錄』 권38, 12년 3월 丁巳.

43) 『世祖實錄』 권35, 11년 2월 丁酉. 평창 오대산 월정사성보박물관에 소장되어 있는 「상원사중창권선문」에는 세조 10년(1464)에 왕사인 信眉 등이 學悅·學祖와 함께 상원사 중창을 시작하자 세조가 쌀, 무명, 베 등을 하사하면서 이를 보내게 된 취지가 기록되어 있다. 1464년 12월에 발급한 어첩이다. 『세조실록』에 공식적으로 처음 기록된 상원사 중창비용 지원시기와 약 2개월의 차이가 있으나, 본격적인 상원사 중창 시작 시기는 1464년 하반기부터로 볼 수 있다. 또한 『세조실록』(권34, 10년) 1464년 12월 辛丑 기사에 "승 신미에게 正鐵 5만 5천근, 쌀 5백석, 면포·정포 각각 5백필 씩을 내려 주었다"라는 기록이 있다. 이는 상원사 중창을 위한 것으로 기록하지 않았지만, 신미에게 내려 준 것으로 볼 때 1465년 2월의 상원사 중창비용 지원과 같은 내용의 기사로 보인다. 正鐵의 수치가 약간 다르나 「상원사중창권선문」에 1만 5천근으로 되어 있어 1465년 2월의 『세조실록』 기사가 정확한 수치인 것으로 보인다.

「上院寺重創記」가 그의 문집인 『拭疣集』에 전하고 있어 중창에 관한 전모를 살필 수 있다. 여기에 나타난 상원사 중창과정을 살펴보면 다음과 같다.

> 天順 建元 8年(1464년, 세조 10) 4월 우리 世祖 惠莊大王께서 병으로 10일 동안 고생하였다. 太王太妃-세조의 妃 貞熹王后-가 근심하여 내관을 보내 慧覺尊者 신미와 大禪師 學悅에게 자문하기를 '비록 中外의 사찰이나 社稷에서 上을 위해 祝과 作法을 올리는 것도 좋지만, 名山勝地에 伽藍하나를 세워 특별히 기원할 곳을 만들고, 더불어 국가에 기원할 것이 있으면 이곳에 나가 이루고자 한다. 경들은 사방을 遊歷하여 반드시 그러한 곳을 알 것이니 모자람 없이 말하도록 하라'하였다. 信眉 등이 대답하기를 '오대산은 우리나라의 명산으로 中臺에 있는 상원사의 地氣가 더욱 기이하여 僧徒가 모이면 반드시 도를 깨우치는 영험이 있습니다. 그러나 불행이도 주방 사람의 실수로 불이 났고, 化主의 능력이 부족하여 급하게 갖추다 보니 겨우 비가림이나 할 정도입니다. 만약 옛터를 바탕으로 다시 규모를 확대하여 고쳐 짓고 온산의 명찰로 만들어 마땅히 기도할 때를 당하여 특별히 향을 내리고 낡은 불사를 일으킨다면 이 절만한 곳이 다시 없을 것입니다.' 하였다. 태왕태비-정희왕후-는 전지하여 승의 말대로 절을 짓게 하고, 곧 세조에게 아뢰어 학열에게 상원사 중창을 맡아 힘쓸 것을 명하였다. 유시하여 경상감사에게 쌀 5백석을 배로 운반하여 강릉으로 보내고, 제용감에 명하여 포 1천필을 내려주어 경비로 쓰게 하였다. …중략… 세조 11년(1465) 3월에 중창을 시작하여 세조 12년(1466)에 완공하였다. …중략… 강릉에는 예로부터 葑田[44] 수백결이 있었는데 학열이 상원사에 소속시켜 달라고 청하였다. 그리고 논으로 만들어 수백석을 파종하고 해마다 곡식을 거두어 상원사의 유지비로 충당하였다. 仁粹王妃-의경세자비, 세조의 며느리-는 부처에게 발원하기 위해 곡식 150석을 시납하고, 先考妣의 매일저녁 施食을 위해 곡식 60석을 시납하였다. 세조는 중창이 끝났다는 소식을 듣고 쌀 5백석과 포 1천필을 내려주고 옷과 바리때, 坐具, 湯藥 등을 갖추어 놓게 하였다. 그리고 시를 지을 수 있는 승 52명을 모아 落成會를 크게 열도록 했다. 이해에 세조는 강원도 순행 시 어가를 산아래 省烏들에 머무르고 정희왕후, 왕세자와 문무백관을 거느리고 상원사에 거둥하였다. 이날 낙성식을 거행하였다. …중략… 세조는 불전

44) 풀줄기가 여러 해 얽히고 묵어서 흙탕이 되어 씨를 뿌릴 수 있게 된 논밭.

> 에 향을 세 번 올리고 예배했다. …중략… 成化 5年 庚寅(1469, 예종1)[45] 지금 나의 주상전하께서 상원사가 세조의 願刹이고 본인도 대가를 수행해가 보았던 곳이므로 특별히 內需奴婢 15구를 하사하고, 노비의 잡역과 요역, 寺田의 地稅와 鹽盆稅를 王牌를 내려 특별히 영구 면제시켰다. 8년 뒤 학열이 절의 일이 모두 끝났음을 아뢰며 소임을 내려놓고 자유로이 떠날 수 있는 은혜를 베풀도록 원하니 임금이 특별히 윤허하였다. 학열은 장삼 한 벌을 걸치고 飄然히 남쪽지방을 향해 떠났다. 그리고 상원사 중창기록을 작성하여 후세에 영원히 전하기를 청하니 이에 신에게 그 일을 쓰라고 명하였다.[46]

상원사 중창의 계기는 세조의 신병치료 발원을 위해서였다. 세조 10년(1464) 4월 16일 의원에게 내린 御札기록에 세조의 병증이 기록되어 있는데, 무슨 병인지는 명확하지 않으나 신병을 앓고 있었다.[47] 또한 세조 12년(1466) 10월 2일 "玄胡索을 먹고 가슴과 배의 아픈 증세가 조금 덜어지게 되었다"라고 하였다.[48] 세조는 앓고 있던 지병을 佛力으로 치료하고자 상원사 중창을 지시했던 것이다.

「상원사중창기」의 상원사 중창경비 지원 내용은 『세조실록』의 내용과 일치하고 있다. 중창문의 내용에는 세조가 상원사 낙성식 준비를 지시하고 강원도 순행 시 참석했다는 내용이 있다. 낙성식이 구체적으로 언제 열렸는지는 나와 있지 않다. 『세조실록』 강원도 순행기록에는 1466년 閏3월 17일 세조가 상원사에 방문한 것으로 되어 있으나 낙성식과 관련된 내용은 일체 보이지 않는다. 다음과 같이 참석한 인물들과 文

---

45) 원문에 干支가 '成化 5年 庚寅'으로 되어 있어 年號와 간지가 일치하지 않는다. 성화 5년에 해당되는 간지는 '己丑'이다. '庚寅'은 성화 6년의 간지에 해당되며 성종 1년(1470)이다. 다만 지금의 주상이 상원사를 수행했다는 내용이 있는데, 세조와 함께 세자시절 상원사를 방문한 왕은 예종이므로 '성화 5년 경인'의 간지는 '성화 5년 기축(1469, 예종1)'으로 보는 것이 합당하다. 다만 본 글에서는 원문의 내용을 그대로 수록하여 놓았다.

46) 金守溫, 『拭疣集』 卷2, 記類 「上元寺重創記」.

47) 『世祖實錄』 권33, 10년 4월 戊戌.

48) 『世祖實錄』 권40, 12년 10월 庚子.

科試를 실시했다는 내용만 보이고 있다.

> 상원사에 거둥하니 왕세자가 孝寧大君 李補·永膺大君 李琰·勿巨尹 李徹·蛇山君 李灝·영의정 申叔舟·上黨君 韓明澮·좌의정 具致寬·仁山君 洪允成, 中樞府同知事 金守溫·金國光, 이조 판서 韓繼禧·호조판서 盧思愼 등과 더불어 隨駕하였다. 임금이 行宮에 돌아와서 신숙주·한계희·노사신에게 명하여 文科試場에 나아가서 參試하게 하였다.[49]

즉, 『세조실록』의 순행기록과 중창기 내용을 함께 살펴볼 때 윤3월 17일 세조가 상원사에 거둥한 것은 낙성식에 참석하기 위한 것이었다. 중창기를 작성한 김수온도 함께 참석하였다. 그리고 『세조실록』에 나타나지 않지만 중창기의 내용으로 보아 세조의 妃 貞熹王后도 함께 낙성식에 참석하였다.

상원사는 세조 11년(1465) 3월에 중창을 시작하여 세조 12년(1466) 윤3월에 완공되었다. 그리고 세조는 중창이 끝났다는 소식을 듣고 쌀 5백석과 포 1천필을 내려주고 옷과 바리때, 坐具, 탕약 등을 갖추어 놓게 하였다. 그리고 詩僧 52명을 모아 落成會를 크게 열도록 했다. 세조는 貞熹王后, 왕세자와 문무백관을 거느리고 상원사에 거둥하여 예불하고 낙성식을 거행하였다.

『세조실록』의 강원도 순행과 관련된 내용에서 상원사 낙성식과 관련된 내용을 일체 찾아볼 수 없는 것은 국왕이 사찰의 낙성식에 참석하기 위해 순행을 나섰다는 비판이 고려된 것으로 파악된다. 강원도 순행을 전적으로 상원사 낙성식에 참여하기 위한 목적으로 행했다고 단언할 수는 없다. 그러나 세조의 願刹로 중창되고 있었던 상원사 낙성식은 세조에 의해 미리 준비가 지시되고 있다. 세조의 강원도 순행계획은 상원사

---

49) 『世祖實錄』 권38, 12년 윤3월 戊子. 세조가 오대산에서 과거를 시행했다는 내용은 申翊聖의 「遊金剛小記」(『樂全堂集』 卷7 記)에도 나타난다.

낙성식 일정과 참석이 고려되어 준비되었던 것이다. 더욱이 강원도에는 고려시대부터 불세계로 유명세를 떨치고 있던 금강산이 있었으므로 불심이 깊은 세조의 방문욕구를 충족시킬 수 있는 좋은 조건을 갖추고 있었다.

『세조실록』 순행기록에서 파악되는 방문사찰은 정양사·장안사·표훈사·유점사·낙산사·상원사만이 기록되어 있다. 그러나 도성에 돌아와 강원도 순행 중 일어났던 瑞異를 적은 國書를 일본국 賴永의 사자로 온 승 守藺을 통해 일본국왕에게 보냈는데, 이 국서에 月精寺·西水精寺·龍門寺 등 세 곳의 사찰을 더 방문한 것으로 되어 있어[50] 순행기간 중 총 9곳의 사찰을 방문한 것이다.

이처럼 강원도 순행 일정 대부분은 다른 세 번의 순행과 달리 사찰방문이 주를 이루고 있다. 순행내용 또한 세조의 사찰 거둥 시 나타난 불교적 瑞異와 관련된 일들이 주로 거론되고 있다.[51] 세조의 사적인 불교 존숭 성향이 적극 반영된 출유성 행차를 위한 목적으로 계획된 순행이었다. 강원도 순행을 명분으로 상원사 낙성식에 참석하고 직접 자신의 신병치료 발원을 하였고, 낙성식을 전후하여 불세계로 유명하였던 금강산 등의 사찰들을 유람하며 예불하고자 했다. 세조의 실제적인 강원도 순행 내용을 살펴보면 상원사 낙성식 참석, 사찰방문, 온천휴양, 금강산 유람, 사냥 등의 출유를 행했던 것이다.

3) 燕山君의 行樂을 위한 출유

조선의 국왕들 대부분은 행락을 위한 출유가 그른 것으로 인식하여

50) 『世祖實錄』 권38, 12년 윤3월 己亥.

51) 이상균, 「세조의 강원도 순행과 그 목적」, 『박물관지』 18, 강원대학교 중앙박물관, 2011, 50~52쪽.

공식적 궐 밖 행행 시 이면적으로 병행하고 있다. 그러나 『연산군일기』에는 행락만을 위한 출유가 자주 나타난다. 『중종실록』의 연산군 죄상에 대한 사관의 論贊에 연산군이 주로 출유하여 향연을 즐긴 곳을 다음과 같이 기록하고 있다.

> 楮子島·豆毛浦·濟川亭·長湍의 石壁, 莊義의 水閣, 延曙亭·望遠亭·慶會樓 後苑 등의 곳에서 항상 興淸[52]을 거느리고 밤낮으로 노닐며 향연 하니, 당시 이를 일컬어 작은 거둥, 큰 거둥이라 하였다."[53]

연산군이 주로 출유하던 여러 곳을 나열하였는데, 장단 석벽에 자주 갔던 것으로 보인다. 중종이 제릉에 친제를 드리고 환궁하는 길에 장단 석벽에 들러 유람하려고 할 때에도 홍문관 부제학 柳世麟 등이 장단은 연산군이 유람하던 곳이므로 중종의 어가가 머물러서 안 된다고 상소를 올리고 있다.[54]

연산군은 정사를 돌보는 여가에 유관하며 中和의 기운을 길러야 한다며, 望遠亭·成山浦·衍禧宮 등 자신이 자주 출유하는 장소의 길을 막고 사람들의 통행을 금하였다.[55] 자신의 유람에 대해 외인이 유희라 할 것을 염려하면서도 예부터 제왕은 태평한 때라면 四時의 절기를 따라 기를 펴고 유람한 이가 없냐고 政院에게 묻자 "靈臺가 때로 유람하여 노고와 안일을 조절하고 기를 펴는 일을 하던 곳이고 보면, 文王도 일찍이 행하였는데 외인이 어찌 감히 유희라 하리까?"라고 하면서 연산군의 출유를 부추기고 있다.[56]

---

52) 연산군대에 處容舞 등 歌舞에 능한 樂工과 妓女들로 廣熙樂·運平樂·興淸樂을 구성하여 三樂을 만들었다. 興淸樂에 속한 기녀 등의 무희을 '홍청'이라 불렀고, 무희를 樂의 이름인 '홍청악'이라 부르기도 했다.

53) 『中宗實錄』 권1, 1년 9월 戊寅.

54) 『中宗實錄』 권80, 30년 9월 甲子.

55) 『燕山君日記』 권55, 10년 8월 丙子.

〈사진 4〉 서울시 종로구 신영동 蕩春臺 터(사진 종로구청)

연산군은 사냥과 유람을 위해 도성 동·서·북은 京城 백리, 서편은 장단, 漢江·麻浦·廣津·豆毛浦 등 강 건너편 백리까지 禁標를 설치할 것을 명하였다.57) 재위 만년인 1506년 3월 출유할 장소의 마련을 위해 藏義門 밖에 먼저 蕩春臺를 준공하고, 藏義離宮·瑞摠臺·長湍 石壁離宮을 동시에 착공하였다.58) 그리고 태평한 때에는 마땅히 유람하는 곳이 있어야 한다하며 豊壤宮과 衍禧宮을 대신들에게 유람시키며 함께 즐기고자 하였다.59) 또한 미행으로 경복궁에 들러 잔치하고, 잔치가 파하자 內廐馬 1천여 필을 들이게 하여 興淸을 싣고 蕩春臺로 출유하여 나인과 길에서 간음하였다는 기록도 있다.60)

1506년 7월에 장단과 개경으로의 대규모 출유를 계획하였다. 豆毛浦에서 內命婦의 여인들을 참석케 하는 주연을 계획하고, 장단에 새 정자를 짓고 유람을 준비할 것을 전교하였다.61) 승지 姜渾 등에게 서쪽 城부터 장단에 이르기까지 5리마다 표를 세워 步數와 지명을 기록하고 晝停所와 숙소를 만들 곳을 살피게 하였다. 강혼 등은 돌아와 복명하고, 도로의 里數와 주정소 및 숙소의 圖形을 올렸다. 장단에 가는 도중 밤이 될

56) 『燕山君日記』 권57, 11년 3월 辛亥.
57) 『燕山君日記』 권58, 11년 5월 癸巳.
58) 『燕山君日記』 권61, 12년 1월 丁未; 12년 3월 丁亥.
59) 『燕山君日記』 권62, 12년 5월 己丑.
60) 『燕山君日記』 권61, 12년 7월 甲申.
61) 『燕山君日記』 권63, 12년 7월 丙申.

경우에는 外人에게 횃불을 들게 하는 것은 옳지 못하므로 醫女와 各司의 건강한 계집종을 가려 횃불을 잡도록 하였다.[62]

장단 출유의 시위 형태는 注書와 錄考官이 大駕와 서로 보이지 않는 곳에 먼저 대령하고, 활 잘 쏘는 군사 1백을 뽑아 宣傳官 두 사람이 각기 50명을 거느리고 낮에는 앞장서서 인도하고 밤에는 숙소를 수직하도록 하였다. 미리 의금부 堂上·郎廳을 보내 길 주변의 雜人을 모두 내쫓고, 숲 속에 잠복한 자가 있으면 棄毁制書律로 논단하고, 당상과 낭청은 장 1백을 쳐 파직시키도록 하였다.[63] 그리고 長湍에 갈 때 미리 개성부의 遊觀할 만한 곳을 승정원에서 의논하여 아뢰도록 하였다.[64]

연산군은 대대적 출유를 준비시키고, 같은 해 8월 25일 가을로 출유를 미루었다가 9월 2일 재개하기로 했으나, 중종반정으로 실행하지 못했다.[65] 연산군이 장단 출유에 데려 갈 홍청 1천여 명에게 지공할 쌀과 밀가루를 경기도에서 준비토록 지시한 것을 보면,[66] 대규모 행락을 위한 출유를 계획했던 것이다.

『연산군일기』의 내용이 폐주에 대한 관점에서 쓰여 진 기록이라 내용의 전적인 신뢰를 담보할 수 없겠지만, 연산군은 『실록』의 기록상 조선의 역대 국왕 중 행락과 유람을 위한 최대의 출유를 계획하였다 할 수 있겠다.

4) 中宗의 朴淵瀑布 출유

연산군의 무분별한 출유는 중종이 출유를 경계해야 하는 이유의 사례

62) 『燕山君日記』 권63, 12년 7월 甲辰; 권63, 12년 8월 庚戌.
63) 『燕山君日記』 권63, 12년 8월 乙卯·丁卯.
64) 『燕山君日記』 권63, 12년 8월 乙丑.
65) 『燕山君日記』 권63, 12년 8월 壬申·甲戌.
66) 『燕山君日記』 권63, 12년 8월 乙卯.

로 지속적으로 오르내렸다. 중종 29년(1534) 齊陵에 親祭하고 돌아오면서 장단 석벽에 들르고자 하였을 때, 대사간 朴洪鱗 등이 연산군이 유람하던 곳임을 들어 반대하였다. 후세에 폐주 연산군이 자주 찾던 유람장소에 유람하러 갔다는 의혹을 남기면 성덕에 누가 된다하고 다른 곳으로 경유하도록 간하였다. 그러나 중종은 세조대에도 제릉에 갔다 돌아올 때 석벽에서 晝停한 전례가 있음을 들어 장단을 경유하였다.[67]

1535년 제릉 친제 때도 석벽에 들르고자 했는데, 홍문관 부제학 유세린 등이 석벽에 배를 띄우는 것은 유람이며, 연산군의 사례를 들어 반대하였다. 중종은 또다시 세조의 석벽 주정의 古例를 들어 장단에 들르고자 했다.[68] 그리고 중종은 제릉 참배 후 개성에 있는 박연폭포를 유람하려고 가부를 하문하였다.

> 이번에 이곳에 오게 된 것은 천재일우의 기회이다. 내가 제사 때문에 온 것이지 유람하러 온 것은 아니다. 하지만 옛부터 박연폭포는 유명하다고 일컬어진 곳이고 또한 여기서 멀지도 않다. …中略… 내일 先聖을 배알하고 인재를 뽑은 다음 放榜하고 나서 별달리 할 일이 없을 경우 모레는 박연폭포에 행행하여 종실과 재상, 호종한 인원들에게 잔치를 베풀고 그 다음날에는 景德宮에서 養老宴을 행하고 그런 뒤에는 人馬를 모두 쉬게 했다가 또 그 다음날에 환궁하는 것이 편할 듯하다. 그래서 그 가부를 하문한다."[69]

그러자 영의정 金謹思가 박연폭포는 연산군대에 놀러 다니며 유람하던 곳으로 왕이 행차하는 것은 본받을 만한 것이 못 되고, 도로를 정비하는데 폐해가 있음을 들어 반대하였다. 그리고 고려의 후손들이 편안히 노는 것을 즐기다 패망된 사실을 거울삼아 경계할 것을 아뢰었다. 중종은 박연폭포를 유람하려는 것이 아니라 고려 홍망의 자취가 있는 고적을

67) 『中宗實錄』 권77, 29년 8월 甲辰.
68) 『中宗實錄』 권80, 30년 9월 甲子.
69) 『中宗實錄』 권80, 30년 9월 癸酉.

〈그림 24〉 姜世晃, 『松都紀行帖』 中 「朴淵」, 18C, 紙本淡彩, 32.8×53.4㎝, 국립중앙박물관

살펴 거울삼아 경계하기 위한 것이라 하고 있다. 그리고 도로 정비로 민폐를 끼치는 일이 없도록 지시하였다.

곧 이어 대간에서 박연행차의 정지를 간했으나 윤허하지 않자, 다시 대사헌 許沆, 사간 權祺 등이 반대하였다. 거울삼아 경계할 일은 매우 많은데 박연에 가는 것은 후세에 누구나 유람하는 것으로 볼 것이므로 결코 해서는 안 된다고 하였다. 중종은 임금이 옛 도읍지를 순행하여 전 왕조의 홍망 자취를 살피는 것은 거울삼아 경계가 되기에 충분하다며 윤허하지 않았다. 이어서 또 홍문관 부제학 유세린이 박연행차는 유람에 가깝고, 유람은 恐懼修省할 시기에 결코 행해서는 안 된다고 반대했고, 이어 대간에서 또 간언했으나 윤허하지 않았다. 그리고는 유세린이 재차 차자를 올렸다. 박연이 명승지이지만 유람하는 일은 제왕의 아름다운 일이 못되고 후왕들이 이것을 예로 삼아 폐단이 있을 것을 우려하여 반대하였으나 윤허하지 않았다.[70] 신료들이 하루 동안 6번에 걸쳐 박연행차

정지를 건의하였다.

박연행차 정지 상소는 연이어 다음날인 9월 16일 세 번이 더 있었으나 중종은 결국 9월 17일 박연폭포에 행차하였다.[71] 중종은 민폐를 우려하여 도로를 정비하지 말라고 하였으나 당시 박연폭포로 가는 길은 협착하여 가파르고 돌이 많아 말 한 마리가 겨우 지나갈 수 있었다. 그래서 행차 전일에 환관이 미리 길을 답사하고 가자 개성부의 관원이 행행을 예상하고 골짜기를 뚫어 큰 도로를 내고 개울에 다리를 놓고 기다리고 있었다. 도로를 낼 때 백성들의 전지가 많이 훼손되었다.[72]

이틀 동안 9번의 박연행차 정지 건의는 모두 출유를 경계하라는 것이었다. 그럼에도 불구하고 중종은 박연폭포에 출유한 것이다. 중종이 궐로 돌아오자 이일로 홍문관 부제학 유세린 등이 상소를 올렸는데, 첫째 聖志를 안정시킬 것, 둘째 유람하고 편히 지내는 것을 경계할 것, 셋째 간쟁을 받아들일 것, 넷째 호령을 한결 같이할 것, 다섯째 詔獄을 중히 여길 것, 여섯째 내외의 구분을 엄히 할 것이었다.[73] 상소에 간쟁을 받아들이라는 내용을 집어넣는 과정에서 호종한 대간들의 잘못이 운운되었고, 시종들도 홍문관과 함께 대간의 잘못을 논박하였다.

홍문관 상소가 있은 다음날 대사헌 허항과 대사간 蔡無擇 등은 왕의 박연행차를 막지 못한 죄를 들어 사직을 청하였다. 사직을 청한 이유는 중종의 석벽거둥 정지부터 박연폭포 거둥까지 목숨을 걸고 막지 못해 중종 聖治의 30년간 공이 이 거둥으로 모두 없어졌다는 시종들의 논박이 있으므로 죄를 청해 사직한다는 것이었다. 중종은 박연폭포 행차 정지를 호종한 대간과 시종이 극력 간했음에도 자신이 간 것이고, 홍문관과 시

70) 『中宗實錄』 권80, 30년 9월 癸酉.
71) 『中宗實錄』 권80, 30년 9월 甲戌.
72) 『中宗實錄』 권80, 30년 9월 乙亥.
73) 『中宗實錄』 권80, 30년 9월 癸未.

종의 논의가 타당하지 않다며 사직을 윤허하지 않았다.[74)]

다음날 중종은 영의정 김근사와 좌의정 金安老에게 홍문관과 시종들의 대간 논박에 대한 시비를 물었으나 자신들도 당시 호종하였으므로 시비에 거론되고 있어 논하기 어렵다 하였다. 그리고 서계를 올려 시국이 사림들 끼리 서로 다투고 있는 와중에 홍문관이 대간을 논박한 것은 좀 지나치다며 허황과 채무택을 변호하였다. 이어 중종이 허항과 채무택을 불렀으나 다시 사직을 청하고 돌아가자 사직을 윤허 할 수 없으므로 牌招하여 다음날 입시를 명하였다.[75)] 허황과 채무택이 입시하여 자신들이 논박 받아야 한다는 것이 조정의 정론이므로 또 사직을 청하고 사모관대를 풀어놓고 돌아갔다.[76)] 이후 세 차례나 명초하였으나 나오지 않다가 사직을 청한지 5일 만에 중종의 명을 받고 입시하여 사직하지 않을 뜻을 말하였다.[77)] 이 일이 있은 며칠 뒤 허항과 채무택은 조강에서 홍문관과 시종들이 간관을 논박한 것은 신료들 간의 자중지란을 불러일으키기 위한 것이라고 홍문관을 비판하였다.[78)]

중종의 출유를 막지 못한 것으로 인해 당시 관료들 간의 격렬한 논쟁이 있었던 것이다. 시비의 중심에 있었던 허항과 채무택은 당시 권신이었던 김안로와 함께 정적을 축출하는 옥사를 여러 차례 일으켰다. 1537년 이 세 사람은 문정왕후의 폐위를 기도하다가 발각되어 사사된 丁酉三凶으로 일컬어진 인물들이다. 김안로는 기묘사화로 趙光祖를 비롯한 사림 몰락 후 발탁되어 이조판서에 올랐다. 아들이 孝惠公主와 혼인해 중종의 부마가 되었다. 권력을 남용하다가 1524년 南袞·沈貞 등의 탄핵을 받고 경기도 豊德에 유배되었다. 남곤이 죽자 대사헌 김근사와 대사

74) 『中宗實錄』 권80, 30년 9월 甲申.
75) 『中宗實錄』 권80, 30년 9월 乙酉.
76) 『中宗實錄』 권80, 30년 9월 丙戌.
77) 『中宗實錄』 권80, 30년 9월 丁亥; 권80, 30년 10월 己丑.
78) 『中宗實錄』 권80, 30년 10월 癸巳.

간 權輗를 움직여 심정을 탄핵하였다. 이로 인해 유배에서 풀려나 다시 서용되었고, 이조판서를 거쳐 1535년 좌의정이 되었다. 김근사도 김안로 사사이후 그 일파로 몰려 파직되어 김안로와 정치적 운명을 같이 한 인물이다.

상소에 참여한 유세린은 1519년 기묘사화 때 성균관 유생으로 조광조 등을 伸救하는 소를 올린 인물이었다. 그러나 1538년 김안로 사사이후 김안로의 일파라 하여 파직 당하였다. 당초에는 김안로와 정치노선을 달리한 인물이었으나, 김안로 일파로 정치노선을 바꾸었다. 조강에서 허황과 채무택이 자신을 비판하였을 때도 대응하지 않고, 홍문관 부제학으로서 어쩔 수 없이 상소에 참여했을 뿐이라고 면피성 발언만 했다.

논쟁이 있었던 1535년 김안로 일파는 권력의 정점에 있었고, 정적 또한 많았다. 홍문관과 시종들이 중종의 박연출유를 막지 못한 것을 대간들의 잘못으로 크게 공론화시킨 것도 허항과 채무택의 정적들에 의해서였던 것으로 보인다. 그리고 김안로와 김근사가 이들을 변호해 주었던 것이다. 중종의 박연폭포 출유 문제는 이와 같이 신료들의 정치적 대립으로 확대될 명분으로 작용할 만큼 중요한 사안이었다.

5) 其他 국왕의 출유성 행차

왕의 거둥은 궁궐과 가까운 도성 근교라 할지라도 많은 호종인원이 따라갔다. 왕이 지나는 곳의 관아에서는 이들의 공돈을 마련해야 했고, 대가를 호종한 많은 인원이 지나가면 전답의 곡식이 상하기도 하였다. 그러므로 행행 시에 출유를 병행하여 즐기기도 하였다.

조선전기 국왕들은 근교인 도성 십리 안에 자주 출유하여 유람하였던 것으로 보인다. 문종 2년(1452) 풍수학 文孟儉이 禁葬에 대해 상언한 내용을 보면 "도성의 십리 안에 사시로 임금께서 농사짓는 것을 관찰하고

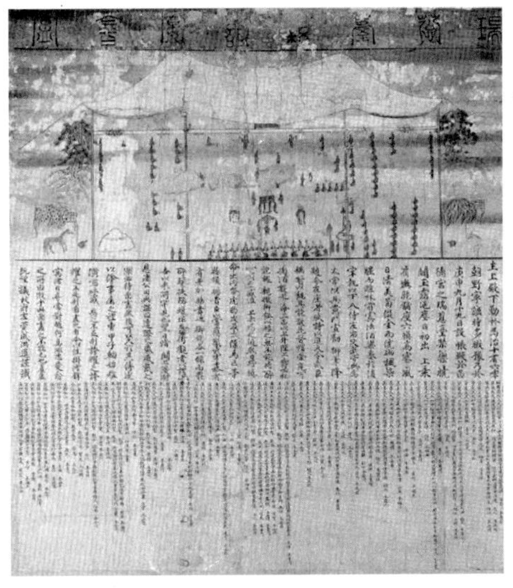

〈그림 25〉 作者未詳, 「瑞蔥臺親臨宴會圖」 1564년, 絹本淡彩, 148×135.7㎝, 紹修書院[79]

유람하러 거둥하는 곳인데"라고 하였다.[80] 도성 근교 십리는 왕이 觀稼하며 자주 유람을 나가는 곳이었음을 알 수 있다. 그러나 관가는 왕이 농작물의 작황을 살피는 공식적 외출이었다. 태종 12년(1412) 관가를 위해 동교에 거둥하였을 때 환자 金和尙이 매를 바치자 태종이 노하여 "이번 행차는 유관이 아닌데 어찌 매를 바치는가?"라고 하였다.[81] 이는 태종이 매사냥을 매우 좋아하므로 수종환자가 태종이 교외에 거둥한 차에 으레 매사냥할 것으로 알고 매를 바친 것이다. 태종이 노한 것은 관가를 위한 공무상의 궐 밖 거둥과 출유는 구분되어 있었기 때문이다.

관가가 공무상 외출이었다 하더라도 태종의 수종환자 사례에서 보듯이 왕들은 관가 시에 사냥과 유람을 자주 병행하였다. 세종과 단종도 관가를 나가 사냥을 하기도 하고,[82] 세조는 관가 시에 양녕대군이 새로 지

79) 명종 15년(1560) 9월 19일 창덕궁 瑞蔥臺에서 왕이 親臨하여 신료들에게 내린 賜宴을 기록한 그림이다. 명종은 御製를 내려 시를 지어 올리게 하고 무신들이 짝을 지어 활 쏘는 것을 관람하였다. 參宴諸臣이 箋文을 올려 이 사실을 그림으로 그려 보존할 것을 결의하였고, 禮曹에서 관장하여 1564년 완성하였다.

80) 『文宗實錄』 권12, 2년 3월 丙申.

81) 『太宗實錄』 권24, 12년 8월 甲寅.

82) 『世宗實錄』 권45, 11년 8월 辛丑; 『端宗實錄』 권12, 2년 9월 丙寅.

은 정자의 이름을 지어주고 주연을 베풀기도 하였다.[83] 연산군도 관가 후 사냥을 즐기고 근교 정자에 올라 신하들에게 시를 짓게 하고 주연을 베풀었다.[84]

대부분의 관가 시 한강의 水戰, 화포 쏘는 것, 射藝 등의 관람을 병행하였기 때문에 관가는 농사를 시찰하기 위한 목적만이 아니었다. 중종 32년(1537) 4월 재해가 발생하자 사헌부에서 왕의 관가와 경회루의 연회를 정지할 것을 건의하였다. 여기서 관가는 민간의 농사를 위한 것이지만 유관에 가까운 일이므로 정지를 건의하고 있다.[85] 관가에는 왕들의 도성근교 출유가 병행되고 있었던 것이다.

왕들은 정자나 이궁을 지어 출유의 장소로 삼기도 하였다. 태종은 이궁인 연희궁과 풍양궁을 짓고, 한강 근처에 樂天亭을 지어 출유하였다. 세종 23년(1441) 崔萬理가 올린 상소의 내용에 "풍양궁·낙천정과 같은 것은 주로 평일에 玉輦이 노닐면서 오르내리시던 곳"이라 하여 태종이 이곳에 자주 출유하였음을 알 수 있다. 세조도 태종대에 지은 낙천정에서 매사냥을 즐기고 유람하는 등의 출유를 즐겼다. 연산군은 낙천정과 제천정 등 전대 왕들이 지은 정자의 전례에 따라 탕춘대를 짓고 출유하였다.[86] 인조대에 낙천정의 菜田 관리문제를 논의한 내용과[87] 제천정에 중국사신이 유람하였다는 기록으로 보아[88] 이 두 정자는 후대에도 보수하여 출유를 위해 꾸준히 사용된 것으로 보인다.

국왕의 행행에 출유가 병행되었던 것은 능행에서도 살필 수 있다. 태종은 1405년 한양으로 재천도한 이후 태조의 비 신의왕후 능인 제릉에

83)『世祖實錄』 권16, 5년 6월 辛亥.
84)『燕山君日記』 권31, 4년 8월 辛巳·丙辰.
85)『中宗實錄』 권84, 32년 4월 丁巳.
86)『燕山君日記』 권61, 12년 1월 丁未; 12년 7월 己卯.
87)『仁祖實錄』 권2, 1년 5월 丙辰.
88)『仁祖實錄』 권13, 4년 6월 丁亥.

친제를 행할 때 白馬山과 閱馬 등지에서 사냥을 관람하였다.[89] 세조도 厚陵에 친제 후 남산에서 사냥하였고,[90] 성종은 敬陵과 昌陵에 친제하고 사냥하였다.[91] 또한 중종은 제릉에 친제한 후 개성의 박연폭포를 유람하였고, 돌아오는 길에 장단의 석벽에 배를 띄워 신하들과 함께 시를 짓고 유람하기도 하였다.[92] 영조도 제릉과 후릉에 친제를 가면서 成渾의 묘와 李珥의 花石亭 터를 보고, 개경의 만월대·남문누대·선죽교 등을 유람하였다.[93]

이처럼 국왕들도 궐 밖에서 유람하며 즐기고 싶은 욕구를 가지고 있었다. 놀고 즐기기 위한 욕망은 인간이면 누구나 추구하는 것이었지만 왕이었기 때문에 많은 제약이 따랐다. 공무상 거둥에도 많은 폐해가 수반되었으므로 유희만을 위한 출유는 더욱 쉽지 않았던 것이다. 그러나 이러한 상황에서도 왕들은 출유의 욕구를 해소하려하였다. 출유정지 상소에도 불구하고 사냥과 유람을 위해 출유하기도 했고, 공무상의 행행이나 순행 시에 출유를 병행하기도 하였던 것이다.

제3절. 국왕의 출유에 대한 관료들의 인식

역대 제왕들이 갖추어야 할 치도의 덕목은 수신하여 仁德을 갖추고, 위민하는 것 등이었다. 중국의 桀·紂 등 망국의 역대 제왕들의 가장 큰 허물은 유희와 향락에 빠져 정사를 돌보지 않았음이다. 고래로부터 어느

---

89) 『太宗實錄』 권20, 10년 9월 己丑.

90) 『世祖實錄』 권5, 2년 9월 丙申; 卷22, 6年 10月 己酉.

91) 『成宗實錄』 권84, 8년 9월 丁卯·癸酉.

92) 『中宗實錄』 권80, 30년 9월 乙亥·戊寅.

93) 『英祖實錄』 권52, 16년 8월 戊辰.

나라를 막론하고 위정자들은 이러한 사례를 들어 제왕에게 정사를 돌봄에 있어 향락에 빠지지 말 것을 지속적으로 주문하였다. 또한 치도에 있어 가장 중요시되던 것은 위민이었으므로 민폐가 수반되는 국왕의 출유성 행차는 관료들에게는 제왕이 자제하고 경계해야할 것으로 인식되어졌다.

더욱이 왕의 장기간에 걸친 출유는 비판의 대상이었다. 태조는 태상왕 시절인 1401년 윤3월 11일부터 4월 28일까지 금강산 유람을 다녀왔다.[94] 그리고 다음해인 1402년 11월 7일 재차 금강산 유람을 떠났다. 태조는 금강산 유람을 나서면서도 "나의 이번 행차를 나라 사람들이 모두 미쳤다고 한다. 그러나 내가 즉위한 이후로 한번도 先陵에 참배하지 못했으니, 지금 친히 제사하지 않으면 죽은 뒤에 무슨 면목으로 先人을 지하에서 뵐 수 있겠는가"라 하며 선릉 참배를 들어 출유의 당위성을 밝히고 있다. 태조는 동북면 회양의 금강산, 평안북도 孟州[孟山]·延山[寧邊郡]·平壤·豊海道[황해도]를 두루 거쳐 12월 8일 도성에 도착했다.[95] 태조가 자신의 행차를 사람들이 미쳤다 한다는 것은 한 달간 출유했을 때에 수반되는 폐해를 잘 알고 있었기 때문이다. 자신이 태상왕이긴 하나 오랜 출유는 비판의 대상이 됨을 인식하고 있는 것이다.

조선시대 국왕들의 대표적 출유였던 사냥은 국초부터 치도에 있어 경계해야 할 대상으로 논의되고 있다. 태조 7년(1398) 경연에서 사냥의 법도에 대해 논할 때 신료 柳觀은 군주가 여색과 사냥에 미치는 것을 경계해야 한다고 했다. 이때 태조가 사냥은 반드시 할 수 없는 것이냐고 반문하자, 사계절 사냥하는 것은 古制이지만 종묘의 祭供을 위한 것이고, 이것을 빙자해 사냥을 마음대로 하면서 각처로 돌아다니며 놀기를 절도없게 하게 되므로 사냥은 옳지 못한 일로 설명하고 있다.[96]

---

94) 『太宗實錄』 권1, 1년 윤3월 庚子; 권1, 1년 4월 丙戌.
95) 『太宗實錄』 권4, 2년 11월 甲申 ~ 12월 丁巳 기사 참조.

정종은 즉위하던 해에 서교에 순행을 나갔다가 종친을 거느리고 江陰縣의 원중포에서 사냥하였는데, 문하부에서 상소하여 정지하기를 청하였다. 이때 승지 이숙번을 시켜 자신이 출유하여 사냥하는 이유를 다음과 같이 설명하고 있다.

> 다만 내가 오랫동안 몸을 움직이지 못하여 병이 생기므로, 한 번 出遊하여 울울하게 맺힌 기운을 풀려고 하는 것이다.[97]

정종은 자신의 출유가 즐거움만을 위한 것이 아니라 건강을 위해서라고 말하고 있다. 며칠 뒤 당시 호종하였던 權近이 시정의 여섯 가지 일을 상서하면서 이때의 일을 들어 사냥은 인군이 크게 경계해야 할 것임을 간하고 있다. 왕의 사냥은 『예기』에 법도가 있음에도 정종이 법도 없이 유희를 위해 사냥하였으므로 다음날 벼락과 우레의 재이가 일어 이 일을 견책한 것이라 하였다. 그리고 서교에 나갔을 때 수확하지 않은 곡식이 있음을 보고도 조세를 감면해 주는 것이 아니라 오히려 말들이 곡식을 먹어 치우는 폐해가 있음을 보고 탐락만을 따르는 사냥은 왕의 대계임을 간하였다.[98]

앞서 살핀바와 같이 사냥을 가장 많이 행한 왕은 태종이었으므로 사냥을 위한 출유를 경계해야 한다는 상소를 가장 많이 받았다. 태종은 1402년 9월 16일 조회를 보지 않고 몰래 교외로 사냥을 하러 나갔다. 다음날 사간원에서 태종이 사냥하며 즐기는 시초가 이로부터 시작될까 두려우므로 거둥을 예법에 따라 행할 것을 간하였는데 태종이 깊이 받아들였다고 하였다.[99] 그러나 이 일로 인해 이틀 뒤 사간원에서는 같은 달

---

96) 『太祖實錄』 권15, 7년 12월 己未.

97) 『定宗實錄』 권2, 1년 10월 丁酉.

98) 『定宗實錄』 권2, 1년 10월 甲辰.

99) 『太宗實錄』 권4, 2년 9월 丁酉.

26일 태종이 심해진 종기 치료를 위해 평주에 온행을 가고자 하는 것에 대해 탕목을 빌미로 사냥을 즐기기 위한 것이라며 반대하였다.[100)]

태종 3년(1403) 9월 25일 새벽에는 시위갑사 몇 명만을 거느리고 교외에 기러기 떼를 사냥하러 나갔다. 이 일로 다음날 사헌부에서는 탐락과 사냥을 경계하여 문왕이 周나라를 일으킨 것과 周公과 맹자도 탐락을 경계하였음을 들어 사냥을 일삼지 말 것을 상소하였다. 이때 태종은 이 일을 매우 후회하였다고 한다.[101)] 그러나 태종은 간관들과의 약속을 매번 어기고 사냥을 위해 출유하였다.

그러면서도 태종은 사냥을 위해 몰래 궐 밖을 출유하는 것이 기록에 남는 것을 매우 싫어하였다. 태종 6년(1406) 2월 10일에는 몰래 동교에 출유하여 매사냥을 하였는데[102)], 이 일로 이틀 뒤 사간원에서 출유를 정지하는 상소를 올렸다. 태종은 일전에 사형과 국정의 큰일만 소를 갖추어 보고하고, 그 밖에 일은 詣闕하여 대면 보고토록 하였는데도 불구하고 간관들이 소를 갖추어 보고하는데 대해 심한 불쾌함을 드러내고 있다.[103)] 태종은 2월 14일 또 동교에 나가 매사냥을 하였고, 이 일로 사간원에서 다음날 재차 다음과 같은 출유 정지 상소를 올렸다.

> 사간원에서 上言하여 遊田하지 말기를 청하였다. 상소는 대략 이러하였다. "요즘 몰래 행차하시는 일 때문에 소장을 갖추어 아뢰었으나 윤허를 받지 못하였습니다. 또 지난날 교외에 出遊하였다가 마침내 遊田을 즐기게 되었습니다.…중략…엎드려 바라건대, 가볍게 出遊하지 마시고, 단정히 九重宮闕에 계시면서 德政을 닦고 밝혀서 만세를 다행하게 하소서." …中略… 임금이 疏를 보고 말하기를, "諫官이 이 따위 일을 반드시 疏牘에 쓰는 것은 무엇 때문인가? 이는 다름이 아니라, 특히 자기 명예를 닦고 내 허물을 드러내

100)『太宗實錄』 권4, 2년 9월 己亥.
101)『太宗實錄』 권6, 3년 9월 辛丑.
102)『太宗實錄』 권11, 6년 2월 辛未.
103)『太宗實錄』 권11, 6년 2월 癸酉.

려는 것이었다."[104]

태종은 자신의 출유에 대해 소를 갖추지 말도록 여러 번 지시했음에도 간관이 또 소를 갖추어 간언한 것이다. 태종은 이에 대해 간관이 자기의 명예를 닦고 자신의 허물을 드러내는 것이라 하고 있다. 왕으로서 삼가고 경계해야 할 출유를 공사구분 없이 자주 행하는 자신의 허물이 기록에 남는 것을 매우 싫어한 것이다.

태종은 지속적으로 출유정지 상소가 올라오자, 간원에게 자신의 출유계획을 사전에 알리고 동의를 구하기도 했다. 태종 13년(1413) 3월 상왕인 정종과 함께 동교에서 매사냥을 하기위해 대언들에게 사전 동의를 구했다. 이미 해주에서 여러 날 盤遊하였는데 또 출유하면 대간의 비평이 있을 것을 우려해 출유계획을 사전에 말하였다.

> "가을에 松骨鷹를 얻어 기르게 하였은즉, 겨울을 나고 따뜻한 봄을 기다려서 매를 놓는 것이요, 여름날에 이르면 불가한 까닭에 자주 出遊할 뿐이다. 내일은 상왕이 성 밖으로 출유하고자 하시니, 내 모시고 동교로 나가서 놀은 뒤에 그만두겠다."[105]

태종은 출유를 경계해야 하는 것을 알면서도 사냥을 위해 출유하고 싶은 욕구를 억제하지 못했다. 자신이 사냥을 무분별하게 즐기는 것이 후대의 기록에 남는 것을 우려하면서도 출유욕구를 억제하지 못하고 있는 것이다. 1413년 9월에는 공주의 儒城에 온행을 가는 차에 전라도 임실에서 사냥 하고자 사냥터의 초목을 베고 불태우게 하였다. 이때 호종한 趙英茂는 숲을 불태우고 사냥하는 것은 옛 성현도 경계한 바이고, 온행이 湯治를 빌미로 놀이하고 사냥하는 것으로 비춰져 백성의 불신을

104) 『太宗實錄』 권11, 6년 2월 丁丑.
105) 『太宗實錄』 권25, 13년 3월 丁酉.

살 것이며 史書에 기록되어 후세에 비난이 될 것이라고 사냥을 반대하였다. 그러나 태종은 끝내 임실로 행차하여 사냥을 즐겼다.[106] 조영무가 태종의 행동이 후대 사서에 기록될 것을 들어 사냥을 반대하였지만 태종은 사냥을 강행한 것이다. 이처럼 왕의 피접은 출유성 행차의 목적도 있었으므로, 관료들은 피접을 위해 거둥하는 자체를 제한하기도 했다.

관료들이 피접을 모두 제한한 것은 아니었다. 국왕이 피접을 가고자 하는 의도를 따져 꼭 필요한 경우 피접을 권면하는 일도 있었다. 세종은 만년에 안질이 생겨 눈에 좋다는 충청도 연기군에 있는 약수인 全義椒水에 가려고 했다. 그러나 초수로 가는 길인 충청도에 旱災가 매우 심하여 거둥을 정지하고자 하였다. 申槪 등은 육조와 함께 초수거둥이 유람이나 사냥에 비길 것이 아니므로 치료를 위해 초수로 갈 것을 계속 청하였다. 세종은 자신의 병은 여러 방면으로 치료했으나 효험을 보지 못했고, 민폐를 고려하여 극구 반대하였다. 이후 도승지 李承孫이 재차 초수거둥을 청하자 윤허하였다. 그러나 한재도 심하고 거둥 때 지방의 수령들이 이를 핑계 삼아 금품을 거두면 백성들의 폐해가 적지 않음을 들고 비용과 시위무사의 수를 봄 거둥의 반으로 감하도록 하였다.[107]

신하들의 권유에도 불구하고 초수거둥을 극구 반대한 것은 민폐가 우선적으로 고려되었지만 초수거둥이 혹여 출유로 비춰질 것을 우려한 바도 있다. 신개 등이 초수거둥을 유람과 사냥에 비길 것이 아니라고 한 것은 국왕의 거둥이 자주 출유로 비춰지고 있음을 인식하고 있었기 때문이다. 또한 재변이 있을 시 출유를 경계해야 하지만 초수거둥의 목적은 오로지 안질 치료에 두고 있음을 강조하여 거둥이 출유로 비춰질 것을 우려하는 세종의 근심을 덜어주기 위해 한 말이다.

관료들은 국왕이 출유를 경계하는 것은 즐거움을 따르는 것을 자제하

106) 『太宗實錄』 권26, 13년 9월 丙申.

107) 『世宗實錄』 권105, 26년 7월 庚申·丙子·癸亥.

고 수양하여 현군이 되기 위한 덕목중의 하나로 인식하고 있다. 성종 2년(1471) 주강에서 『孟子』를 강 하다가 "자신을 지킨다[守身]"는 구절이 나오자 동지사 李承召가 그 뜻을 아뢰면서 사냥과 유관하는 즐거움을 자제하지 못하면 자신을 지킬 수 없고, 三代 이후로 현군이 많지 않은 이유도 출유를 경계하지 않았음을 들고 있다.[108] 반대로 이후 경연에서 성종이 즉위 초 鷹坊을 없애고 전쟁이나 사냥하는 일이 없으므로 백성들이 태평의 시대를 기대한다고 하였다.[109] 이는 국왕의 출유를 경계할 대상으로 보고 있는 것이다.

그리고 출유를 위한 장소를 營造하는 것도 제한했다. 성종 4년(1473)에 경회루를 크게 수리하고자 했을 때도 사간 朴崇質 등이 차자를 올려 반대하였다. 반대 이유는 경회루는 유람하며 경치를 보는 곳이므로 기근이 있을 때에 역사를 일으키면 국왕의 근검하는 미덕에 누를 끼칠 수 있다는 이유이다.[110] 이후 성종 22년(1491)에도 제천정을 철거한 후 신축하려고 하였을 때도 홍문관 부제학 김극검 등이 차자를 올려 성덕에 누가 되고 後嗣에게 遊觀하는 조짐을 열어 주는 것으로 보이기에 충분하다며 중지를 청했다. 성종은 제천정이 使臣을 맞는 곳이므로 中華를 높이는 뜻이었지만 후사에 사치스러운 조짐을 보일 수 있다는 간언에 중지하였다.[111]

연산군대에도 출유를 경계해야하는 상소가 없지는 않았다. 『연산군일기』 재위 초기 기록에 조금 보이고 후반에는 거의 나타나지 않는다. 연산군 3년(1497) 예문관대교 鄭希良이 열가지 임금의 덕에 대한 상소를 올렸는데, 유관·逸豫의 향락을 자제하지 못하면 물욕이 날로 불어나서

108) 『成宗實錄』 권10, 2년 4월 丙辰.
109) 『成宗實錄』 권102, 10년 3월 丁巳.
110) 『成宗實錄』 권32, 4년 7월 戊申.
111) 『成宗實錄』 권252, 22년 4월 己酉.

桀·紂와 같아질 것이라 하였다. 이후 대사간 鄭錫堅 등이 놀이·구경 등 기타 정치에 방해되는 일을 일체 정지하도록 했으나 모두 따르지 않았다고 한다.[112)]

1520년 중종대에도 대사헌 洪淑 등이 연산군의 사례를 들며 치도에 관한 일을 상소하고 있다. 재위 후 연산군 대를 귀감 삼아 출유하여 놀고 즐기는 것과 사냥하는 것을 법도에 따라 행하는 것을 칭찬하고 있다. 그러나 최근 때를 가리지 않고 사냥을 명하므로 이를 경계할 것을 상소하였다.[113)] 중종 29년(1534) 제릉에 친제하고 돌아오면서 장단 석벽에 들르고자 하였을 때도 대사간 박홍린 등이 연산군이 출유하던 곳임을 들어 반대하였다. 1535년 중종이 제릉의 친제 후 박연폭포 출유에 대해서도 이틀 동안 아홉 번의 정지상소가 있었고, 출유를 막지 못한 책임소재 문제가 정치적 세력들 간의 대립으로 번지기도 하였다. 그만큼 왕의 출유 행위는 중요한 사안으로 인식되고 있는 것이다.

국왕이 특별히 출유를 즐기지 않아도 관료들이 치도의 경계에 대해 상소할 때 출유를 예로 들고 있다. 명종 즉위 초에 홍문관전한 李蓂은 유학을 진작하고 풍속의 일신에 힘쓸 것과 유람 및 사냥을 경계할 것을 상소하였고,[114)] 연산군 즉위년 교리 崔起南도 聲色과 놀기와 사냥에 빠져 학문에 뜻을 두지 않으면 망국에 이른다고 상소하였다.[115)] 이는 관료들이 국왕의 즉위 초 치도에 힘쓸 것을 상소하면서 출유를 경계할 것을 미리 권면한 것이다.

관료들에게 국왕 출유는 가장 기본적으로 경계해야 할 것으로 인식되고 있어 행행 등 궐 밖 출입 시 출유로 비춰질 수 있는 행위도 항상 정지

---

112)『燕山君日記』 권25, 3년 7월 庚戌; 권27, 3년 9월 庚戌.

113)『中宗實錄』 권41, 15년 12월 壬子.

114)『明宗實錄』 권3, 1년 1월 戊辰.

115)『光海君日記』 권11, 즉위년 12월 癸酉.

상소로 이어졌다. 관료들의 비판 속에서 국왕의 사적 거둥인 출유성 행차는 점차 사라져 조선후기에는 국왕의 출유성 행차는 거의 보이지 않는다. 그러나 조선후기에도 관료들이 국왕에게 출유를 경계할 것을 간하는 내용이 간혹 나타나기는 한다.

1654년 6월 효종이 능행을 다녀오면서 사냥 한 일로 수찬 洪葳가 출유를 경계할 것을 상소했다.[116] 그리고 숙종 29년(1703) 6월에는 왕이 숭례문 밖의 關王廟를 관람하려하자 교리 李觀命과 李晩成이 차자를 올려 외방 사람들이 유관하는 일에서 나온 것이라 의혹을 살 수 있으므로 정지할 것을 청하였다.[117] 정조도 1790년 11월 예정에 없이 궐 밖 행차를 하자 대신들이 출유하기 위해 행차한 것으로 알고 그만두기를 청하였다. 그러자 정조는 "이번 거둥은 유람이나 여가를 즐기는 것이 아니라 심중에 한없이 답답하고 끝없이 초조한 사정이 있어 이처럼 보기 드문 행동을 취한 것이다."라고 하면서 거둥을 막지 말 것을 하교하고 있다.[118]

국왕의 출유는 횟수의 다소를 막론하고 관료들에게는 국왕이 원천적으로 경계해야 할 것으로 인식되고 있었다. 왕의 공무상 거둥이라도 출유로 비춰질 수 있는 행동들은 재차 재고하도록 하였다. 관료들은 국왕이 유희를 좋아하는 것은 정사의 소홀함을 가져 오는 것으로 인식하였고, 그에 따른 폐해가 수반된다고 생각하였다. 그러므로 관료들은 국왕의 출유는 치도에 있어 가장 경계해야 할 것 중의 하나로 인식하고 있었던 것이다.

이같이 관료들이 국왕의 사적 외유인 출유에 대해 제한하려는 경향이 분명해 지면서 조선초기부터 있어왔던 국왕의 출유는 관료들의 강력한

116) 『孝宗實錄』 권12, 5년 6월 癸酉.

117) 『肅宗實錄』 권38, 29년 6월 壬辰.

118) 『正祖實錄』 권31, 14년 11월 甲午.

비판 속에서 공식적으로 점차 사라져 갔다. 더욱이 국왕의 행차가 『國朝五禮儀』·『國朝續五禮儀』·『經國大典』·『續大典』·『大典通編』 등의 법제에 의해 점차 법식화·의례화 되어가면서[119] 사적 외유의 요소가 있는 출유성 행차는 배제되어진다.

119) 이왕무, 「조선후기 국왕의 都城內 幸行의 추세와 변화」, 『조선시대사학보』 43, 조선시대사학회, 2007, 97쪽.

제VI장

外國 使臣의 조선유람

조선에 오는 외국 사신들은 使行기회에 조선의 경승을 유람하고자 했다. 明·日·淸使가 주로 왔고, 이 중 明使의 사행이 가장 많았다. 특히 明使들이 조선사행 중 유람을 하는 것은 사행일정에 포함된 관례로 자리 잡고 있었다. 明使가 日·淸使에 비해 사행횟수도 많았지만, 유람을 요구하는 빈도도 가장 높았다.

조선은 외국 사신들 중 明使들을 가장 각별히 신경 썼고, 이들의 유람이 관례화 되어 있어 사신들이 오면 유람할 것을 항시 대비하고 있었다. 반면, 日·淸使의 유람 요구는 많지 않았다. 대부분의 사신들은 도성 인근과 한강을 유람하였다. 사신들이 도성 근교를 벗어나 유람하고자 했던 곳은 일찍부터 외국에 까지 명성이 널리 알려져 있던 금강산이었다. 『朝鮮王朝實錄』에 금강산을 다녀간 사신들은 明使 17명과 日本國王使 2명이 나타난다. 일본의 경우 더 많은 사신들이 금강산 유람을 요청하였던 것으로 보이나, 내지정보 유출을 우려해 금강산 유람이 제한되었다. 반면, 明使들이 유람을 요청하는 경우 對外關係를 고려하여 쉽게 거절하지 못하였다. 淸使들이 금강산 유람을 요구하는 경우는 없었다.

사신들의 유람요청은 이들의 私的 요구사항 중 하나였다. 國賓의 격식에 맞추어 수행이 이루어 졌으므로 이들을 공궤하는데 많은 시간과 비용이 투자되었다. 유람은 사전준비부터 매우 번거로운 것이었다. 관리들을 接伴使로 삼고 군인들을 보내 扈從하게 하였다. 왕이 관리들을 보내 위로물품을 하사하고 주연을 베풀었다.

원거리 유람인 금강산에 가 있는 동안에는 왕을 대신해 관리들을 보내 여정을 위로하고 문안하게 하였다. 유람을 마치고 돌아오면 출발할 때와 같이 위로물품을 주고 中路에 왕이 직접 가거나 관리를 마중 보내어 잔치를 베풀었다. 조선에서는 사신들에게 유람을 시켜주고 얻는 외교적 실익보다는 많은 폐단이 발생하였다.

본 장에서는 이러한 외국 사신들의 유람사례와 목적, 조선에서 이들을 수행하기 위한 조치와 그에 따라 발생한 폐단을 살펴보고자 한다.

제1절. 明使의 유람

조선을 유람한 사신은 대부분 明使들이다. 太祖~仁祖代까지 240여 년 동안 약 228회의 명나라 사신이 다녀갔던 것으로 파악된다.[1] 조선에 파견된 明使 대부분은 宦官들이었다. 조선에 사신으로 파견된 명나라 환관들은 대부분 조선에서 뽑혀갔던 火者들이었다. 조선에서 뽑혀간 화자들 중 명나라 황실의 太監자리에 오른 자들이 조선에 사신으로 파견되었던 것이다. 주로 황제의 즉위조서 반포나 朝鮮國王 册封使로 왔다.[2] 『中宗實錄』에 明使의 접대에 관해 국왕이 전교한 내용을 통해 명나라에서 조선의 일로 사신을 파견할 경우에는 대부분 환관을 보냈음을 알 수 있다.

> "우리나라의 일인 경우에는 太監이 사신으로 나오지만, 중국의 일인 경우에는 文官이 나온다. 또 선물과 일용하는 잡물 등에 대해서는 大內의 謄錄에

1) 정은주, 「조선시대 明淸使行 관련 회화 연구」, 한국학중앙연구원 박사학위논문, 2008, 478쪽의 '明使 朝鮮出來表' 참조.

2) 정구선, 「鮮初 조선출신 명 사신의 행적」, 『경주사학』 23, 2004, 116쪽.

는 대략만 기재되어 있으나 밖의 등록에는 반드시 자세히 기재되어 있을 것이다. 그러니 唐皐나 史道 같은 문신이 나왔을 때의 예를 초계하게 하라."[3)]

明使가 조선에 오게 되면 한강을 비롯한 도성 인근의 경승지를 유람하며 조선의 관료들과 詩會를 여는 것이 일반적인 관례였다. 세조는 중국 조정의 大人들이 오면 모두 孔子의 文廟를 배알하고, 한강을 유람하였으니 사신들이 유람하고자 한다면 한강뿐만 아니라 모든 郊外에 있는 江山의 아름다운 곳을 마음대로 유람하게 하라고 전지하였다.[4)]

기존의 연구에서 밝혀진 조선전기 明使들의 한강과 도성근교 유람은 약 138회에 달한다. 228회의 사행 중 2회에 한번 이상의 유람을 했던 것이다. 이들이 주로 유람한 지역은 한강 유역이 59회로 전체의 43%를 차지하고 있다. 한강에서는 배를 띄워 상류에서 하류로 내려오며 유람하는 것을 가장 많이 즐겼다. 이외에 남산과 도성 인근의 사찰유람 등이다. 이들이 찾은 한강유역의 명소는 濟川亭이 12회로 제일 많았고, 다음으로는 加乙頭와 노량이 그 뒤를 이었다. 도성을 유람하면서 한강변의 정자나 훈련원·모화루 등지에서 활쏘기와 군사들의 훈련을 구경하였다. 그리고 수행하는 관리들과 지속적으로 酬唱하였다. 성균관에도 자주 들러 유생들의 시문을 시험하고 문묘를 참배하기도 했다. 明使의 유람은 조선의 군사훈련 수준, 관리들의 학문적 소양, 유생들의 수준과 교육제도 등 조선 정세와 동향을 파악하기 위한 부수적인 목적이 있었다.[5)]

明使들은 대부분 한강 등 도성근교를 유람하였지만, 도성 밖의 금강산을 유람하기도 했다. 금강산은 도성에서 멀리 떨어져 있어 유람이 쉽

---

3) 『中宗實錄』 권76, 28년 10월 戊寅.

4) 『世祖實錄』 권33, 10년 5월 壬申.

5) 이상배, 「조선전기 외국 사신 접대와 明使의 遊觀 연구」, 『국사관논총』 104, 국사편찬위원회, 2004. 이상배의 연구에서 明使의 접대와 한강을 비롯한 도성 유람을 구체적으로 다루었으므로, 본 절에서는 금강산 유람에 대해 집중적으로 다루었다.

지 않았고, 다녀간 사신들도 많지는 않다. 『조선왕조실록』에 조선을 사행한 明使들의 사행관련 기사를 정리해본 결과 이들의 금강산 유람현황은 <표 4>와 같다.

〈표 4〉 明使의 금강산 유람현황

使臣名	出身性分	使行年月	使行目的	遊覽期間(陰曆)
*溫 全	宦官	太宗 2年(1402) 10月	永樂帝의 즉위와 年號 사용을 알리는 詔書 반포	10.19~10.27
黃 儼	宦官	太宗 3年(1403) 4月	朝鮮國王 册封使	4.17~4.25
曹天寶	宦官			
高 得	文臣			
黃 儼	宦官	太宗 8年(1408) 4月	조선에서 보낸 말 3천필에 대한 보답으로 황제가 銀과 비단 등을 보낸다는 勅書를 가져옴	4.25~5.21
田嘉禾	宦官			
海 壽	宦官			
*奇 原	宦官			
陳 敬	文臣			
昌 盛	宦官	世宗 9年(1427) 4月	말 5천 필을 바치라는 칙서를 가져옴	5.17~5.27
*白 彦	宦官			
昌 盛	宦官	世宗 14年(1432) 5月	遼東都司 주둔군이 사용할 耕牛 1만필을 골라 요동에 가서 매매하도록 하는 勅書를 가져옴	7.29~8.10
張定安	宦官			
*金 輔	宦官	世祖 14年(1468) 4月	建州女眞 李滿住 등을 협공한 공을 치하	4.26~5.11
*姜 玉	宦官			
*崔 安	宦官	睿宗 1年(1469) 閏2月	朝鮮國王 册封使	3.4~3.13
*鄭 同	宦官			
*沈 繪	宦官			
*金 輔	宦官	燕山 9年(1503) 4月	朝鮮王世子 册封使	4.22~4.28
*李 珍	宦官			

* 火者

사신이 다녀간 횟수에 비하면 금강산을 유람한 사신들이 많지는 않으나, 태종~연산군대까지 금강산 유람요청이 꾸준히 있었음을 알 수 있다. 모두 총 8회에 걸쳐 17명의 사신이 금강산 유람을 다녀온 것으로 파악된다. 黃儼·昌盛·金輔는 조선에 사신으로 와서 두 차례 금강산을 유람하였다. 출신성분을 보면 17명의 사신 중 文臣인 高得·陳敬을 제외한 15명이 환관이다. 이들의 금강산 유람목적을 살펴 본 결과 모두 예불을 위해서였다. 명나라는 표면적으로 불교를 숭상하지 않았지만, 宦官들과 황실 내부에서 불교를 숭상하는 자들이 많았다. 이 환관들 중 溫全·奇原·白彦·金輔·姜玉·崔安·鄭同·沈繪·李珍 등 9명이 조선인 화자 출신이다. 불교를 신봉하던 화자들이 조선에 사신으로 오면서 고국에 있는 불교성지인 금강산을 한번쯤 유람해 보고자 했던 욕구가 많았던 것으로 보인다.

이 밖에도 태종 4년(1404) 6월에 명의 황태자 책봉을 알리는 조서를 가지고 온 內史 楊進保와 李棨이 금강산을 유람하고자 하였으나 가지 못했다.[6] 성종 1년(1470)에는 화자출신 태감 金興과 姜浩가 조선국왕 책봉사로 왔을 때 수행인이었던 北京의 頭目 湯勇과 鄭仝을 금강산에 보내 幢幡을 하도록 하였다.[7]

明使들이 금강산을 유람한 내용은 <표 4>와 같으나, 『태종실록』에 다음과 같은 기사가 있어 더 많은 사신들이 금강산을 유람하고자 했던 것을 알 수 있다.

> 임금이 말하기를 "중국의 사신이 오면, 꼭 금강산을 보고 싶어 하는데, 그것은 무슨 까닭인가? 俗言에 말하기를 '중국인에게는 高麗에 태어나 친히 금강산을 보는 것이 원이다' 하는 말이 있다고 하는데, 그러한가?"하니, 하윤이 나와서 말하기를 "금강산이 東國에 있다는 말이 『大藏經』에 실려 있으므로

---

6) 『太宗實錄』 권7, 4년 6월 甲申.

7) 『成宗實錄』 권5, 1년 5월 甲午.

그렇게 말하는 것입니다."하니, 임금이 말하기를 "옳도다." 하였다.[8)]

중국의 사신들은 앞서 살핀바와 같이 금강산을 『화엄경』에 담무갈보살이 12,000보살과 함께 항상 般若를 설법하고 있다는 불세계의 산으로 믿고 있었기 때문에, 꼭 한번 가보고 싶어 했던 것이다. 최립의 문집에도 당시 중국인들에게는 "다음 세상에 고려국에 태어나서 금강산을 직접 보는 인연을 맺고 싶다."라는 소원이 있을 정도였다고 하여 금강산은 대외에도 명산으로 인식되고 있었음을 알 수 있다.[9)]

여기서 태종과 최립이 말하고 있는 '중국인이 고려에 태어나 친히 금강산을 보는 것이 원이다'라는 俗言은 明나라 朱之蕃의 시에 나오는 말이다.[10)] 주지번은 宣祖 39년(1606) 조선에 사신으로 왔었고,[11)] 금강산을 직접 가보지는 못했으나 그 명성을 익히 들어 알고 있었던 것으로 보인다.

그러므로 明使들은 지속적으로 금강산 유람을 요청하였다. 고려시대부터 이미 외국에 불교와 관련된 '금강'이라는 명칭과 함께 불교의 성지로 널리 알려져 있었던 것이다. 元의 황제가 금강산에 관심을 보였고, 원나라 사람의 왕래가 끊이지 않았다. 元 황실에서는 내탕금이나 보시로 금강산의 사찰을 중창하기도 하였다. 李穀의 「刱置金剛都山寺記」에 이러한 사항을 다음과 같이 기술 하고 있다.

> 해동의 산수는 천하에 이름이 나 있지만, 금강산의 기이한 절경 또한 으뜸이다. 게다가 불서에 담무갈보살이 거처한다는 설이 있어 세상에서 마침내 人間淨土라 이른다. 천자의 사신이 향과 폐백을 받들고 길에 이어지는가 하면 사방의 士女들이 천리를 멀다않고 소에 싣고 말에 싣고 등에 지고 머리에 이

8) 『太宗實錄』 권8, 4년 9월 己未.
9) 崔岦, 『簡易集』 권3, 序 「遊金剛山卷序」.
10) 徐慶淳, 『心田稿』 권3, 應求漫錄 「蘭雪詩龕」.
11) 『宣祖實錄』 권194, 38년 13월 戊辰.

고는 佛僧을 공양하려는 자가 서로 줄을 잇고 있다.[12)]

聖天子 즉위 7년 황후 奇氏가 元妃로서 皇子를 낳았다. …중략… 금강산 장안사가 가장 殊勝하다는 말을 듣고, 복을 축원하고 하늘에 보답하기 위해서는 이곳만 같은 곳이 없으리라 했다. 그리하여 至正 3년(1343)에 內帑의 楮幣 1,000定을 출연하여 사원을 중건할 자금으로 삼고 길이 상주하게 하였으며 다음 해에도 그렇게 하고, 또 그 다음 해에도 그렇게 하였다.[13)]

금강산을 유람한 明使들은 모두 사찰을 방문해 예불을 하였다. 태종 2년(1402)에 온 사신 溫全은 금강산에 가서 燃臂까지 받고, 명나라로 돌아갈 때 왕에게 자랑스럽게 보이기도 한다.[14)] 溫全은 불교를 신봉했고, 불교성지인 금강산을 다녀온데 대해 대단한 자부심을 표하고 있었던 것이다.

태종 3년(1403)에 사신으로 온 黃儼·曹天寶 등의 금강산 유람요청 이유도 금강산의 모양이 불상과 같기 때문에 보고자 하였다.[15)] 특히 黃儼은 불교를 매우 신봉하여 태종으로 하여금 불상에 절을 하도록 요구하기도 하고,[16)] 불상과 불경을 조선왕실에 바치기도 하였다.[17)] 세종 9년(1427)에 온 사신 昌盛과 白彦은 表訓寺에서 유숙하면서 금강산의 절들을 구경하고 부처에게 예불하였다.[18)] 세조 14년(1463)의 사신 金輔와 姜玉 또한 금강산에 가서 부처에게 예불하고 법문을 듣고 오는 등 금강산 유람목적이 불교적 신념에서 온 것임을 밝히고 있다. 그리고 세조가 洪福山의 射場에서 金輔 일행의 금강산 유람을 마중할 때 姜玉은 승려

12) 李穀, 『稼亭集』 권3, 記 「刱置金剛都山寺記」.
13) 李穀, 『稼亭集』 권6, 碑 「金剛山長安寺重興碑」.
14) 『太宗實錄』 권4, 2년 11월 己丑.
15) 『太宗實錄』 권5, 3년 4월 癸亥.
16) 『太宗實錄』 권12, 6년 7월 乙巳.
17) 『太宗實錄』 권15, 8년 4월 庚子.
18) 『世宗實錄』 권36, 9년 5월 戊申.

가 된 조카를 還俗시켜 벼슬을 내려줄 것을 부탁하기도 하였다.[19] 예종 1년(1469)의 사신 鄭同은 崔安·沈繪와 함께 금강산을 유람하였고, 북경으로 돌아가 香山에 洪光寺를 세운다. 금강산에서 千佛이 비로자나불을 둘러싸고 있는 법식을 보고, 이를 본떠 홍광사를 세웠다고 한다.[20] 鄭同과 함께 금강산을 유람한 頭目 한명은 "이는 참으로 부처의 境界이다. 여기서 죽어 조선인으로 태어나 오래도록 부처의 세계를 보련다."라고 하늘에 맹세하고 못에 몸을 던져 죽기도 하였다.[21]

사신들은 명 황실의 명을 받아 금강산에 예불을 가기도 했다. 세조 14년(1468) 사신으로 온 金輔와 姜玉은 義興館에 당도하여 조선의 通事 金由敬에게 황제의 명을 받아 금강산에 幡을 다는 일을 미리 통보하였다.

> 앞서 金輔가 義興館에 이르러 通事 金由敬에게 이르기를 "금강산은 王城에서 며칠 노정의 거리인가? 황제가 신 등으로 하여금 幡을 달러 비록 멀더라도 마땅히 가보도록 하라고 하였다."하여, 이에 명하여 먼저 사람을 보내 모든 일을 조치케 하였다.[22]

金輔와 姜玉은 太平館 연회에서 세조에게 황제의 명에 따라 錦段 4필을 가지고 금강산에 幡을 달 것을 청하고 같은 해 4월에 금강산을 유람하였다.[23] 연산군 9년(1503) 왕세자 책봉사인 金輔와 李珍도 황제·황후의 祝帖을 모시고 금강산에 가서 부처에 공양하고 은혜를 빌기를 청하여 같은 해 4월에 금강산을 유람하였다.[24]

---

19)『世祖實錄』 권46, 14년 5월 庚午.
20) 韓致奫,『海東繹史』 권70,「人物考」4, 鄭同 中官.
21) 南孝溫,『秋江集』 권5, 記「遊金剛山記」.
22)『世祖實錄』 권46, 14년 4월 戊戌.
23)『世祖實錄』 권46, 14년 4월 庚子.
24)『燕山君日記』 권49, 9년 4월 戊戌.

사신들이 금강산까지 가는 경로는『조선왕조실록』등 사료에 구체적으로 제시되지 않고 있다. 하지만 당시 도성을 출발하여 금강산을 유람한 대다수의 사대부들이 樓院→祝石嶺→松隅里→梁文驛→豊田驛→金化邑治→直木驛→昌道驛까지의 路線을 택하고 있다.[25] 이 길은 조선시대 금강산을 가는 가장 빠르고 일반적인 길이므로 사신들도 이 길을 주로 이용해 금강산을 갔을 것으로 보인다.

사신들의 금강산 유람일정은 약간의 편차가 있긴 하지만 도성에서 오고가는 일정까지 합하여 대체적으로 15일 내외이다. 태종대에 방문한 黃儼 등은 약 1달간 금강산을 유람하였지만, 나머지 사신들은 약 9~15일 정도의 일정을 소요하였다. 세종 9년(1427)에 사신으로 온 창성이 義州의 松山 般若寺를 유람할 때 강릉출신 崔致雲에게 경기부터 금강산까지의 路程을 물었다. 이때 최치운은 5~6일이라고 답하고 있다.[26] 당시 도성에서 금강산을 가는 노정은 통상 5일 정도였을 것으로 보이며, 明使들의 유람일정도 금강산에 머무는 일정까지 합하여 대부분 15일 내외였다. 앞서 살핀 <그림 23> 세조의 강원도 순행여정에서 보듯이 도성에서 금강산까지 도착하는 기일이 4일 소요되었음을 볼 수 있다. 세조의 강원도 순행여정은 조선시대 금강산을 비롯한 嶺東의 관동팔경 유람경로와 이동에 걸리는 일수를 비교적 소상히 가늠해 볼 수 있는 자료이다.

사신들의 유람일정은 조선시대에 일반적으로 행해졌던 사대부들의 금강산 유람일정과 많은 차이를 보인다. 사대부들이 남긴 유람기록에도 대체적으로 도성에서 금강산까지의 노정을 5~6일로 잡고 있다. 外金剛·海金剛·內金剛으로 경로를 三分하고 인근의 關東八景까지 유람하

25) 정치영,「遊山記로 본 조선시대 사대부들의 여행」,『경남문화연구』27, 2006, 296쪽. 樓院:서울시 도봉동, 祝石嶺:의정부와 포천시 소흘읍 경계의 고개, 松隅里:포천, 梁文驛:포천시 영중면 양문리, 豊田驛:철원군 갈말읍 군탄리, 直木驛:김화군 수태리, 昌道驛:창도군 창도읍.

26)『世宗實錄』권36, 9년 4월 丙寅.

였다. 금강산에 머무는 기간은 평균 14일이 보통이었다.[27] 사대부들은 금강산 유람을 평생 쉽게 성취할 수 없는 숙원으로 생각하였으므로 여력이 되는 한 최대한 머물고자 하였다.

반면, 明使들의 금강산 유람은 성지순례와 예불이 우선적인 목적이었다. 금강산에 머무는 기간이 사대부들에 비해 상대적으로 적은 2~3일에 불과한 것은 예불과 공양에 소요되는 기간만을 감안한 것이기 때문이다. 조선에 머무는 공식일정으로 인해 오래 금강산을 유람하지 못한 것으로 해석되어 질 수도 있다. 그러나 이들은 모두 불교 신봉자들로 사신이라는 국빈의 자격을 이용, 개인의 종교적 신념에 의한 예불을 위해 금강산을 유람하고자 했던 것이다.

제2절. 淸 · 日使의 유람

後金이 1636년 국호를 淸으로 바꾼 이후 淸使의 조선사행은 인조~고종대까지 총 222회 이루어졌다.[28] 明使에 비해 사행횟수도 적고, 유람을 요구한 사례도 매우 드물다. 후금의 사신들은 조선에 왔을 때 明使의 전례에 따라 자신들을 예우해 줄 것을 다음과 같이 요구하고 있다.

> 당초에 虜汗이 秋信使의 禮單을 받지 않고 國書도 회답하지 않더니 이에 이르러 所道里·沙乼者·朴仲男 세 장수를 보내 鳳凰城에 도달하여 傳言하기를 "이번에 접대하는 예를 한결같이 天使의 전례와 같이 한다면 가겠거니와 그렇지 아니한다면 마땅히 여기에서 돌아가야 하겠다."하니, 閔聖徽가 치계하기를 "세 장수는 저들 중에서 소중한 사람입니다. 지금 옴에 있어 소망이 반드시 높을 터이니 만약 모두 힘써서 따라주면 앞으로의 소망이 반드시 한

27) 정치영, 앞의 논문, 2006, 296~297쪽.

28) 정은주, 앞의 논문, 2008, 511쪽의 '淸使 朝鮮出來表' 참조.

층 더할 것이기 때문에 이미 강력히 따져 따르지 말도록 하였습니다. 저들이 만약 성을 내어 가게 되면 마땅히 담략이 있는 한 사신을 특별히 차견하여 瀋陽으로 들여보내 그들이 까닭 없이 뻣뻣하여 盟好의 뜻을 파괴하려는 것을 꾸짖도록 하여야 합니다."[29)]

이에 대해 비변사에서는 후금의 사신을 明使처럼 예우해 달라고 하는 것은 조선을 위협하여 하고 싶은 것을 성취하려는 것에 불과할 뿐이라 하고, 한번 예우해주면 그 기대치가 높아져 더욱 요구가 심해질 것이라 인식했다. 단지 副元帥 鄭忠信으로 하여금 변방을 순찰한다는 명목을 내걸고 劒山에 진주하여 임기응변하여 처리토록 조치하였다.

이때는 明의 멸망 전이고, 조선은 후금과 전쟁을 치른 터라 조선에서는 후금에 대한 적대의식이 강하게 남아 있었다. 조선에서는 후금 사신의 예우문제를 明使와 동일하게 적극적으로 처리 하고자 하는 의지는 없었다. 그러나 후금의 세력이 커지면서 淸으로 국호를 바꾸고, 병자호란 이후 淸使의 조선파견은 잦아졌다. 그리고 조선에서는 慕華館에서 淸使를 맞이하여 과거 明使들을 접대할 때의 예를 준용했다. 17세기 중엽 청에서는 조선에 사행을 갈 때 漢族出身 貳臣을 동행시켜 이들로 하여금 과거 조선이 명을 섬기던 방식대로 淸使를 대접하는지를 감시하게 했다.[30)]

<그림 26>은 淸使 阿克敦이 조선에 사신으로 왔을 때 영접하는 모습을 그린 그림인데, 이곳은 明使들을 영접했던 慕華館이다. 명의 멸망 후 조선에서는 淸使들을 明使를 맞이하던 전례에 따르고 있는 것을 볼 수 있다. 淸使들의 요구사항 중의 하나가 明使들이 자주 행했던 조선유람이었다. 淸이 入關한 시기인 1644년 이전 淸에서 보낸 사신을 포함한 淸使의 조선유람 요구는 사행 횟수에 비해 극히 적기는 하나 入關前까

29) 『仁祖實錄』 권27, 10년 10월 甲午.

30) 한명기, 『정묘·병자호란과 동아시아』, 푸른역사, 2009, 491~492쪽.

〈그림 26〉 鄭璵, 阿克敦 「奉使圖」 中 14幅, 1725, 중국민족도서관(殷夢霞・于浩 選編 『使朝鮮錄』下(影印本), 北京圖書館出版社, 2003, 508~509쪽)

지 네 차례 있었다. 이들의 조선유람 현황을 살펴보면 <표 5>와 같다.

〈표 5〉 淸使의 조선유람 현황

使臣名	使行年月	使行目的	遊覽期間(陰曆)	遊覽場所
馬夫達, 龍骨大	仁祖 17年(1639) 6月	군사징집 및 양곡과 은의 요구. 조선에 도망해 온 청인의 쇄환, 조선국왕의 淸 入朝 요구	7.1	한강
梧木道, 所把伊, 豆多海	仁祖 18年(1640) 3月	인조의 병문안을 위해 귀국하는 昭顯世子 배행	3.11	한강
布太平古, 朴氏楊方興	仁祖 21年(1643) 3月	최명길·김상헌의 하옥, 登州·寧遠 및 섬 안을 함부로 왕래한 高忠元·申金 등 8인의 참수지시. 전일 明朝에 물자를 많이 보내주고 무역한 사람들은 일	3.28	한강

		체 용서 한다는 내용의 칙서를 가져옴		
孫太, 佛叟	仁祖 22年(1644) 1月	인조의 병문안을 위해 귀국하는 昭顯世子 배행	2.6	한강

淸使의 네 차례 유람은 모두 한강유람이었다. 가장 처음 한강을 유람한 淸使는 馬夫達 일행이었다. 마부달은 명과의 전쟁을 위한 군사징집과 물자의 요구, 조선국왕의 入朝요구, 조선에 귀화한 청인의 刷還문제를 가지고 왔다. 이때 馬夫達의 한강유람에 대해서는 유람을 했다는 간략한 기록만이 나타나 있고, 수행한 관료나 기타 유람의 내용은 상세히 기술해 놓지 않았다.[31]

淸使들이 한강만을 유람한 것은 조선에서 明使의 유람전례와 같이 하지 않았기 때문이다. 인조 18년(1640) 인조의 병문안을 위해 귀국하는 昭顯世子를 배행해온 梧木道가 白嶽과 南山 등을 유람하기를 요구하자 조선에서는 전례가 없는 일이라며 중지시켰다. 그러자 梧木道는 한강에 나아가 유람하였다.[32] 이는 조선에서 淸使의 유람을 한강에 한정시켜 제한적으로 시켜주었던 것으로 해석된다.

인조 21년(1643)에는 明과의 비공식적 외교를 펼치다 발각된 최명길의 하옥 등의 처리문제를 가지고 온 淸使 布太平古가 한강에 유람을 나가 고기잡이 구경을 하고 돌아왔다. 조선에서는 淸使들이 한강을 유람하는 것은 '明使의 옛 규례를 모방하기 위해서였다'고 했다.[33] 즉, 淸使들은 明使의 유람전례에 따르기를 원했고, 조선에서는 한강에만 한정하여 유람시킨 것이다.

인조 22년(1644) 인조의 병문안을 위해 두 번째 귀국하는 昭顯世子를

31) 『仁祖實錄』 권39, 17년 7월 丙辰.

32) 『仁祖實錄』 권40, 18년 3월 壬辰.

33) 『仁祖實錄』 권44, 21년 3월 辛酉.

배행한 孫太 일행도 한강을 유람하였다. 한강에 나가 유람하고 東湖를 거쳐 동대문을 통하여 관소로 들어갔다. 왕과 세자가 內侍를 보내 문안하였다.[34)]

淸使의 유람배행은 明使에 비하면 극히 소략하고 간소하였다. 인조대의 반청감정으로 인해 조선에서는 淸使의 예우와 수행에 적극적이지 않았던 것으로 해석된다. 반면 중종 34년(1539) 明使가 급히 돌아가려고 하자 왕이 "전 대인들이 유람한 곳 또한 가보시지 않을 수 없는데, 급히 돌아가려 하니 실망을 감당치 못하겠습니다. 며칠 더 머무시는 것이 어떠하겠습니까?"라고 유람을 권유하고 있다.[35)]

明使의 유람에는 당상관을 배행시키고, 국왕이 술 등을 보내 위로하고 위무하는 등 환심을 사기위해 수행에 매우 적극적이었던 반면 淸使의 유람수행은 매우 형식적이었다. 1644년 이후 淸使들이 여러 번 사행을 다녀갔지만 유람요청은 더 이상 없었다. 유람요청이 없었던 이유 중의 하나가 明使들과 같이 조선에서의 특별한 예우가 없었기 때문인 것으로 보인다.

『조선왕조실록』에 明·淸使 외에 조선을 유람하거나 요청한 타국사신은 <표 6>과 같이 日使였다.[36)] 日使가 조선을 유람하거나 요청한 것도 明使에 비해 극히 적었다. 조선전기에만 총 5회에 걸쳐 도성·한강·금강산을 유람하였다. 조선전기 70회 渡航한 日本國王使의 횟수만[37)] 놓고 보더라도 매우적은 유람횟수이다.

34) 『仁祖實錄』 권45, 22년 2월 乙丑.

35) 『中宗實錄』 권90, 34년 4월 戊申.

36) 日使에는 對馬島와 琉球國의 사신을 포함 하였다.

37) 한문종, 「조선전기 일본국왕사의 조선통교」, 『한일관계사연구』 21, 2004, 12쪽.

〈표 6〉 조선을 유람하거나 유람을 요청한 日使

使臣名	使行年月	使行目的	遊覽期間(陰曆)	遊覽場所
僧 觀喜	端宗 2年(1454) 2月	對馬島主 宗成職의 使人	2월	금강산
僧 文溪	世宗 1年(1419) 11月	피로인 쇄환과 대장경 요청을 위해 온 일본국왕사	1420年 가을	금강산
僧 全密·永嵩·惠光	世祖 3年(1457) 3月	토산물을 바치고, 乾仁寺 중건을 위한 자금지원을 요청	?	한강 등 도성근교
普須古·蔡璟	世祖 7年(1461) 12月	琉球國 中山王의 토산물을 바치고, 漂流한 조선인을 데려옴	12.26	興天寺, 도성 저자거리
僧 道誾	世祖 13年(1467) 1月	토산물과 불상 1구를 바치는 일본국 朝臣 源義堯의 使人	3.7	圓覺寺
僧 仰止	成宗 16(1485) 10月	對馬州 太守 宗貞國의 토산물을 바치고, 종정국을 대신해 금강산 楡岾寺에 燒香하기 위한 특사	못감	

日使의 첫 번째 조선유람은 단종 2년(1454) 對馬島主 宗成職의 使人이었던 觀喜의 금강산 유람이었다. 觀喜가 금강산을 구경하고자 요청하여 조선에서는 侍奉 1인과 通事 1인을 대동하여 유람을 가도록 하였다.[38] 세종 1년(1419) 日本國王使 일행으로 온 僧 文溪가 조선에 2년 동안 머무르면서 금강산을 다녀왔다. 文溪는 당시 道氣가 있고 詩·書에 뛰어나 조선의 文士들에게 호감을 샀다. 사신일행이 떠나갈 때에 文溪는 조선에 2년 동안 머무를 것과 금강산 유람을 세종에게 요청하여 허락을 받았다. 文溪는 1420년 가을에 금강산을 유람하고 유람록을 남겼는

38) 『조선왕조실록』에 나타난 觀喜의 금강산 유람기록은 아주 단편적이어서 구체적인 내용은 살필 수 없다(『端宗實錄』 권12, 2년 10월 癸未).

〈그림 27〉 作者未詳, 「東萊府使接倭使圖」 부분, 18C, 紙本彩色, 460×81㎝, 국립중앙박물관

데 문장이 수려하고 뛰어났다고 한다.[39] 이후 文溪는 세종 30년(1448) 大藏經을 청하는 일본국왕사로 조선에 왔다. 이때 세종에게 올린 글에서 자신이 장년시절 조선에 왔을 때 금강산을 유람하게 할 수 있도록 배려해 준 것에 감사를 표하고 있다.[40]

日使의 유람은 대부분 세조대에 이루어 졌다. 세조 3년(1457년) 대장경과 乾仁寺 중건을 위한 자금을 요청하러 온 일본국왕사 全密 등이 한강 등 도성근교를 유람하였다. 全密은 유람한 일을 禮曹에 書信으로 올려 세조가 유람 시 베풀어준 연회 등의 은총에 감사했다.[41] 그리고 세조 7년(1461)에는 琉球國의 사신 普須古 등이 興天寺 및 도성 저자를 유람하기를 원해 술과 고기를 내려 주어 유람에 이바지하도록 하였다.

세조 13년(1467) 일본국 朝臣 源義堯의 使人 僧 道誾은 3월 6일 세조를 알현하고, 圓覺寺의 塔이 천하제일이라는 소문을 들었으므로 유람하길 원했다. 그러나 세조는 道誾이 술에 취해 있으므로 3월 7일 유람할 것을 전교하였다. 예조에 명하여 道誾의 원각사 유람을 供覽케 하고,

---

39) 徐居正 등, 『東文選』 권92, 序 「送日本天祐上人還歸序」.

40) 『世宗實錄』 권120, 30년 4월 壬午.

41) 『世祖實錄』 권7, 3년 5월 庚午.

「如來現相圖」와 「觀音現相圖」 등의 물품을 하사했다.[42)]

日使가 도성근교를 유람한 경우는 있었으나, 明使보다는 행동이 자유롭지 못했다. 왜구의 내침 문제와 일본인들이 조선에서 밀무역을 행하는 등의 많은 문제를 야기 시키고 있었기 때문이다. 그러므로 지방 유람은 더욱 제한적이었다. 성종 16년(1485) 10월 對馬州 太守 宗貞國의 使人이었던 僧 仰止가 금강산 유람을 요청하였다. 단종대의 觀喜와 세종대의 文溪의 금강산 유람은 쉽게 이루어졌으나, 仰止의 금강산 유람요청은 조선조정의 수차례 논의 끝에 불허되었다. 宗貞國은 조선에 올리는 書契를 통해 仰止가 본인을 대신해 금강산 楡岾寺에 가서 燒香을 할 수 있도록 해 달라고 요청한 것이다.[43)]

明使가 요청하는 경우 대부분 異見없이 금강산 유람을 허락하였으나 仰止의 경우는 달랐다. 1485년 10월 25일 예조판서 柳輊와 參議 權仲麟은 다른 나라 사람에게 內地를 보게 하는 것이 옳지 않다는 이유로 仰止의 금강산 유람에 반대하였다. 참판 柳洵은 도성에서 금강산까지 바로 갈 수 있는 直路를 택하지 않고 淮陽→原州→忠州의 험한 길을 골라 외지로 돌아가게끔 하자고 건의했다. 이 방법으로 금강산까지 안내한다면 왜인들이 우리나라의 길이 험하여 쉽게 범할 수 없다고 여길 것이므로 가하다고 하였다.[44)] 다음날인 10월 26일 대신들은 권중린과 유순의 의견을 의논하여 앙지의 금강산 유람이 가하다고 보고하여 왕이 윤허하였다.[45)]

그러나 司憲府 大司憲 李瓊仝은 仰止를 비롯한 수행인들의 금강산 유람에 드는 비용과 仰止가 유람하는 동안 포구에 머물러 있는 수행인

42) 『世祖實錄』 권41, 13년 3월 辛未·壬申.
43) 『成宗實錄』 권184, 16년 10월 乙酉.
44) 『成宗實錄』 권184, 16년 10월 壬寅.
45) 『成宗實錄』 권184, 16년 10월 癸卯.

들에게 官穀을 허비함이 불가하다고 하였다. 그리고 강원도는 驛路가 잘 정비되어 있지 못하며 도둑이 많고 여정로는 눈이 많이 왔으므로 仰止가 해를 당하게 되면 대마도주가 조선에 의심을 두게 될 것이라는 이유를 들어 유람을 반대하였다.46) 반대의 가장 큰 이유는 결국 조선의 내지를 敵人에게 함부로 보여줄 수 없다는 안보적인 이유였다.

> 이경동은 말하기를 "지금 길이 멀고 통하기 어렵다는 것으로 開諭하여 중지하도록 하는 것이 어떻겠습니까?"하고, 侍讀官 趙之瑞는 말하기를 "신이 일찍이 李亨元과 함께 對馬島에 도착하였는데, 섬의 사람들이 신 등을 인도하면서 直路로 안내하지 않았으니 이것은 우리에게 지름길을 보이지 않으려고 한 것입니다. 對馬州에서 강원도까지의 거리가 水路로는 매우 가깝습니다. 그러니 저들로 하여금 이 길을 알게 할 수는 없습니다."하고, 이경동은 말하기를 "중국이 우리나라를 대우하는 것이 親王과 같습니다. 그러나 우리나라에서 일찍이 刺楡寨의 길로 내왕하기를 청했는데도 끝내 허락을 받지 못했습니다. 그러니 山溪의 도로는 경솔하게 적국의 사람들에게 알게 할 수 없습니다."하고, 盧思愼은 말하기를 "仰止가 이미 보도록 허락한 뜻을 알고 있으니 중지할 수도 없고, 또 도둑의 피해를 그에게 말할 수도 없습니다."하니, 임금이 말하기를 "눈이 깊이 쌓였고 길이 험하다는 폐단을 仰止에게 말하여 그의 의사를 살펴보는 것이 좋겠다."하니 그대로 따랐다.47)

조선에서 대마도를 방문했을 때도 直路로 안내 받지 못했고, 조선을 親王의 나라와 같이 대우하는 명나라도 刺楡寨의 지름길로 안내하지 않았다. 특히 이 기사를 보면 조선에서는 대마도인을 적인으로 인식하고 있음을 알 수 있다. 조선의 해안에는 건국초기부터 왜구의 침입이 잦았고, 대마도는 왜구의 소굴이 있었다. 대마도에서 강원도는 海路로 매우 가까우므로 적인인 왜인들에게 금강산을 유람시켜 주는 것은 도성으로 향하는 내지의 지름길을 알려주는 것이므로 불가하다는 것이다.

---

46) 『成宗實錄』 권184, 16년 10월 丙午.
47) 『成宗實錄』 권185, 16년 11월 戊申.

왕은 다시 御書를 내려 강원도에 흉년이 들고 눈이 많이 와서 위험하여 유람 길에 환란을 당하면 양국 교린에 문제가 생길 것이라는 표면적인 이유를 들어 仰止에게 유람을 다시 생각해 볼 것을 권유하였다.[48] 이에 仰止 본인은 이미 칠십의 나이를 먹은 노승으로 이번이 아니면 조선에 다시 와서 금강산을 구경할 수 없으므로 유람 중 눈 속에 죽더라도 유감이 없음을 밝혔다. 그리고 侍奉하는 왜인들도 같이 죽더라도 구경하기를 바란다고 재차 금강산 유람을 요청하였다. 그러나 조선에서는 다시 仰止에게 불상사가 생길 경우 대마주와의 교린에 문제가 생길 것이라는 이유를 내세워 끝내는 불허하였다.[49] 明使들이 금강산 유람을 요청했을 때와는 매우 대조적으로 반응했다.

금강산을 유람하거나 유람을 요청한 日使는 觀喜·文溪·仰止만이 거론되고 있지만, 중종 17년(1522) 日使의 접대에 관해 다음과 같이 논의한 내용을 보면 다른 日使들도 금강산과 사찰유람을 요청했음을 알 수 있다.

> 일본 국왕의 사신 宣慰使 蘇世讓이 『日記』를 가지고 아뢰기를 "전일에 올린 書狀에서 미처 書啓하지 못한 일들입니다." 사신이 아뢴 말은 三浦에 2~3戶 들어와 거주하는 것과 대마도 접대를 전처럼 하는 것 및 金剛山과 大觀寺를 유람하는 것들이었다.[50]

그러나 조선에서는 日使의 요구조건 중 대마도주의 종전과 같은 접대와 2~3戶의 삼포거주만 허락해 주고, 금강산 유람은 절대 허용하지 않았다.[51]

---

48) 『成宗實錄』 권185, 16년 11월 戊申.
49) 『成宗實錄』 권185, 16년 11월 己酉.
50) 『中宗實錄』 권44, 17년 3월 癸亥.
51) 『中宗實錄』 권44, 17년 3월 辛未.

조선전기 일본에서는 國王使를 파견할 때 대장경을 구해줄 것과 사찰 중건에 필요한 물자를 지속적으로 요구하였다. 일본은 무로마치시대에 들어와 내란 중에 소실된 많은 사찰들을 새롭게 건립하고 고려대장경을 비치하고자 하였다. 당시 고려대장경은 幕府나 호족들의 권위확립에 상징적인 기능을 하였다.[52] 이러한 일본 불교계의 문화적 욕구로 인해 조선으로 오는 사신들은 조선의 名刹이나 불세계로 이름난 금강산 유람을 지속적으로 요청하였던 것이다. 그러나 조선에서는 내지정보의 보안을 이유로 유람은 극히 제한적으로 허락하였다.

제3절. 유람수행의 폐단

조선에 파견되는 각국의 사신들은 국빈의 자격으로 오기 때문에 조선에서는 사신의 관직고하를 막론하고 예우해야 했다. 明使들은 환관이 많았는데, 환관이라 할지라도 이들은 황제의 勅使자격으로 왔기 때문에 조선에서는 접대와 수행에 각별한 노력을 기울였다. 사신으로 온 환관들은 칙사라는 지위를 이용하여 公務 외에도 각종 물품을 무리하게 요구하였다. 특히 조선인 火者출신 사신들의 폐해가 더욱 심하였다. 세종 7년(1425) 2월에 사신으로 파견된 조선인 화자출신 尹鳳과 朴實을 비롯한 그 使行員들이 요구하는 물품은 이루 기록할 수 없을 정도였다고 한다.

> 尹鳳과 朴實이 鞍粧과 靴·버선 등의 물품을 요구하고, 그 나머지의 細碎한 물건과 頭目들의 청구는 이루 기록할 수 없었는데, 명하여 이를 다 주게 하였다.[53]

---

52) 한문종, 앞의 논문, 2004, 19쪽.

尹鳳이 명나라 永樂帝의 신임이 두터운 환관이라는 것을 조선에서 이미 인식하고 있던 터라 그의 무리한 요구를 들어 줄 수밖에 없었다.[54)]

중종 16년(1521)에 사신으로 파견된 화자출신 金義와 陳浩는 조선에서 너무 과다한 물품을 받아 국가의 체통을 손상시켰다는 이유로 명나라 예부에서 황제에게 이들을 탄핵하는 상소를 올리기도 했다.[55)] 이후 조선 조정에서는 金義와 陳浩의 예를 들면서 문신출신 보다 태감출신의 사신이 오면 접대에 필요한 물품 등이 더욱 많아지고 수행하기 어렵다고 인식하였다.

> 政院이 아뢰기를 "황태자의 탄생으로 나오는 중국 사신을 접대할 여러 가지 물건을 각도에 예비하도록 유효할 것을 이미 전교하였습니다. 이제 살펴보니 辛巳年 金義와 陳浩가 왔을 때 잡물이 가장 많았습니다. 대체로 문신이 사신으로 나오면 잡물이 매우 간소하지만, 태감이 사신으로 나오면 잡물이 매우 번다하게 됩니다. 그런데 근래 해마다 흉년이 들었으니 각도에 잡물을 예비하게 한다면 백성들이 소요할까 걱정스럽습니다. 그러니 聖節使 南孝義가 돌아온 다음 그 사정을 자세히 들은 뒤에 명하는 것이 어떻겠습니까?"하였다.[56)]

화자출신들은 조선에 사신으로 파견되는 것이 곧 자신들의 고향에 오는 것이어서 명나라에 가있는 동안 연락하지 못했던 인척과 관련된 私的 요구사항들이 많았다. 중종대에 明使에 대한 대비와 관련해 조선인 화자출신이 사신으로 오는 경우 이들의 族親을 미리 살피는 기록이 있다.

---

53) 『世宗實錄』 권27, 7년 2월 乙卯.

54) 『世宗實錄』 권3, 1년 2월 己卯.

55) 『中宗實錄』 권42, 16년 7월 甲子.

56) 『中宗實錄』 권76, 28년 10월 戊寅.

> 평안도관찰사 許硡이 馳啓하기를 "聖節使의 先來通事가 12월 9일 압록강을 건너와서 '太監 金義와 陳浩를 上·副使로 삼기로 이미 황제의 내밀한 분부가 있었다.' 하였습니다."하였는데, 정원이 아뢰기를 "명나라 사신이 나온다는 소식이 이미 도착하였으니 八道에 글을 내려 제반 일에 대비하도록 효유하는 것이 어떠하겠습니까? 또 김의는 定州 사람이고 진호는 羅州 사람입니다. 前例에는 명나라 사신으로 나오는 사람의 族親에 관하여 8寸까지의 存沒을 탐문하게 되어 있으니 지금도 사람을 시켜 탐문하게 하는 것이 어떠하겠습니까?"하니, 전교하기를 "奏請使의 선래 통사가 도착한 뒤에 글을 내려도 늦지 않을 것이다. 명나라 사신의 친족에 관하여는 탐문하도록 하는 것이 가하다."하였다.[57]

조선인 화자출신 사신은 자신의 부모나 족친의 안부를 살피고자 하는 요구가 기본이었다. 화자출신 사신이 오면 미리 8촌의 족친까지 생사여부를 탐문하는 것이 前例가 되어 있었다. 이 밖에도 인척의 벼슬을 올려 줄 것과[58] 출신 고을을 승격시켜 줄 것[59] 등의 사적요구 사항들이 많았다.

유람요청도 사신들의 사적요구 중 하나였다. 사신들이 유람으로 인한 폐단만을 끼친 것은 아니다. 고국인 조선의 對明 외교에 일정한 도움을 주려고 하기도 하였다.[60] 그러나 결과적으로 조선에서는 유람요청을 들어주고 외교적 실익을 얻기 보다는 많은 폐해를 겪었다. 조선의 입장에서는 사신들이 유람하는 것은 많은 비용과 여러 가지 번거로운 일들이

---

57) 『中宗實錄』 권41, 15년 12월 戊戌.

58) 세종대에 조선인 화자출신인 명나라 사신 白彦·李祥·張奉 등도 그의 부친과 형제들의 관직을 높여 줄 것과 관작을 줄 것을 요청하여 조정에서 임금과 대신들이 이에 대해 심각하게 논의하였다(『世宗實錄』 권36, 9년 6월 己未; 권62, 15년 10월 癸亥).

59) 太祖대에 화자출신인 명나라 사신 崔淵의 요청에 의해 그의 고향인 稷山縣을 郡으로 승격(『太宗實錄』 권5, 3년 5월 丙午)시키는 것을 시작으로 조선전기에는 이러한 사례가 종종 있었다.

60) 정구선, 앞의 논문, 2004, 153쪽.

수반되는 것이었다. 조선에서는 이러한 사정을 인지하고 있었으므로 明使의 금강산 유람을 우회적으로 저지하려는 경우도 있었다.

태종대에 사신으로 온 楊進保가 왕이 베푸는 환영 연회에서 금강산 유람을 요청하였다. 그러나 通事 郭海龍이 말리자 楊進保가 노하여 곽해용을 연회에서 내보내기도 하였다. 태종은 곽해용에게 일러 楊進保와 화해하도록 하였다.[61] 楊進保는 결국 금강산을 가지 않았다. 세종대에도 사신 昌盛·白彦·尹鳳이 최치운에게 금강산 여정을 물었을 때 5~6일이라고 답하고 있는 것을 보고, 遠棲使 李孟畇이 최치운에게 "사신들이 다시 묻거든 길이 험난하여 여름철에 유람이 불가하다."라고 대답하도록 지시하고 있다. 그리고 이 내용을 세종에게 보고하였다.[62] 하지만 昌盛은 白彦과 함께 여름인 음력 5월에 금강산을 유람하였다.

곽해용이 楊進保의 유람을 왜 말렸는지는 구체적 내용이 없어 알 수 없다. 그러나 원접사 이맹균은 최치운이 사신에게 금강산 유람 여정을 이미 말했음에도 사신이 다시 물을 경우 유람이 불가하다고 답변하도록 지시하고 있다. 이는 明使들의 금강산 유람을 조선에서 꺼려하고 있음을 알 수 있는 내용이다. 昌盛은 음력 4월 초여름에 조선 도성에 입성했다. 昌盛이 조선의 내지사정에 밝지 못한다 하더라도 같이 온 白彦이 화자출신이고, 이 시기와 가을은 조선인이 금강산을 가장 많이 유람하는 시기였다. 설사 최치운이 이맹균의 지시대로 답변한다 하더라도 사신들이 재차 다른 조선인에게 물어볼 수도 있는 상황이었다. 明使들에게 금강산 유람의 폐해를 들어 직접적으로 반대할 수 없었으므로 이맹균은 우회적일지라도 반대 명목을 제시하고, 원접사로서 사신들의 유람을 막아보려 조치했다는 것을 왕에게 보고하기 위함이었다. 이외에 『조선왕조실록』에는 明使의 금강산 유람을 반대하는 기사는 나타나지 않지만, 다

61) 『太宗實錄』 권7, 4년 6월 甲申.

62) 『世宗實錄』 권36, 9년 4월 丙寅.

〈그림 28〉 傳 金弘道의 『平壤監司饗宴圖』 中 「月夜船遊」의 亭子船 부분

른 경우도 사정은 같았을 것이다.

사신들은 주로 한강을 유람했으므로, 이들을 태우고 다닐 배가 필요하였다. 당시 사신들이 한강을 유람할 때 이용하였던 배는 亭子船이었다. 성종대의 明使 姜玉을 한강에서 맞이하고 亭子船에서 잔치를 베풀었고, 중종 32년(1537)의 明使 吳希孟도 정자선을 타고 한강을 유람하였다. 정자선은 조선 국왕이 한강을 건널 때나 혹은 유람할 때 타던 배로서 樓船의 일종이다. 60여 명 이상이 탈 수 있는 크고 호화로운 배로 대략 32m 정도의 길이의 큰 배였다.[63] <그림 28>의 「月夜船遊圖」를 통해 정자선의 형태를 추측해 볼 수 있다.

사신들의 한강유람을 위해 준비해야 했던 배는 평소 3척의 배를 연결

63) 이상배, 앞의 논문, 2004, 27쪽.

하여 정자각을 만들었고, 임진왜란 이후는 규모를 줄여 2척의 배만 연결하여 사용하였다.[64] 그러나 간혹 明使의 한강유람에 대규모 선단을 준비하여야 하는 사태가 발생하여 조선에서는 많은 어려움이 따랐던 것으로 보인다. 광해군 13년(1621)에 明使 劉鴻訓 등의 한강 유람을 준비하기 위해 公洪[충청]·강원·黃延·경기도 등에 특별히 領船 差使員을 정하고, 배를 징발하여 한강에 집합시키게 하였다.[65] 이때 모인 배는 200여척에 달했다. 이것이 辛酉年 謄錄으로 남아 이 선례에 따라 인조 3년(1625)에 明使인 太監 王敏政 등의 한강유람을 위한 200척의 배를 마련하기 위해 조선 조정에서는 큰 어려움을 겪어야 했다.[66]

배의 조발을 위해 差使員을 별도로 정하여 점검하고 독려케 하고, 경기·충청·황해도 등의 관찰사에게 파발마로 공문을 보냈다. 이때 明使를 따라오는 400여명의 頭目과 이들을 접대해야 하는 물품을 모두 배에 싣고 한강유람을 해야 할 상황이었다.[67] 이때 영접도감에서 보고한 다음의 내용을 통해 당시의 정황을 파악할 수 있다.

> 더구나 이번에 2명의 詔使와 7·8명의 종친과 재신이 좌우로 나뉘어 의자에 앉고, 배 위에 탁자를 설치하고, 舞童이 대열을 나누어 줄지어 서고, 酒亭과 樂器 등의 물건을 대궐에서처럼 해야 하는데, 조그만 배 위에서는 결코 설치하기가 어렵고 많은 進止官과 頭目 등은 발을 붙일 곳도 없을 것입니다.[68]

1625년 6월 7일에는 田稅를 싣고 온 公私船 30여척이 露梁 강변에 도착하자 工曹의 郞廳이 싣고 있던 稅米를 강변에 모두 부려 놓고, 배들은 明使의 유람선으로 삼기위해 한강에 정박시켜 놓았다. 그런데 비

64) 『承政院日記』, 仁祖 3년 5월 戊午.
65) 『光海君日記』 권161, 13년 2월 戊辰.
66) 『承政院日記』, 仁祖 3년 4월 申丑.
67) 『承政院日記』, 仁祖 3년 4월 癸卯.
68) 『承政院日記』, 仁祖 3년 5월 戊午.

가 계속 내리고 강물이 불어나 많은 米穀이 물에 잠기게 될 상황에 처했다. 호조에서는 이번에 오는 明使가 유람에 관심이 없는 사람이라는 역관 張禮忠의 말을 듣고, 明使가 한강을 유람할리가 전혀 없다고 보고하였다. 그리고 田稅를 싣고 왔던 배들을 工曹로 하여금 즉시 놓아 보내도록 하고 속히 강가로 나아가 부려 놓았던 미곡을 도로 배에 싣도록 함으로써 미곡이 물에 잠기는 피해를 면할 수 있게 하였다. 그러나 배의 조발을 위해 三江과[69] 지방의 많은 선박들을 끌어다 迷津에 정박해 두어 어부들이 생업을 잃어 원망이 끊이지 않았다. 결국은 역관 장예충의 말대로 明使 王敏政이 유람을 좋아하지 않아 한강을 유람하지 않고 준비로만 끝이 났으나,[70] 준비과정에서 발생한 조선의 폐해는 매우 컸다.

明使 王敏政은 한강을 유람하지 않는 대신에 유람에 수반되는 비용을 銀으로 징수[折銀]했다. 이후 인조 12년(1364) 5월에도 明使로 온 태감 盧維寧의 한강유람을 王敏政의 예와 같이 준비하였다. 유람할 여러 곳에 監役을 파견하여 營造하고, 亭子船·橋梁 및 東關王廟와 西關王廟의 수리를 위해 많은 工役을 소비하였다. 특히 200여 척의 배를 정박할 船艙의 공역이 너무 많으므로 조선에서는 王敏政의 예와 같이 한강을 유람하지 않고, 그 비용을 折銀으로 요구할 것에 대비하여 선창의 공역은 임시 정지하였다. 盧維寧은 王敏政의 전례에 따라 유람을 모두 중지하고 유람에 드는 비용을 모두 折銀하는 것에 포함시키겠다고 하여 조선에서는 선창의 수리를 정지하였다.[71]

사신들이 금강산 유람을 떠나기 전에는 흠이 되는 것과 꺼릴만한 것들을 보지 못하도록 사전에 조치하였다. 세종대의 明使인 昌盛과 張定

---

69) 三江은 漢江·龍山江·西江을 이르는 것이다. 이는 도성 남쪽을 흐르는 한강의 구간을 나누어 부르는 이름인데, 南山 남쪽 일대 鷺梁까지를 한강, 노량부터 서쪽 麻浦까지를 용산강, 마포부터 서쪽 楊花渡 일대를 서강이라 한다.

70) 『承政院日記』, 仁祖 3년 6월 癸未.

71) 『承政院日記』, 仁祖 12년 5월 丙戌; 12년 6월 庚辰.

安이 금강산에 가려하자 가장 먼저 강원감사에게 傳旨하여 아녀자들이 절에 올라가는 것을 엄금하도록 하였다. 아녀자들이 사찰에 다니는 것은 이미 국가에서 금지하고 있는데도 왕래하는 사람이 많았다. 사신이 가서 국가에서 엄금하는 일을 백성들이 행하고 있는 것을 보지 못하도록 한 것이다.[72] 세조대와 성종대에는 사목을 내려 금강산 유람을 위해 明使들이 지나는 관아와 역에 있는 문서 등 기록물들을 모두 감추게 하고, 금강산에 소재한 사찰들의 事跡도 보지 못하도록 조치하였다.

> 사복시 판관 李枰·선전관 李義亨·行司直 崔有池·典需 張末同 등에게 명하여 사목을 받아서 먼저 금강산에 가게 하였다. 사목에 이르기를 "여러 절의 事跡과 御押한 跋尾·安印圖書 등의 은휘할만한 물건은 남김없이 찾아서 은밀한 곳에 간직하게 하라. 1. 사신이 번을 달 두 절과 遊觀할 만한 모든 절은 學祖·學悅 두 僧과 한가지로 의논하여 빨리 아뢰게 하라. 1. 사신이 경유하는 여러 고을의 모든 문서는 선악을 논하지 말고 모두 감추고, 창과 벽에 바르는 것은 모두 글자가 없는 종이를 쓰며, 현판과 樓題도 또한 아울러 철거하라." 하였다.[73]

> 경기도관찰사 成允文에게 글을 내리기를 "이제 5월 25일에 중국 사신이 頭目 두 사람을 금강산에 보내어 幡을 달려고 하니 支待할 모든 일을 곡진히 조치하고, 지나가는 各官과 各驛의 거리낄 만한 문서는 모두 철거하게 하라."하였다. 강원도관찰사 芮承錫에게 글을 내리기를 "이달 25일에 중국 사신이 두목을 보내어 금강산에 幡을 달려고 하니 무릇 지공에 관계되는 일을 미리 조치하고, 또 여러 절의 사적과 꺼리 낄만한 문서는 보지 못하게 하라." 하였다.[74]

금강산은 태조와 세조도 유람하였지만 이같은 조치는 취하지 않았다. 그러나 사신들의 경우는 달랐다. 사신들이 금강산을 유람하기 전에 행했

72) 『世宗實錄』 권57, 14년 8월 丁亥.

73) 『世祖實錄』 권46, 14년 4월 庚子.

74) 『成宗實錄』 권5, 1년 5월 丙戌.

던 이러한 일들은 자국의 대외적 이미지 관리차원의 조치였다. 지방관아에서 관리하는 문서에는 조세·호구·訟事의 처결 등 선악을 논한 지방의 정보들을 세부적으로 살필 수 있는 내용을 담고 있다. 그리고 조선전기에는 왕실에서 금강산의 사찰에 시주를 하였고, 세조는 승 學祖를 보내 금강산 楡岾寺를 중창하기도 하였다.[75] 특히 세조 12년(1466년) 세조가 금강산을 방문했을 때 신령한 상서로움이 많이 나타났으므로 매년 금강산에 있는 사찰에 쌀 1백 석과 소금 50석을 주도록 명하였다.[76] 이후 '歲獻米'라는 이름으로 매년 강원도의 조세에서 충당하다가 신료들의 건의로 성종 5년(1474)에 폐지되었다.[77]

왕실의 사찰 중창과 시주는 조선의 국치이념에 위배되는 사항이었다. 금강산에 있는 사찰들은 왕실의 비호를 받고 있었고, 御押된 문서들과 그간의 일들을 기록한 事跡을 가지고 있었다. 이러한 내용들을 사신이 볼 것을 우려하여 은닉 등 사전 조치를 취하였던 것이다. 조선에서 대외적으로 표방하고 있는 정책이나 미풍양속에 어긋나는 내용이 담긴 것들을 외국 사신이 볼 시에는 국가차원의 이미지가 실추되는 것이기 때문이다.

아울러 이러한 조치들은 사신이 오가면서 눈에 띄는 좋은 것들을 가져가는 것을 방지하기 위한 것이기도 했다. 태종대에 사신으로 온 黃儼은 제주 法華寺의 銅佛을 가지러 가기를 원했다. 조선에서는 黃儼이 제주도로 가는 목적이 황제의 명을 받아 제주의 지세를 염탐하려 하는 것이라 여겨 불상을 미리 전라도 나주로 가져오게 하였다. 이때 黃儼이 나주에 와있는 동불을 가져오는 과정에서 많은 폐해를 끼쳤다. 館舍에 이를 때마다 옛 청사는 좁고 더럽다 하여 자신이 유숙할 새 청사를 관사

75) 『世祖實錄』 권41, 13년 2월 癸丑.
76) 『世祖實錄』 권38, 12년 윤3월 庚辰.
77) 『成宗實錄』 권38, 5년 1월 壬辰.

왼쪽에 따로 짓게 하였다. 그리고 지나는 곳마다 무리한 물자를 요구하여 조금이라도 여의치 못하면 수령을 매질하여 욕보이는 등 폐해는 이루 말할 수 없었다고 한다. 당시 전라도관찰사 朴訔은 黃儼이 저지른 폐해를 막지 못한 죄를 들어 사직까지 주청하였다.[78] 이밖에도 明使들이 조선의 내지를 다니면서 끼친 폐단은 실록기사에 자주 나타난다.

일찍이 사신들로 인해 폐해를 경험했던 조선에서는 사신들이 금강산을 오가며 마음에 드는 것들을 무리하게 요구할 것을 우려해 고을의 문서와 사찰의 사적을 감추고, 건물의 현판과 樓題까지 모두 철거하도록 한 것이다. 明使들은 오가는 길에서 정자나 산천을 보면 이름을 고치고, 글자로 써주어 현판에 새겨서 걸기를 청하여 자신의 이름을 남기려고 했다.[79]

이러한 조치들은 금강산 유람을 위해 지나가는 경기도와 강원도의 지방에만 하달하지 않고 중앙 관리들을 직접 보내어 조치토록 할 만큼 민감한 사항이었다. 사신이 경유하는 고을 관아와 머무는 사찰들의 문서를 감추고 현판을 철거하는 일들은 하나같이 매우 어렵고, 지방관아의 업무에 큰 방해가 되는 일들이다. 사신이 금강산을 유람하는 것은 사전 준비부터 매우 번거로웠다.

사신들이 금강산으로 출발할 때에는 위로물품을 주고 잔치를 베풀어 종친과 관리들에게 전송케 하였다. 관리들을 接伴使로 삼아 호종하게 하고, 불상사를 대비한 신변보호를 위해 종사관과 군인들을 대동시켰다. 사신들이 금강산에 머무는 동안에도 왕이 관리를 보내 사신들을 위로하는 것이 관례였다. 태종대에 黃儼 등이 금강산을 유람하고 있을 때에는 관리에게 진귀한 음식을 보내 여정을 위로하였고,[80] 세종대의 明使 昌

78) 『太宗實錄』 권12, 6년 7월 癸卯.
79) 『中宗實錄』 권84, 32년 3월 癸巳.
80) 『太宗實錄』 권15, 8년 5월 戊辰.

盛과 白彦에게는 술을 내려주어 위로하기도 하였다.[81] 그리고 사신이 금강산에서 하산하는 날에 맞추어 도승지를 보내 문안을 시키기도 하였다.[82]

사신이 금강산 유람을 마치고 돌아오면 출발할 때와 같이 여정을 위로하는 잔치를 베풀고 위로물품을 선물로 주었다. 사신이 돌아오기 전 中路에 왕이 직접 나가거나 관리들을 보내 여정을 위로하는 잔치를 베풀기도 하였다. 세조대의 明使 金輔와 姜玉이 금강산에서 돌아올 때는 세조가 백관을 호종하여 경기도 洪福山으로 직접 마중을 나갔다. 이때 홍복산에서 茶禮와 연회를 베풀고 사신들과 함께 사냥을 하여 잡은 짐승을 하사하기도 하였다.[83]

연산군도 明使 金輔와 李珍이 금강산에서 돌아올 때 사냥을 하면서 맞으려고 하였다. 대간들은 왕이 明使들을 맞아 사냥한 것을 명나라 조정의 선비들이 알면 웃음거리가 될 것이라며 반대하였으나, 연산군은 세조대의 前例를 들어 사냥을 하고자 하였다.[84] 그러나 사신을 수행하였던 館伴 盧公弼 등이 上使 金輔의 의중을 전달하고 사냥을 중지할 것을 연산군에게 보고하였다.

> 관반 노공필 등이 말을 달려와 아뢰기를 "上使가 아직 갈지 않은 밭을 보고 말하기를 '어찌 지금까지 밭을 갈지 않았는가?' 하였는데, 그의 생각이 반드시 자기 때문에 그런가 해서였습니다. 그래서 신들이 대답하기를 '금년에 기후가 아직 차서 밭 갈고 씨 뿌리는 것이 늦지 않다.' 하였습니다. 상사가 말하기를 '예전에 우리들이 금강산에서 돌아올 때에 노전하[세조]께서 사냥을 하며 맞이하였는데, 이번에도 그렇게 하는 것이 아닌가?' 하기로 신들이 대답하기를 '잘 모르겠소. 다만 전하께서 대인을 존경하시는 성의에서 아마 그러게

81) 『世宗實錄』 권36, 9년 5월 丙午.
82) 『世祖實錄』 권46, 14년 4월 丁巳.
83) 『世祖實錄』 권46, 14년 5월 庚午.
84) 『燕山君日記』 권49, 9년 4월 甲寅.

할 듯하오.' 하니, 상사가 말하기를 '전하께서 만일 사냥에 나오시려면 반드시 여러 고을 군사들을 모을 것이니, 농사에 방해가 적지 않을 것이요, 또 사냥할 시기가 아니니 단연코 거행할 수 없는 일이다.' 하며, 밭의 새싹을 가리키며 하는 말이 '군졸이 한 번 지나가면 거의 다 밟아 없앨 것이다. 우리들이 만일 전하께서 교외에 납신다는 말을 들으면 바로 태평관으로 가고, 들어가 배례하지 않겠으니, 이 뜻으로 가서 아뢰라.' 하였습니다." 하니, 전교하기를 "사냥은 중지하도록 하라." 하였다.[85]

金輔는 세조대에 사신으로 와서 금강산을 이미 한차례 유람하였다. 연산군대에도 다시 사신으로 와서 금강산을 두 번째 유람한 것이다. 금강산으로 가면서 밭을 갈지 않은 것을 보고 세조대의 전례에 따라 자신이 돌아오는 길에 왕이 사냥을 하면서 맞이하려 하기 때문인 것으로 알고 있었다. 金輔는 사냥을 하면 고을의 군사들을 동원하는 것과 농사에 방해될 것을 우려하여 관반으로 하여금 사냥이 불가함을 왕에게 아뢰게 하였고, 연산군은 金輔의 뜻에 따라 사냥을 중지토록 하였다. 金輔의 조선인 수행관은 기후가 차서 파종이 늦어지고, 사냥 또한 전례에 따르는 것이 아니라 왕이 사신을 존경하는 성의로 시행한다고 했다. 그러나 이미 金輔는 세조대에 사냥으로 인해 이와 같은 폐단이 있었음을 직접 경험했기 때문에 꺼려한 것이었다. 사신들의 금강산 유람 중에 가장 큰 폐단은 경비의 부담이었다. 금강산은 조선의 사대부들도 생전에 꼭 한번쯤 유람하고 싶어 하였으나, 경비의 마련이 큰 부담중의 하나였다. 현직에 있거나 고위관직을 역임한 사람들은 큰 어려움이 없었지만 가난한 사대부들은 경비를 마련하지 못해 유람을 포기해야 했다.

사신들이 금강산을 갈 경우 많은 수행원이 동원되어야 했고 국빈의 격식에 맞게 호종해야 했다. 그리고 사신들은 명나라에서 따라온 수행인들도 함께 거느리고 갔으므로,[86] 유람에는 많은 비용이 소요되었다. 사

85) 『燕山君日記』 권49, 9년 4월 己未.

86) 『世祖實錄』 권46, 14년 4월 庚子.

신들 모두 공무가 아니라 예불 등 개인적인 일로 유람을 갔지만 모든 대소 비용은 조선에서 부담했다. 사신들이 출발하고 도착할 때 왕이 위로물품을 하사했고, 남아있는 수행원들의 숙식까지 제공해야 했다. 성종대에 대마주 사신으로 왔던 仰止의 금강산 유람을 불허해야 하는 이유 중에 하나도 仰止를 수행하는 사람과 남아있는 수행원들에게 국가의 재정을 허비함이 불가하다는 비용수반의 문제를 들고 있다.[87] 명나라 사신단의 경우도 상황은 마찬가지였을 것이다.

이외에 사신들이 금강산에서 예불하고 공양하는 비용, 이동과 숙식에 들어가는 비용 부담은 모두 지방인 강원도에서 부담해야 했다. 사신들의 금강산 유람은 공무상의 일이 아니어서 예정에 없었기 때문에 조정에서는 비용을 미리 마련해 놓지 않고 그때마다 강원도에서 충당토록 하였다. 사신의 금강산 유람 접대에 관한 모든 준비는 미리 사목을 작성하여 강원도관찰사에게 준비토록 유시하였다. 세조대에 金輔와 姜玉이 금강산을 방문했을 때 예불과 승을 공양하는데 들어가는 곡식은 軍資를 쓰도록 하고, 나머지 물품들은 사신이 지나가는 고을마다 스스로 준비하게 했다.

> 事目을 작성하여 강원도관찰사 金瓘에게 유시하기를 "1. 佛供하는 白米 10석은 軍資를 쓰고, 유밀·면·실과·소찬은 여러 고을로 하여금 스스로 준비하게 하며, 僧供하는 백미 50석, 황두 30석, 鹽醬은 軍資를 쓰게 하라. 1. 명나라 사신이 경유하는 여러 고을과 여러 驛의 法令文書는 철거하게 하라." 하였다.[88]

강원도는 땅이 척박하고 인구수가 적어 비축되어 있는 곡식이 없었으므로 사신접대에 軍費를 사용하도록 한 것이다. 세조대부터 강원도의

87)『成宗實錄』 권184, 16년 10월 丙午.

88)『世祖實錄』 권46, 14년 4월 乙亥.

조세로 거둬들인 곡식과 소금은 대부분 금강산의 사찰에 시주하는데 충당하고 있어 흉년이 들었을 때는 군자까지도 동이 났다.[89] 강원도는 사신들의 금강산 유람비용을 군비에서 충당할 정도로 재정여건이 매우 어려웠다. 연산군대 金輔와 李珍이 금강산을 방문했을 때는 강원도의 궁핍함을 들어 사신접대에 전력할 수 있도록 국가에 진상하던 別貢을 일체 면제하기도 하였다.

> 아뢰기를 "강원도는 빈곤하고 조잔함이 다른 도보다 배나 더하니, 이번 중국 사신이 내왕할 때에 날을 정하여 올리는 물품 및 別例의 진상을 일체 면제하여 접대하는데 전력할 수 있도록 하소서." 하니, 그대로 좇았다.[90]

이때 강원도는 각 官倉에 쌀 10섬도 저장된 곳이 없을 정도로 재정사정이 좋지 못하였다. 조정에서는 이러한 사정을 알고 사신들이 예불에 허비하는 비용을 京倉의 쌀을 가져다 쓰도록 왕에게 건의 하였다. 하지만 왕은 사정을 고려하지 않고, 황제의 명으로 懸幡할 때 드는 비용은 모두 강원도에서 부담토록 하였다.

> 支待使 姜龜孫이 아뢰기를 "중국 사신이 금강산에서 懸幡할 때에, 부처를 공양하고 중을 먹여야 할 것이니 京倉의 쌀 30곡을 실어다 쓰게 하소서." 하니, 전교하기를 "어찌 중을 먹이는 일로 경창의 쌀을 허비할 수 있는가? 본도에서 준비해 주도록 하라." 하자, 귀손이 다시 아뢰기를 "신이 강원도 각 관창에 저장된 쌀을 알아보니 10섬도 저장된 데가 없으며, 지금 벼를 방아 찧는다면 늦어서 제때에 대지 못하겠으니, 경창의 쌀을 쓰도록 하소서." 하니, 전교하기를 "현번은 황제의 명이니 폐할 수는 없지만 어찌 경창의 쌀을 부처 공양하는데 쓰겠느냐? 중이나 부처의 공양은 나쁜 쌀이라도 무방하니, 본도에서 가져다 쓰도록 하라." 하였다.[91]

---

89) 『成宗實錄』 권38, 5년 1월 壬辰.

90) 『燕山君日記』 권49, 9년 4월 戊戌.

91) 『燕山君日記』 권49, 9년 4월 辛亥.

이밖에도 사신 일행의 접대준비에 지역민들이 동원되었을 것으로 보인다. 사신들이 유숙하면서 소비하는 유밀·면·실과·소찬 등은 지방의 고을로 하여금 스스로 준비토록 하고 있다. 사신 일행이 소비하는 물목의 준비 등 大事는 지방관아의 관리들과 아전이 준비하였겠지만, 음식을 만드는 등의 小事는 지역민을 징발하여 준비시켰을 것이다.

강원도의 지방관아에서 지역민들을 징발하여 유람객을 접대해야 하는 것은 빈번했던 관행이었다. 유람객들은 금강산뿐만 아니라 동해안 주변의 경승지까지 거쳐 갔으므로 금강산 인근의 고을 모두 접대로 인한 폐해를 겪었다. 왕실의 비호를 받는 금강산의 사찰들로 인한 재정적 폐해도 지속적으로 겪고 있었다. 금강산은 태조와 세조도 유람하였고, 왕실에서 금강산 사찰에 시주하는 비용까지 강원도에 부담시켰다. 태조는 五臺山·금강산의 여러 사찰에 시주할 쌀 600석을 강원도에서 내게 하였다.[92] 정종대에는 금강산의 사찰과 安邊 釋王寺에서 베푸는 菩薩齋에 드는 비용과 승 2백 명을 먹이는 비용을 강원감사로 하여금 쌀과 콩을 수송하여 충당시켰다.[93] 그리고 세조대부터 금강산 사찰에 주었던 세헌미와 소금도 강원도의 조세에서 충당하고 있었음을 볼 수 있었다. 이러한 상황 속에서 사신들의 금강산 유람은 국가재정의 손실과 강원도 지역민들의 삶을 피폐시키는 폐해를 더욱 가중시키는 것이었다.

---

92)『太祖實錄』권12, 6년 12월 辛巳.

93)『定宗實錄』권1, 1년 1월 甲戌.

제Ⅶ장

유람으로 인한 문화촉진 현상

유람의 유행은 산수를 구경하는 일시적 행위현상에서 그치지 않고, 다양한 문화촉진을 가져왔다.

유람자들은 유람내용을 기록으로 남겨 향후 유람의 도구서가 될 수 있게 하였다. 문인들은 유람기록을 문예취향의 독서물로 애용하며 臥遊를 즐겼다. 평소 염원했던 유람을 이루면 기록으로 남겨두고, 유람시의 감흥을 두고두고 느끼고자 했다. 전대부터 누적되어온 유람기록은 후대로 갈수록 유람을 더욱 유행시키는 典據가 되었고, 유람의 유행은 또 다시 많은 유람기록을 양산시켰다.

유람은 유람기록의 양산과 더불어 紀行寫景을 유행시켰다. 유람의 내용을 글로 남기는 것에 더하여 유람에서 즐긴 풍광을 그림으로 남기는 기행사경이 유행하였다. 17세기 이후 유람의 붐이 조성되면서 유람기록의 작성과 함께 기행사경도 제작이 급증하기 시작했다. 산수를 감상하고 즐기는 방식에 그림의 활용이 증가한 것이다. 산수화는 와유를 가장 손쉽게 즐길 수 있어 유람기록과 함께 조선의 문인들이 가장 선호하는 와유의 수단이었다. 기행사경도는 글이 표현하지 못하는 시각적인 효과를 畵面에 담아냄으로써 와유체험의 완상물로 수요가 증가하였다. 유람을 기록하는 寫景의 방식이 글과 그림으로 혼용되어 나타나게 된 것이다.

더불어 국내 경승의 곳곳에 현전하는 수많은 刻字와 누정의 記文들도 유람문화가 남겨놓은 문화적 산물이었다. 각자 대부분은 유람을 행하면서 자연에 남겨놓은 인공적 흔적들이다. 경승에 각자하는 풍조는 조선시대 이전에도 있어왔으나 그리 유행하지 않았다.

조선후기로 갈수록 유람자가 늘어남에 따라 경승지와 누정에 새긴 글씨들이 누적되어 이름난 장소에는 일찍부터 헤아릴 수 없을 정도의 글씨들이 빼곡히 새겨졌다. 유람지에 각자하기 좋아하는 사람들이 생겨날 정도로 각자가 유행하였다.

본 장에서는 이와 같은 문화의 유행과 발달이 유람을 통해 촉진된 문화양상이라는 점에 주목하여 그 발달원인과 과정을 밝혀보고자 한다.

제1절. 遊覽記錄의 양산

조선시대의 유람기록은 慵齋 成俔(1439~1504)·逸齋 成任(1421~1474) 형제의 『遊關東錄』과 梅月堂 金時習(1435~1493)의 『四遊錄』 같이 詩로 남긴 것도 있지만, 산문형식의 기록들이 대부분이다. 산문장르로 특징 지워지는 조선시대 유람기록의 작성은 조선중기에 이르러 개화한 것으로 보고 있다.1)

이러한 유람기록은 기왕의 연구들에서 '遊山記[錄]', '遊記類', '山水記', '山水遊記[錄]' 등 다양한 호칭으로 쓰고 있다. '산수기'는 지리적 현상에 대한 객관적 설명과 보고적 성격이 강한 반면, '산수유기[록]'는 유람의 주체인 작자가 노니는 즐거움과 명승에 대한 묘사나 감정을 충실히 반영한 기록으로 볼 수 있다. 이는 青坡 李陸(1438~1498)이 지리산을 대상으로 「遊智異山錄」과 「智異山記」의 두 가지 기록을 남긴 예에서 살필 수 있다.2) '산수기'라는 題名의 유람저작 중에서도 '산수유기'

1) 이혜순 외, 『조선중기의 유산기 문학』, 집문당, 1997, 27쪽.

2) 李陸, 『青坡集』 권2, 記.

의 형식을 띠는 것들도 있지만,3) 조선시대의 유람저작은 대체적으로 遊記의 형식을 띠고 있다.

그리고 유람기록 대부분 자연을 유람하는 과정에서 자연스럽게 마주치는 물과 마을 등 주변의 다른 경관을 보고 느낀 내용도 담고 있다. 그러므로 '유산기'라는 명칭은 유람대상이 산에만 한정된다는 느낌을 받을 수 있다 보고, 견문과 감상의 대상을 넓혀 자연계를 의미하는 '산수유기'로 지칭하는 것이 적합하다는 견해가 있다.4) 이에 더하여 雪峰 姜栢年(1603~1681)의 「驪江記行」(『雪峯遺稿』), 敬慕 權佶(1712~1774)의 「中赤壁船遊記」(『敬慕齋集』) 등 舟遊의 과정만을 기록한 것도 있으므로 유람기록은 '산수유기[록]'로 칭하는 것이 무난하다고 본다.

조선시대에 창작된 유람기록이 어느 정도였는지에 대한 수치는 개략적으로 밝혀진바 있다. 정신문화연구원[現:한국학중앙연구원]에서 간행된 『雜著記說類記事索引』의 '遊~記'나 '遊~錄' 등의 題名아래 산을 登覽하고 기록한 작품을 선별한 결과 약 560여 편이 있는 것으로 알려졌다.5) 그러나 이 수치는 산을 유람한 기록만을 대상으로 한 것이다. 지금까지 필자가 조사한 산문양식의 조선시대 '산수유기[록]'는 [부록]과 같이 약 1,101편에 달한다. 앞서 살핀 <도표 1>에서 보는 바와 같이 산수유기는 16세기부터 급속한 폭으로 증가하여 17세기 이후부터는 꾸준히 증가하고 있다. 이같이 조선시대에 산수유기가 집중적으로 양산되는 것은 그만큼 조선시대에 와서 유람이 활발히 이루어졌음을 대변하는 것이다. 유람의 촉진이 유람기록의 양적증가를 가져 온 것이기도 하다.

---

3) 金得臣의 「金剛山錄」(『柏谷集』), 金壽增의 「寒溪山記」·「花山記」(『谷雲集』), 丁若鏞의 「谷山北坊山水記」·「丹陽山水記」(『與猶堂全書』) 등이 그러하다.

4) 유람저작의 호칭에 대한 개념정립과 비교검토는 姜鉉救의 「朴琮의 山水遊記 考察」(한양대학교, 석사학위논문, 1998) 4~9쪽 참조.

5) 『조선중기의 유산기 문학』(이혜순 외, 앞의 책, 15쪽)에서 밝히고 있는 숫자이며, 숫자변동이 가능하다는 것을 밝히고 있다.

조선의 산수유기 증가는 당시 명나라에서 유입된 산수유기의 영향을 받았다. 중국에서는 명나라 후기에 유람이 대 유행하면서 산수유기가 왕성하게 창작되었다. 산수유기가 출판·유통되면서 많은 독자들을 확보하는 대중적 독서물로 자리 잡게 되었다.[6] 명나라에서 작성된 산수유기는 16세기경에 조선으로 유입되어 문인들에게 애독되며, 중국의 산수감상을 대신하는 와유의 자료로 활용되었다. 조선에서의 명나라 산수유기에 대한 관심은 조선의 산수를 대상으로 하는 산수유기를 모으고 작성하는 데에도 많은 영향을 주었다.[7]

조선시대 주요 유람계층은 사대부들이었으므로 산수유기의 작자도 대부분 사대부들이다. 산을 유람하는 사람들은 유람의 내용을 기록으로 남겨 향후 유람의 도구서가 될 수 있게 하였다. 앞 사람이 기록으로 남기지 않았으면 새로이 기록하고 앞 사람의 것이 미진하면 보충하는 것이 관행이었다.[8] 조선시대 유람자들이 유람을 일시적 행락으로 끝내지 않고 기록을 남기게 된 사회·문화적 배경이 있겠지만,[9] 직접적인 이유는 유람자들의 유람기록에서 살필 수 있다. 유람자들 대부분 자신의 유람기록 말미에 그 이유를 밝히고 있다. 이황이 1549년 풍기군수로 부임하여 小白山을 유람하고 지은 「遊小白山錄」에 유람을 기록으로 남기는 이유를 비교적 소상히 밝히고 있어 소개해 본다.

> "산을 유람하는 사람은 참으로 기록이 없을 수 없고, 기록이 있는 것은 산을 유람하는 데 참으로 도움이 된다. 그러나 내가 느낀 것이 또 있으니 문사로서

---

6) 권석환, 「중국 전통 游記의 핵심 시기 문제-晩明시기 유람문화와 유기를 중심으로」, 『한국한문학연구』 49, 2012, 41쪽.

7) 이종묵, 「조선시대 臥遊 문화 연구」, 『진단학보』 98, 2004, 98~99쪽.

8) 이종묵, 「遊山의 풍속과 遊記類의 전통」, 『고전문학연구』 12, 한국고전문학회, 1997, 386~387쪽.

9) 조선중기 유람기록이 성립하게 된 시대배경은 『조선중기의 유산기 문학』(18~27쪽)에 자세히 고찰되었으므로 본 논문에서는 별도로 언급하지 않았다.

周景遊보다 먼저 와서 유람한 자로 山人들이 일컫는 바로는 오직 湖陰 鄭先生과 태수 林霽光뿐이다. 그런데 지금 그들이 기술한 것을 찾아보면 임태수는 일언반구도 찾을 것이 없고, 호음의 시는 겨우 초암사에서 읊은 절구 한 수가 보일 뿐이다. 그 밖의 것을 찾아보면 석륜사의 승려가 黃錦溪의 시를 지니고 있고, 명경암 벽에 黃愚叟의 시가 있을 뿐이며 더 이상 보이지 않는다. 아! 영남은 곧 사대부에게 冀北같은 지역이다. 영주와 풍기 사이에 큰 학자와 선비들이 잇달아 나와서 찬란하였으니 이 산에 와서 유람한 사람이 고금을 통하여 얼마나 많았겠으며 기술하여 전할 만한 것이 어찌 여기에 그치겠는가. 내가 생각건대 竹溪의 여러 安氏들은 이 산 밑에서 精氣를 타고 나서 이름이 中原에까지 떨쳤으니 틀림없이 이 산에서 노닐고 이 산에서 즐기고 이 산에서 읊고 노래한 자가 있었을 것이다. 그런데 산에는 벼랑에 새긴 것도 없고 선비들이 입으로 외는 것도 없어 자취를 찾을 수가 없다. 대개 우리나라 풍속이 산림의 고아함을 좋아하지 않고, 일을 좋아하여 傳述하는 사람이 없다. 그러므로 명성을 드높이 세운 여러 안씨들과 큰 산으로 유명한 이 지역의 이 산처럼 빼어난 곳에 대해서도 마침내 전할 만한 문헌이 이와 같이 없으니 다른 것이야 더 말할 것이 있겠는가. 하물며 산언덕이 적막하고 고요하여 천년 동안 참다운 隱者가 없으니, 참다운 은자가 없으면 참다운 鑑賞이 없었던 것을 알 수 있다. 공문서 속에서 몸을 빼어 임시로 산어귀를 거니는 우리 같은 무리야 어찌 이 산에 가치를 실어주겠는가. 우선 본 것을 차례로 펴서 지은 것을 기록하노니 뒤에 보는 자가 이 글에 대한 느낌이 또한 나의 주경유에 대한 느낌과 같을 것인가."[10]

이황은 유람을 기록으로 남기는 것은 후대 유람자들에게 큰 도움이 되고, 다른 사람이 기록을 남겼다 하더라도 각자의 느낀 바가 다르므로 그 감흥을 다시 기록하여야 한다고 했다. 이황은 주세붕의 소백산 유람기록을 먼저 구해서 읽어보고 감흥을 받았고, 소백산을 유람하는데 참고하였다. 그러나 주세붕 이후 여러 文士들이 소백산을 유람했지만, 기록을 남기지 않은 것을 비판하고 있다. 빼어난 산의 명성을 알리고, 참다운 감상을 위해 유람기록을 남겨야 함을 피력하였다. 후대에 자신의 글을 보는 사람의 느낌이 자신이 주세붕의 유람기록을 읽고 느낀 감상과 같기

10) 李滉, 『退溪集』 권41, 雜著 「遊小白山錄」(번역문은 한국고전종합DB 참조).

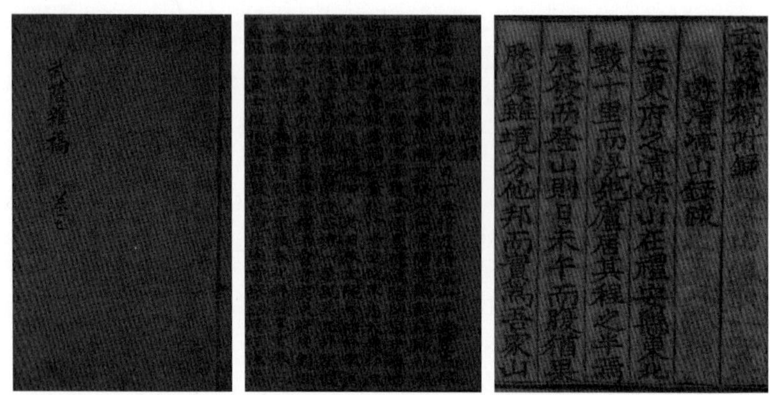

〈사진 5〉 周世鵬의 『武陵雜稿』 中 「遊淸凉山錄」·「遊淸凉山錄跋」, 국립중앙도서관

를 바라고 있다.

이황은 풍기군수로 부임하던 해인 1544년 주세붕이 淸凉山을 유람하고 지은 「遊淸凉山錄」을 주민에게 구해서 읽어 보았다. 그리고 도성에서 벼슬을 시작하면서 주세붕과 친하게 지낼 기회가 있어 주세붕이 초고에 가감하여 다시 쓴 「유청량산록」을 보고 1552년에 발문을 썼다.[11]

대부분의 작자들은 이황과 같이 자신의 유람기록을 후대사람들이 읽을 것을 염두에 두었다. 양대박은 1572년 금강산을 유람하고 「금강산기행록」을 남겼다. 이를 기록한 것은 금강산이 도성에서 멀리 떨어져 사람들이 자주 가지 못하므로 뜻이 있으면서도 유람하지 못한 자를 깨우쳐 주기 위해서였다.[12] 자신의 금강산 유람여정과 감상을 기록으로 남겨 후대사람에게 보이고자 하는 뜻을 분명히 밝히고 있다. 성여신도 1616년 知友들 7명과 함께 지리산을 유람하고 「方丈山仙遊日記」를 남겼다. 유람자들 8명을 '八仙'이라 칭하고, 유람 중 홍이 나고 장난이 지나쳐 도리에 어긋나게 비웃고 농담한 대목들은 독자들이 너그러이 봐주기를

11) 李滉, 『退溪集』 권43, 跋 「周景遊淸凉山錄跋」.

12) 梁大樸, 『淸溪集』 권4, 文 「金剛山紀行錄」.

바란다는 말을 남기고 있다. 성여신은 후에 자신의 유람기록을 읽을 독자들을 염두에 두고 글을 썼다.13)

당시 선대의 유람기록은 유람에 대한 사전정보를 습득하는데 매우 유용한 지침서 구실을 하였다. 그러므로 유람자들은 선대의 기록을 통해 정보를 습득하고, 자신 또한 유람을 기록으로 남겨 후대사람이 길잡이로 삼을 수 있도록 했다. 특히 조선시대에 유람으로 가장 각광받았던 금강산·지리산·청량산에 대해서는 자주 읽히던 선대의 유람기록들이 있었다.

금강산은 일찍이 고려시대 이곡의 기록과 조선시대 이원·성제원·홍인우·양대박의 기록 등이 참고 되었다.14) 양대박은 이곡의 「동유기」를 사전에 참고했고, 1672년 금강산을 유람한 윤휴는 이원의 기록을 사전에 읽고 갔다.15) 지리산은 김종직·남효온·김일손·조식의 유람기록이 주로 참고 되었다.16) 유몽인은 1661년 지리산을 유람하면서 김종직과 김일손의 유람기록을 참고했고, 1680년 지리산을 유람한 송광연은 조식과 유몽인의 유람기록을 함께 인용하고 있다.17) 박래오는 1752년 지리산을 유람하면서 조식의 기록을 미리 살폈다.18) 청량산은 앞서 살핀 주세붕의 「유청량산록」이 가장 많이 참고 되었다. 1614년 청량산을 유람한 忘窩 金榮祖(1577~1648)는 주세붕의 기록을 사전에 참고했고, 자신의 유람내용을 기록하여 후대에 유람하는 사람에게 대비토록 했다.19) 1647년

13) 成汝信, 『浮查集』 권5, 「方丈山仙遊日記」.

14) 李黿, 『再思堂逸集』 권1, 雜著 「遊金剛錄」; 成悌元, 『東洲逸稿』 中, 記 「遊金剛山記」(국립중앙도서관 청구기호 한古朝46-가559); 洪仁祐, 『耻齋遺稿』 권3, 「關東錄」.

15) 尹鑴, 『白湖全書』 권34, 雜著 「楓岳錄」.

16) 金宗直, 『佔畢齋文集』 권2, 「遊頭流錄」; 南孝溫, 『秋江集』 권6, 雜著 「智異山日課」; 金馹孫, 『濯纓集』 권5, 錄 「頭流紀行錄」; 曺植, 『南冥集』 권2, 錄 「遊頭流錄」.

17) 柳夢寅, 『於于集』後集 권6, 雜識 「遊頭流山錄」; 宋光淵, 『泛虛亭集』 권7, 雜著 「頭流錄」.

18) 朴來吾, 『尼溪集』 권10, 仁智總和 「遊頭流錄」(국립중앙도서관 청구기호 古3648-25-378).

청량산을 유람한 배유장도 수많은 사람이 청량산을 유람하였지만, 상고할만한 기록은 주세붕의 기록뿐이어서 후대 사람이 옛날의 훌륭한 유람을 찾지 못할 것이라 하였다. 그리고 이황의 「유소백산록」의 "산을 유람하는 사람은 기록이 없어서는 안 될 것이며, 기록이 산을 유람하는 자에게 도움이 된다."는 말을 인용하며 자신의 본 바를 기술하여 후인이 참고할 수 있도록 하기위해 유람기록을 남겼다.[20]

또한 자신의 학문을 성찰하고 반성하는 자료로 삼기위해 유람기록을 남기기도 했다. 1575년 청량산을 유람한 松巢 權宇(1552~1590)는 공자가 泰山에 대해서 주자가 南嶽에 대해 학문의 깊이를 발휘한 이유를 알 수 없었는데, 청량산을 유람하면서야 조금이나마 깨달았다고 하였다. 공자와 주자에 비하면 비록 자신이 청량산 유람에서 깨달은 바는 미미하지만, 유람의 전말을 기록하여 보관하고, 유람하며 깨달은 바를 힘쓰고자 했다.[21] 1579년 김득연도 벗들과 청량산 유람하면서 수많은 시를 지었음에도, 시에 대해 더불어 토론하고 연구하지 못한 반성으로 유람기록을 남기고, 스스로 책망하고자 하는 자료로 삼고자 했다.[22]

이처럼 조선시대의 유람자들은 여러 가지 이유로 자신의 유람을 기록으로 남겼다. 이러한 의식 중에서도 유람기록을 가장 많이 남기게 된 이유는 와유의 자료로 삼기 위함이었다. 훗날 자신이 다시 보며 와유로 즐길 것에 대비하고, 다른 사람들의 와유를 위해 남겨두고자 했다. 당시는 교통편이 좋지 않아 유람을 발행하기 쉽지 않았다. 원거리 유람의 경우 한번하고 나면 언제 다시 할 수 있을지 기약이 없었다. 그러므로 염원했

19) 金榮祖, 『忘窩集』 권5, 雜著 「遊淸凉山錄」.

20) 裵幼章, 『檜巖集』 권2, 雜著 「淸凉山遊錄」(국립중앙도서관 청구기호 한古朝46-가832).

21) 權宇, 『松巢集』 권3, 雜著 「遊淸凉山錄」(국립중앙도서관 청구기호 의산古3648-07-55).

22) 金得研, 『葛峯遺稿』 권4, 雜著 「遊淸凉山錄」.

던 유람을 이루면 그 기억을 잊지 않고 간직하기 위해 기록으로 남겨 두고자 했다. 즉, 와유를 위해 기록해 두었다가 시간이 없거나 노년에 거동이 불편할 때 다시 꺼내보고 유람시의 감흥을 느끼고자 했다.

鵝溪 李山海(1539~1609)는 강원도 平海에 中途付處되었을 때 仙巖寺를 유람하고 돌아와서 늙고 병들어 俗塵 속에 묻혀 살다보면 다시 와서 유람하기 쉽지 않을 듯 하고, 오랜 시간이 지나면 기억에 잊혀 질까 염려하여 유람기록을 남겼다.[23] 성제원은 1531년 금강산을 유람하면서 평생 품었던 장대한 뜻은 조금 풀기는 했으나, 만족하지 못하고 아쉬워 하며, 유람의 내용을 기록으로 남겨 훗날 감흥을 일으키는 자료로 삼았다.[24] 신익성도 자신이 유람한 자취가 없어질까 하여 유람기록을 남기고 있다.[25] 청량산을 유람한 신후재·李溎(1669~1742)와 지리산을 유람한 박장원·黃道翼(1678~1753) 등도 훗날 와유의 자료로 삼기 위해 유람기록을 남겼다.[26]

그리고 와유의 자료로 삼기 위해 유람을 가는 이에게 산수의 풍광과 여정을 기록하여 오기를 부탁하는 경우도 있었다. 윤증은 손자가 장차 邊山에 유람을 가려고 하자 편지를 보내 와유의 자료로 삼을 수 있도록 날마다 유람내용을 기록해 놓았다가 가져다 줄 것을 주문했다.[27] 이덕무도 楚亭 朴齊家(1750~1805)가 장차 유람을 가려하자 勝蹟을 잘 기록하여 자신으로 하여금 와유할 수 있게 해달라고 부탁했다.[28] 다른 이의

23) 李山海, 『鵝溪遺稿』 권3, 箕城錄 雜著 「遊仙巖寺記」.

24) 成悌元, 『東洲逸稿』 中, 記 「遊金剛山記」(국립중앙도서관 청구기호 한古朝46-가559).

25) 申翊聖, 『樂全堂集』 권7, 記 「遊金剛內外山諸記」.

26) 申厚載, 『葵亭集』 권7, 記 「遊淸凉山記」. "故聊以命筆 以資他日之臥遊"; 李溎, 『龍浦集』 권3, 記 「記淸凉山行」. "以爲他日臥遊之資云"; 朴長遠, 『久堂集』 권15, 記 「遊頭流山記」; 黃道翼, 『夷溪集』 권3, 雜著 「頭流山遊行錄」(국립중앙도서관 청구기호 古3648-94-101-1).

27) 尹拯, 『明齋遺稿』 권29, 書 「與孫東源 己卯三月」.

유람기록을 통해 산수에서 노니는 홍취를 대리 만족하고자 했다. 여러 사정으로 유람을 결행하지 못했을 때 자신이 남겨놓은 기록이나 다른 이의 유람기록을 읽는 것으로 대신하고자 한 것이다.

조선시대 문인들은 유람기록을 문예취향의 독서물로 애용하며 와유를 즐겼다. 와유의 성행은 선대의 산수유람 기록을 선발하여 『臥遊錄』을 편찬하기도 하고, 자신의 유람기록을 모아 製册하여 보기도하는 결과를 가져왔다. 현전하지는 않지만 조선의 산수를 대상으로 한 최초의 『와유록』은 1664년 김수증이 편찬한 것으로 알려져 있다.[29]

이후로도 문집류에 『와유록』에 대한 기록이 간간히 나타난다. 김창협은 1671년 금강산을 유람할 때 『와유록』을 지참하였고,[30] 1662년 금강산을 유람한 윤증도 『와유록』을 보았다고 기록하고 있다.[31] 박세당은 晦隱 南鶴鳴(1654~1722)이 편찬한 『와유록』에 서문을 써주면서 "이 『와유록』을 읽고, 노쇠하여 유람하지 못한 숙원을 풀었다."고 하였다.[32] 또한 克齋 申益愰(1672~1722)이 『東國勝境臥遊錄』을 엮었고,[33] 潛翁 南夏行(1697~1781)은 평소에 산수유람을 좋아했으나 산천을 두루 다닐 수 없어 선배들의 유산기록을 모아 『와유록』을 만들어 읽었다고 하였다.[34] 현전하는 조선시대의 대표적인 『와유록』은 서울대학교 규장각본 『와유록』과 한국학중앙연구원 장서각본 『와유록』, 동국대학교에 소장되어 있는 『와유록』이 있다.[35]

---

28) 李德懋, 『雅亭遺稿』 권7, 文-書 「與朴在先齊家書」.
29) 이종묵, 앞의 논문, 2004.
30) 金昌協, 『農巖集』 권23, 記 「東游記」.
31) 尹拯, 『明齋遺稿』 권2, 詩 「遊九龍淵歸題彌勒石上」.
32) 朴世堂, 『西溪集』 권8, 序 「臥遊錄序」.
33) 申益愰, 『克齋集』 권10, 跋 「東國勝境臥遊錄」.
34) 安鼎福, 『順菴集』 권24, 墓誌 「處士潛翁南公墓誌銘」.
35) 이에 대한 자세한 논고는 이종묵의 「遊山의 풍속과 遊記類의 전통-장서각본 『와유록』과 규장각본 『와유록』을 중심으로-」(『고전문학연구』 12, 한국고전문학회,

이같이 자신의 유람내용을 기록하고, 후대에 전하는 것은 조선중기 이후 문인들의 관행으로 자리 잡았다. 1655년 지리산을 유람한 澹虛齋 金之白(1623~1671)은 수많은 사람들이 자신보다 먼저 지리산을 유람하며 유람록을 지었고, 세상에 유행한 것이 참으로 많다고 했다.[36] 지리산만을 대상으로 하더라도 17세기에는 많은 유람기록들이 출현하고 유행하여 사람들이 애독하였던 것이다. 1748년 지리산을 유람한 李柱大도 산을 유람하고 기록을 남기는 것은 오래전부터 있어 온 일이라 하고, 이 같은 일은 훗날 와유의 도구로 삼거나 유람하지 못하는 이들에게 남기려 한 것이라 하였다.[37] 조선시대 문인들은 유람내용을 기록하여 후대에 전하는 것을 관행 시 하고 있었음을 알 수 있다.

선대의 유람기록 애독은 독자들에게 그 소재가 되는 유람지를 더욱 알리는 계기가 되었고, 유람을 관심을 촉진시켰다. 私淑齋 姜希孟(1424~1483)은 고금의 詞人墨客들이 반드시 가서 유람하는 관동을 일찍이 이곡의 「동유기」와 안축의 「관동와주」를 보고 직접 유람할 것을 염원하였고,[38] 양대박도 금강산을 유람하기 전 이곡의 「동유기」를 보고 금강산을 오르는 것을 평생의 소원으로 가졌다고 한다.[39]

결과적으로 전대부터 누적되어온 유람기록은 후대로 갈수록 유람을 더욱 유행시키는 전거가 되었고, 유람의 유행은 또 다시 유람기록의 양적증가를 가져오게 되는 것이다. 조선시대 수많은 유람기록의 양산은 유람문화의 유행이 가져온 문화적 산물이라 할 수 있을 것이다.

1997)가 참조된다.

36) 金之白, 『澹虛齋集』 권5, 記 「遊頭流山記」(국립중앙도서관 청구기호 한古朝46-가466).

37) 李柱大, 『冥菴集』 권2, 雜著 「遊頭流山錄」(국립중앙도서관 청구기호 古3648-62-962).

38) 姜希孟, 『私淑齋集』 권8, 序 「送家贅成修撰遊關東序」.

39) 梁大樸, 『靑溪集』 권4, 文 「金剛山紀行錄」.

제2절. 紀行寫景의 유행

기행사경은 여행을 통해 현장에서 마주한 경승을 詩나 그림 등의 기록으로 남기는 것을 의미한다. 寫景은 조선시대 壺谷 南龍翼(1628~1692)의 「遊水洛瀑布記實寫景」·「七月初八日 移住露梁月波亭記實寫景」과 정약용의 「七月三日寫景」 등의 寫景詩와 같이 글로 표현하기도 하지만,[40] 경치를 그리는 조형적 의미가 더 깊다. 그리고 유람한 곳을 그림으로 남긴 것을 '기행사경도'·'遊記圖' 등으로 칭하고 있다.[41]

기행사경도는 본인이 직접 그리거나 대동한 화가를 통해 그리게 하였다. 그 소재가 유람지의 산수를 대상으로 그린다는 점에서 기존의 實景山水畵·眞景山水畵와 大同小異한 개념으로 사용하기도 한다. 실경산수화나 진경산수화는 그림의 소재를 접하는 장소에서 직접 그리기도 하고, 자신이 봤던 산수를 회상하며 그리기도 한다.

조선후기 정선에 의해 유행하였던 진경산수화는 단순히 외형묘사에 그친 寫景으로서의 의미보다는 실경의 회화적 재구성을 통하여 경관에서 받은 가흥과 정취까지 화폭에 표현했다는데 그 특색이 있다. 이러한 정선의 화풍은 조선시대 화가들이 추구하고자 했던 傳神寫照[42]의 영향이 반영된 것이라 볼 수 있다. 이러한 점에서 기행사경도가 보다 현장감 있는 기록성이 강조된다는 일면을 지니고 있다고 볼 수 있을 것이다.

---

40) 南龍翼, 『壺谷集』 권2·권4, 七言律詩; 丁若鏞, 『與猶堂全書』, 第一集詩文集 권5, 時. 유람한 내용을 글로 남기는 것은 2절에서 다루었으므로 본 절에서는 사경의 개념을 그림에 한정하였다.

41) 이러한 그림의 호칭은 학자들마다 다양하게 사용하고 있으나, 본 글에서는 기행사경도로 한다.

42) 형상의 사실에 기초하면서 정신까지 표출[傳神論]하는 '以形得似'의 畵論이다. 이 화론은 중국 인물화의 최고로 불리는 東晋 顧愷之의 초상화 이론에서 나온 것이다. 이 이론은 조선시대 화가들이 초상화뿐만 아니라 모든 그림에 반영하고자 했다.

종래 중국의 그림을 臨摹하는 관념산수에서 벗어나 조선에 실재하는 산수를 소재로 한 진경산수의 전통은 정선에 의해 창안된 고유의 회화양식으로 인식하였다.[43] 그러나 이와 같은 인식은 한국회화 연구의 한계에 기인한 오해로 보고, 실제로 조선후기 이전에도 실경산수화가 제작되었고, 이것이 정선에 의해 발전되었다는 연구도 이루어졌다. 조선초기의 「江邊契會圖」가 실경이 표현된 점을 들어 典型化된 실경의 개념과 표현방식이 조선중기의 실경산수화에서 부분적으로 지속되었고, 실경산수화의 구성과 소재를 토대로 새로운 시대적 가치와 미감을 반영하여 진경산수화가 만들어졌다는 것이다.[44]

이와 더불어 고려중기의 화원 李寧이 「禮成江圖」를 그렸다는 기록이 있다. 仁宗代에 樞密使 李資德을 따라 宋나라에 갔을 때 徽宗이 이녕에게 고려의 禮成江을 그리게 하였다. 이녕이 그림을 그려 바치자 휘종이 극찬하고 술과 음식, 각색 비단을 주었다.[45] 이녕은 「예성강도」 외에도 「天壽寺南門圖」·「松都八景圖」를 그렸다고 전하여 고려시대부터 국내의 실경을 소재로 한 그림이 그려졌음을 알 수 있다. 또한 권근의 다음과 같은 기록이 있어 고려후기 금강산을 대상으로 한 그림이 그려졌음을 알 수 있다.

> 내가 어릴 적에 일찍이 듣건대 천하에 구경하러 오기 원하지 않는 사람이 없으나 보지 못함을 한탄하여 그림을 걸어 놓고 예찬하는 사람까지 있었다 하니 금강산을 향하여 그리워함이 이와 같다.[46]

---

43) 이동주, 『겸재정선』, 중앙일보사, 1993, 166쪽; 최완수, 『겸재정선 진경산수화』, 범우사, 1993, 266·275쪽.

44) 박은순, 「조선초기 江邊契會와 실경산수화:典型化의 한 양상」, 『미술사학연구』 221·222, 1999.

45) 『高麗史』 권122, 列傳35 方技 李寧.

46) 權近, 『陽村集』 권17, 序類 「送懶庵上人遊金剛山詩序」.

금강산은 고려시대부터 국외에까지 그 명성이 알려졌고, 유람을 소망하는 사람이 많았다. 금강산 유람의 염원을 그림으로 대신하고자 한 것이었다. 특히 明使들이 조선에 오면 금강산 유람을 직접 가거나 원하기도 했고,[47] 「금강산도」를 요구하기도 하였다. 1431년 明使 昌盛이 세종에게 금강산 그림을 요구하자 내려주었고,[48] 1455년에는 明使 鄭通이 금강산 그림을 요청하여 端宗이 화공을 시켜 그려오게 하였다.[49] 世祖는 1468년 화원 裵連을 금강산에 보내 山形을 그려서 오도록 했고, 睿宗은 1469년 明使 崔安·鄭同에게 「金剛內山圖」를 각기 한 폭씩 내려주었다.[50] 明使들이 요구한 「금강산도」가 비록 공리적 목적으로 그려졌다고는 하나, 당시의 화원들이 금강산을 직접 방문하여 그림을 그리고 있어 어느 정도 기행사경의 형식을 갖춘 그림이라고 할 수 있다. 이밖에도 조선전기의 문신 三灘 李承召(1422~1484)가 「朴淵瀑布圖」에 題畵詩를 남겨 박연폭포가 그려지고 있었음을 알 수 있다.[51]

16세기에도 문인들의 제화시가 있어 기행사경도가 그려지고 있었음을 알 수 있다. 思齋 金正國(1485~1541)은 신륵사를 유람하고 얻은 「神勒江山圖」에 제화시를 남겼고,[52] 이황은 「遊鏡浦臺圖」에 제화시를 남겼다.[53] 駱坡 李慶胤(1545~?)은 금강산을 유람하고 「題鶴林守遊金剛軸」을 남겼는데, 醉眠 金禔(1524~1593)가 산형을 그리고 李山海와 盧守愼이 題詩했다.[54] 김제는 1537년 아버지 金安老가 丁酉三凶으로 몰

47) 이상균, 「조선전기 외국 사신들의 금강산 유람과 그에 따른 폐해 고찰」, 『사학연구』 101, 2011.

48) 『世宗實錄』 권53, 13년 8월 戊午.

49) 『端宗實錄』 권14, 3년 윤6월 丁未.

50) 『世祖實錄』 권45, 14년 5월 丁丑; 『睿宗實錄』 권5, 1년 4월 庚辰.

51) 李承召, 『三灘集』 권1, 詩 「題朴淵瀑布圖」.

52) 金正國, 『思齋集』 권1, 詩 「遊神勒寺 次慕齋兄題尙均師小軸韻 軸有神勒江山圖 畫甚妙 幷十淸軒金公碩序 詩亦甚佳」.

53) 李滉, 『退溪集』外集 권1, 詩 「題江陵通判金伯榮所送遊鏡浦臺圖」.

려 사사되자 과거와 벼슬길이 막혀 독서와 서화로 일생을 보낸 인물로, 조선중기 명성이 높던 문인화가였다. 김제가 그린 「遊金剛軸」은 현전하지 않지만 화원뿐만 아니라 문인화가에 의해서도 조선의 실경이 그려지고 있음을 알 수 있다.

그리고 1537년 明使들이 조선으로 오는 도중 평양을 유람하고 그 풍광을 그려달라고 요청하자 중종이 화공을 시켜 그려 주도록 하였고, 사신들이 도성에 입성하였을 때 「漢江遊覽圖」를 하사하였다.[55] 1557년 朴民獻은 강원도관찰사로 있을 때 도내의 古蹟을 유람하다가 己卯名賢이었던 강릉의 박공달이 기거하던 雙閒亭의 풍광을 화사를 시켜 그려갔다고 한다.[56] 또한 1600년 명나라 장수 李世德을 도성 근교로 호종하던 李某氏가 삼각산과 남산의 蠶頭 방향을 그린 「寫景」이 『萬世德帖』에 수록되어 현전하고 있다.[57]

이같은 기록들을 통해 진경산수화가 발달하는 조선후기 이전에도 국내의 실경을 대상으로 한 기행사경도류의 그림제작이 있어 왔음을 알 수 있다. 기행사경도의 제작이 급증하는 시기는 임진왜란이 끝난 17세기 이후부터이다. 유람의 붐이 조성되면서 산수유기의 작성은 물론 기행사경도 제작이 함께 급증하기 시작한 것이다.

앞서 살핀 바와 같이 조선시대의 유람자들은 유람여정 등을 문자로 남기고 있다. 여기에 더하여 유람에서 본 풍광을 그림으로도 남기고자 한 것이 기행사경이 유행하게 된 가장 큰 이유 중의 하나다. 정선·김홍도 등의 전문화가들은 진경을 그리기 위한 목적으로 유람을 하기도 했지만, 그림기술이 없는 문인들은 유람에 화공을 대동하여 그림을 그려왔

54) 盧守愼, 『穌齋集』 권6, 詩 「題鶴林守遊金剛軸 金禔畫山 鵝溪題詩」.

55) 『中宗實錄』 권84, 32년 3월 壬午; 권84, 32년 3월 丙申.

56) 『燃藜室記述』 권8, 中宗朝故事本末 「賢良科罷復」.

57) 이동주, 『우리나라의 옛 그림』, 학고재, 1995, 222쪽.

다. 1603년 금강산을 유람한 이정구는 表應賢이라는 화공을 대동하여 자신이 유람한 금강산을 화폭에 담아오고자 했다.[58] 1603년 강원도 흡곡현령으로 부임하여 금강산을 유람했던 한호도 유람을 기념하기 위해서 화공을 시켜 병풍을 제작하였다. 이는 최립의 『簡易集』에 실려 있는 「關東勝賞錄跋」에 나와 있는 다음과 같은 내용을 통해 알 수 있다.

> 그림을 그려 하나의 境內를 멋들어지게 묘사해 낸다면 털끝만큼도 유감이 없게 할 수도 있겠지만, 산속의 푸르른 雲霧에 사람의 옷을 적셔 가며 날리는 계곡물 소리로 귀를 가득 채우는 그 쾌감만은 아무래도 못할 것이다. 나막신에 지팡이를 짚고서 方外를 유람한다면 매미가 껍질을 벗듯 티끌세상을 벗어나는 기분을 일시적으로 느낄 수도 있겠지만, 몸 가는 대로 따라다니는 비단 종이 위에 치달리는 계곡물이며 깎아지른 벼랑들을 그려 놓고는 언제든지 눈이 가는 대로 그 勝景을 맞아들이는[要] 즐거움과 비교해 본다면 또 어떻다 하겠는가. 하지만 後者인 要의 즐거움 정도로 만족하고 있는 사람은 前者의 쾌감을 맛볼 수 없기 때문이라고 하겠는데, 일단 전자에 대해서 충분히 쾌감을 만끽했던 사람은 또 후자에 대해서는 별로 관심을 두지 않는 것이 어쩌면 당연한 일이라고도 하겠다. 이런 관점에서 살펴본다면 우리 方伯 韓公과 같은 멋진 풍류가 또 어디에 있다 하겠는가. 우리 公은 굳이 먼 곳에서 유람하기 위해 일부러 여기를 찾아올 필요도 없이 백성의 풍속을 살필 겸 자연스럽게 경내의 길을 따라 오면서 山海와 각 지역의 승경을 두루 거쳐 오는 동안 빈객이며 자제들과 함께 감상하고 시를 읊는 등 그 사이에서 싫도록 즐기지 않은 것이 하나도 없었다. 그러고는 또 匠人에게 명하여 이때의 광경을 그림으로 묘사하게 한 뒤 특별히 하나의 병풍으로 만들어서 장차 집안에 보관해 두고는 뒷날 생각나는 대로 언제나 볼 수 있도록 하였으니 이는 그야말로 옛사람이 말한바 "나의 거소에는 어느 때이고 간에 산이 없는 때가 없다." 고 한 그 흥취가 바야흐로 끝없이 이어지게끔 한 것이라고 하겠다. 그렇다면 우리 공이야말로 이미 快와 要의 두 요소를 모두 소유하여 누리게 되었다고 해야 하지 않겠는가.[59]

58) 李廷龜, 『月沙集』 권38, 記 「遊金剛山記」 上.
59) 崔岦, 『簡易集』 권3, 跋 「關東勝賞錄跋」(번역문은 한국고전종합DB 참조).

한호는 간성군수로 재직하고 있던 최립과 함께 금강산을 유람하였다. 여기서 최립은 몸소 체험하는 유람을 '快'라 하고, 이를 그림으로 소장하여 간편하게 산수를 늘 가까이 두고 즐기는 것을 '要'라고 설명하였다. 최립은 한호가 '快'와 '要'를 겸비한 인사임을 말하고 있다. 이는 당시 문인들이 산수의 직접체험인 유람과 간접체험인 와유를 함께 중요시하고 있음을 알 수 있는 대목이다. 최립은 한호가 금강산을 직접 유람한 후 기행사경도로 남겨 소장하고 훗날 臥遊의 자료로 삼음으로써 직접적인 체험과 간접적인 체험 어느 하나도 소홀이 하지 않음을 칭찬하고 있다.

이정구·한호와 같은 문인들은 화공을 대동하여 기행사경도를 그렸지만, 17세기의 문인화가였던 滄江 趙涑(1595~1668)은 승경을 유람하며 자신이 직접 기행사경도를 그렸다. 남학명의 「題趙滄江手畵帖後」에 조속의 아들이자 17세기 문인화가였던 梅窓 趙之耘(1637~?)의 말을 다음과 같이 인용하고 있어 조속이 관동지역을 유람하면서 직접 기행사경 했음을 알 수 있다.

> 선친이 매번 出遊할때마다 비록 돌 하나 물 한곳의 승경이 있으면 말에서 내려 뜻에 따라 눈앞의 풍광을 그려냈는데, 이는 즉, 금강산·오대산 및 삼일포를 그린 것이라고 하였다.[60)]

그리고 17세기에는 일찍부터 조선에서 유행한 중국의 瀟湘八景을 소재로 한 詩畵로 인해 국내 「八景·十景圖」가 그려지고, 朱子의 武夷九曲의 영향으로 「九曲圖」 등 도학적 정신세계를 기리기 위한 구곡도류의 그림이 그려진다.[61)]

이식은 화가 李信欽에게 東溪八景의 8폭 병풍을 그려달라고 청하였

---

60) 南鶴鳴, 『晦隱集』 권2, 題跋 「題趙滄江手畵帖後」.

61) 고연희, 『조선후기 산수기행예술 연구』, 일지사, 2001, 45쪽.

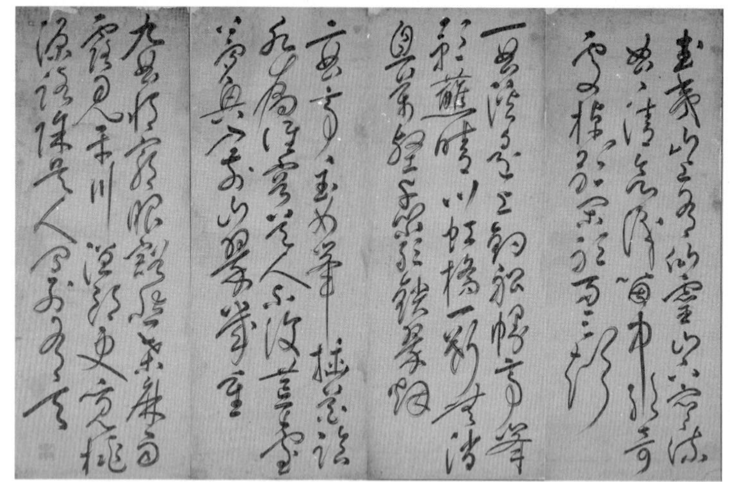

〈그림 29〉 尹舜擧, 「武夷九曲歌」 草書屛風 부분, 朝鮮中期, 국립중앙박물관

고, 白鴉谷의 경치가 아름다워 8곳을 골라 팔경도를 만들어 감상하였다.[62] 남구만은 1674년 「北關十景圖」와 「咸興十景圖」에 序文을 남기고 있다.[63] 김수증은 화가 曺世傑을 직접 데리고 다니면서 「谷雲九曲圖」를 그리게 하고, 곡운을 떠나 있을 때는 이 그림으로 회상하였다.[64] 팔경이 시문학에서 주로 다루어져 오다가 기행사경도식 팔경도가 제작되었고, 또한 구곡도류의 도학적 그림이 기행사경도 형식으로 제작되고 있다.

이밖에도 東溟 鄭斗卿(1597~1673)은 날마다 「朴淵圖」를 보면서 와유하였다.[65] 신흠은 「關東圖」를 보고 와유의 기분을 느꼈고,[66] 韓聖佑

62) 李植, 『澤堂續集』 권3, 詩 「雨中 招李畫師信欽 聚米盤中 指示東溪八景 仍求八屛」; 『澤堂別集』 권11, 啓山志 「東溪記」.

63) 南九萬, 『藥泉集』 권28, 記 「北關十景圖記幷序」·「咸興十景圖記幷序 甲寅」.

64) 金昌協, 『農巖集』 권25, 題跋 「谷雲九曲圖跋」.

65) 鄭斗卿, 『東溟集』 권10, 七言古詩 「題朴淵圖」.

66) 申欽, 『象村稿』 권20, 七言絕句 「題金生關東圖」.

〈一曲 傍花溪, 題畫詩 : 金壽增〉

花溪自古不通船	화계에는 옛 부터 뱃길 없어
是以囂塵隔巨川	이에 여기는 俗塵에서 멀다
樓息雲林忘世慮	자연의 樓에서 쉬니 세상걱정 잊고
居人穀腹飽風烟	곡식보다 風烟에 배를 불린다

〈二曲 青玉峽, 題畫詩 : 金昌國〉

玉峽峰如玉女峯	玉峽 봉우리 玉女峯 같고
千秋不變武夷容	武夷의 모습은 천추에 변함없네
高師一去山雲白	높은 스승 떠나가니 산 구름 희고
欲寫幽懷意萬重	幽懷를 읊자 하니 심회만 깊다

〈三曲 神女峽, 題畫詩 : 金昌集〉

雲以作車順以般	구름은 수레 되고 바람은 배가 되어
瑤臺神女降何年	요대의 선녀는 어느 해에 내려왔노
遊人古夾尋眞人	遊人은 古夾의 진경을 찾아 들고
堪月千秋往惕憐	천고의 달빛만 심회에 오락거리네

〈四曲 白雲潭, 題畫詩 : 金昌協〉

雲松落落埼層巖	낙낙장송은 層巖에서 자라나고
黛色蒼髥毿又毿	검은 눈썹 푸른 수염 드리워 있네
自層名區貧景八	승경이 탐나 찾아 다녀 스스로 처하고
魚鱗鵬期共潭潭	맑은 못에 고기, 새가 더불어 기거하네

〈五曲 鳴玉瀨, 題畫詩 : 金昌翕〉

山下清溪曲曲深	산 밑의 맑은 계류 구비마다 깊고
奔流激石又噴林	쏟아지는 물결 물거품을 내 뿜네
玉聲兼瀨同聲和	옥소리와 물소리가 한데 화하니
聽此推翁破寂心	이 소리 듣노라면 세사를 잊는다

〈六曲 臥龍潭, 題畫詩 : 金昌直〉

雲氣帝多潭水灣	구름은 늘 끼고 담수는 깊어
神龍藏赤會機關	神龍이 이 못 속에 잠겨 있다네
鱗虫三百最爲長	용은 동물 가운데서 으뜸이라며
潛伏淵中樓息間	이 못 속에서 한가롭게 살고 있네

〈七曲 明月溪, 題畫詩 : 金昌業〉

明月溪通鳴玉灘 명월계는 명옥탄에 이웃 했고
無邊光景雨涯看 양쪽 기슭 풍광은 끝이 없네
玉琴更把彈流水 흐르는 물가에서 가야금 타니
冷冷聲中瘦骨寒. 맑은 소리 시원히 뼈에 사무치네

〈八曲 隆義淵, 題畫詩 : 金昌緝〉

隆義淵澄鏡面開 융의연 맑은 물 거울과 같아
遊人取映等間廻 그림자 비친 물가를 한가하게 오가네
飛禽蠶浴遊魚躍 나는 새 잠기려하고 고기 뛰노니
不赤樂手去復來 다시 찾아 온다한들 즐겁지 않느냐

〈九曲 疊石臺, 題畫詩 : 洪有人〉

遠上石臺眼溪然 먼 위 石臺는 시원하게 트였고
萬千風物疊山川 온갖 풍경이 한데 열렸네
蒼苔白石漁樵路 이끼 끼인 돌길에는 오솔길 열렸고
牧笛最宣欲暮夫 저녁하늘 피리소리 정겹기 그지없다

〈그림 30〉 曺世傑, 「谷雲九曲圖」, 1682年, 紙本淡彩, 各幅 42.5×64.5㎝, 화천민속박물관(轉寫本)

(1633~1710)는 산수를 매우 좋아하여 명산들을 두루 유람하고 그중에 가장 기억에 남는 10區를 그림으로 그려서 병풍을 만들어 둘러놓고 와유하였다.[67] 그리고 靑霞 權克中(1585~1659)의 詩 「題關東山水屛」, 이정구의 「書蟾江圖」, 허목의 「熊淵泛舟圖記」, 甁窩 李衡祥(1653~1733)이 17세기 도화서 화원의 교수를 지낸 蓮潭 金明國의 「金剛山圖」

67) 權尙夏, 『寒水齋集』 권25, 神道碑 「參判韓公聖佑神道碑銘幷序」.

簇子에 남긴 제화시 등의 기록이 남아 있어[68] 17세기 무렵부터 다양한 곳을 주제로 한 기행사경도가 자주 등장하고 있음을 알 수 있다.

이같이 기행사경도 제작이 점점 늘어나는 것은 산수를 감상하고 즐기는 방식에 그림활용이 증가하고 있는 것이다. 조선전기부터 그림은 문인에게 애호되는 玩賞物이었다. 산수화는 와유를 가장 손쉽게 즐길 수 있어 산수유기와 함께 문인들이 가장 선호하는 와유의 수단이었다. 조선전기의 문인들이 주로 와유를 즐겼던 그림은 중국의 「瀟湘八景圖」나 「西湖圖」·「武夷九曲圖」·「歸去來圖」 등이었다. 조선의 문인들은 중국의 산수에도 폭넓은 관심을 보였고, 중국을 가보지 못한 대신 중국의 경치를 임모한 관념 산수화를 보고 와유를 즐겼다.[69] 그러나 중국의 산수화를 즐기는 것은 어디까지나 중국 산수에 대한 관심과 동경이었고, 조선의 실경에 대한 흥취를 대신하지는 못했다. 그러므로 조선의 풍광을 와유할 때는 조선을 소재로 그린 그림으로 하고자 했다. 이러한 현상은 종래 문인들이 관념산수화를 와유의 도구로 사용하다가 기행사경도를 제작해 와유의 자료로 삼고자 하는 풍조를 만들어 냈다. 유람의 확산에 따른 와유체험이 유행하고, 이에 대한 도구로 기행사경도의 제작도 활발히 이루어지게 된 것이다. 유람기록을 글로 남기던 일반화된 방식이 그림으로 병행되면서 18세기부터 기행사경이 본격적으로 유행하였다.

중국에서는 이미 명나라 산수유람의 유행과 동시에 기행사경도의 제작이 증가하고, 유람의 욕구를 대체하는 와유물로 부각되고 있었다. 특히 명대 중기 吳派의[70] 沈周와 文徵明에 의한 蘇州의 記遊圖 제작은

---

68) 權克中, 『青霞集詩集』 권5, 七言四韻 「題關東山水屛」; 李廷龜, 『月沙集』 권18, 倦應錄下 「書蟾江圖」; 許穆, 『眉叟記言』別集 권9, 記 「熊淵泛舟圖記」; 李衡祥, 『瓶窩集』 권1, 詩 「偶得孝廟朝內粧金剛山簇子 是槩金鳴國所畫也 尹進士斗緖作古風一篇請見 信筆和送」.

69) 이종묵, 앞의 논문, 2004, 90쪽.

70) '吳派'는 明代에 蘇州에서 활동한 문인화가들과 이들의 화풍을 지칭하는 것이다.

중국실경산수화의 발전에 영향을 주었고, 문인산수화의 새로운 영역으로 정착되었다. 記遊圖는 畵派를 불문하고 明·淸代의 畵壇에 큰 반향을 불러일으켰다. 조선에서도 명나라의 그림풍조에 관심을 보였고, 명나라의 이러한 화풍은 18세기 조선의 기행사경도 제작의 확산에도 영향을 주었다.[71] 또한 앞서 살핀 이시기 문인들의 紀遊文藝의 취미현상도 기행사경도 제작의 증가에 영향을 주었다. 특히 정선의 금강산 및 관동지방 기행사경은 후대 화가들의 기행사경을 더욱 촉진시켰다. 정선은 1711·1712·1747년 3회에 걸쳐 금강산과 관동지역을 사생하였다. 1711년의 辛卯年『楓嶽圖帖』과 1747년의『海嶽傳神帖』이 남아 있는데,[72] 이 그림은 18세기 기행사경도의 대표적인 작품유형으로 자리 잡았다.

이병연은 정선의「達城遠眺圖」발문에 "詩家의 寫景과 畵家의 사경이 유사하다."라고 하여,[73] 글로서 남기던 유람의 가흥과 정취가 그림으로 함께 표현되고 있음을 말하고 있다. 이병연은 정선과 함께 김창흡의 문하에서 동학한 知友였다. 이병연은 당시 詩로서 금강산을 표현해 낸 대표적 문인으로 칭송받았고, 정선은 그림으로 금강산을 표현해 낸 최고의 화가로 인정받았다. 두 인물은 당시 紀遊文藝를 詩·畵로 가장 잘 표현해낸 대가였다.

정선의 그림은 최고 문인들의 시문과 나란히 비견될만한 가치를 인정받았다. 정선은 문인들에게 가장 인기 높은 화가였다. 금강산 화첩을 여러 차례 그린 것은 문인들의 요구에 부응한 것이기도 했다. 1712년 정선은 이병연과 함께 금강산을 유람했고, 금강산 곳곳의 명소를 담아낸 산수화를 그려 화첩으로 만들었다. 이 화첩에 이병연의 題畵詩와 스승 김

71) 정은주,「조선후기 중국산수판화의 성행과『五嶽圖』」,『고문화』 71, 2008, 52쪽.

72) 정선이 1712년 기행사경한 30점의 그림이 실린『해악전신첩』이 제작되었다는 기록이 문집들에 의해 확인되나 현재에는 전하지 않는다(박은순,「정선」,『한국의 미술가』, 사회평론, 2006, 143~145쪽).

73) 국립춘천박물관,『우리의 땅, 우리의 진경 展』, 2002, 271쪽에서 재인용.

창흡의 제화시를 부쳤다. 정선의 화첩은 유람을 즐긴 문인들이 훗날 와유를 즐기기 위한 것으로 그려졌다.[74] 蒼霞 元景夏(1698~1761)는 정선의 그림을 보고 "김창흡의 시와 정선의 그림을 얻어 명산을 와유하니 진실로 고인이 부럽지 않다."고 하면서 와유의 홍취를 즐기고 있다.[75]

이병연은 글이나 그림이 사경을 표현하는데 있어 유사한 것으로 보고 있다. 그러나 실경을 보지 못한 사람이 글을 읽었을 때는 풍광을 상상하는 것에 그치므로 현장을 실감 있게 보여주기에는 한계가 있다. 그러므로 기행사경도는 산수유기가 표현하지 못하는 시각적인 효과를 畵面에 담아냄으로써 산수유기와 함께 와유체험의 부수적 도구로 수요가 증가하게 된 것이다. 기행사경도를 많이 그렸던 강세황은 본인이 금강산을 직접 유람하고 작성한 「遊金剛山記」에서 다음과 같이 말하고 있다.

> 산을 유람하는 자들은 시를 지었는데, 혹은 어느 봉우리, 계곡, 사찰, 암자 등으로 시제를 삼아 각기 한 편씩 지어 여행 일기와 같이 만든다. 그러나 마치 旅程日錄 같아 '일만이천봉'·'玉雪錦障'이란 구절은 천편일률적이라 눈으로 볼 수 없는 지경이다. 이러한 시를 읽고 이 산을 보지 못한 사람으로 하여금 산중에 있는 듯 느끼게 할 수 있겠는가? 형용을 비슷하게 나타내는 것은 오직 遊記가 가장 낫다고 하지만 어떤 사람은 장황하게 말이 많아 두터운 두루마리만큼 작성하고, 세간의 속설이 반복되어 보이니 사람을 더욱 지겹게 한다. 오로지 회화 한 가지가 만분의 일이라도 형용을 잘 할 수 있어 후일 와유가 될 수 있건만 이 산이 생긴 이래로 제대로 그려낸 사람이 없다.[76]

이 글은 김홍도의 금강산 그림이 가장 실물과 근접하게 그려냈다는 것을 강조하기 위한 글이긴 하나, 회화가 遊記보다 와유체험을 할 수 있

---

74) 고연희, 『조선시대 산수화-아름다운 필묵의 정신사-』, 돌베개, 2007, 180쪽.

75) 元景夏, 『蒼霞集』 권7, 序 「送士浩時中往遊楓嶽序」(국립중앙도서관 청구기호 일산古3648-56-1).

76) 姜世晃, 『豹菴遺稿』 권4, 序 「遊金剛山記」. 이하 『표암유고』의 번역문은 김종진 외 譯, 『표암유고』(지식산업사, 2011)에서 전재.

는 가장 좋은 자료라고 역설하고 있음을 볼 수 있는 내용이다. 천편일률적으로 장황하게 반복되는 유기보다는 회화가 사물의 실제적인 모습을 만분의 일이라도 잘 표현할 수 있으므로 와유체험에 가장 적합한 것으로 보고 있다. 그리고 금강산이 생긴 이래 제대로 그려낸 사람이 없다고 하였다. 강세황은 김홍도가 기행사경한 금강산 그림을 보고 "수려하고 섬세하여 교묘한 모양을 다하였으니, 우리나라에서 전에 없던 神筆이다." 고 극찬을 아끼지 않았다.77)

정선 이후 심사정·이인상·毫生館 崔北(1712~?)·澹華齋 李胤永(1714~1759)·眞宰 金允謙(1711~1775)·강세황 등의 화가들에 의해 많은 기행사경도가 제작되었다. 그러나 강세황은 정선과 심사정의 그림을 평하면서 "정선은 그가 평소에 익힌 필법을 가지고 마음대로 휘둘렀기 때문에 돌 모양과 봉우리 형태를 막론하고 裂麻皴法으로 일관하여 亂寫하였으니 그가 寫眞을 그렸다고 논하기는 부족함이 있다."라고 비판하며 좀 더 사실적인 김홍도의 금강산 그림을 높이 평가하였다.78) 김홍도는 정선에게 부족했던 현장의 寫眞性을 보완하여 기행사경도의 자기 양식을 완성하였다.

김홍도는 1788년 정조의 명에 의해서 금강산을 비롯한 관동지역을 기행사경 하였다. 김홍도의 나이 44세 때의 일이다. 趙熙龍(1789~1866)의 『壺山外史』에 의하면 정조는 이때 각 고을에 명을 내려 기행사경을 떠나는 김홍도 일행을 經筵에서 모시는 대신처럼 대접하라고 각별한 지시까지 하였다.79) 정조는 김홍도의 그림을 통해 자신이 직접 가보지 못한 금강산을 비롯한 관동지역의 경승을 보고자 한 것이었다. 즉, 김홍도

77) 姜世晃, 『豹菴遺稿』 권4, 序 「送金察訪弘道金察訪應煥序」.

78) 姜世晃, 『豹菴遺稿』 권4, 記 「遊金剛山記」.

79) 趙熙龍, 『壺山外史』, 「金弘道」(南晩星 譯, 『里鄕見聞錄·壺山外史』, 삼성문화문고, 1980, 37쪽에서 재인용).

〈그림 31〉 鄭遂榮, 『海山帖』 中 「明鏡臺 · 玉鏡臺」, 1799年, 紙本淡彩, 37.2x61.9㎝, 국립중앙박물관

의 기행사경도를 통해 금강산과 관동의 경승을 와유로 즐기고자 한 것이다.

정선과 김홍도의 기행사경도가 후대 화가들에게 끼친 영향력은 매우 컸다. 김홍도의 금강산 그림을 모사한 임모본이 유행하였고, 대형병풍에 정선의 금강산도가 과장하여 그려지기도 했다. 19세기에 접어들면 유람하는 문인들이 직업 화가를 대동하고 기행사경도를 주문하는 사례가 더욱 빈번해 졌다. 이 시기 직업화가로 동참한 인물들은 琳田 趙廷奎(1791~?)·觀湖 嚴致郁·小塘 李在寬(1783~1837)·이인문·蕤堂 金夏鐘(1793~?)·이방운 등이었다. 이들은 문인의 유람에 동참하여 기행사경도를 주문받아 그렸다. 小華 李光文(1778~1838)·이유원·六玩堂 李豊瀷(1804~1887)·安叔 등과 같은 다양한 계층의 문인들은 유람에 나서면서 직업 화가들을 대동해 기행사경도를 제작하였다.[80] 19세기 유람수요에 부응하여 기행사경도 제작이 더욱 활성화된 것이다. 기행사경도는 19세기 후반에 이르러 민화의 유행에 따라 특정 계층이 누리던 고급화된 그

80) 김현정, 「19세기 조선 기행사경도 연구」, 홍익대학교 석사학위논문, 2005, 25~27쪽.

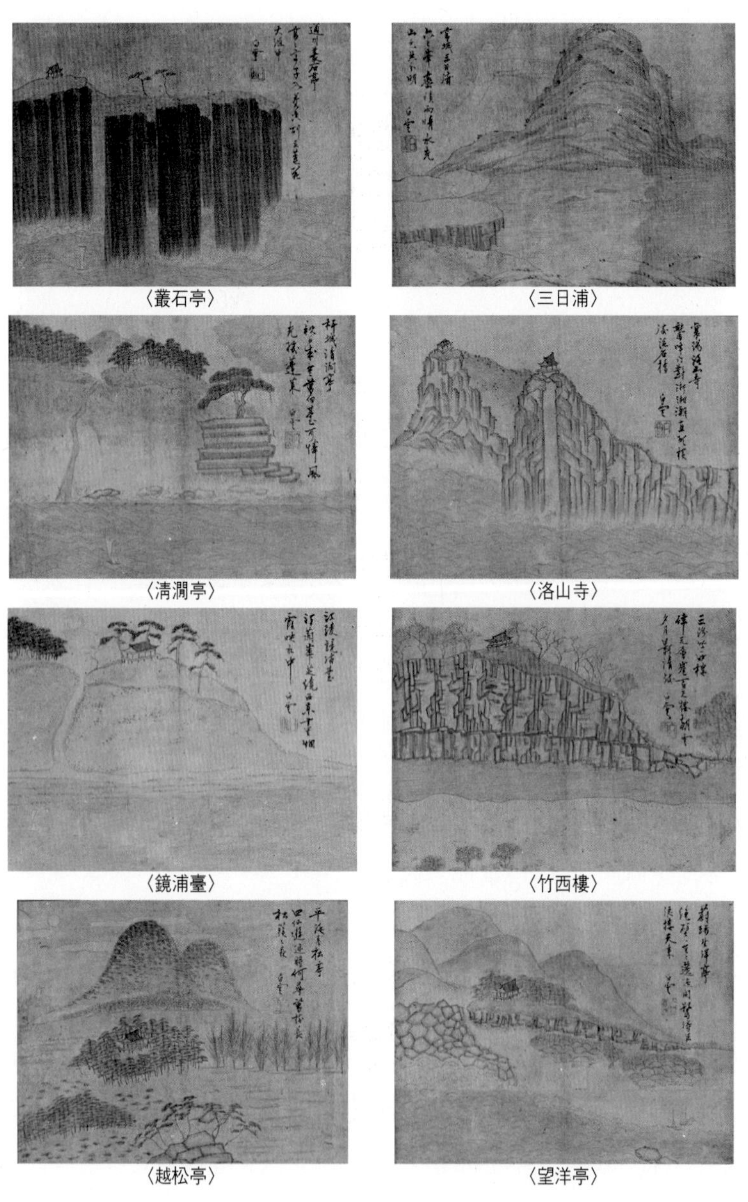

〈叢石亭〉 〈三日浦〉

〈淸澗亭〉 〈洛山寺〉

〈鏡浦臺〉 〈竹西樓〉

〈越松亭〉 〈望洋亭〉

〈그림 32〉 白雲, 『白雲畫帖』 中 關東八景, 朝鮮後期, 紙本淡彩, 32.5×43.0㎝, 관동대학교박물관

림에서 탈피하여 서민들의 수요에 부응하기 위한 민화풍의 다양한 표현으로 그려졌다.

이처럼 조선시대 기행사경도는 유람의 공간적 개념을 담당하는 역할을 했고, 산수유기와 함께 애호되는 와유의 자료였다. 조선 산수의 실경에 대한 동경은 유람을 성행시키고, 산수유기의 기록과 함께 실경을 화폭에 담는 기행사경을 촉진시켰다. 유람을 기록하는 寫景의 방식이 글과 그림으로 혼용되어 나타나게 된 것이다. 여기에 더하여 정선을 통해 정립·발전된 진경산수화풍의 유행과 김홍도의 기행사경은 기행사경도 제작을 더욱 유행시켰다. 즉, 조선시대 기행사경의 유행은 유람의 확산과 그 궤를 같이한 문화현상이라 할 수 있을 것이다.

제3절. 刻字文化의 성행

우리나라 경승지에 가면 바위 곳곳에 인명이나 詩 등이 각자되어 있음을 볼 수 있다. 대부분 조선시대 사람들이 유람을 하면서 새겨놓은 것들이다. 각자된 이름들은 名儒부터 일반 사대부에 이르기까지 다양하다. 예로부터 이름났던 경승의 바위에는 빈틈이 없을 정도로 빽빽이 각자들이 남아있는 것을 볼 수 있다.

이러한 각자문화는 현재 남아있는 금석문을 통해 고대로부터 발달해왔음을 알 수 있다. 문자가 생기기 이전의 선사시대에는 刻畵가 주류를 이루었고, 문자가 남아있는 역사시대 이후에는 각자가 주를 이루었다. 종이가 만들어지기 전에는 기록자체를 주로 金屬·石類·土器類·木材에 남겼겠으나, 종이가 나온 이후에도 金石에 글을 새기는 풍조가 지속되었음을 현존하는 많은 비석이나 묘지석 등을 통해 알 수 있다.

금속에 각자하는 것은 인물의 행적이나 기타 남기고자 한 내용을 보다 오래 남기려는 의지에서 시작되었다. 이는 紙類보다 멸실의 우려가 적고 오래가는 돌이나 금속에 각자했을 때 그것이 가능했기 때문이다. 안축의 아들 安宗源이 자신의 叔父 安輔의 묘지명을 李穡에게 지어달라고 부탁하면서 "장차 돌에 새겨서 壙中에 넣어 둔다면 不朽하게 될 것이다."고 하여 안보의 행적을 돌에 새겨 오래도록 남기고자했다.[81] 비록 후대의 기록이긴 하나 이유원이 「瓊田花市編」에서 碑文과 墓誌銘의 유래를 다음과 같이 上古한 내용에서 금석에 글을 새기는 이유를 엿볼 수 있다.

> 劉勰이 이르기를 '碑란 돋운다[埤]는 뜻이다. 上古 시대에 帝皇이 처음으로 號를 기록하고 封禪을 할 때에 돌을 세워 산악 위에 도드라지게 하였으므로 비라고 한 것이다. …중략… 비의 유래는 매우 오래되었지만 그것을 모방하여 銘을 새긴 것은 周나라와 秦나라에서 시작되었을 뿐이다. 後漢 이후로는 작자가 매우 많았다. 그러므로 山川의 비가 있고, …中略… 託物의 비가 있게 되었으니, 이들은 모두 庸器-彝鼎과 같은 類이다-가 점점 없어짐으로 인해 생겨나게 된 것이다. 이른바 돌로 금속을 대신한 것인데 썩지 않는다는 점에 있어서는 같다 하겠다.
>
> 誌는 기록한다는 뜻이고 銘이란 이름 하는 것을 말한다. 옛사람에게 덕이 있거나 선이 있거나 功烈이 있어서 세상에 이름을 알릴만한 경우에는 그가 죽고 난 뒤에 후세 사람이 그를 위해 器物을 만들고 거기에다 명을 새겨서 영원히 전해지게 하였다. 이를테면 蔡中郞의 문집에 수록되어 있는 朱公叔의 鼎銘이 그것이다. 漢나라 杜子夏에 이르러 처음으로 글을 새겨 묘소의 곁에다 묻음으로써 드디어 墓誌가 있게 되었는데 후세 사람이 이것을 따랐다.[82]

碑文을 돌에 쓰게 된 것은 彝鼎과 같은 용기가 점점 사라졌기 때문이

81) 李穡, 『牧隱文藁』 권19, 墓誌銘 「雞林府尹諡文敬公安先生墓誌銘 并序」.

82) 李裕元, 『林下筆記』 권2, 瓊田花市編 「碑文」·「墓誌銘」(번역문은 한국고전종합DB 참조).

고, 이 용기와 같이 썩지 않는 대체물로 돌이 적합하기 때문이라고 한다. 묘지명도 기물을 만들고 이름을 새겨 영원히 전해지게 하기 위한 목적으로 만들어지게 되었다는 것이다. 후대에 남길만한 공적과 이름 등은 썩지 않는 기물에 새겨 그 기록을 오래도록 전하고자 한 것이다. 또한 1558년 조식이 지리산 유람 중에 바위에 새겨진 이름을 보고 "아마도 썩지 않는 돌에 이름을 새겨 억만년을 전하게 하려 한 것이리라."고 한 것으로 보아 자연 암석에 이름을 새기는 것도 이름을 후대에 영구히 남기고자 한 뜻임을 알 수 있다.[83)]

碑나 墓誌銘과 같이 治石을 하거나 성형 등의 인공미가 가미된 조형물에 글을 새긴 금석문은 干支나 書·撰者 등이 구체적으로 나타나 연원을 파악하기 비교적 용이하다. 그러나 암석 등 자연 그대로의 산수에 글을 새기는 풍조는 그 연원이 언제인지 파악하기 어렵다. 전국 곳곳에 많은 암각자들이 산재해 있지만 대부분 조선시대의 것이다. 조선시대에 들어오면 유람의 내용을 산수유기로 남기고 있고, 그 속에 자신이 유람하며 어느 곳에 무엇을 새겼는지, 유람지에서 본 각자들이 누구의 것인지를 기록하고 있어 조선시대에 새겨진 각자의 파악은 비교적 용이한 편이다.

그러나 조선시대 이전에 새겨진 각자들의 연원은 口傳으로만 전해 오고 있어 기록이 전하지 않는 한 알 수 없다. 이나마 구전을 통해서라도 전해오는 것과 현전하는 것도 매우 드물다. 현전하는 것 중 조선시대 이전에 새겨진 것으로 전해지는 각자들이 있긴 하지만, 조선시대 사람들도 그것이 언제 누구에 의해 새겼는지 판단하지 못했다. 지리산에 신라 崔致遠의 글씨로 전해지는 암각자가 있는데, 일찍이 조선시대 지리산 유람자들도 口傳에 의한 것으로 기록하고 정확한 전모를 밝히지 못했다. 1489년 김일손이 지리산을 유람하면서 '廣濟嵒門'이란 암각자를 보고 힘차고 예스러웠다고 평하면서 "세상에서는 이 글씨가 최치원의 것이라

83) 曺植, 『南冥集』 권2, 錄 「遊頭流錄」.

〈사진 6〉 智異山 '廣濟嵒門'·'雙磎石門' 암각자(사진 산청·하동군청)

전한다."고 했다. 그리고 또 최치원의 것이라 전하는 '雙磎石門'이란 글자는 '廣濟嵒門'의 서체와는 서로 비교되지 않을 만큼 못하고 아동들의 習字와 같다고 했다.[84] 송병선도 '쌍계석문'의 글씨를 '광제암문' 필체와 비교하면서 어린아이가 습자한 것처럼 보인다고 했다.[85]

김일손보다 앞서 1487년 지리산을 유람한 남효온은 '광제암문'의 글씨는 누가 쓴 것인지 조차 모른다고 하였다.[86] 반면, 1680년 지리산을 유람한 송광연은 '쌍계석문'이라는 글자의 필력이 서까래처럼 곧고 힘차다고 평하면서 김일손이 무슨 소견으로 아이들의 글씨에 비교했는지 의아해 했다.[87] 1724년 지리산을 유람한 鄭栻은 '쌍계석문'과 佛日菴근처 鶴淵의 '翫瀑臺'의 각자를 최치원의 것이라고 상고했다.[88] 조선시대의

84) 金馹孫, 『濯纓集』 권5, 錄「頭流紀行錄」.
85) 宋秉璿, 『淵齋集』 권21, 雜著「頭流山記」.
86) 南孝溫, 『秋江集』 권6, 雜著「智異山日課」.
87) 宋光淵, 『泛虛亭集』 권7, 雜著「頭流錄」.

지리산 유람자들도 최치원의 것이라 전해지고 있다는 것 외에 실제로 누가 쓰고 새겼는지 명확히 알지 못하고 보는 사람마다 평을 다르게 하고 있다.

지리산에 최치원의 것이라 전하는 글씨 외에 고려시대 李仁老의 필적이 남아있었던 것으로 보인다. 이인로가 武臣亂 등의 혼란을 피해 속세를 떠날 요량으로 族兄 崔讜과 함께 무릉도원이 있다는 지리산 청학동을 찾다가 결국 찾지 못하고 돌아갔다는 내용이 『破閑集』에 전한다. 여기서 이인로는 돌아가면서 다음과 같은 시를 지어 바위에 새겼다고 기록해 놓았다.

頭留山逈暮雲低	두류산 아득히 저녁구름 낮게 깔리고
萬壑千巖似會稽	만 골짜기 千巖이 會稽山 같구나
策杖欲尋青鶴洞	지팡이 짚고 청학동 찾으려 했으나
隔林空聽白猿啼	숲속에는 부질없는 흰 원숭이 울음소리뿐
樓臺縹緲三山遠	누대가 아득하니 三山이 멀고
苔蘚微茫四字題	이끼가 끼어 네 글자가 희미하다
試問仙源何處是	묻노니 仙源이 어느 곳이뇨
落花流水使人迷	흐르는 물의 落花는 사람을 미혹한다[89]

이 시는 1879년 송병선이 지리산을 유람하면서 찾아내어 자신의 유람기록에 수록해 놓았다. 그리고 시 옆에 '樂雲居士李靑蓮書'라는 글자를 확인하였고, 이인로의 옛 자취로 상고했다.[90] 1851년 지리산을 유람한 月村 河達弘(1809~1877)은 燭峯에서 '高麗樂雲居士李靑蓮書'를 확인했다고 남기고 있는데, 시를 보았다는 언급은 없다.[91] 송병선의 유

88) 鄭栻, 『明庵集』 권5, 錄 「頭流錄」(국립중앙도서관 청구기호 古3648-70-148-3).

89) 李仁老, 『破閑集』 卷上. 원문과 번역문은 고려대학교부설민족문화연구소 譯註, 『破閑集·慵齋叢話』(동아출판사, 1975) 350쪽에서 전재.

90) 宋秉璿, 『淵齋集』 권21, 雜著 「頭流山記」.

91) 河達弘, 『月村集』 권6, 記 「頭流記」(국립중앙도서관 청구기호 古3648-88-37-3).

람기록에 따른다면 1879년까지 이인로의 시가 판독이 가능했던 것으로 보인다. 이인로가 동행한 崔讜은 이인로 보다 몰년이 앞선 1211년 이므로, 이 시는 그전에 새겼던 것으로 보인다. 새긴 사람과 시기를 비교적 소상히 가늠할 수 있는 이른 시기의 각자이다.

강원도 고성 三日浦 斷崖에도 조선시대 이전에 새겨진 "述郎徒南石行"이라는 각자가 있다. 고려 말 이곡은 금강산 유람 중 이 글씨를 보았지만,[92] 필자와 새긴 유래에 대해서는 고증하지 않았다. 삼일포 글씨에 대해서는 也足堂 魚叔權이 세속에서 전하는 내용과 남효온이 해석한 내용을 참고해 다음과 같이 설명하고 있다.

> 高城 三日浦에 水石의 좋은 경치가 있는데, 新羅 때 화랑 安詳과 永郎의 무리가 놀면서 3일이 되어도 돌아가지 않아 삼일포라 名하였다. 포구 바위석벽에 붉은 글씨 여섯 자가 있는데, '永郎徒南石行'이라 하였다. 세속에서 해석하기를 '영랑은 신라 때 四仙의 하나이고, 남석은 이 돌을 가리킨 것이다. 行은 돌에 가는 것이다.' 하였다. 나그네들 가운에 이 고을에 오는 사람은 반드시 丹書를 찾으므로 한 군수가 번잡하고 비용이 드는 것을 싫어하여 돌로 글자를 쳐서 지워버렸다. 뒤에 만들어내기 좋아하는 자가 있어서 다시 여섯 글자를 새겼는데 다만 자획이 古色이 없으니 한스러운 일이다. 南秋江이 변명하기를 "이 돌이 고성에서 보면 북쪽에 있고, 금강산에서 보면 동북쪽에 있으며, 동해에서 보면 서쪽에 있으니 南石이라 일컬은 것을 더욱 알 수 없고, 또 여섯 글자로 글을 쓴 것이 文理가 너무 疎略하여 古人의 문법이 필시 이와 같지 않을 것이다. 만일 일 만들어내기 좋아하는 아이들에게서 나온 것이 아니라면 영랑의 무리에 성명이 남석행이란 자가 있어 이름을 쓴 것일 것이다." 하였다. …중략… 우리나라는 일을 좋아하지 않아서 비록 名山·勝地라도 일찍이 題名記가 있지 않고, 오직 고성 삼일포에 丹書 여섯 자가 있는데, 역시 후세 사람이 추후에 새긴 것이고, 그 진짜 필적은 아니다. 太史 龔雲岡이 평양 牞丹峯에 올라서 제명기를 쓰기를 '가정 정유년 暮春에 正使 龔用卿, 副使 吳希孟이 判書 鄭士龍, 관찰사 李龜齡과 함께 여기에 놀았다고 공용경은 기록한다.' 하였는데, 글자 크기가 오리만 하였다. 관찰사에게 부탁

92) 李穀, 『稼亭集』 권5, 記「東遊記」.

> 하여 돌에 새기게 하였는데, 글자를 새기는 자가 참된 획을 잃고, 또 浮碧樓 아래 길 옆에 세웠으니 옛사람이 題名石을 남긴 뜻이 아니다.[93]

삼일포 글씨는 원래 새겨 있던 것이 지워지고 훗날 사람들이 다시 여섯 글자를 새겼다고 기록하고 있다. 이도 누가 언제 새겼는지를 알지 못하고 의견이 분분하다. 다만, 우리나라 사람들은 명산이나 승지에 題名하는 것을 좋아하지 않아 그나마 삼일포의 것이 진짜 필적이 아니라도 비교적 오래된 각자로 보고 있다. 어숙권의 생몰년은 미상이나 임진왜란 이전의 문신이므로 어숙권의 기록처럼 조선전기까지는 名山이나 勝地에 제명하는 것이 유행하지는 않았던 것으로 보인다.

그리고 이 어숙권의 글을 통해 유람한 곳에 이름을 새겨놓는 것은 古例였음을 알 수 있다. 1537년 明使들이 평양 牧丹峯을 유람한 題名記를 관찰사에게 부탁해 새기게 했는데 글을 새기는 자가 잘못 새기고, 또 유람한 곳에 새기지 않고 다른 곳에 새겨서 세웠다. 이에 대해 어숙권은 옛사람이 제명석을 남긴 뜻이 아님을 비판하고 있다.

현재 '題名'의 사전적 의미는 詩文 등의 표제나 제목을 일컫는 단어로 사용되고 있다. 그러나 이유원이 "題名이란 登覽했거나 尋訪했던 歲月과 같이 유람한 사람을 기록한 글이다."라고 하여[94] 조선시대에는 제명이 다른 뜻으로 사용되었음을 볼 수 있다. 즉, 제명기는 유람한 일시와 동참했던 사람을 적어놓은 글이고, 제명석은 이를 돌에 새겨놓은 것을 말한다. 유람한 장소에 글씨를 쓴 사람 필체 그대로 제명을 새기는 전례는 고례로부터 있어왔던 것이다.

조선시대의 유람기록에서 유람지에 새겨진 이름과 시를 확인하고 있는 것과 자신들 또한 새겼다는 내용은 대부분 빠지지 않고 나오고 있다.

---

93) 魚叔權, 『稗官雜記』 권4(번역문은 한국고전종합DB 참조).

94) 李裕元, 『林下筆記』 권2, 瓊田花市編 「題名」.

〈사진 7〉 동해 武陵溪 반석 암각자

〈사진 8〉 거창 搜勝臺 암각자(사진 문화재청)

조선후기로 갈수록 유람자가 늘어남에 따라 경승지에 새긴 글씨들이 누적되어 이름난 장소에는 일찍부터 헤아릴 수 없을 정도의 글씨들이 빼곡히 새겨지게 된다. 사람들이 가장 많이 유람했던 금강산과 지리산에서 그 예를 살필 수 있다.

1631년 신익성이 금강산을 유람할 때 만폭동의 금강대 돌 위에 새긴 이름자들을 보고 너무 많아 다 적지 못할 지경이었다고 한다.[95] 만폭동은 1631년 이미 유람자들이 새긴 글씨가 무수히 많았음을 알 수 있다.

95) 申翊聖, 『樂全堂集』, 권7, 記 「遊金剛內外山諸記」.

만폭동에는 양사언이 새겨놓은 '疎桐泠泠風佩淸淸'·'蓬萊楓嶽元化洞天'·'萬瀑洞'이라는 글씨가 있는데,[96] 후대 사람들의 금강산 유람기록에 이 각자가 반드시 언급되었다. 금강산에 각자를 유행시킨 것은 양사언으로부터 비롯된 것이라 해도 과언이 아니다. 1738년 금강산을 유람한 박성원의 기록에 의하면 김수증도 만폭동 양사언의 글씨 옆에 八分體로 '天下第一名山'이라는 각자를 남겼고, 금강문 이후부터는 고금의 시나 글씨들로 인해 완전한 바위가 없었다고 한다. 그리고 양사언의 글씨 뒤에는 유람자들의 글씨가 더욱 빼곡히 쓰여 있어 후에 오는 자들이 쓸 자리가 없을 정도였다고 했다. 박성원도 일행들과 함께 금강문에 글을 써서 새겼다.[97]

지리산 천왕봉과 봉수대 바위에도 글씨가 빈틈없이 새겨져 있었다. 1877년 박치복이 천왕봉에 올랐을 때 바위가 각자들로 빈틈이 없었다고 한다. 錦山의 봉수대에 올랐을 때도 '由虹門上錦山'이라는 각자가 새겨져 있고, 옆에 주세붕의 이름과 이름을 새긴 사람이 많아 누가 누구인지 분간이 가지 않을 정도였다고 한다.[98] 이밖에도 경남 거창의 搜勝臺, 강원 동해의 武陵溪 반석 등과 같이 무수히 많은 각자들이 새겨져 있는 사례들이 많이 있다. 국내의 경승에는 그 양이 방대하여 조사가 불가능할 정도로 조선시대 유람자들이 새겨놓은 각자들을 손쉽게 찾아 볼 수 있다.

특정 장소에 각자가 몰려있는 것은 유람객이 많이 찾는 장소였음을 반증해 주기도 하지만, 선대인들이 새겨놓은 곳에 계속 덧붙여 題名을 새겼기 때문이다. 허목은 파주의 임진강 觀魚臺 근처 卦巖에 300년 전

96) 李裕元, 『林下筆記』 권37, 蓬萊秘書 「香爐峯 萬瀑洞 十潭 鶴臺 普德窟」.
97) 김용곤 外 譯, 『조선시대 선비들의 금강산 답사기』, 혜안, 1998, 274~278쪽.
98) 朴致馥, 『晩醒集』 권7, 雜著 「南遊記行」(국립중앙도서관 청구기호 한古朝46-가321).

〈사진 9〉 파주 임진강 赤壁에 남아있는 許穆의 '卦嵒' 암각자(사진 파주문화원)

題名한 古跡이 있다는 말을 듣고 찾아갔다. 그리고 그 고적에다 자신도 '卦嵒 眉叟書'라고 새겨 괘암이 제명하는 고적임을 표시했다.[99] <사진 9>와 같이 현재에도 허목의 필체가 남아있다. 선대의 제명이 새겨진 곳에 후대인이 다시 제명하는 풍조가 있었던 것으로 보인다.

김종직·이원·이황·성제원·성여신·신지제·신익성·윤휴·김창협·김창흡·남주헌 등 신분고하와 시기를 막론하고 조선시대 유람자들은 유람지에 동행한 사람의 이름과 시를 새기고 이를 유람기록에 남겨 놓고 있다. 후대의 유람자들은 유람 중 글씨가 새겨진 곳을 보면 선대의 유람기록과 대조하여 글을 새긴 사람의 유람을 회상하기도 했다. 이황과 같은 巨儒의 글씨는 제자들이나 후대 사람들이 유람할 때 찾아보고, 마멸을 우려하여 극진히 보호하였다.

이황은 1564년 제자들을 데리고 청량산을 유람할 때 致遠庵 벽에 친필로 이름을 썼다. 1601년 鄭逑가 안동부사로 부임하여 청량산을 유람하다가 임진왜란 중 방치되어 퇴락한 치원암을 보았다. 유람 후 이황의 글씨 보호를 위해 치원암을 중수하고 글씨를 畵板으로 덮어 사람들이 더럽히지 못하게 하였다.[100] 1673년 청량산을 유람한 신후재의 기록에

99) 許穆, 『記言』別集 권9, 記「卦巖題名記」.

의하면 몇 년 전 이웃 고을의 수령이 퇴계의 글씨 다음에 자신의 이름을 나란히 써 놓자 지역의 士林들이 일제히 분노하여 수령을 儒籍에서 지워버리려고 했는데, 수령이 두려워하여 다시 가서 자신의 이름을 깎아버렸다고 한다.[101]

또한 유람자들은 유람지에 각자를 남겨 후대의 표식으로 삼았다. 1651년 지리산을 유람한 오두인은 청학동 바위에서 季父 吳翽이 새겨 놓은 시 한편을 발견하고 화답시를 지어 함께 유람한 사람들에게 보여주었다. 그리고 隱井臺의 바위에다 함께 유람한 4명과 자신의 이름을 나이순으로 새겨 훗날의 표식으로 삼았다.[102] 더욱이 인적이 드물고 험한 산중에 각자가 남아 있는 것은 사람이 그곳을 올라 다닐 수 있다는 증표였다. 박지원은 국내의 산들을 유람하면서 외지고 깊숙한 곳에 이를 때마다 세상 사람들이 오지 못한 곳을 자신만이 왔다고 자부하였으나 그런 곳 마다 '金弘淵'이라는 각자가 새겨있어 화가 치밀어 오른다고 했다. 그러나 유람 중 산중의 험준한 바위를 딛고 두려운 곳에 오르면서 돌아가지 못할까 떨다가도 '金弘淵'이란 각자를 발견하면 도리어, 마치 위험하고 곤경에 처했을 때 옛 친구를 만난 듯 기쁜 마음이 들어 힘을 내어 오르게 된다고 했다.[103]

박지원이 말한 김홍연이란 사람은 험난한 곳을 가리지 않고 유람했고, 가는 곳 마다 각자를 남기고 있다. 조선시대에는 김홍연과 같이 글씨 새기기를 좋아하는 사람들이 있었다. 鄭栻이 그러한 인물이었다. 정식은 일찍이 과거에 뜻을 버리고 산수를 유람하다가 만년에 지리산 德山으로 들어가 武夷精舍를 짓고 은거하였다. 1887년 지리산을 유람한 老柏軒

100) 金榮祖, 『忘窩集』 권5, 雜著 「遊淸凉山錄」.

101) 申厚載, 『葵亭集』 권7, 記 「遊淸凉山記」.

102) 吳斗寅, 『陽谷集』 권3, 記 「頭流山記」.

103) 朴趾源, 『燕巖集』 권1, 煙湘閣選本 「髮僧菴記」.

鄭載圭(1843~1911)는 정식이 수석의 아름다움을 즐기고, 냇가와 조그마한 바위라도 눈을 둘 만한 곳이 있으면 반드시 자신의 이름을 새겼다고 한다. 그래서 지리산 수많은 계곡에 정식의 이름이 새겨져 있었다고 한다.[104] 정식은 가야산을 유람할 때도 刻僧 海環을 시켜 紅流洞의 돌에 자신의 堂號와 이름을 새겼다.[105]

반면, 조선말기의 학자 峿堂 李象秀(1820~1882)는 사대부들이 금강산에 너도나도 제명한 것을 보고 '불멸의 명성'을 추구하는 데서 기인하였다고 보았고, 이름을 각자하는 것으로 명성을 얻을 수 없으므로 내면의 성찰이 있어야 함을 촉구하기도 했다.[106]

유람자들의 글씨를 돌에 새기는 작업은 주로 石工이 담당했고, 정식이 가야산에 승려 해환을 시켜 각자한 예와 같이 승려가 담당하기도 했다. 윤증은 1662년 금강산 비로봉 정상에 올랐을 때 동행한 승려가 후일 윤증의 이름을 새겨주기로 약속했으나 이를 지키지 않았다. 이후 1710년경 금강산 유람을 다녀온 權紟(1658~1731)가 윤증의 先人이 남긴 자취를 일일이 기록해 보내 주면서 비로봉에 새겨진 이름 가운데 윤증과 함께 가지도 않은 백부의 이름만 새겨져 있고, 윤증의 이름이 없다고 하였다. 승려가 윤증에게 이름을 새겨주기로 한 약속을 어긴 것이다.[107] 윤증의 백부 이름은 다른 사람이 새겨 넣은 것이다.

각자는 현지의 돌 위에 유람자가 붓으로 직접 쓰거나 종이에 써준 글을 석공에게 주어 새기게 했다. 절벽이나 위험한 곳에 새겨진 각자들과 대형 글씨 대부분은 유람자가 종이에 써준 것을 석공이 받아다가 새긴

104) 鄭載圭, 『老栢軒集』 권32, 雜著 「頭流錄」(국립중앙도서관 청구기호 한古朝46-가980).

105) 鄭栻, 『明庵集』 권5, 錄 「伽倻山錄」(국립중앙도서관 청구기호 古3648-70-148-3).

106) 김채식, 「峿堂 李象秀의 山水論과 「東行山水記」 分析」, 성균관대학교 석사학위논문, 2003, 82~84쪽.

107) 尹拯, 『明齋遺稿』 권23, 書 「答權汝柔 庚寅六月五日」.

〈사진 10〉 단양 中仙岩 '四郡江山三仙水石' 암각자

것이다. 대형 글씨들은 붉은 인주를 발라 시각적으로 눈에 잘 띄게 하는 효과를 주었다. 앞서 살핀 '金弘淵' 각자, 고성 삼일포 '永郞徒南石行'의 각자 등 조선시대 유람기록에는 붉은색 글씨로 표현하고 있는 각자들이 많이 나타난다. 시간이 오래 지나면 대부분 인주가 지워지지만, 거창 수승대 등에는 붉은 각자들이 현재까지도 남아있다. 돌에 글을 새기는 것은 기술과 시간을 요하기 때문에 석공을 대동하지 않고서는 유람 중에 즉시 새기기는 어려웠다. 대부분 석공이나 승려를 시켜 후일 새기도록 했다.

<사진 10>은 현재 丹陽八景의 하나인 中仙岩에 남아있는 '四郡江山三仙水石' 암각자이다. 1717년 충청도관찰사로 재임하던 尹憲柱가 글씨를 써주고 석공에게 새기게 한 것이다. 옆에 석공 泰三의 이름과 새긴 날짜도 함께 각자되어 있다. 東谿 趙龜命(1693~1737)도 1724년 지리산 龍游潭을 유람하면서 암반에 '石抉川駃龍怒神驚' 여덟 글자를 써놓고, 후에 석공을 시켜 새겨 넣도록 하였다.[108] 崔益鉉은 黑山島 유배

108) 趙龜命, 『東谿集』 권2, 記 「遊龍游潭記」(국립중앙도서관 청구기호 한古朝46-가

〈사진 11〉 화천 화음동정사지 암각 문양

〈사진 12〉 동해 무릉계 반석의 蘭 刻畫

중인 1878년 3월 仙遊峯을 유람하면서 '箕封江山洪武日月'이라는 글을 바위에 써놓고, 4월 석공을 시켜 '指掌嵒'이라는 글씨와 함께 새기게 했다.[109]

---

731).

109) 崔益鉉, 『勉菴集』 권20, 記 「指掌嵒記」.

돌에 각자한 것은 詩·人名이 주류를 이루고 있지만 <사진 11·12>와 같이 문양이나 그림을 새겨 넣기도 했다. <사진 11>은 김수증이 籠水精舍를 짓고 1689년 己巳換局 이후 은거한 곳인, 현재 강원도 華川 華陰洞精舍址에 새겨진 太極圖·八卦圖·河圖洛書이다. 그리고 <사진 12>는 강원도 동해시 무릉계 반석에 새겨진 蘭이다. 지역의 金蘭契員들과 香蘭契員들이 무릉계곡을 유람하고 계원 명단을 새기고 그 위에 계를 상징하는 蘭을 刻畵한 예이다.

경승에 각자하는 풍조는 조선시대 이전에도 있어 왔다. 그러나 조선 전기까지만 하더라도 유행하지 않았고, 현전하는 것도 많지 않다. 설사 있다하더라도 대부분 구전으로만 전해와 누구의 것인지, 언제 새겼는지 명확히 판단하기가 힘들다. 전수조사가 이루어지지 않아 수치상으로는 따지기 어렵고, 새긴지 오래되어 마모 등으로 멸실된 것을 고려한다 하더라도 국내의 경승지에 방대하게 남아있는 각자 대부분 조선중기 이후 것이다.

유람의 유행과 관련된 각자의 풍조는 樓亭記에서도 확인된다. 우리나라는 유람의 장소로 각광 받던 명승지에 누정이 상시 존재해 있었던 것을 볼 수 있다. 관동팔경도 모두 누정을 중심으로 되어있다. 우리나라에서는 일찍부터 누정문화가 발달해 왔다. 16세기에 편찬된 『新增東國輿地勝覽』에 당시까지 기록된 누정만도 880여개에 달할 정도였다.[110] 누정은 개인이 집 주변에 지은 것도 있고, 관에서 지은 것 등 다양하다. 누정에 모여 詩會를 여는 등의 풍류를 즐기기도 했고, 손님들을 맞이하는 장소로 사용하기도 했다.

사대부들은 유람 중 지역의 빼어난 경승에 지어진 정자를 찾아 그곳의 유람이 불러일으키는 감회를 담은 시나 記文을 지었다. 사대부들은 유람을 하면서 누정을 찾아 문학작품의 주요 주제로 삼았고, 유람을 하

110) 박준규, 「한국의 누정고」, 『호남문화연구』 17, 1987, 9쪽.

〈사진 13〉 강릉 鏡浦臺(左)·海雲亭(右) 記文 현판

고 남긴 시 등의 문학작품 중에는 누정과 관련된 것들이 많이 남아있다. 그리고 유명한 名士들이 누정을 대상으로 지은 시나 기문은 지역에서 누정에 懸板으로 새겨 걸었다. 시간이 지날수록 누정에 다녀간 사람이 많아지고, 그 사람들이 지은 기문을 새긴 현판도 점점 늘어나는 것이다. 누정의 기문을 짓고 그것을 새겨 거는 것은 근본적으로 사대부의 문예활동에 기인한 것이지만, 지역의 누정에 외부 유명인사의 기문이 남겨지게 되는 것은 대부분 유람을 하면서 누정을 다녀갔기 때문이다.

이같이 선배학자에 대한 追崇, 명산에 대한 숭모, 자신이 유람을 통해 발현한 기상 표현, 자신이 경영한 공간의 표시, 유람 후의 감흥에 대한 내용을 타인을 시켜 새기게 하는 경우 등 경승에 각자를 한 동기는 다양하며, 이러한 풍조는 조선중기부터 유람의 유행과 함께 확산된 것으로 파악된다. 각자나 기문들은 곧 유람을 행하면서 남겨놓은 인공적 문화흔적이라 할 수 있을 것인데, 유람의 유행과 더불어 더욱 성행되고 촉진되었던 것이다.

결 론

우리나라 유람문화는 자연을 대하는 인식과 관심에서 출발하여 정치·경제·문화·사상적 요인 등에 의해서 형성되고 발달되어 왔다. 시기적으로 보았을 때 유람문화가 본격적으로 형성되는 것은 조선시대이고, 양란을 거친 조선중기에 이르러 주목되는 하나의 문화행위로 확산되고 부각되었다. 15~16세기는 본격적인 유람문화의 형성기, 16~17세는 확산기, 17~18세기는 정착기, 18세기 이후는 유람문화가 일반화되는 보편기라 특징지어 볼 수 있다.

조선시대의 사람들은 명승에 대한 동경을 가지고 있었다. 특히 금강산의 웅장하고 기이한 형상은 사람들로 하여금 보고자 하는 홍취를 유발시켰고, 유람지로는 선망의 대상이었다. 금강산 유람을 동경하며 평생의 소원으로 간직한 사람들도 있었다. 한편, 현재까지도 유행하고 있는 국내의 팔경문화는 고려시대 중국에서 유입된 소상팔경의 영향으로 조선시대에 들어오면서 정형화되고 본격적으로 유행하게 된다. 관동팔경을 효시로 각 지역별로 특색 있는 팔경들이 만들어졌다. 팔경 중에서도 관동팔경이 유람의 명소로 가장 각광받았다. 승경에 대한 동경, 팔경의 성립과 명소화는 조선시대 유람을 더욱 확산시키는 요인이 되었다.

유람은 시간과 금전적 여유가 있어야만 가능했으므로 유람의 향유층은 사대부들이 주류를 이룰 수밖에 없었다. 사대부들의 산수유관은 근본적으로 유가적 사상에 기반을 두고 있었다. 공자의 泰山 등정과 朱子의 南嶽 유람을 본받아 일생에 한번쯤은 산수유람을 소망했고, 유람을 학문의 체험과 성취를 위해 필수적으로 필요한 문화행위로 인식하여 다투어 유람을 발행하였다. 유가적 견지에서 산수를 보고, 유람을 단순한 놀이로 생각하지 않는 사대부들의 산수유관 심화는 유람을 발행하는 명분으로 작용하여 유람을 더욱 유행시켰다.

사대부들은 복잡하고 번다한 일상에서 벗어나 탈속의 자유를 느끼고자 하는 열망을 항시 가지고 있었다. 일상 속에 여가가 생기면 잠시나마 탈속과 안분을 체험하고자 했는데, 이러한 방편으로 유람을 택하였다. 늙고 여가가 없어 유람을 가지 못하면 와유를 통해서라도 이를 즐기고자 했다. 그리고 유람을 통해 故人과 才士의 자취를 답사하고, 그 思惟를 고찰하여 문장을 지을 때나 정사에 적용하기도 하였다. 이러한 문기를 함양하는데 유람을 좋은 방편으로 삼기도 하였다. 또한 聖賢의 도를 본받아 성리학적 이념을 실천하며 求道를 위해 유람을 하기도 했다.

사대부들은 史書를 탐독하여 역사지식을 획득하기도 하였고, 유람을 통해 역사현장을 답사하여 역사의식을 배양하였다. 그리고 자신들이 추숭하는 선대 명현들의 자취를 답험하고자 그들의 행적을 찾아 유람했다. 또한 지방관 보임을 평소 가보기 힘든 곳을 두루 유람할 수 있는 좋은 기회로 삼았다. 공무 시 사사로이 드러내 놓고 유람하는 것은 허용되지 않았지만, 많은 지방관들은 임지를 순회하면서 유람을 즐겼다. 즉, 보임지 순회 시 유람을 병행했다.

조선시대는 통신수단이 부족하였으므로, 유람은 평소 만나기 힘든 사람을 직접만나 교유하는 기회가 되었다. 사대부들이 주로 찾던 유람처는 산이었고, 가장 많이 만나던 方外人은 승려였다. 대부분의 사대부들은 불교의식을 폄하하고 비판했지만, 서거정·최립·박지원·신익성과 같이 승려들과의 교유를 좋아하는 사람도 있었다. 일상에서 자주 대하지 않던 승려들과 유람 중에 만나 교분을 쌓으며 교유했다. 유람 중 作詩를 잘하는 승려들을 만나면 서로 수창하며 문기를 나누고, 학식있는 승려들과는 유·불도에 대해 담론하며 학문적 교유를 가졌다. 사대부들과 승려들은 유람을 통해 자연스러운 교감과 교유를 가질 수 있었다. 유람은 괴리감을 가지기 쉬웠던 유·불자들의 소통과 교유를 이끌어 내었다.

그리고 유람을 기회로 門人들을 만나 교유하였다. 이는 청량산과 지리산을 찾던 유람자들에게 나타나는 가장 두드러진 특징이었다. 청량산은 이황이, 지리산은 조식이 후학을 양성한 곳으로 영남사림들의 학맥의 발상지이기도 했다. 그러므로 청량산과 지리산은 이황과 조식의 학문을 기리는 후학들이 자주 찾는 곳이 되었다. 이황과 조식의 사후에도 후학들이 先學의 자취를 찾고 학문을 기리기 위해 자주 찾아 지역의 선후배 문도들을 만나 함께 유람하며 교유하였다. 이밖에도 금강산과 개성 등의 장소도 사대부들이 유람을 위해 자주 찾던 곳이었다. 교유양상이 사승관계에 얽힌 학파적 특징이 뚜렷하지 않지만, 이곳의 유람을 통해서도 많은 교유관계를 맺고 있다. 유람지에서 주로 벗들을 찾아보고, 유람의 큰 조력자 역할을 해줄 수 있는 지방관들을 만나 교유하였다. 또한 지인이나 족친들과 유람을 계획하여 함께 동행 하면서 친교를 더욱 돈독히 하였다. 유람은 사람들과 소통하며 교유하는 문화행위 중 하나였다.

사대부들의 유람에는 유람지에서 행해지던 몇 가지 관행이 있었다. 수령들은 유람 오는 사대부들을 예우하며 접대 했다. 숙식제공, 술과 기생 등의 접대뿐만 아니라 거마비조의 금전적 접대도 있었고, 유람을 함께 수행하기도 했다. 그리고 사대부들의 유람에서는 대부분 술과 음악, 놀이 등이 수반되는 유흥이 있었다. 유람은 일상의 권태로움에서 벗어나고자 하는 의도가 공존하였으므로 술을 마시며 풍류를 즐기는 것은 유람에 빠질 수 없는 것이었다. 유람의 흥을 돋우기 위해 피리악공은 반드시 데려갔고, 소리꾼과 거문고·아쟁·비파를 타는 악공과 기생을 갖추어 데려 가기도 했다. 이러한 관행은 당시 사대부의 풍류문화에 있어 일반적 현상이었지만, 지나친 유흥은 지탄의 대상이 되기도 했다.

더욱이 승려와 지역민이 유람사역에 동원되었다. 유람지가 주로 산중이었으므로 승려들이 이들에게 숙식을 제공하고 수발을 드는 것은 기본이었고, 특별한 대가없이 산중에서 유람객의 가마를 메며 길잡이 역할을 담당했다. 금강산과 같이 유람객이 수시로 찾는 명승지에 사는 지역민들은 유람객의 접대로 농사의 시기를 일실 하는 등 심한 폐해를 겪기도 했다. 그리고 자신의 지역에 금강산이 있는 것을 한탄하며 유람객이 자주 찾는 명승지를 훼손시키기도 했다. 이같은 유람풍조는 조선시대 사대부 유람의 일반적 관행으로 굳어져 조선 말기까지 지속되어 졌다.

사대부들뿐만 아니라 조선의 국왕들도 공무 외에 궐 밖을 벗어나 유람이나 사냥과 같은 유희를 즐기며 심신을 쉬이고자 하는 욕구를 가지고 있었다. 이러한 욕구 표출의 형태가 出遊였고, 출유를 통해 외유의 욕구를 해소하였다. 하지만 국왕의 궐 밖 거둥에 수반되는 수종인원의 동원과 공돈마련 등의 폐해가 있었고, 관료들은 국왕의 출유가 치적에 흠이 되는 것으로 인식하였으므로 국왕의 출유에는 항상 정지상소가 잇따랐다.

국왕들이 출유하여 가장 많이 즐긴 것은 사냥이었다. 도성근교에 매사냥을 위해 자주 출유하였으므로 사냥을 위한 출유정지 상소도 가장 많이 나타난다. 그리고 도성근교를 유람하기도 했고, 정자나 이궁을 지어 유람의 장소로 삼기도 하였다. 동교나 서교에 관가를 나가 자주 유람하였고, 순행과 능행 등 원거리에 거둥할 때도 평소 도성과 멀어 보기 힘든 곳을 골라 유람하기도 하였다.

관료들은 국왕이 출유를 경계하는 것을 현군이 되기 위한 덕목으로 인식하였다. 국왕의 유희는 정사의 소홀함을 가져와 망국에 이르는 요인이 되는 것으로 보았다. 그러므로 출유횟수의 다소를 막론하고 관료들은 원천적으로 국왕에게 출유를 경계할 것을 권면하였다. 조선초기부터 있어왔던 국왕의 출유는 관료들의 강력한 비판 속에서 공식적으로 점차 사라져 갔다. 더욱이 국왕의 행차가 점차 법식화·의례화 되어가면서 사적 외유의 요소가 있는 출유성 행차는 배제되어졌다. 이러한 배경 속에서 조선중기 이후부터 국왕의 행차에서는 유람 등을 위한 국왕의 출유의 양상을 찾아 볼 수 없게 되었다.

조선시대는 내국인들뿐만 아니라 외국인들의 유람도 있었다. 조선에 오는 외국 사신들은 사행기회에 조선의 경승을 유람하고자 했다. 특히 明使들이 사행 중에 조선을 유람하는 것은 관례였다. 明使가 日使나 淸使들에 비해 사행횟수도 많았지만, 유람을 요구하는 빈도도 가장 높았다. 明使의 주요 유람처는 도성근교와 한강이었다. 明使의 유람은 조선의 군사훈련 수준, 관리들의 학문적 소양, 유생들의 수준과 교육제도 등 조선 정세와 동향을 파악하기 위한 부수적인 목적이 있었다. 또한 외국에까지 명성이 널리 알려져 있던 금강산을 유람하였다. 금강산 사찰을 구경하면서 사찰에서 예불하고 僧들을 공양하였다.

淸使들은 총 네 차례 조선을 유람했다. 明使의 유람 전례에 따라 한강을 비롯한 도성 근교의 유람을 원했으나, 조선에서는 한강에만 한정하여 유람을 시켰다. 조선은 반청감정으로 인해 淸使의 예우와 유람수행에 적극적이지 않았다. 日使가 조선을 유람하거나 요청한 것도 明使에 비해 극히 적었다. 조선전기에만 네 차례 도성·한강·금강산을 유람하였다. 당시 일본 불교계의 문화적 욕구로 인해 조선으로 오는 사신들은 조선의 名刹이나 불세계로 이름난 금강산 유람을 지속적으로 요청하였다. 그러나 조선에서는 내지정보의 보안을 이유로 금강산 유람만큼은 극히 제한적으로 허용하였다. 그러므로 금강산을 다녀온 日使는 2명에 불과하였다. 조선에서는 왜구의 내침 문제와 일본인들이 조선에서 밀무역을 행하는 등의 많은 문제를 야기 시키고 있어 日使의 유람을 제한시켰다.

조선의 입장에서는 사신들이 유람하는 것은 많은 비용과 여러 가지 번거로운 일들이 수반되는 것이었다. 사신들에게 유람을 시켜 준 것은 외교적 실익을 얻기 보다는 이들의 사적 요구사항을 들어주는 것이었고, 국가재정과 행정력의 낭비를 가져왔다.

이처럼 유람이 조선시대에 주목되었던 문화현상이었던 만큼 유람을 통해 촉진된 문화도 있었다. 우선, 유람기록의 양적증가를 가져 왔다. 유람자들은 유람의 내용을 기록으로 남겨 향후 유람의 도구서가 될 수 있게 하였다. 후대 유람자들은 선대의 기록을 통해 정보를 습득하고, 자신도 유람을 기록으로 남겼다. 문인들은 유람기록을 문예취향의 독서물로 애용하며 와유를 즐겼다. 평소 염원했던 유람을 이루면 그 기억을 잊지 않고 간직하기 위해 기록으로 남겨 두고 유람시의 감흥을 두고두고 느끼고자 했다. 조선후기로 갈수록 문인들이 유람내용을 기록하여 후대에 전하는 것이 관행화 되었다. 조선시대에 양산된 수많은 유람기록은 유람문화의 유행이 가져온 문화적 산물이었다.

유람기록의 양산과 더불어 기행사경의 촉진을 가져왔다. 유람을 문자로 남기는 것에 더하여 유람에서 본 풍광을 그림으로 남기는 기행사경이 유행하였다. 진경산수화가 발달하는 조선후기 이전에도 국내의 실경을 대상으로 한 기행사경류의 그림 제작이 있어왔고, 유람의 붐이 조성되면서 산수유기의 작성과 함께 기행사경도 제작이 급증하기 시작했다. 유람을 기록하는 寫景의 방식이 글과 그림으로 혼용되어 나타나게 된 것이다. 기행사경도는 산수유기가 표현하지 못하는 시각적인 효과를 畵面에 담아냄으로써 유람표현의 공간적 개념을 담당했고, 산수유기와 함께 와유의 완상물로 활용이 증가하였다. 조선의 실경에 대한 동경은 유람을 성행시키고, 산수유기의 기록과 함께 실경을 화폭에 담는 기행사경을 촉진시킨 것이다. 기행사경의 유행은 유람의 확산과 그 궤를 같이하여 발달한 문화현상이었다.

또한 국내 곳곳에 현전하는 수많은 암각자와 누정의 기문도 유람의 유행이 남겨놓은 문화적 산물이었다. 경승에 각자하는 풍조는 조선시대 이전에도 있어 왔으나, 국내의 경승지에 방대하게 남아있는 각자 대부분 조선중기 이후의 것이다. 각자의 작업은 주로 석공과 승려가 담당했다. 현지에 유람자가 붓으로 직접 쓰거나 종이에 써준 글을 석공에게 주어 후일 새기도록 했다. 돌에 각자한 것은 詩·人名이 주류를 이루고 있고, 문양이나 그림을 새겨 넣기도 했다. 조선후기로 갈수록 유람자들에 의해 새긴 글씨들이 누적되어 이름난 장소에는 일찍부터 헤아릴 수 없을 정도의 글씨들이 빼곡히 새겨졌다. 후대의 유람자들은 유람 중 글씨가 새겨진 곳을 보면 선대의 유람기록과 대조하여 글을 새긴 사람의 유람을 상고하고, 유람의 표지로 삼기도 했다. 그리고 명승지로 이름난 누정에는 유람객들이 자주 찾아 시나 기문을 지었고, 유명한 名士들의 문장은 지역에서 누정에 懸板으로 새겨 걸었다. 이러한 각자의 풍조는 유람의 유행과 함께 더욱 성행되었다.

지금까지 살펴본 내용을 토대로 조선시대 유람문화에 대한 성격과 특징을 종합적으로 정리하여 보면 첫째, 유람문화는 조선중기에 들어 급격히 확산되었고, 사대부의 여가와 풍류를 대표하는 문화였다. 둘째, 단순히 자연을 감상하고 즐기는 놀이의 의미를 넘어 심신수양·자아성찰·학문의 탐구 등을 위한 필수적인 문화행위였다. 셋째, 僧侶·門人·知人들과 교유하며 소통하는 문화행위였다. 넷째, 수령의 유람객 접대, 유람지에서의 유흥, 승려와 지역민의 유람사역 등의 관행을 만들어내고 지속시켰다. 다섯째, 유람은 국왕이나 외국 使臣 등 다양한 계층에서 즐기고자 했다. 여섯째, 일시적 여가행위로 끝나지 않고, 다양한 문화발달을 촉진시켰다는 점 등이다. 즉, 유람은 조선시대 양반 사대부들이 즐기고 선호했던 대표적인 풍류문화이자 여가문화를 단적으로 보여준다 하겠다. 더불어 유람을 통해 문풍이 진작되는 등 또 다른 문화가 촉진되고 있다. 유람은 조선시대의 문화를 이해하는데 있어 중요한 위치를 차지하고 있는 것이다.

본 글은 조선시대 유람문화를 초보적으로 이해하는 연구에 지나지 않는다. 아직까지 검토되지 못한 수많은 산수유기들이 남아 있고, 유람문화 연구의 폭을 넓히고 보다 종합으로 고찰하기 위해서는 이 자료들을 하나하나 면밀히 분석한 微視的 연구가 더 축적되어져야만 한다. 이러한 점은 향후의 과제로 남겨두며 본 글이 유람을 문화사적 관점에서 이해하고 연구하는 방법을 제시하는데 조금이나마 도움이 되길 기대해 본다.

參考文獻

Ⅰ. 史料

1. 基本史料

『高麗史節要』, 『古文眞寶』, 『國朝人物考』, 『大東野乘』, 『牧民心書』, 『三國史記』, 『承政院日記』, 『朝鮮王朝實錄』, 『晉書』, 『燃藜室記述』, 『凝川日錄』

2. 經典類

『論語』, 『孟子』, 『易經』, 『禮記』, 『詩經』, 『中庸』

3. 文集類

『稼亭集』, 『簡易集』, 『艮齋集』, 『葛峯遺稿』, 『葛川集』, 『感樹齋集』, 『鏡巖集』, 『谿谷集』, 『高峯續集』, 『觀我齋稿』, 『谷雲集』, 『久堂集』, 『鳩巢集』, 『苟全集』, 『葵亭集』, 『克齋集』, 『謹齋集』, 『錦溪集』, 『錦湖遺稿』, 『屐園遺稿』, 『懶齋集』, 『樂全堂集』, 『南溪集』, 『南冥集』, 『老栢軒文集』, 『農巖集』, 『濡谿集』, 『訥齋集』, 『凌虛集』, 『尼溪集』, 『茶山詩文集』, 『澹虛齋集』, 『湛軒書』, 『臺隱集』, 『東國李相國集』, 『東谿集』, 『東溟集』, 『東文選』, 『東洲逸稿』, 『大峯集』, 『晩醒集』, 『忘窩集』, 『勉菴集』, 『鳴巖集』, 『冥菴集』, 『明庵集』, 『明齋遺稿』, 『牧隱詩藁』, 『武陵雜稿』, 『眉叟記言』, 『柏谷集』, 『白湖全書』, 『泛虛亭集』, 『浮査集』, 『四佳集』, 『四佳詩集』, 『士農窩集』, 『私淑齋集』, 『思齋集』, 『三淵集拾遺』, 『三灘集』, 『象村集』, 『西溪集』, 『石洲別集』, 『性潭集』, 『惺所覆瓿藁』, 『續東文選』, 『松巢集』, 『穌齋集』, 『松巖集』, 『松亭集續集』, 『修堂遺集』, 『守夢集』, 『修巖集』, 『順菴集』, 『拭疣集』, 『心田稿』, 『十淸軒集』, 『鵝溪遺稿』, 『雅亭遺稿』, 『安村集』, 『藥泉集』, 『陽谷集』, 『陽村集』, 『於于集』, 『與猶堂全書』, 『旅軒集』, 『淵齋集』, 『燕巖集』, 『梧峯集』, 『五山說林草藁』, 『阮堂集』, 『容齋集』, 『龍浦集』, 『月沙集』, 『月下集』, 『楡巖集』, 『栗谷全書』, 『宜齋集』,

『夷溪集』, 『林下筆記』, 『潛谷遺稿』, 『再思堂逸集』, 『霽湖集』, 『佔畢齋文集』, 『拙藁千百』, 『宋子大全』, 『竹潭集』, 『竹陰集』, 『芝山集』, 『遲庵集』, 『蒼霞集』, 『靑溪集』, 『淸陰集』, 『靑莊館全書』, 『靑坡集』, 『靑霞集詩集』, 『秋江集』, 『春亭集』, 『春洲遺稿』, 『恥齋遺稿』, 『濯纓集』, 『澤堂集』, 『退溪集』, 『退溪先生文集攷證』, 『破閑集』, 『稗官雜記』, 『豹菴遺稿』, 『河西集』, 『鶴峯逸稿』, 『鶴洲集』, 『寒岡集』, 『寒水齋集』, 『閒情錄』, 『海東繹史』, 『玄谷集』, 『玄洲集』, 『海槎錄』, 『壺谷集』, 『壺山外史』, 『弘齋全書』, 『晦隱集』

Ⅱ. 單行本

강릉문화원, 『國譯 東湖勝覽』, 2001.
__________, 『完譯 增修臨瀛誌』, 1997.
고려대학교부설 민족문화연구소 譯註, 『破閑集·慵齋叢話』, 동아출판사, 1975.
고연희, 『조선후기 산수기행예술 연구』, 일지사, 2001.
______, 『조선시대 산수화:아름다운 필묵의 정신사』, 돌베개, 2007.
국립춘천박물관, 『우리의 땅, 우리의 진경 展』, 2002.
권석환, 『한중 팔경구곡과 산수문화』, 이회문화사, 2004.
김용곤 外 譯, 『조선시대 선비들의 금강산 답사기』, 혜안, 1998.
김종진 外 譯, 『표암유고』, 지식산업사, 2011.
南晩星 譯, 『里鄕見聞錄·壺山外史』, 삼성문화문고, 1980.
서울대학교규장각 譯, 『關東十境』, 효형출판사, 1999.
심경호, 『산문기행:조선의 선비, 산길을 가다』, 이가서, 2007.
안장리, 『한국의 팔경문학』, 집문당, 2002.
윤사순, 『新 實學思想論』, 예문서원, 1996.
殷夢霞·于浩 選編, 『使朝鮮錄』下(影印本), 北京圖書館出版社, 2003.
이동주, 『겸재 정선』, 중앙일보사, 1993.
______, 『우리나라의 옛 그림』, 학고재, 1995.
李樹健, 『嶺南學派의 形成과 展開』, 일조각, 1998.
이혜순 외, 『조선중기의 유산기 문학』, 집문당, 1997.
청량산박물관 엮어 옮김, 『옛 선비들의 청량산 유람록』Ⅰ, 민속원, 2007.
______________________, 『옛 선비들의 청량산 유람록』Ⅱ, 민속원, 2009.

최강현,『한국 기행문학 연구』, 일지사, 1982.
최석기 外 譯,『선인들의 지리산 유람록』, 돌베개, 2000.
__________,『용이 머리를 숙인 듯 꼬리를 치켜든 듯』, 보고사, 2008.
__________,『선인들의 지리산 유람록』 3, 보고사, 2009.
__________,『선인들의 지리산 유람록』 4, 보고사, 2010.
최완수,『겸재정선 진경산수화』, 범우사, 1993.
한명기,『정묘·병자호란과 동아시아』, 푸른역사, 2009.

Ⅲ. 論文

1. 歷史

김덕진,「李夏坤의 湖南 유람과 瀟灑園 방문」,『지역과 역사』 26, 부경역사연구소, 2010.
김병인,「고려시대 行旅와 遊覽의 소통 공간으로서 사원」,『역사와 경계』 74, 경남사학회, 2010.
김준석,「兩亂期의 國家再造 문제」,『한국사연구』 101, 한국사연구회, 1998.
노혜경,「『頤齋亂藁』의 旅行記 分析:「西行日曆」을 중심으로」,『고문서연구』 20, 한국고문서학회, 2002.
배명애,「조선전기의 승려통제 책과 僧役」,『역사와 세계』 30, 효원사학회, 2006.
윤재승,「『山中日記』로 본 조선후기 佛教狀況」, 동국대학교 석사학위논문, 2004.
이경순,「1688년 丁時翰의 八公山 유람」,『역사와 경계』 69, 경남사학회, 2008.
이상균,「세조의 강원도 순행과 그 목적」,『박물관지』 18, 강원대학교 중앙박물관, 2011.
_____,「조선시대 관동유람의 유행 배경」,『인문과학연구』 31, 강원대학교 인문과학연구소, 2011.
_____,「조선시대 사대부의 유람 양상」,『정신문화연구』 34권 4호, 한국학중앙연구원, 2011.
_____,「조선전기 외국 사신들의 금강산 유람과 그에 따른 폐해 고찰」,『사

학연구』 101, 한국사학회, 2011.
______, 「조선전기 국왕의 출유성 행차와 이에 대한 관료들의 인식」, 『전북사학』 40, 전북사학회, 2012.
______, 「조선시대 사대부 유람의 관행 연구」, 『역사민속학』 38, 한국역사민속학회, 2012.
______, 「조선시대 유람을 통한 사대부의 교유양상」, 『사학연구』 106, 한국사학회, 2012.
이상배, 「조선전기 외국 사신 접대와 明使의 遊觀 연구」, 『국사관논총』 104, 2004.
이왕무, 「조선후기 국왕의 都城內 幸行의 추세와 변화」, 『조선시대사학보』 43, 조선시대사학회, 2007.
이현수, 「조선초기 講武 시행사례와 군사적 기능」, 『軍史』 45, 군사편찬연구소, 2002.
이희권, 「조선후기의 관찰사와 그 통치기능」, 『전북사학』 9, 전북사학회, 1985.
장병인, 「조선초기의 관찰사」, 『한국사론』 4, 1987.
장현아, 「유산기로 본 조선시대 승려와 사찰」, 동국대학교 석사학위논문, 2003.
정만조, 「宣祖初 晉州 淫婦獄과 그 波紋」, 『한국학논총』 22, 국민대학교, 2000.
정구선, 「鮮初 조선출신 明 사신의 행적」, 『경주사학』 23, 경주사학회, 2004.
정연식, 「조선시대의 여행 조건:黃胤錫의 「西行日曆」과 「赴直紀行」을 중심으로」, 『인문논총』 15, 서울여자대학교 인문과학연구소, 2006.
정재훈, 「조선시대 국왕의례에 대한 연구:講武를 중심으로」, 『한국사상과 문화』 50, 한국사상문화학회, 2009.
진성규, 「세조의 불사행위와 그 의미」, 『백산학보』 78, 백산학회, 2007.
최성환, 「유배인 김약행의 「遊大黑記」를 통해 본 조선후기 대흑산도」, 『한국민족문화』 36, 부산대학교 한국민족문화연구소, 2010.
한문종, 「조선전기 日本國王使의 조선통교」, 『한일관계사연구』 21, 한일관계사학회, 2004.

2. 歷史地理

김선희, 「유산기를 통해 본 조선시대 삼각산 여행의 시공간적 특성」, 『문화역사지리』 제21권 제2호, 한국문화역사지리학회, 2009.

김민정, 「18~19세기의 백두산 기행로 및 기행 양식」, 성신여자대학교 석사학위논문, 2006.

정치영, 「금강산 유산기를 통해 본 조선시대 사대부들의 여행 관행」, 『문화역사지리』 제15권 제3호, 한국문화역사지리학회, 2003.

______, 「유산기로 본 조선시대 사대부의 청량산 여행」, 『한국역사지리학회지』 제11권 제1호, 한국지역지리학회, 2005.

______, 「조선시대 사대부들의 지리산 여행 연구」, 『대한지리학회지』 제44권 제3호, 대한지리학회, 2009.

3. 美術史

김현정, 「19세기 조선 기행사경도 연구」, 홍익대학교 석사학위논문, 2005.

김현지, 「17세기 조선의 실경산수화 연구」, 『미술사연구』 통권18, 미술사연구회, 2004.

박은순, 「조선초기 江邊契會와 실경산수화:典型化의 한 양상」, 『미술사학연구』 221·222합집, 한국미술사학회, 1999.

______, 「정선」, 『한국의 미술가』, 사회평론, 2006.

______, 「조선시대 남한강 실경산수화 연구」, 『온지논총』 26, 온지학회, 2010.

송희경, 「조선후기의 野外雅會圖」, 『미술사학보』 24, 미술사학연구회, 2005.

이보라, 「관동지역의 팔경화 시기 연구」, 『충북사학』 18, 충북사학회, 2007.

이상균, 「關東地域 기행사경도의 사료적 가치 고찰:김홍도의 洛山寺圖를 중심으로」, 『강원문화사연구』 14, 강원향토문화연구회, 2009.

정은주, 「조선시대 明淸使行 관련 繪畵 연구」, 한국학중앙연구원 박사학위논문, 2008.

______, 「조선후기 중국산수판화의 성행과 ≪五嶽圖≫」, 『고문화』 71, 한국대학박물관협회, 2008.

4. 文學史

강구율,「청량산 유산기에 나타난 영남지식인의 자연인식」,『영남학』4, 경북대학교 영남문화연구원, 2003.

강정화,「16세기 遺逸文學 硏究:出處意識과 現實對應을 중심으로」, 경상대학교 박사학위논문, 2006.

______,「16세기 유일의 산수인식과 문학적 표출양상」,『남명학연구』23, 남명학회, 2007.

______,「지리산 유산기에 나타난 조선조 지식인의 산수인식」,『남명학연구』26, 남명학회, 2008.

______,「濯纓 金馹孫의 智異山遊覽과『續頭流錄』」,『경남학』31, 경상대학교 경남문화연구소, 2010.

______,「靑溪 梁大樸의 지리산 읽기,「頭流山紀行錄」」,『동방한문학』47, 동방한문학회, 2011.

강현구,「朴琮의 山水遊記 考察」, 한양대학교 석사학위논문, 1998.

강혜규,「조선전기 방외인의 산수유람:秋江 南孝溫을 중심으로-」,『한국문화』52, 서울대학교규장각한국학연구소, 2010.

고연희,「조선후기 산수기행문학과 紀遊圖의 비교연구-農淵그룹과 鄭敾을 중심으로-」, 이화여자대학교 박사학위논문, 2000.

권석환,「중국 전통 游記의 핵심 시기 문제-晩明시기 유람문화와 유기를 중심으로」,『한국한문학연구』49, 한국한문학회, 2012.

권오규,「산수문학에서의 山水와 山水美」,『인문학연구』4, 경상대학교 인문학연구소, 1998.

권혁진,「淸平山 遊山記 연구」,『인문과학연구』29, 강원대학교 인문과학연구소, 2011.

김남이,「15세기 관인의 산수 경험 양상과 그 의미」,『이화어문논집』19, 이화여자대학교 한국어문학연구소, 2001.

김명순,「朝鮮時代 淸道 士族의 山水文學 硏究」,『동방한문학』18, 동방한문학회, 2000.

김명순,「李重慶의 雲門山 유람과「遊雲門山錄」」,『동방한문학』29, 동방한문학회, 2005.

김상일,「조선중기 士大夫의 승려와의 交遊詩 연구」,『한국어문학연구』39,

한국어문학회, 2002.
김용남, 「李象秀의 「俗離山遊記」에 드러나는 議論의 강화와 그 특징」, 『고전문학과 교육』 17, 한국고전문학교육학회, 2009.
김은정, 「申翊聖의 금강산 유람과 문학적 표현」, 『진단학보』 98, 진단학회, 2004.
______, 「東陽尉 申翊聖의 駙馬로서의 삶과 문화활동」, 『열상고전연구』 26, 열상고전연구회, 2007.
김종구, 「丁時翰의 『山中日記』를 통해 본 當代人의 遊山文化 연구」, 경북대학교 석사학위논문, 2008.
김주미, 「조선후기 山水遊記의 전개와 특징」, 성균관대학교 석사학위논문, 1995.
김주부, 「息山 李萬敷의 山水紀行文學 硏究:「地行錄」과 「陋巷錄」을 중심으로」, 성균관대학교 박사학위논문, 2010.
김채식, 「峿堂 李象秀의 山水論과 「東行山水記」 分析」, 성균관대학교 석사학위논문, 2003.
김태준, 「18세기 실학파와 여행의 精神史」, 『전통문화연구』 1, 명지대학교 한국전통문화연구소, 1983.
노경희, 「17세기 전반기 官僚文人의 산수유기 연구」, 서울대학교 석사학위논문, 2001.
문정우, 「19~20세기 江右 文人의 金剛山 遊覽과 漢詩」, 『동방한문학』 48, 동방한문학회, 2011.
박명희, 「青溪 梁大樸의 산수 遊覽과 시적 표현」, 『고시가연구』 24, 한국고시가문학회, 2009.
______, 「조선조 문인의 無等山 유람과 시적 형상화」, 『동방한문학』 46, 동방한문학회, 2011.
박종익, 「遊山記 考察」, 『어문연구』 31, 어문연구학회, 1999.
______, 「기행문학 金剛山·四郡遊山記의 내용 분석」, 『어문연구』 64, 어문연구학회, 2010.
박진영, 「15世紀~17世紀 金剛山遊覽記 硏究」, 동국대학교 석사학위논문, 2005.
박철완, 「柳宗元과 丁若鏞의 比較 考察:山水遊記를 中心으로」, 『한국어문교육』 8, 한국교원대학교 한국어문교육연구소, 1999.

박희병, 「한국 山水記 연구-장르적 특성을 중심으로-」, 『고전문학연구』 8, 한국고전문학회, 1993.

백민자, 「湖洞西洛記 一考」, 『국어문학』 50, 국어문학회, 2011.

서신혜, 「『晩河夢遊錄』에서 作詩와 遊覽의 기능」, 『어문논총』 41, 한국문학언어학회, 2004.

서현아, 「湖東西洛記에 나타난 金錦園의 삶과 의식지향 연구」, 고려대학교 석사학위논문, 2011.

손오규, 「退溪의 山水文學 연구」, 성균관대학교 박사학위논문, 1991.

______, 「江湖歌道의 종합적 검토:산수유기 연구」, 『도남학보』 14, 도남학회, 1994.

손혜리, 「錦洲 朴琮의 山水遊記 硏究」, 경북대학교 석사학위논문, 1998.

______, 「鐺洲 朴琮의 백두산유람록 연구」, 『대동한문학회지』 26, 대동한문학회, 2007.

______, 「조선후기 문인들의 백두산 유람과 기록에 대하여」, 『민족문학사연구』 37, 고려대학교 민족문화연구원, 2008.

심경호, 「退溪의 산수유기」, 『퇴계학연구』 10, 단국대학교 퇴계학연구소, 1996.

안득용, 「農淵 山水遊記 硏究」, 『동양한문학연구』 22, 동양한문학회, 2006.

안세현, 「柳夢寅의 「遊頭流山錄」 연구:지리산 遊記의 전통과 관련하여」, 『동양한문학연구』 24, 동양한문학회, 2007.

양승이, 「금강산 관련 문학작품에 나타난 儒家的 思惟 연구」, 고려대 박사학위논문, 2012.

양재성, 「硏經齋 成海應의 山水記 硏究:東國名山記』를 중심으로」, 영남대학교 석사학위논문, 2010.

오주학, 「愚潭 丁時翰의 『山中日記』의 연구」, 성균관대학교 석사학위논문, 2008.

______, 「愚潭 丁時翰의 「山中日記」 일고찰」, 『한문학논집』 26, 근역한문학회, 2008.

우응순, 「山水遊記의 전통과 주세붕의 「遊淸凉山錄」」, 『우리문학연구』 14, 우리문학회, 2001.

유정선, 「18·19세기 기행가사의 작품세계와 시대적 변모양상」, 이화여자대학교 박사학위논문, 1999.

유재영, 「梅月堂 金時習의 「遊湖南錄」」, 『향토문화연구』 4, 원광대학교 향토문화연구소, 1987.

윤성훈, 「澹軒 李夏坤, 산수 애호와 문예 지향의 삶」, 『태동고전연구』 24, 한림대학교 태동고전연구소, 2008.

윤지훈, 「雪橋 安錫儆의 金剛山 遊記」, 『한문학보』 12, 우리한문학회, 2005.

윤호진, 「秋史 金正喜의 조선산수기」, 『한국한문학연구』 23, 한국한문학회, 1999.

이대형, 「洪直弼의 寧越 유람과 節義의 형상화」, 『한국문화연구원논총』 8, 이화여자대학교 한국어문학연구소, 2005.

이명희, 「月沙 李廷龜의 遊記文學 硏究」, 충남대학교 석사학위논문, 2010.

이성혜, 「士林들의 유람 입문서, 김종직의 「遊頭流錄」」, 『경남학』 31, 경상대학교 경남문화연구소, 2010.

이의강, 「樂齋 徐思遠의 東遊日錄에 나타난 敍述特徵과 性理學的 人間象」, 『동방한문학』 30, 동방한문학회, 2006.

이종묵, 「遊山의 풍속과 遊記類의 전통:장서각본 『와유록』과 규장각본 『와유록』을 중심으로」, 『고전문학연구』 12, 한국고전문학회, 1997.

______, 「조선전기 문인의 금강산 유람과 그 문학」, 『한국한시연구』 6, 한국한시학회, 1998.

______, 「朝鮮 前期 文人의 松都 遊覽과 그 文學世界」, 『한국한시연구』 7, 한국한시학회, 1999.

______, 「退溪學派와 淸凉山」, 『정신문화연구』 24권 4호, 한국정신문화연구원, 2001.

______, 「조선시대 臥遊 문화 연구」, 『진단학보』 98, 진단학회, 2004.

이종호, 「金壽增의 유람의식과 은거의식」, 『동방한문학』 41, 동방한문학회, 2009.

이종호, 「17~18세기 기유문예의 두 양상-농연그룹의 문예활동을 중심으로-」, 『한문학논집』 30, 근역한문학회, 2010.

이진령, 「梅月堂의 유람시 연구」, 인천대학교 석사학위논문, 1997.

이효숙, 「17~18세기 壯洞 金門의 산수문학 연구」, 강원대학교 박사학위논문, 2008.

이 훈, 「再思堂 李黿의 산수 유람관과 「遊金剛錄」 연구」, 『강원문화연구』 26, 강원대학교 강원문화연구소, 2007.

임은열, 「19세기 금강산 가사의 특징과 문화적 의미」, 『고전문학연구』 14, 한국고전문학회, 1998.

장유진, 「「금강유산일긔」 연구」, 울산대학교 석사학위논문, 2006.

전병철, 「感樹齋 朴汝樑의 지리산 유람과 그 인식:「頭流山日錄」의 분석을 중심으로」, 『경남학』 31, 경상대학교 경남문화연구소, 2010.

정기철, 「紀行歌辭 硏究」, 한남대학교 박사학위논문, 1996.

전송열, 「芝山 曺好益의 「遊妙香山錄」에 대한 고찰」, 『열상고전연구』 28, 열상고전연구회, 2008.

정민의 「16·7세기 조선 문인지식인층의 江南熱과 西湖圖」, 『고전문학연구』 22, 한국고전문학회, 2002.

정용수, 「산수유록으로서의 <錄>체와 「頭流紀行錄」」, 『반교어문연구』 11, 반교어문학회, 2000.

정출헌, 「秋江 南孝溫과 遊山:한 젊은 이상주의자의 상처와 지리산의 慰撫」, 『한국한문학연구』 47, 한국한문학회, 2011.

최석기, 「南冥의 산수유람에 대하여」, 『남명학연구』 5, 남명학회, 1996.

______, 「浮査 成汝信의 智異山遊覽과 仙趣傾向」, 『한국한시연구』 7, 한국한시학회, 1999.

______, 「조선중기 사대부들의 지리산유람과 그 성향」, 『경남문화연구소보』 22, 경상대학교 경남문화연구소, 2000.

______, 「남명학파의 지리산유람과 南冥精神 계승양상」, 『장서각』 6, 한국학중앙연구원, 2001.

______, 「조선시대 士人들의 지리산유람을 통해 본 士意識:15~16세기 지리산 유산기를 중심으로」, 『한문학보』 20, 우리한문학회, 2009.

______, 「지리산유람록을 통해 본 인문학의 길 찾기」, 『남도문화연구』 18, 순천대 남도문화연구소, 2010.

______, 「함양 지역 사대부들의 지리산유람록에 나타난 精神世界」, 『경남학』 31, 경상대학교 경남문화연구소, 2010.

최승순, 「梅月堂의 關東遊歷考」, 『강원문화연구』 11, 강원대학교 강원문화연구소, 1992.

최원석, 「한국의 명산문화와 조선시대 유학 지식인의 전개」, 『남명학연구』 26, 남명학회, 2008.

______, 「한국의 산 연구전통에 대한 유형별 고찰」, 『역사민속학』 36, 한국역

사민속학회, 2011.

최은주,「조선후기 영남선비들의 여행과 공간감성:18세기 영남선비 淸臺 權相一의 사례를 중심으로」,『동양한문학연구』 31, 동양한문학회, 2010.

호승희,「조선전기 유산록 연구」,『한국한문학연구』 18, 한국한문학회, 1995.

홍성욱,「조선전기「遊頭流錄」의 지리산 형상화 연구」,『한국학논집』 17, 근역한문학회, 1999.

______,「權燮의 산수유기 연구」,『국제어문』 36, 국제어문학회, 2006.

황경일,「玉所 權燮의 산수 산문 연구:「海山錄」과「夢記」를 중심으로」, 성균관대학교 석사학위논문, 2004.

황휘주,「낙동강 연안의 유람과 창작 공간」,『한문학보』 18, 우리한문학회, 2008.

4. 其他

김치완,「영주십경으로 본 조선 유학자의 선경 인식과 그 태도」,『대동철학』 59, 대동철학회, 2012.

노재현·신상섭·이정한·허준·박주성,「강릉 연곡면 유등리 "流觴臺" 曲水路의 照明」,『한국전통조경학회지』 30권 1호, 한국조경학회, 2012.

민경준,「명대 후기 유람의 대중화와 여행정보」,『동북아관광연구』 8권 2호, 동북아관광학회, 2012.

박준규,「한국의 누정고」,『호남문화연구』 17, 전남대학교 호남학연구원, 1987.

한경수,「한국에 있어서 관광의 역사적 의미 및 용례」,『관광학연구』 25권 3호, 한국관광학회, 2001.

[부록] 조선시대 국내 山水遊記 일람*

著者(生歿年)	出典	記錄名	遊覽處名(現)	道名(現)	連番
姜命奎 (1801~1867)	『柳溪集』	「遊雲興寺記」	臥龍山	慶尙	1
姜栢年 (1603~1681)	『雪峯遺稿』	「遊寒碧樓設」	堤川	忠淸	2
		「驪江記行」	驪州	京畿	3
姜世晃 (1712~1791)	『豹菴遺稿』	「遊金剛山記」	金剛山	江原	4
		「遊格浦記」	扶安 格浦	全羅	5
		「重九日登義館嶺小記」	淮陽	江原	6
		「遊禹金巖記」	扶安	全羅	7
姜橒 (1772~1834)	『松西集』	「遊日月山記」	日月山	慶尙	8
		「遊小白記」	小白山	慶尙	9
		「八峯山記」	八峯山	忠淸	10
		「遊丹山記」	丹山	忠淸	11
姜彝天 (1768~1801)	『重菴稿』	「遊太華山記」	太華山	江原·忠淸	12
姜再恒 (1689~1756)	『立齋遺稿』	「太白山記」	太白山	慶尙	13
		「淸凉山記」	淸凉山	慶尙	14
		「五臺山記」	五臺山	江原	15

* 『雜著記說類記事索引』(尹南漢 編, 韓國精神文化硏究院, 1982)을 저본으로 하였다. 『韓國歷代山水遊記聚編』(鄭珉 編, 民昌文化社, 1996)·『臥遊錄』(韓國精神文化硏究院, 1997)·한국고전종합DB(http://db.itkc.or.kr)를 부본으로 참고하여 필자가 추가로 파악한 내용을 추록하였다.
* 시기는 조선시대에 한정하였고, 작자의 沒年을 기준하여 19C까지로 하였다.
* '詩'와 '歌辭'를 제외한 散文 중에서 산수에 대한 객관적인 설명과 보고적 성격이 강한 '山水記'보다, 산수를 노닐며 見聞한 유람중심의 서술인 '山水遊記(錄)'를 선별하였다.
* '산수기' 중에서도 '산수유기'에 가까운 형식의 글과 산수뿐만 아니라 특정 장소와 지역을 유람한 기록도 함께 선별하였다.
* 저자별 '가나다'순으로 하고, 유람처명과 道名은 현재의 관할 도·시·군을 기준으로 하였다.
* 본 일람표에는 필자가 미처 파악하지 못하여 누락된 기록도 있을 것이라는 점을 밝혀 두며, 추후 새로운 기록들이 찾아지면 지속적으로 수정·보완토록 하겠다.

著者(生歿年)	出典	記錄名	遊覽處名(現)	道名(現)	連番
		「臨瀛記」	江陵	江原	16
		「黃池記」	太白 黃池	江原	17
		「鷄龍山記」	鷄龍山	慶尙	18
		「俗離山記」	俗離山	忠淸	19
姜鼎煥 (1741~1816)	『典庵集』	「遊俗離山記」	俗離山	忠淸	20
		「遊華陽洞記」	俗離山	忠淸	21
姜周祜 (1754~1821)	『玉泉聯芳稿』	「遊太白山錄」	太白山	慶尙	22
		「遊俗離山錄」	俗離山	忠淸	23
		「遊金剛山錄」	金剛山	江原	24
		「南遊錄」	慶尙一圓	慶尙	25
姜晉奎 (1817~1891)	『櫟庵遺稿』	「遊金山記」	金山	慶尙	26
姜必愼 (1687~1756)	『慕軒集』	「游洛江記」	洛東江	慶尙	27
姜必孝 (1764~1848)	『海隱遺稿』	「四遊錄」	全國	全國	28
姜鶴年 (1585~1647)	『復泉遺稿』	「游道峰記」	道峰山	京畿	29
		「龍江小記」	龍江	忠淸	30
姜獻奎 (1797~1860)	『農廬集』	「遊金剛山錄」	金剛山	江原	31
高敬命 (1533~1592)	-	「遊瑞石錄」	無等山	全羅	32
高夢贊 (1793~1858)	『錦洲集』	「山海行程記」	慶尙一圓	慶尙	33
高永周 (1???~18??)	『痴想集』	「妙香山記」	妙香山	平安	34
高廷鳳 (1743~1822)	『守村集』	「平壤江」	平壤江	平安	35
		「酒巖山」	酒巖山	平安	36
具赫謨 (1859~1895)	『愼菴集』	「遊連珠山記」	連珠山	全羅	37
		「再遊連珠山記」	連珠山	全羅	38

著者(生歿年)	出典	記錄名	遊覧處名(現)	道名(現)	連番
權榘 (1672~1749)	『屛谷集』	「遊冰城記」	冰城	平安	39
權璟 (1604~1666)	『臺隱集』	「遊月城錄」	慶州 月城	慶尙	40
		「遊內延錄」	浦項 內延山	慶尙	41
		「遊淸涼山錄」	淸涼山	慶尙	42
權佶 (1712~1774)	『敬慕齋集』	「中赤壁船遊記」	智異山	慶尙	43
權斗經 (1654~1725)	『蒼雪齋集』	「再遊槽溪記」	三角山	서울	44
		「遊月瀾菴記」	龍頭山	慶尙	45
		「同舟覽勝記」	丹陽	忠淸	46
權炳 (1723~1772)	『約齋文集』	「西游錄」	聞慶	慶尙	47
權相奎 (18??~1894)	『竹窩集』	「遊風乎臺記」	梁山	慶尙	48
		「遊王井洞記」	慶州	慶尙	49
		「遊白鹿洞記」	安東	慶尙	50
權燮 (1671~1759)	『玉所集』	「遊行錄」	慶尙·全羅· 金剛山	慶尙·全 羅·江原	51
權聖矩 (1642~1708)	『鳩巢集』	「遊淸涼山錄」	淸涼山	慶尙	52
權省吾 (1587~1671)	『東巖集』	「遊淸涼山錄」	淸涼山	慶尙	53
權宇 (1552~1590)	『松巢集』	「遊淸涼山錄」	淸涼山	慶尙	54
權允煥 (1831~1880)	『梅谷集』	「九老洞記」	九老	서울	55
權以鎭 (1668~1734)	『有懷堂集』	「遊淸涼山記」	淸涼山	慶尙	56
		「無愁洞記」	大田	忠淸	57
權在奎 (1835~1893)	『直菴集』	「遊赤壁記」	和順 赤壁	慶尙	58
權載運 (1701~1778)	『麗澤齋遺稿』	「遊赤壁記」	和順 赤壁	全羅	59

著者(生歿年)	出典	記錄名	遊覽處名(現)	道名(現)	連番
權正忱 (1710~1767)	『平庵集』	「小白遊錄」	小白山	慶尙	60
		「淸凉山遊覽錄」	淸凉山	慶尙	61
權諿 (16??~1681)	『月峯遺稿』	「花山遊覽記」	安東 花山	慶尙	62
權必稱 (17??~1784)	『梧潭集』	「白頭錄」	白頭山	咸鏡	63
權好文 (1532~1587)	『松巖集』	「遊淸凉山錄」	淸凉山	慶尙	64
		「城山記」	安東 靑城山	慶尙	65
權穗 (16C~17C)	『震溟集』	遊小有丘記	仁川	京畿	66
		自中庵遊極樂院記	仁川	京畿	67
		遊松風亭記	金川	黃海	68
		遊千房寺址記	群山	全羅	69
錦園 (18??~18??)	-	「湖東西洛記」	金剛山	江原	70
琴愘 (1571~1589)	『惺齋集』	「日洞山水記」	淸凉山	慶尙	71
琴蘭秀 (1530~1604)	『惺齋集』	「普賢庵壁上書前後入山記」	淸凉山	慶尙	72
金健輝 (朝鮮後期)	『下蔡集』	「東遊錄」	慶尙一圓	慶尙	73
金慶餘 (朝鮮後期)	『敬窩集』	「詠歸亭泛舟記」	義城	慶尙	74
金景游 (1698~1773)	『老隱遺稿』	「忠原遊行錄」	忠州	忠淸	75
金敎行 (17??~1766)	『惟勤堂遺稿』	「游安眠日記」	安眠島	忠淸	76
金構 (1649~1704)	『觀復齋遺稿』	「東行日記」	江原一圓	江原	77
金近 (1579~1656)	『五友堂集』	「遊周王山日記」	周王山	慶尙	78

著者(生歿年)	出典	記錄名	遊覽處名(現)	道名(現)	連番
金基洙 (18??~1873)	『柏後集』	「德川遊錄」	妙香山	平安	79
		「南遊錄」	南海 錦山	慶尙	80
金基堯 (朝鮮後期)	『小塘集』	「三洞記行」	安義三洞	慶尙	81
金魯謙 (1781~1853)	『性菴集』	「遊道峯記」	道峯山	서울	82
金道明 (1803~1873)	『畏庵集』	「遊淸凉山錄」	淸凉山	慶尙	83
金道洙 (1699~1733)	『春洲遺稿』	「楓岳別記」	金剛山	江原	84
		「南遊記」	智異山	慶尙	85
金道赫 (1794~1839)	『巖塘集』	「靑城山水記」	沃川 靑城	忠淸	86
		「遊淸凉山記」	淸凉山	慶尙	87
金斗龍 (1692~1742)	『樂善堂集』	「遊西山草堂記」	慶州	慶尙	88
金得臣 (1604~1684)	『柏谷集』	「金剛山錄」	金剛山	江原	89
		「新定縣山水可遊者記」	丹陽	忠淸	90
		「密巖洞記」	丹陽	忠淸	91
金得硏 (1555~1637)	『葛峯遺稿』	「遊淸凉山記」	淸凉山	慶尙	92
金萬重 (1637~1692)	『西浦集』	「瞻華嶺記」	宣川	平安	93
金邁淳 (1776~1840)	『臺山集』	「遊華藏寺記」	長湍 寶鳳山	京畿	94
		「登東臺記」	三角山	서울	95
		「游宜寧相亭址記」	光州	全羅	96
金夢華 (1723~1792)	『七巖集』	「遊雪嶽錄」	雪嶽山	江原	97
金文學 (18C)	『宜齋集』	「智異山行記」	智異山	慶尙	98
金昺煥 (1824~1883)	『勇菴集』	「遊痲谷記」	痲谷山	忠淸	99
		「再遊痲谷記」	痲谷山	忠淸	100
		「華陽遊覽記」	俗離山	忠淸	101

著者(生歿年)	出典	記錄名	遊覽處名(現)	道名(現)	連番
金炳球 (1782~18??)	『醉竹遺稿』	「遊北漢記」	北漢山	서울	102
		「冠岳山遊記」	冠岳山	서울	103
		「遊白馬江記」	白馬江	忠淸	104
金相鳳 (17C~18C)	『芝涯遺稿』	「遊鷄龍山記」	鷄龍山	忠淸	105
金相壽 (1815~1895)	『草廬集』	「永嘉紀行」	安東	慶尙	106
金相直 (1???~1722)	『恥齋遺稿』	「遊銀海記」	八公山	慶尙	107
		「南遊記」	慶尙 一圓	慶尙	108
		「東遊錄」	金剛山	江原	109
金尙憲 (1570~1652)	『淸陰集』	「淸平錄」	淸平山	江原	110
		「遊西山記」	仁王山	서울	111
		「南槎錄」	濟州	濟州	112
金碩奎 (18??~1883)	『恥庵集』	「香山錄」	妙香山	平安	113
金性昊 (1???~1845	『一齋集』	「遊石門亭記」	靑城山	慶尙	114
		「遊善山山水記」	善山	慶尙	115
金誠一 (1538~1593)	『鶴峰集』	「遊赤壁記」	和順 赤壁	全羅	116
金世洛 (18??~1873)	『三吾堂集』	「遊八公山記」	八公山	慶尙	117
金壽民 (1734~1811)	『明隱集』	「三洞遊山錄」	安義三洞	慶尙	118
		「遊邊山錄」	扶安 邊山	全羅	119
		「望德山記」	茂朱 望德山	全羅	120
		「梯谷滄村記」	長水 梯谷	全羅	121
		「遊夕陽山記」	淳昌	全羅	122
		「南山記」	南山	서울	123
金壽增 (1624~1701)	『谷雲集』	「遊戲靈山記」	戲靈山	江原	124
		「遊松都記」	開城	黃海	125
		「遊白沙汀記」	白沙汀(夢金浦)	黃海	126
		「七仙洞記」	華川 白雲山	江原	127

著者(生歿年)	出典	記錄名	遊覽處名(現)	道名(現)	連番
		「重遊七仙洞記」	華川 白雲山	江原	128
		「谷雲記」	華川	江原	129
		「楓嶽日記」	金剛山	江原	130
		「花山記」	安東 花山	慶尙	131
		「寒溪山記」	麟蹄 寒溪山	江原	132
		「遊華嶽山記」	華川 華嶽山	江原	133
		「華陰洞志」	華川	江原	134
		「遊曲淵記」	麟蹄 寒溪山	江原	135
		「山中日記」	京畿·江原一圓	京畿·江原	136
		「靑龍山靑龍寺記」	平康 靑龍山	江原	137
金壽興 (1626~1690)	『退憂堂集』	「南征錄」	慶尙一圓	慶尙	138
金時鏵 (1???~1732)	『默齋集』	「遊淸凉山錄」	淸凉山	慶尙	139
金時傑 (1653~1701)	『蘭谷集』	「遊漕溪」	北漢山	서울	140
金時洛 (1857~1896)	『莊庵集』	「遊玉巖記」	安東	慶尙	141
金時敏 (1681~1747)	『東圃集』	「春遊歸來亭記」	安東	慶尙	142
金時瑞 (1652~1707)	『自然堂遺稿』	「曹溪遊賞錄」	三角山	서울	143
		「大隱巖遊賞錄」	北岳山	서울	144
金時習 (1435~1493)	『梅月堂集』	「遊水落山記」	水落山	京畿	145
金始爗 (1662~1732)	『默齋集』	「遊淸凉山錄」	淸凉山	慶尙	146
金時和 (1???~17??)	『竹下集』	「南樓翫月記」	漢城	서울	147
		「鼎足山記」	鼎足山	京畿	148
		「摩尼山記」	摩尼山	京畿	149
		「妙香山記」	妙香山	平安	150

著者(生歿年)	出典	記錄名	遊覽處名(現)	道名(現)	連番
金信謙 (1693~1738)	『楢巢集』	「遊北城記」	平壤	平安	151
		「遊朴淵記」	開城	黃海	152
		「島遊記」	安眠島	忠淸	153
金安老 (1481~1537)	『希樂堂稿』	「遊鳳凰臺志」	平壤	平安	154
		「德水遊山記」	楊平	京畿	155
金若鍊 (1730~1802)	『斗庵集』	「遊江都錄」	江華島	京畿	156
金汝重 (1???~1630)	『軒軒軒集』	「遊天冠山記」	天冠山	全羅	157
金汝振 (19C)	『三愚集』	「遊首陽城記」	海州 首陽山	黃海	158
金瑩 (1765~1840)	『槐軒集』	「御雲樓遊觀記」	榮州 御雲樓	慶尙	159
金永祚 (1???~1842)	『竹潭集』	「遊頭流錄」	智異山	慶尙	160
		「遊北漢錄」	北漢山	서울	161
金榮祖 (1577~1648)	『忘窩集』	「遊淸凉山錄」	淸凉山	慶尙	162
金永稷 (18C~19C)	『耀雲子初學集』	「遊華陽洞記」	俗離山	忠淸	163
金容 (1???~1765)	『太疎集』	「雲嵐山行記」	高興 雲嵐山	全羅	164
金楺 (1653~1719)	『儉齋集』	「記遊天摩山」	天摩山	京畿	165
		「游楓嶽記」	金剛山	江原	166
		「水落山二瀑記」	水落山	京畿	167
金堉 (1580~1658)	『潛谷遺稿』	「天聖日錄」	開城	黃海	168
金裕壽 (1695~1761)	『晩窩集』	「遊金烏山記」	金烏山	慶尙	169
		「潤筆庵遠望記」	潤筆庵	京畿	170
金履萬 (1683~1758)	『鶴皐集』	「東遊記」	金剛山	江原	171
		「遊丹陽山水記」	丹陽	忠淸	172

著者(生歿年)	出典	記錄名	遊覽處名(現)	道名(現)	連番
金履陽 (18C~19C)	『梧石集』	「南遊錄」	慶尙·全羅一圓	慶尙·全羅	173
		「續南遊錄」	慶尙·全羅一圓	慶尙·全羅	174
金翊東 (1793~1860)	『直齋集』	「湖南紀行」	湖南地方	全羅	175
		「遊淸凉山記」	淸凉山	慶尙	176
金履安 (1722~1791)	『三山齋集』	「上元踏橋記」	水標橋· 廣通橋 等	서울	177
		「記游」	水落山 等	京畿	178
		「門巖游記」	水落山	京畿	179
金仁根 (1???~1841)	『靜軒集』	「華陽紀遊」	俗離山	忠淸	180
金馹孫 (1645~1498)	『濯纓集』	「頭流紀行錄」	智異山	慶尙	181
金恁 (1604~1667)	『野菴集』	「遊洛淵記」	安東 洛淵	慶尙	182
金長生 (1548~1631)	『沙溪遺稿』	「伽倻山逢尹正卿」	伽倻山	慶尙	183
		「再游伽倻山」	伽倻山	慶尙	184
金在堉 (1808~1893)	『雲皐集』	「遊山廷山記」	聞慶 廷山	慶尙	185
		「遊富德山記」	富德山	黃海	186
		「遊葡萄山記」	帽帶山(葡萄山)	慶尙	187
		「觀海記」	盈德郡	慶尙	188
金鼎均 (1872~1847)	『鋤漁遺稿』	「遊忠州八峰記」	八峰山	忠淸	189
金宗德 (1724~1797)	『川沙集』	「玉溪遊山錄」	陜川	慶尙	190
金宗直 (1431~1492)	『佔畢齋集』	「遊頭流錄」	智異山	慶尙	191
金鍾順 (18??~1886)	『直軒續集』	「頭流山中聞見記」	智異山	慶尙	192
		「華山行記」	俗離山	忠淸	193
金中淸 (1567~1629)	『苟全集』	「遊淸凉山記」	淸凉山	慶尙	194

著者(生歿年)	出典	記錄名	遊覽處名(現)	道名(現)	連番
金之白 (1623~1670)	『澹虛齋集』	「遊頭流山記」	智異山	慶尙	195
金鎭東 (1727~1800)	『素巖集』	「遊小白山錄」	小白山	慶尙	196
金鎭宇 (1???~1850)	『素窩集』	「日月山遊錄」	英陽 日月山	慶尙	197
金鎭恒 (18C~19C)	『檗山全集』	「遊水落山記」	水落山	京畿	198
金昌緝 (1662~1713)	『圃陰集』	「東游記」	金剛山	江原	199
金昌協 (1651~1708)	『農巖集』	「游松京記」	開城	黃海	200
		「東游記」	金剛山	江原	201
		「西游記」	開城	黃海	202
		「登月出山九井峰記」	月出山	서울	203
		「游白雲山記」	華川 白雲山	江原	204
		「游晩翠臺記」	加平	京畿	205
金昌翕 (1653~1722)	『三淵集』	「東遊小記」	雪嶽山	江原	206
		「平康山水記」	平康	江原	207
		「五臺山記」	五臺山	江原	208
		「遊鳳頂記」	雪嶽山	江原	209
		「雪岳日記」	雪嶽山	江原	210
		「雲根亭記」	高城 淸澗亭	江原	211
		「石泉谷記」	鐵原	江原	212
		「丹丘日記」	丹陽	忠淸	213
		「湖行日記」	天安	忠淸	214
		「蔚珍山水記」	蔚珍	慶尙	215
		「嶺南日記」	慶尙一圓	慶尙	216
		「南征日記」	慶尙一圓	慶尙	217
		「南遊日記」	全羅一圓	全羅	218
		「關西日記」	平安一圓	平安	219
		「北關日記」	咸鏡一圓	咸鏡	220

著者(生歿年)	出典	記錄名	遊覽處名(現)	道名(現)	連番
金昌熙(1844~1890)	『石菱集』	「北征記遊」	摩天嶺	咸鏡	221
金喆銖(1822~1887)	『魯園集』	「遊小白山錄」	小白山	慶尙	222
金兌一(1637~1702)	『蘆洲集』	「遊月出山記」	月出山	全羅	223
金夏九(1676~1762)	『楸菴集』	「江遊記」	榮光 法聖浦	慶尙	224
		「海佛菴觀西洋記」	榮光	全羅	225
金孝元(1542~1590)	『省菴集』	「頭陀山日記」	東海 頭陀山	江原	226
金烋(1597~1638)	『敬窩集』	「詠歸亭泛舟記」	義城	慶尙	227
金熙周(1760~1873)	『葛川集』	「金剛遊山錄」	金剛山	江原	228
南景羲(1748~1812)	『癡菴集』	「遊四郡記」	堤川·丹陽	忠淸	229
		「遊斷石山記」	慶州 斷石山	慶尙	230
		「遊朱砂山記」	慶州 朱砂山	慶尙	231
		「遊大賢洞記」	慶州	慶尙	232
		「再遊圓寂山記」	梁山 圓寂山	慶尙	233
南公轍(1760~1840)	『金陵集』	「遁村諸勝記」	廣州	京畿	234
南九萬(1629~1711)	『藥泉集』	「溫陽溫泉北湯記」	溫陽	忠淸	235
南道振(1674~1735)	『弄丸齋集』	「遊金剛山記」	金剛山	江原	236
		「遊丹陽山水記」	丹陽	忠淸	237
南夢賚(1620~1681)	『伊溪集』	「遊俗離山錄」	俗離山	忠淸	238
南龍燮(1734~1817)	『松陰集』	「遊陶山記」	安東	慶尙	239
		「遊淸凉山記」	淸凉山	慶尙	240
南有常(1696~1728)	『泰華子稿』	「遊龍淵記」	達城	慶尙	241
		「遊桐華記」	達城	慶尙	242
		「遊伽倻記」	伽倻山	慶尙	243

著者(生歿年)	出典	記錄名	遊覽處名(現)	道名(現)	連番
南有容 (1698~1773)	『雷淵集』	「遊洞陰華嶽記」	華嶽山	京畿	244
		「東遊小記」	丹陽	忠淸	245
		「遊西湖記」	漢江	서울	246
		「遊玉流洞記」	光州	全羅	247
		「門巖記」	光州	全羅	248
南周獻 (1769~1821)	『宜齋集』	「智異山行記」	智異山	慶尙	249
南夏正 (1678~1751)	『桐巢集』	「鷄龍記行」	鷄龍山	忠淸	250
南鶴鳴 (1654~1723)	『晦隱集』	「遊三淸洞小記」	三淸洞	서울	251
		「遊錦山記」	南海 錦山	慶尙	252
		「遊四郡記」	丹陽	忠淸	253
		「遊晩翠臺記」	天摩山	京畿	254
南漢紀 (1675~1748)	『寄翁集』	「游三淸洞小記」	三淸洞	서울	255
南孝溫 (1454~1492)	『秋江集』	「遊天王峯記」	智異山	慶尙	256
		「遊佳殊窟記」	佳殊窟	平安	257
		「遊金剛山記」	金剛山	江原	258
		「松京錄」	開城	黃海	259
		「智異山日課」	智異山	慶尙	260
盧光懋 (1808~1894)	『懼庵遺稿』	「遊方丈記」	智異山	慶尙	261
盧景任 (1569~1620)	『敬菴集』	「遊鸕鶿巖記」	羅州	全羅	262
		「遊金剛山記」	金剛山	江原	263
		「遊鶴駕山記」	鶴駕山	慶尙	264
		「小白山太元臺記」	小白山	忠淸	265
		「月幕山水記」	安東	慶尙	266
		「登冷山記」	龜尾 冷山	慶尙	267
盧禛 (1518~1578)	『玉溪集』	「遊長水寺記」	咸陽 長水寺	慶尙	268

著者(生歿年)	出典	記錄名	遊覽處名(現)	道名(現)	連番
文景虎 (1556~1619)	『嶧陽集』	「東行錄」	慶尙一圓	慶尙	269
		「君子溪記」	陜川 美崇山	慶尙	270
文益成 (1526~1584)	『玉洞集』	「遊寒溪錄」	寒溪山	江原	271
文正儒 (1761~1839)	『東泉集』	「伽倻遊記」	伽倻山	慶尙	272
閔仁伯 (1552~1626)	『苔泉集』 (遊賞)	「出宰安峽以遊金剛」	金剛山	江原	273
		「安峽之西有巖泉寺」	伊川	京畿	274
		「安陰迎勝洞」	咸陽	慶尙	275
		「咸陽學士樓」	咸陽	慶尙	276
		「馬耳山」	鎭安 馬耳山	全羅	277
		「羅州」	羅州	全羅	278
		「劍巖」	忠州	忠淸	279
		「聞慶縣有水穴」	聞慶	慶尙	280
		「紅流洞」	聞慶	慶尙	281
		「聞慶縣」	聞慶	慶尙	282
		「安邊東南有廣石」	安邊	咸鏡	283
		「永豐縣釋王寺」	安邊	咸鏡	284
		「三陟竹西樓」	三陟	江原	285
		「金沖菴廟前有婚姻之川」	大田	忠淸	286
閔在南 (1802~1873)	『晦亭集』	「遊頭流錄」	智異山	慶尙	287
		「東遊錄」	昌原	慶尙	288
朴光前 (1526~1597)	『竹川集』	「記遇溪」	寶成	全羅	289
朴來吾 (1713~1785)	『尼溪集』	「遊頭流錄」	智異山	慶尙	290
		「遊三洞錄」	德裕山	全羅	291
朴明傅 (1571~1639)	『知足堂集』	「七寶山記行」	七寶山	咸鏡	292
		「遊水淵小記」	水淵瀑布	京畿	293
朴敏 (1566~1630)	『凌虛集』	「頭流山仙遊記」	智異山	慶尙	294

著者(生歿年)	出典	記錄名	遊覽處名(現)	道名(現)	連番
朴尙淵 (1631~1696)	『金谷集』	「浴溫泉記」	平山	黃海	295
		「南大池記」	平山	黃海	296
朴世堂 (1629~1703)	『西溪集』	「聚勝臺記」	水落山	京畿	297
朴淳愚 (1686~1759)	『明村遺稿』	「東遊錄」	金剛山	江原	298
朴汝樑 (1554~1611)	『感樹齋集』	「頭流山日錄」	智異山	慶尙	299
		「夜遊普通溪記」	開城	黃海	300
朴永錫 (1734~1801)	『晩翠亭遺稿』	「東遊錄」	金剛山	江原	301
朴永徽 (18??~1891)	『淇竹堂遺稿』	「兩角山記」	兩角山	慶尙	302
朴雲 (1493~1562)	『龍巖集』	「關東行錄」	蔚珍	慶尙	303
朴允默 (1771~1849)	『存齋集』	「遊水聲洞記」	仁王山	서울	304
		「遊金仙菴記」	三角山	서울	305
		「遊日涉園記」	仁王山	서울	306
朴履坤 (17??~1783)	『芝村遺集』	「遊東京錄」	慶州	慶尙	307
		「遊玉山記」	慶州	慶尙	308
朴自宣 (1???~1815)	『自宣集』	「龍頭遊山記」	龍頭山	慶尙	309
		「陶山院尋遊記」	安東	慶尙	310
朴長遠 (1612~1671)	『久堂集』	「遊頭流山記」	智異山	慶尙	311
		「遊朴淵記」	開城	黃海	312
		「遊淸平山記」	淸平山	江原	313
		「重遊淸平記」	淸平山	江原	314
		「麟遊記」	麟蹄	江原	315
		「白雲洞尋院記」	榮州	慶尙	316
		「步上望昌山記」	浦項 望昌山	慶尙	317
朴禎一 (1???~1834)	『率性齋遺稿』	「遊錦山錄」	南海 錦山	慶尙	318
		「遊華陽洞記」	俗離山	忠淸	319

著者(生歿年)	出典	記錄名	遊覽處名(現)	道名(現)	連番
朴齊家 (1750~1805)	『貞蕤閣文稿』	「妙香山小記」	妙香山	平安	320
朴琮 (1735~1793)	『鐺洲集』	「上古遊錄」	七寶山	咸鏡	321
		「白頭山遊錄」	白頭山	咸鏡	322
		「七寶山遊錄」	七寶山	咸鏡	323
		「東京遊錄」	關東八景·慶州	江原·慶尙	324
		「淸凉山遊錄」	淸凉山	慶尙	325
		「渼湖初遊錄」	渼湖	京畿	326
		「渼湖再遊錄」	渼湖	京畿	327
		「渼湖三遊錄」	渼湖	京畿	328
朴宗永 (19C)	『松塢遺稿』	「剡東水月記」	-	京畿	329
		「龍湫記」	加平	京畿	330
		「水淸洞記」	楊平	京畿	331
		「迦葉山記」	陰城	忠淸	332
朴春長 (1595~1664)	『東溪集』	「支提山遊賞記」	長興 天冠山	全羅	333
朴忠源 (1735~1787)	『陶塢遺稿』	「淸凉山遊錄」	淸凉山	慶尙	334
朴致馥 (1824~1894)	『晩醒集』	「南遊記行」	智異山	慶尙	335
朴泰輔 (1654~1689)	『定齋集』	「內浦遊歷記」	完州	全羅	336
朴鎬陽 (1851~1899)	『月塘集』	「遊喜方寺記」	小白山	慶尙	337
朴熙典 (1803~1888)	『酉澗集』	「南遊錄」	慶尙一圓	慶尙	338
裵容吉 (1556~1609)	『琴易堂集』	「金剛山記」	金剛山	江原	339
裵幼章 (1618~1687)	『楡巖集』	「淸凉山遊錄」	淸凉山	慶尙	340

著者(生歿年)	出典	記錄名	遊覽處名(現)	道名(現)	連番
裵應褧 (1544~1602)	『安村集』	「清凉山遊賞錄」	清凉山	慶尙	341
裵瓚 (1825~1898)	『錦溪集』	「遊頭流錄」	智異山	慶尙	342
白慶楷 (1765~1842)	『守窩集』	「遊太白山」	太白山	慶尙	343
邊士貞 (1529~1596)	『桃灘集』	「遊松都錄」	開城	黃海	344
		「遊頭流錄」	智異山	慶尙	345
卞鍾運 (1790~1866)	『歗齋鈔』	「西湖泛舟記」	漢江	서울	346
徐居正 (1420~1488)	『續東文選』	「遊松都錄」	開城	黃海	347
徐淇修 (1771~1834)	『篠齋集』	「遊白頭山記」	白頭山	咸鏡	348
徐命膺 (1716~1787)	『保晚齋集』	「遊白頭山記」	白頭山	咸鏡	349
		「東遊山水記」	京畿一圓	京畿	350
		「遊永春記」	丹陽	忠清	351
徐鳳翎 (1622~1687)	『梅壑集』	「遊金堂島記」	長興 金堂島	全羅	352
徐思遠 (1550~1615)	『樂齋集』	「東槎日錄」	慶州	慶尙	353
徐榮輔 (1759~1816)	『竹石館遺集』	「遊紫霞洞記」	冠岳山	서울	354
徐元藝 (19C)	-	「博泉東遊錄」	金剛山	江原	355
徐應淳 (1824~1880)	『絅堂遺稿』	「遊清潭記」	三角山	서울	356
		「三游觀記」	抱川	京畿	357
		「四郡山水記」	忠清一圓	忠清	358
徐宗璧 (18C)	『謝五齋遺稿』	「遊伽倻山記」	伽倻山	慶尙	359
徐宗泰 (1652~1719)	『雜稿』	「遊漕溪記」	北漢山	서울	360

著者(生歿年)	出典	記錄名	遊覽處名(現)	道名(現)	連番
徐瀅修 (1749~1824)	『明皐全集』	「遊北笛洞記」	北笛洞	서울	361
徐浩 (1???~1838)	『邁埜集』	「遊白雲洞記」	榮州	慶尙	362
		「遊玉溪記」	智異山	慶尙	363
釋明察 (1640~1708)	『楓溪集』	「遊翫揔錄」	江原·京畿·忠淸一圓	江原·京畿·忠淸	364
釋法宗 (1670~1733)	『虛靜集』	「遊金剛錄」	金剛山	江原	365
		「遊香山錄」	妙香山	平安	366
釋世煥 (1853~1889)	『混元集』	「金剛錄」	金剛山	江原	367
釋應允 (1743~1804)	『鏡巖集』	「頭流山會話記」	智異山	慶尙	368
		「智異山記」	智異山	慶尙	369
釋印悟 (1548~1623)	『靑梅集』	「了嵯峯記」	扶安	全羅	370
釋自優 (1709~1770)	『雪潭集』	「遊曦陽山記贈人」	曦陽山	忠淸·慶尙	371
釋旨册 (1721~1809)	『冲虛大師集』	「遊曦陽山記購人」	曦陽山	忠淸	372
釋知濯 (1750~1839)	『三峰集』	「白頭山記」	白頭山	咸鏡	373
		「過雪峯山釋王寺內院庵」	安邊 雪峯山	咸鏡	374
		「千佛山錄」	新興 千佛山	咸鏡	375
釋兌律 (1695~17??)	『月波集』	「香山誌」	妙香山	平安	376
釋泓宥 (1718~1774)	『秋波集』	「遊俗離記」	俗離山	忠淸	377
		「遊山陰智谷手記」	智異山	慶尙	378
		「遊三嘉默房寺記」	陜川 黃梅山	慶尙	379
成大中 (1732~1809)	『靑城集』	「遊圓寂寺龍湫記」	圓寂寺	平安	380
		「雲岳遊獵記」	雲岳山	京畿	381
		「淸凉山記」	淸凉山	慶尙	382
		「遊石屛山錄」	周王山	慶尙	383
		「遊內迎山記」	浦項 內迎山	慶尙	384

著者(生歿年)	出典	記錄名	遊覽處名(現)	道名(現)	連番
成汝信 (1546~1632)	『浮查集』	「方丈山仙遊日記」	智異山	慶尙	385
成爾演 (1693~1789)	『芝翁集』	「洛江船遊記」	洛東江	慶尙	386
成悌元 (1506~1559)	『東洲逸稿』	「遊金剛山記」	金剛山	江原	387
成鍾極 (1???~1869)	『石溪集』	「火旺山東遊記」	火旺山	慶尙	388
成鎭敎 (1794~1863)	『南蕚集』	「遊北岳記」	北岳山	서울	389
成鎭敎 (1794~1863)	『南蕚集』	「遊龍山記」	飛龍山	慶尙	390
成海應 (1760~1830)	『研經齋全集』	「丹陽山水記」	丹陽	忠淸	391
成海應 (1760~1830)	『研經齋全集』	「遊懸燈山記」	抱川 懸燈山	京畿	392
成俔 (1439~1504)	『虛白堂集』	「遊三日浦賦」	高城 三日浦	江原	393
宋光淵 (1638~1695)	『泛虛亭集』	「遊桂陽山記」	桂陽山	京畿	394
宋光淵 (1638~1695)	『泛虛亭集』	「頭流錄」	智異山	慶尙	395
宋敎明 (1691~1742)	『諫議公遺稿』	「俗離山記」	俗離山	忠淸	396
宋能相 (1709~1758)	『雲坪集』	「遊龍潭不知島記」	慶州	慶尙	397
宋達洙 (1808~1858)	『守宗齋集』	「南遊日記」	慶尙一圓	慶尙	398
宋明欽 (1705~1768)	『櫟泉集』	「龍湖山水記」	報恩	忠淸	399
宋邦祚 (1567~1618)	『習靜集』	「遊香山日記」	妙香山	平安	400
宋相琦 (1657~1723)	『玉吾齋集』	「遊麻谷寺記」	泰華山	忠淸	401
宋相琦 (1657~1723)	『玉吾齋集』	「遊雞龍山記」	雞龍山	忠淸	402
宋相琦 (1657~1723)	『玉吾齋集』	「遊北漢記」	北漢山	서울	403
宋相琦 (1657~1723)	『玉吾齋集』	「西臺山記」	西臺山	忠淸	404

著者(生歿年)	出典	記錄名	遊覽處名(現)	道名(現)	連番
宋相允 (1???~1753)	『韋窩集』	「遊金剛山日記」	金剛山	江原	405
		「遊鏡浦竹西記」	鏡浦臺·竹西樓	江原	406
宋時烈 (1607~1689)	『宋子大全』	「遊大冶山記」	槐山 大冶山	忠淸	407
宋心明 (18C~19C)	『病窩集』	「三洞記」	安義三洞	慶尙	408
		「月淵岩同遊」	安義三洞	慶尙	409
		「遊山記」	慶尙一圓	慶尙	410
		「落水岩同遊記」	落水岩	慶尙	411
		「德川山水記」	山淸	慶尙	412
		「淨衿湖泛舟記」	-	慶尙	413
		「東遊記」	慶尙一圓	慶尙	414
		「南遊海上記」	慶尙一圓	慶尙	415
		「龍門水石記」	金泉	慶尙	416
		「鋪淵水石記」	陜川 紺岳山	慶尙	417
		「金海山水記」	金海	慶尙	418
宋殷成 (1836~1898)	『白下集』	「遊龍巖山記」	-	全羅	419
宋鼎錠 (1711~1778)	『東渠集』	「小白山遊錄」	小白山	忠淸	420
		「後遊小白山錄」	小白山	忠淸	421
		「鶴駕山遊錄」	鶴駕山	慶尙	422
宋寅懿 (18??~1892)	『蘧庵集』	「遊淸凉山錄」	淸凉山	慶尙	423
宋周相 (1687~1753)	-	「東遊日記」	金剛山	江原	424
宋洪直 (1???~1836)	『書巢集』	「遊金剛山錄」	金剛山	江原	425
		「遊鳳凰山錄」	鳳凰山	慶尙	426
宋煥箕 (1728~1807)	『性潭集』	「淸凉山遊覽錄」	淸凉山	慶尙	427
		「遊孤山錄」	孤山	慶尙	428
		「東遊日記」	金剛山	江原	429
申暻 (1696~1768)	『直菴集』	「記漢北遊行」	漢江	京畿	430

著者(生歿年)	出典	記錄名	遊覽處名(現)	道名(現)	連番
申光河 (1729~1796)	『震澤集』	「四郡紀行」	丹陽	忠淸	431
		「東遊紀行」	金剛山	江原	432
申命耉 (1666~1742)	『南溪集』	「方丈漫錄」	智異山	慶尙	433
		「遊頭流日錄」	智異山	慶尙	434
		「遊頭流續錄」	智異山	慶尙	435
申命顯 (1696~1640)	『萍湖遺稿』	「遊北漢記」	三角山	서울	436
		「遊月山記」	論山 月山	忠淸	437
		「遊道峰記」	道峰山	서울	438
申昉 (1685~1736)	『屯菴集』	「記牛峽夜記」	漢江	서울	439
		「驪遊記」	驪州	京畿	440
申錫愚 (1805~1865)	『海藏集』	「遊滿月臺記」	開城	黃海	441
		「春遊廣腹洞記」	廣腹山	京畿	442
		「入伽倻山記」	伽倻山	慶尙	443
		「遊閑山島記」	閑山島	慶尙	444
		「金陵遊記」	金泉	慶尙	445
申維翰 (1681~174?)	『青泉集』	「遊熊淵記」	漣川	京畿	446
		「澄波江泛月記」	漣川	京畿	447
		「紺岳山記」	漣川 紺岳山	京畿	448
申翊聖 (1588~1644)	『樂全堂集』	「遊金剛內外山諸記」	金剛山	江原	449
		「遊金剛小記」	金剛山	江原	450
申晸 (1628~1687)	『汾厓遺稿』	「南行日錄」	慶尙一圓	慶尙	451
申靖夏 (1681~1716)	『恕菴集』	「遊西嶽記」	鷄龍山	忠淸	452
		「遊雙磎記」	槐山	忠淸	453
		「太白紀遊」	太白山	慶尙	454
申鼎周 (1764~1827)	『陶窩集』	「遊海亭錄」	昌原 海亭	慶尙	455
		「遊淸凉山錄」	淸凉山	慶尙	456
申之悌 (1562~1624)	『梧峰集』	「遊淸凉山錄」	淸凉山	慶尙	457
		「月影臺記」	昌原	慶尙	458

著者(生歿年)	出典	記錄名	遊覽處名(現)	道名(現)	連番
申楫 (1580~1639)	『河陰集』	「遊周房山錄」	周王山	慶尙	459
		「關東錄」上	江原一圓	江原	460
		「關東錄」下	江原一圓	江原	461
		「遊金剛錄」	金剛山	江原	462
申必淸 (1647~1710)	『竹軒集』	「遊伽倻山錄」	伽倻山	慶尙	463
申弼永 (1810~18??)	『玉坡遺稿』	「遊淸溪寺記」	淸溪山	京畿	464
		「遊成川記」	成川	平安	465
		「遊三登記」	江東	平安	466
申顥仁 (1762~1832)	『三洲集』	「登吾道山記」	居昌	慶尙	467
		「金剛菴遺墟記」	居昌	慶尙	468
申混 (1624~1656)	『初菴集』	「自錦江舟至白馬江記」	扶餘	忠淸	469
		「後游白馬江記」	扶餘	忠淸	470
		「遊香山記」	妙香山	平安	471
申弘遠 (1787~1865)	『石洲集』	「遊大遯山記」	大遯山	慶尙	472
申活 (1576~1643)	『竹老集』	「觀魚臺遊行記」	寧海	慶尙	473
申厚載 (1636~1699)	『葵亭集』	「遊淸涼山記」	淸涼山	慶尙	474
沈光世 (1577~1624)	『休翁集』	「遊邊山錄」	扶安	全羅	475
沈魯巖 (17??~17??)	『弟田遺稿』	「遊鞍峴記」	始興	京畿	476
沈樂洙 (1739~1???)	『恩坡散稿』	「遊道峯記」	道峯山	서울	477
		「遊丹丘記」	漢江	서울	478
		「遊金剛山記」	金剛山	江原	479
沈師周 (1631~1697)	『寒松齋集』	「遊三江記」	漢江	서울	480

著者(生歿年)	出典	記錄名	遊覽處名(現)	道名(現)	連番
沈遠悅 (1792~1866)	『鶴陰散稿』	「遊普光寺記」	-	慶尙	481
		「遊東笠庵記」	-	慶尙	482
		「遊大龍巖記」	蔚山	慶尙	483
沈定鎭 (1725~1786)	『霽軒集』	「遊南山記」	南山	서울	484
沈齊賢 (17C~18C)	『桃溪遺稿』	「遊漆岩記」	釜山	慶尙	485
沈潮 (1694~1756)	『靜坐窩集』	「遊摩尼山錄」	摩尼山	京畿	486
		「遊天磨山錄」	天磨山	黃海	487
安慶一 (1724~1788)	『聾窩集』	「遊東山海錄」	江原一圓	江原	488
		「德裕山記」	德裕山	全羅	489
		「屛山竹島記」	統營 竹島	慶尙	490
安德文 (1747~1811)	『宜庵集』	「東遊錄」	忠淸·慶尙一圓	忠淸·慶尙	491
安錫儆 (1718~1774)	『雪橋集』	「東行記」	金剛山	江原	492
		「東遊記」	金剛山	江原	493
		「遊金剛錄」	金剛山	江原	494
		「遊淸平山記」	淸平山	江原	495
		「遊稚岳大乘菴記」	稚岳山	江原	496
		「游陶山易東二書院記」	安東	慶尙	497
		「遊天登山記」	天登山	慶尙	498
		「遊愛日堂記」	安東	慶尙	499
安仁一 (1736~1806)	『竹北集』	「遊姑射山錄」	姑射山	平安	500
		「重九日遊謝安臺記勝」	謝安臺	平安	501
安侹 (1574~1636)	『道谷集』	「武陵山同遊錄」	昌原 武陵山	慶尙	502
安重觀 (1683~1752)	『悔窩集』	「遊應眞菴記」	淸谿山	忠淸	503
安重燮 (1808~1883)	『蓮上集』	「遊雪山錄」	雪山	全羅	504

著者(生歿年)	出典	記錄名	遊覽處名(現)	道名(現)	連番
安致權 (1745~1813)	『乃翁遺稿』	「頭流錄」	智異山	慶尙	505
梁大樸 (1544~1592)	『靑溪集』	「金剛山紀行錄」	金剛山	江原	506
		「頭流山紀行錄」	智異山	慶尙	507
梁慶遇 (1568~16??)	『霽湖集』	「頭流山雙溪靑鶴神興洞紀行錄」	智異山	慶尙	508
楊以貞 (朝鮮後期)	『淸州集』	「火旺遊山錄」	昌寧 火旺山	慶尙	509
		「景釀臺同泛錄」	咸安	慶尙	510
梁周翊 (1722~1802)	『无極集』	「金剛記」上	金剛山	江原	511
		「金剛記」下	金剛山	江原	512
梁進永 (1788~1860)	『晩羲集』	「遊瑞石山記」	無等山	全羅	513
		「遊關頭山記」	海南 關頭山	全羅	514
魚用翼 (1672~1740)	『玉壺集』	「遊丹山記」	丹陽	忠淸	515
魚有鳳 (1???~1744)	『杞園集』	「遊新溪仙遊巖記」	新溪	黃海	516
		「舟遊東湖小記」	漢江	서울	517
		「東遊記」	華川	江原	518
		「遊金剛山記」	金剛山	江原	519
		「再遊金剛內外山記」	金剛山	江原	520
呂弘耈 (1???~1766)	『牧件文集』	「遊百花洞記」	金泉	慶尙	521
吳斗寅 (1624~1689)	『陽谷集』	「淸凉山記」	淸凉山	慶尙	522
		「浮石寺記」	鳳凰山	慶尙	523
		「頭流山記」	智異山	慶尙	524
吳道一 (1645~1793)	『西坡集』	「關東錄」	金剛山	江原	525
吳翻 (1592~1634)	『天坡集』	「遊玉山書院記」	慶州	慶尙	526
		「游陶山記」	安東	慶尙	527
		「游愁送臺記」	茂朱	全羅	528
吳汝撥 (1579~1635)	『敬庵集』	「遊淸凉山錄」	淸凉山	慶尙	529

著者(生歿年)	出典	記錄名	遊覽處名(現)	道名(現)	連番
吳淵常 (1765~1821)	『約菴集』	「遊舍人巖記」	丹陽	忠淸	530
吳瑗 (1700~1740)	『月谷集』	「谷雲行記」	華川	江原	531
		「遊楓嶽日記」	金剛山	江原	532
		「衿陽遊記」	始興·果川	京畿	533
		「西遊日記」	開城	黃海	534
吳再挺 (1641~1709)	『寒泉堂遺稿』	「遊俗離山錄」	俗離山	忠淸	535
		「遊鷄龍山錄」	鷄龍山	慶尙	536
		「遊三角山錄」	三角山	서울	537
吳載純 (1727~1792)	『醇庵集』	「海山日記」	金剛山	江原	538
吳熙常 (1763~1833)	『老洲集』	「遊水落小記」	水落山	京畿	539
		「陶山記行」	安東	慶尙	540
吳圭煥 (16??~1713)	『丹峯集』	「遊鷄龍山記」	鷄龍山	慶尙	541
禹載岳 (1734~1814)	『仁村集』	「天磨山記」	天磨山	黃海	542
魏伯珪 (1727~1798)	『存齋集』	「獅子山同遊記」	長興 獅子山	全羅	543
		「蒲峰記」	長興	全羅	544
		「金塘島船游記」	莞島 金塘島	全羅	545
		「遊錦城記」	泗川	慶尙	546
柳敬時 (1666~1737)	『涵碧堂集』	「遊金剛山錄」	金剛山	江原	547
俞棨 (1607~1664)	『市南集』	「黃山記遊」	論山 黃山	忠淸	548
柳廣善 (16??~1710)	『梅墩稿』	「遊唐城山記」	昌原 唐城山	慶尙	549
		「西行錄」	慶尙·全羅	慶尙·全羅	550
柳匡天 (18C~19C)	『歸樂窩集』	「遊三角山記」	三角山	서울	551
		「蓮亭夜遊記」	-	江原	552

著者(生歿年)	出典	記錄名	遊覽處名(現)	道名(現)	連番
柳根 (1549~1627)	『西坰集』	「重遊鴨綠江記」	鴨綠江	平安	553
兪度基 (1687~1724)	『二院遺稿』	「遊竹西樓記」	三陟	江原	554
		「東行記」	金剛山	江原	555
		「遊三日浦鉢淵記」	高城	江原	556
柳得恭 (1748~1807)	『泠齋集』	「隱仙洞記」	楊州	京畿	557
兪晩柱 (1755~1788)	『通園詩稿』	「遊四郡初到義林池記」	堤川	忠淸	558
		「入小白山觀三仙巖記」	小白山	忠淸	559
		「遊神光寺記」	海州 北嵩山	黃海	560
		「遊西京記」	平壤	平安	561
兪萬柱 (1832~18??)	『白藁集』	「遊羊角山記」	利川 羊角山	京畿	562
柳夢寅 (1559~1623)	『於于集』	「遊流頭山錄」	智異山	慶尙	563
		「關東紀行二百韻」	江原一圓	江原	564
柳汶龍 (1753~1821)	『槐泉集』	「遊天王峰記」	智異山	慶尙	565
		「遊雙磎記」	智異山	慶尙	566
		「遊錦山記」	南海 錦山	慶尙	567
兪莘煥 (1801~1859)	『鳳棲集』	「遊蔣氏園記」	富川 桂陽山	京畿	568
柳心永 (19C)	-	「東遊錄」	金剛山	江原	569
柳雲龍 (1539~1601)	『謙菴集』	「遊金剛山錄」	金剛山	江原	570
		「天燈山記」	安東 天燈山	慶尙	571
柳正源 (1702~1761)	『三山集』	「遊金剛山錄」	金剛山	江原	572
柳袗 (1583~1635)	『修巖集』	「遊淸凉山日記」	淸凉山	慶尙	573
柳晋成 (18??~1894)	『東溪集』	「遊三江記」	漢江	서울	574

著者(生歿年)	出典	記錄名	遊覽處名(現)	道名(現)	連番
兪拓基 (1691~1767)	『知守齋集』	「游伽倻記」	伽倻山	慶尙	575
柳衡鎭 (18??~1864)	『同窩集』	「湖海錄」	慶尙·江原	慶尙·江原	576
		「遊鳴玉岩記」	安東	慶尙	577
柳徽文 (1773~1827)	『好古窩集』	「西遊錄」	京畿·黃海	京畿·黃海	578
		「北遊錄」上	金剛山·江原一圓	江原	579
		「北遊錄」下	咸鏡·江原一圓	咸鏡·江原	580
		「南遊錄」	慶尙一圓	慶尙	581
		「東遊錄」	慶尙一圓	慶尙	582
		「遊東湖記」	漢江	서울	583
		「遊嶺南樓記」	密陽	慶尙	584
柳熙之 (16??~1712)	『蘭皐遺稿』	「遊清凉山記」	淸凉山	慶尙	585
尹鳳朝 (1680~1761)	『圃巖集』	「耽羅候風記」	濟州	濟州	586
尹宣擧 (1610~1669)	『魯西遺稿』	「仲氏龜島潭記後說」	丹陽	忠淸	587
		「巴東紀行」	江原一圓	江原	588
尹善道 (1587~1671)	『孤山遺稿』	「金鎖洞記」	海南	全羅	589
尹義貞 (1525~1612)	『芝嶺集』	「遊花林峯記」	安東	慶尙	590
尹致中 (1825~1886)	『篤守齋集』	「遊安谷小瀑記」	安谷	慶尙	591
李家淳 (1768~1844)	『霞溪集』	「遊周王山記」	周王山	慶尙	592
李甲龍 (1734~1799)	『南溪集』	「遊山錄二十前德川院讀書時」	智異山	慶尙	593
李健 (1614~1662)	『葵窓遺稿』	「濟州風土記」	濟州	濟州	594
		「陪仁興君叔父遊江漢記」	漢江	서울	595

著者(生歿年)	出典	記錄名	遊覽處名(現)	道名(現)	連番
李建昌 (1852~1898)	『明美堂集』	「潔谷記」	潔谷	京畿	596
		「游尋眞洞記」	咸陽	慶尙	597
李經祿 (1736~1804)	『巴江集』	「遊靜趣菴記」	山淸	慶尙	598
		「南行錄」	全羅一圓	全羅	599
李景奭 (1595~1671)	『白軒集』	「楓嶽錄」	金剛山	江原	600
李慶全 (1567~1644)	『石樓遺稿』	「露湖乘雪馬記」	漢江	서울	601
		「金巴江露湖舡遊記跋」	漢江	서울	602
		「大雪訪千方寺記」	禮山 千方山	忠淸	603
李光靖 (1714~1789)	『小山集』	「聞韶山水可遊記」	義城	慶尙	604
李喬年 (17??~1770)	『艮俗遺稿』	「遊淸凉山記」	淸凉山	慶尙	605
李榘 (1613~1654)	『活齋集』	「遊四佛山說」	聞慶	慶尙	606
李克顯 (1???~17??)	『遺稿草』	「西遊錄」	黃海一圓	黃海	607
李觀吾 (1760~1834)	『竹塢集』	「玉溪紀行」	玉溪	慶尙	608
李夔 (17??~1779)	『龍山集』	「遊伽倻山錄」	伽倻山	慶尙	609
李德懋 (1741~1793)	『靑莊館全書』	「記遊北漢」	北漢山	서울	610
		「伽倻山記」	伽倻山	慶尙	611
李德胄 (1695~1751)	『芐亭集』	「遊南臺記」	妙香山	平安	612
李德弘 (1541~1596)	『艮齋集』	「東京遊錄」	慶州	慶尙	613
李道顯 (1725~1776)	『溪村集』	「遊金剛山記」	金剛山	江原	614
		「遊江都記」	江華島	京畿	615
李東標 (1654~1700)	『懶隱集』	「遊金剛山錄」	金剛山	江原	616
		「遊白馬江錄」	白馬江	忠淸	617

著者(生歿年)	出典	記錄名	遊覽處名(現)	道名(現)	連番
李東沆 (1736~1804)	『遲菴集』	「方丈遊錄」	智異山	慶尙	618
		「海山錄」	金剛山	江原	619
		「遊俗離山記」	俗離山	忠淸	620
		「楓嶽總論」	金剛山	江原	621
		「三洞山水記」	安義三洞	慶尙	622
李斗遠 (1721~1782)	『南厓集』	「遊朱砂菴記」	慶州	慶尙	623
李晩淑 (1810~1851)	『谿栖集』	「遊淸凉山錄」	淸凉山	慶尙	624
李晩慤 (1815~1874)	『愼庵集』	「東遊十小記」	安東	慶尙	625
李萬白 (1656~1716)	『自濡軒集』	「西行日記」	慶尙一圓	慶尙	626
李萬敷 (1664~1732)	『息山集』	「伽倻山記」	伽倻山	慶尙	627
		「淸凉山記」	淸凉山	慶尙	628
李萬相 (18??~1899)	『僑齋集』	「遊安陰三洞錄」	德裕山	全羅	629
李萬運 (1736~1820)	『默軒集』	「遊天生山記」	天生山	慶尙	630
		「矗石同遊記」	智異山	慶尙	631
		「德山同遊記」	智異山	慶尙	632
		「文山齋同遊記」	智異山	慶尙	633
		「伽倻同遊錄」	伽倻山	慶尙	634
		「遊錦山記」	南海 錦山	慶尙	635
		「遊觀魚臺記」	義城	慶尙	636
李命源 (17??~1832)	『耕窩稿』	「遊盧山後記」	麗水	全羅	637
		「丹邱遊覽記」	慶州	慶尙	638
李命益 (18C)	『覆瓿稿』	「遊國島記」	通川	江原	639
		「遊雞足山記」	雞足山	忠淸	640
李命俊 (1572~1630)	『潛窩遺稿』	「遊山錄」	金剛山	江原	641

著者(生歿年)	出典	記錄名	遊覽處名(現)	道名(現)	連番
李明漢 (1595~1645)	『白洲集』	「遊南川石潭記」	高興	全羅	642
		「遊楓嶽記」	金剛山	江原	643
李明煥 (1718~1764)	『海嶽集』	「楊麓之行」	楊口	江原	644
		「海嶽之行」	江原一圓	江原	645
		「洞陰之行」	抱川	京畿	646
		「關山之行」	咸鏡一圓	咸鏡	647
李敏求 (1589~1670)	『觀海齋零稿』	「南遊記」	慶尙一圓	慶尙	648
李炳奎 (19C)	『紫山遺稿』	「遊伽倻山記」	伽倻山	慶尙	649
李秉成 (1675~1735)	『順菴集』	「遊龍興瀑布記」	加平	京畿	650
李秉遠 (1774~1840)	『所菴集』	「遊水落記」	水落山	京畿	651
李簠 (1629~1710)	『景玉齋集』	「漢江泛舟錄」	漢江	서울	652
李馥 (1626~1688)	『陽溪集』	「遊金烏山錄」	金烏山	慶尙	653
李福源 (1719~1792)	『雙溪遺稿』	「雪嶽往還日記」	雪嶽山	江原	654
李山海 (1539~1609)	『鵝溪遺稿』	「遊修眞寺記」	平海	慶尙	655
		「遊廣興寺記」	平海	慶尙	656
		「遊仙巖寺記」	平海	慶尙	657
		「遊白巖寺記」	蔚珍	慶尙	658
		「月夜訪雲住寺記」	禮山 道高山	忠淸	659
		「雲住寺記」	禮山 道高山	忠淸	660
		「酬酢村記」	鷗浦	全羅	661
李參鉉 (1807~186?)	『錘山集』	「七寶山記」	七寶山	咸鏡	662
李象秀 (1820~1882)	『峿堂集』	「遊石潭記」	海州	黃海	663
		「遊俗離山記」	俗離山	忠淸	664

著者(生歿年)	出典	記錄名	遊覽處名(現)	道名(現)	連番
		「華陽洞遊記」	俗離山	忠清	665
		「遊烏樓山記」	洪城 烏樓山	忠清	666
		「東行山水記」	金剛山	江原	667
李象靖 (1711~1781)	『大山集』	「南遊錄」	大邱	慶尙	668
李瑞雨 (1633~1709)	『松坡集』	「遊發雲洞記」	安東	慶尙	669
李嵩逸 (1631~1698)	『恒齋集』	「興霖山記」	英陽 興霖山	慶尙	670
李淑 (1662~1723)	『弘道遺稿』	「東遊錄」	金剛山	江原	671
李成全 (17??~1797)	『新塘集』	「遊仙刹錄」	安東 仙刹寺	慶尙	672
李世龜 (1644~1700)	『養窩集』	「東遊錄」	江原一圓	江原	673
		「遊四郡錄」	忠淸·慶尙	忠淸·慶尙	674
李世瑍 (18C)	『果齋集』	「遊邊山記」	扶安	全羅	675
李時發 (1569~1626)	『碧梧遺稿』	「遊國島錄」	通川	江原	676
李申命 (18C)	『松坡集』	「遊發雲洞記」	楊州	京畿	677
李亮淵 (1771~1853)	『臨淵堂集』	「壬戌紀行」	金剛山	江原	678
李養吾 (1737~1811)	『皤溪集』	「遊周王山錄」	周王山	慶尙	679
		「重遊圓寂山錄」	梁山 圓寂山	慶尙	680
		「榮解紀行」	安東	慶尙	681
李彦根 (1697~1764)	『晩村集』	「遊方丈錄」	智異山	慶尙	682
李英裕 (1743~1804)	『雲巢謾稿』	「游道峯記」	道峯山	서울	683
		「游邀仙巖記」	寧越	江原	684

著者(生歿年)	出典	記錄名	遊覽處名(現)	道名(現)	連番
		「游龜石亭記」	寧越	江原	685
		「游新鉢庵記」	扶餘	忠清	686
		「游洞陰記」	抱川	京畿	687
李榮仁 (1???~1669)	『松潭集』	「遊頭輪山記」	頭輪山	全羅	688
李龍鎬 (1861~1899)	『敬齋遺稿』	「嶺遊錄」	慶尙一圓	慶尙	689
李寓鉉 (19C)	『晩休堂逸集』	「遊熊神錄」	鎭海	慶尙	690
李胤永 (1714~1759)	『丹陵遺稿』	「山史」	丹陽	忠清	691
李源祚 (1792~1871)	『凝窩集』	「遊漢拏山記」	漢拏山	濟州	692
李黿 (14??~1504)	『再思堂逸集』	「遊金剛錄」	金剛山	江原	693
李濰 (1669~1742)	『龍浦集』	「記清凉山行」	清凉山	慶尙	694
李裕元 (1814~1888)	『林下筆記』	「蓬萊秘書」	金剛山	江原	695
李裕元 (1814~1888)	『嘉梧藁略』	「東海卵島記」	通川	江原	696
		「彌智山賞楓記」	楊平 彌智山	京畿	697
李潤雨 (1569~1634)	『石潭集』	「蓬山浴行錄」	釜山	慶尙	698
李陸 (1438~1498)	『青坡集』	「遊智異山錄」	智異山	慶尙	699
		「朴淵瀑布記」	開城	黃海	700
李膺協 (1826~1894)	『巷隱逸稿』	「遊丹書窟記」	青松	慶尙	701
李宜茂 (1449~1507)	『連軒雜稿』	「遊獐山記」	坡州	京畿	702
李宜哲 (1703~1778)	『文菴集』	「白頭山記」	白頭山	咸鏡	703

著者(生歿年)	出典	記錄名	遊覽處名(現)	道名(現)	連番
李宜顯 (1669~1745)	『陶谷集』	「遊金剛山記」	金剛山	江原	704
李義肅 (17??~1807)	『頤齋集』	「遊終南東峰記」	密陽 終南山	慶尙	705
		「遊仙夢臺記」	醴泉	慶尙	706
李運源 (17??~1822)	『梨陰稿』	「東遊錄」	江原一圓	江原	707
李懿秀 (17??~1851)	『龜岡集』	「遊金烏山城記」	金烏山	慶尙	708
李珥 (1536~1584)	『栗谷全書』	「遊靑鶴山記」	江陵 小金剛	江原	709
李麟祥 (1710~1760)	『凌壺集』	「遊太白山記」	奉化 太白山	慶尙	710
		「錦山記」	南海 錦山	慶尙	711
		「游統營記」	統營	慶尙	712
李瀷 (1681~1763)	『星湖全集』	「訪白雲洞記」	榮州	慶尙	713
		「遊淸凉山記」	淸凉山	慶尙	714
		「遊三角山記」	三角山	서울	715
		「遊冠岳山記」	冠岳山	서울	716
		「游北漢記」	北漢山	서울	717
		「遊天磨山記」	天磨山	黃海	718
		「謁陶山書院記」	安東	慶尙	719
		「訪白雲洞記」	榮州	慶尙	720
李仁行 (1758~1833)	『新野集』	「遊佛陀山」	佛陀山	佛陀山	721
李長載 (19C)	『蘿石舘稿』	「遊洗劍亭記」	鍾路 洗劍亭	서울	722
李章贊 (1???~1860)	『鄰隱集』	「遊鼇山記」	鼇山	全羅	723
李載毅 (1772~1839)	『文山集』	「遊松家島普門寺記」	江華	京畿	724
		「遊摩尼山鼎足寺記」	摩尼山	京畿	725
李廷龜 (1564~1635)	『月沙集』	「遊金剛山記」上	金剛山	江原	726
		「遊金剛山記」下	金剛山	江原	727

著者(生歿年)	出典	記錄名	遊覽處名(現)	道名(現)	連番
		「遊三角山記」	三角山	서울	728
		「游朴淵記」	開城	黃海	729
		「遊松嶽記」	開城	黃海	730
		「遊花潭記」	開城	黃海	731
		「遊道峯書院記」	道峯	서울	732
		「遊曺溪記」	道峯山	서울	733
李鼎益 (1753~1826)	『甘華集』	「遊周王山記」	周王山	慶尙	734
李鼎濟 (1755~1817)	『深窩集』	「遊內延山記」	浦項 內延山	慶尙	735
李濟永 (1799~1871)	『東阿集』	「遊淸凉山記」	淸凉山	慶尙	736
李祖默 (1792~1840)	『六橋稿略』	「金剛山記」	金剛山	江原	737
李宗郁 (17??~1781)	『芹谷遺稿』	「東遊記」	金剛山	江原	738
李冑 (14??~1504)	『忘軒遺稿』	「金骨山錄」	珍島 金骨山	全羅	739
李柱大 (1689~1755)	『冥庵集』	「遊頭流山錄」	智異山	慶尙	740
李埈 (1812~1853)	『槐園集』	「遊籠潭記」	楊平	京畿	741
李重慶 (1599~1678)	『壽軒集』	「遊雲門山錄」	淸道 雲門山	慶尙	742
李重茂 (1568~1629)	『柟溪集』	「伽倻錄」	伽倻山	慶尙	743
李震白 (1622~1707)	『西巖遺稿』	「艮岑東麓西巖形勝錄」	-	京畿	744
李稷佐 (1837~1877)	『晩翠堂集』	「遊防禦山記」	防禦山	慶尙	745

著者(生歿年)	出典	記錄名	遊覽處名(現)	道名(現)	連番
李璡秀 (18C)	『青霞紫雲館遺稿』	「金剛山記」	金剛山	江原	746
		「江行記白馬江」	扶餘 白馬江	忠淸	747
		「白馬江船遊記」	扶餘 白馬江	忠淸	748
李鎭宅 (1738~1805)	『德峰集』	「金剛遊錄」	金剛山	江原	749
李昌新 (18C~19C)	『槐亭集』	「鱉山詩會記」	原州 鳳山	江原	750
		「遊威鳳山城記」	完州 威鳳山	全羅	751
李埰 (1616~1684)	『夢庵集』	「遊道德山錄」	慶州 道德山	江原	752
李希顔 (1504~1559)	『黃江實紀』	「遊頭流錄」	智異山	慶尙	753
李泰宇 (1714~1770)	『古巖集』	「遊甲長庵記」	尙州	慶尙	754
李豊翼 (1804~1887)	『六玩堂集』	「東遊記」	金剛山	江原	755
李夏坤 (1677~1724)	『頭陀草』	「遊普門庵記」	江華島	京畿	756
		「東遊錄」	金剛山	江原	757
		「南遊錄」	全羅一圓	全羅	758
李賀朝 (1664~1700)	『三秀軒稿』	「遊平康三淸臺記」	平康	江原	759
		「遊靑龍瀑布記」	仁川 靑龍山	京畿	760
		「遊靑龍山記」	仁川 靑龍山	京畿	761
李海應 (1775~1825)	『東華遺稿』	「北城山行記」	驪州 北城山	京畿	762
李瀣 (1496~1550)	『溫溪逸稿』	「鷄龍山遊記」	鷄龍山	慶尙	763
		「永保亭遊記」	靈巖	全羅	764
		「看月島遊記」	瑞山	忠淸	765
李獻慶 (1719~1791)	『艮翁集』	「遊艮溪記」	-	서울	766
		「蒼山記」	龍仁	京畿	767
		「天吼山記」	高城 天吼山	江原	768

著者(生歿年)	出典	記錄名	遊覽處名(現)	道名(現)	連番
李顯英 (1573~1642)	『蒼谷集』	「楓嶽錄」	金剛山	江原	769
		「鳳城錄」	奉化	慶尙	770
		「龍灣錄」	義州	平安	771
李顯益 (1678~1717)	『正菴集』	「西遊記」	開城	黃海	772
		「遊俗離山記」	俗離山	忠淸	773
		「東遊記」	江原一圓	江原	774
李衡鎭 (1676~1757)	『白崖遺稿』	「俗離山遊錄」	俗離山	忠淸	775
		「俗離山遊記」	俗離山	忠淸	776
李好大 (17C)	『中齋集』	「南遊日錄」	慶尙一圓	慶尙	777
李浩祐 (18??~1892)	『素山集』	「遊架山記」	漆谷	慶尙	778
		「遊龍潭記」	漆谷	慶尙	779
		「遊朱砂庵記」	慶州	慶尙	780
		「遊雲門記」	淸道	慶尙	781
		「西遊日錄」	慶尙一圓	慶尙	782
李顥潤 (19C)	『進川集』	「遊伽倻山錄」	伽倻山	慶尙	783
李滉 (1501~1570)	『退溪集』	「遊小白山錄」	小白山	慶尙	784
		「丹陽山水可遊者續記」	丹陽	忠淸	785
李僖錫 (1804~1889)	『南坡集』	「遊冠山記」	長興	全羅	786
		「遊獅山記」	麗水	全羅	787
李喜朝 (1655~1724)	『芝村集』	「遊水落山記」	水落山	京畿	788
李熙奭 (1816~1874)	『晩悔堂集』	「遊玉泉寺記」	固城 蓮花山	慶尙	789
任相元 (1638~1697)	『恬軒集』	「遊龜潭記」	丹陽	忠淸	790
		「遊霧巖記」	堤川 錦繡山	忠淸	791
林象元 (1709~1760)	『家稿全集』	「勝錦淵記」	-	慶尙	792
		「再遊勝錦淵記」	-	慶尙	793
		「三遊勝錦淵記」	-	慶尙	794

著者(生歿年)	出典	記錄名	遊覧處名(現)	道名(現)	連番
任守幹 (1665~1721)	『遯窩遺稿』	「遊三仙巖記」	冠岳山	서울	795
		琵瑟山龍淵寺記	大邱 琵瑟山	慶尙	796
任叔英 (1576~1623)	『疎庵集』	「遊水鍾寺記」	南楊州	京畿	797
林泳 (1649~1696)	『滄溪集』	「白雲峯登遊記」	楊平 龍門山	京畿	798
林芸 (1517~1602)	『瞻慕堂集』	「遊天磨錄」	天磨山	黃海	799
任靖周 (1727~1796)	『雲湖集』	「東遊記」	金剛山	江原	800
任適 (1685~1728)	『老隱集』	「遊三淵精舍記」	雪嶽山	江原	801
任必大 (1709~1773)	『剛窩集』	「遊淸凉山錄」	淸凉山	慶尙	802
林亨秀 (1514~1547)	『錦湖遺稿』	「遊七寶山記」	七寶山	咸鏡	803
任弘亮 (1634~1707)	『敝帚遺稿』	「關東紀行」	江原一圓	江原	804
林薰 (1500~1584)	『葛川集』	「登德裕山香積峯記」	德裕山	全羅	805
張錫胤 (18C~19C)	『肯堂藁』	「遊華陽洞記」	俗離山	忠淸	806
		「遊俗離寺記」	俗離山	忠淸	807
		「遊蓬萊記」	金剛山	江原	808
張福樞 (1815~1900)	『四未軒集』	「金烏山遊錄」	金烏山	慶尙	809
張顯光 (1554~1637)	『旅軒集』	「周王山錄」	靑松 周王山	慶尙	810
張興孝 (1564~1633)	『敬堂集』	「南行錄」	新安	全羅	811
全球 (17??~1806)	『半巖集』	「遊獨樂城錄」	丹陽	忠淸	812

著者(生歿年)	出典	記錄名	遊覧處名(現)	道名(現)	連番
全湜 (1563~1641)	『沙西集』	「遊南長寺」	尙州	慶尙	813
鄭逑 (1543~1620)	『寒岡集』	「遊伽倻山錄」	伽倻山	慶尙	814
鄭奎漢 (1750~1824)	『華山集』	「遊道峯山記」	道峯山	서울	815
鄭基安 (1695~1767)	『晩慕遺稿』	「遊楓嶽錄」	金剛山	江原	816
鄭萬陽 (1664~1730)	『塤篪集』	「遊八公山巖巖小記」	八公山	慶尙	817
鄭文升 (1788~1875)	『蕉泉遺稿』	「遊大陰巖記」	-	全羅	818
丁範祖 (1723~1801)	『海左集』	「淸凉山記」	淸凉山	慶尙	819
		「雪嶽記」	雪嶽山	江原	820
鄭詳 (1533~1609)	『滄洲遺稿』	「月出山遊山錄」	靈巖 月出山	全羅	821
鄭祥龍 (1643~1709)	『栢峰集』	「西水羅同遊記」	慶興	咸鏡	822
丁錫龜 (1722~1833)	『虛齋遺稿』	「佛日庵遊山記」	智異山	慶尙	823
		「頭流山記」	智異山	慶尙	824
鄭碩臨 (1669~1739)	『月松齋集』	「遊雲住山錄」	燕岐 雲住山	忠淸	825
鄭栻 (1683~1746)	『明庵集』	「關東錄」	金剛山	江原	826
		「靑鶴洞錄」	智異山	慶尙	827
		「頭流錄」	智異山	慶尙	828
		「伽倻山錄」	伽倻山	慶尙	829
		「錦山錄」	南海 錦山	慶尙	830
		「月出山錄」	靈巖 月出山	全羅	831
丁時翰 (1625~1707)	『愚潭集』	「山中日記」	江原·忠淸·慶尙·全羅一圓	江原·忠淸·慶尙·全羅	832

著者(生歿年)	出典	記錄名	遊覽處名(現)	道名(現)	連番
丁若鏞 (1762~1836)	『與猶堂全書』	「遊勿染亭記」	和順	全羅	833
		「遊瑞石山記」	無等山	全羅	834
		「遊水鐘寺記」	南楊洲	京畿	835
		「月波亭夜游記」	漢江	서울	836
		「再遊矗石樓記」	晋州	慶尙	837
		「游洗劍亭記」	鍾路 洗劍亭	서울	838
		「遊烏棲山記」	烏棲山	忠淸	839
		「游天眞菴記」	廣州	京畿	840
		「游石林記」	廣州	京畿	841
		「谷山北坊山水記」	黃海一圓	黃海	842
		「丹陽山水記」	丹陽	忠淸	843
		「羽化亭記」	鎭安	全羅	844
		「游烏棲山記」	保寧 烏棲山	忠淸	845
		「永保亭宴游記」	靑陽 姑厤山	忠淸	846
		「南湖汎舟記」	蔚山	慶尙	847
		「高達窟記」	谷山 高達嶺	黃海	848
		「蒼玉洞記」	谷山 鳳鳴坊	黃海	849
		「觀寂寺記」	谷山 五倫山	黃海	850
		「紫霞潭汎舟記」	谷山	黃海	851
鄭曄 (1563~1625)	『守夢集』	「金剛錄」	金剛山	江原	852
鄭五錫 (18??~1869)	『逸軒文集』	「遊九老洞記」	九老	서울	853
鄭元容 (1783~1873)	『經山集』	「水落道峯山遊記」	水落山·道峯山	서울·京畿	854
鄭煒 (1740~1811)	『芝厓集』	「遊伽倻山記」	伽倻山	慶尙	855
		「遊錦山記」	南海	慶尙	856
鄭允喬 (1733~1821)	『畏庵集』	「遊華陽錄」	俗離山	忠淸	857

著者(生歿年)	出典	記錄名	遊覽處名(現)	道名(現)	連番
鄭垠 (15C)	『竹捿集』	「遊鳳凰臺記」	宜寧	慶尙	858
		「金剛外記」	金剛山	江原	859
鄭堯性 (1650~1724)	『睡窩遺稿』	「林泉山水記」	金泉	慶尙	860
		「玉流亭讌遊記」	尙州	慶尙	861
鄭在應 (17??~1822)	『潛齋集』	「金剛錄」	金剛山	江原	862
		「赤壁壯遊記」	和順 赤壁	全羅	863
鄭篆 (1729~1790)	『松滄集』	「遊白羊山記」	長城 白羊山	全羅	864
		「八角亭遊記」	全州	全羅	865
鄭宗魯 (1738~1816)	『愚溪雜錄』	「東遊錄」	江原一圓	江原	866
鄭琢 (1526~1605)	『藥圃集』	「題雙龍寺同游錄」	金泉 雙龍寺	慶尙	867
鄭泰來 (1683~1721)	『松雪軒遺稿』	「遊飛鳳山記」	麗水	全羅	868
鄭行錫 (16C~17C)	『芳谷集』	「俗離南遊錄」	俗離山	忠淸	869
		「湖南遠遊錄」	全羅一圓	全羅	870
鄭悏 (1674~1720)	『紀行錄』	「遊頭流錄」	智異山	慶尙	871
鄭好信 (1605~1649)	『常華集』	「遊騎龍山錄」	青陽 騎龍山	忠淸	872
鄭弘溟 (1582~1650)	『畸庵集』	「遊楓巖記」	無等山	全羅	873
丁煥 (1497~1540)	「檜山集」	「西行記」	平壤	平安	874
趙璥 (1727~1787)	『荷棲集』	「遊淸風亭記」	扶餘	忠淸	875
		「俗離行記」	俗離山	忠淸	876
趙瑑 (1569~1652)	『鳳岡集』	「遊頭流山記」	智異山	慶尙	877
趙觀彬 (1691~1757)	『悔軒集』	「遊南溟記」	濟州	濟州	878
		「遊漢拏山記」	漢拏山	濟州	879

著者(生歿年)	出典	記錄名	遊覽處名(現)	道名(現)	連番
趙龜命 (1693~1737)	『東谿集』	「遊西溪記」	-	慶尙	880
		「遊龍游潭記」	智異山	慶尙	881
		「遊智異山記」	智異山	慶尙	882
		「遊尋眞洞記」	咸陽	慶尙	883
		「遊鳳林記」	淸州	忠淸	884
趙根 (1631~1680)	『損菴集』	「遊赤壁記」	和順 赤壁	全羅	885
		「遊串岬記」	聞慶	慶尙	886
		「遊德川記」	山淸	慶尙	887
		「遊伽倻山記」	伽倻山	慶尙	888
趙基永 (1???~1841)	『玄隱文集』	「高臥洞遊錄」	靑松	慶尙	889
趙德鄰 (1658~1737)	『玉川集』	「關東錄」	江原一圓	江原	890
		「關東續錄」	江原一圓	江原	891
趙冕鎬 (1803~1887)	『玉垂集』	「遊玉壺亭記」	鍾路	서울	892
曺鳳默 (1805~1883)	『華郊遺稿』	「遊無等山記」	光州 無等山	全羅	893
趙普陽 (1709~1788)	『八友軒集』	「小白遊山記」	小白山	慶尙	894
趙性濂 (1836~1886)	『心齋集』	「頭流游記」	智異山	慶尙	895
趙錫喆 (1724~1799)	『靜窩集』	「東遊記行」	慶尙一圓	慶尙	896
趙守道 (1565~1593)	『新堂日錄』	-	淸凉山	慶尙	897
曺植 (1501~1572)	『南冥集』	「遊頭流錄」	智異山	慶尙	898
趙汝忭 (18??~1869)	『念修堂遺稿』	「游鷄龍山記」	鷄龍山	忠淸	899
趙緯韓 (1567~1649)	『玄谷集』	「遊頭流山錄」	智異山	慶尙	900

著者(生歿年)	出典	記錄名	遊覽處名(現)	道名(現)	連番
趙運道 (1718~1796)	『月下集』	「遊淸凉山記」	淸凉山	慶尙	901
趙裕壽 (1663~1741)	『後溪集』	「遊延豊嶺底瀑布記」	沃川	忠淸	902
趙寅永 (1782~1850)	『雲石遺稿』	「淸平山記」	春川	江原	903
曺霖 (1711~1790)	『新齋集』	「遊松京記」	開城	黃海	904
趙任道 (1585~1664)	『澗松集』	「景釀臺下船遊記」	咸安	慶尙	905
		「開津期會錄」	高陽	京畿	906
		「遊觀錄」	慶尙一圓	慶尙	907
		「過從錄」	慶尙一圓	慶尙	908
		「就正錄」	慶尙一圓	慶尙	909
		「遠行錄」	慶尙一圓	慶尙	910
		「尋賢錄」	龜尾	慶尙	911
趙載道 (1725~1749)	『忍庵遺稿』	「赤壁遊記」	和順 赤壁	全羅	912
		「龍貢寺記遊」	通川	江原	913
		「遊楓嶽記」	金剛山	江原	914
		「三日浦諸勝記」	高城	江原	915
		「再入楓嶽記」	金剛山	江原	916
趙載浩 (1702~1762)	『損齋集』	「八景小記」	關東八景	江原	917
		「金剛山小記」	金剛山	江原	918
趙正萬 (1656~1739)	『寤齋集』	「福川同遊記」	和順	全羅	919
		「遊金剛山小記」	金剛山	江原	920
趙存榮 (19C)	『鍾山集』	「東遊錄」	金剛山	江原	921
趙鎭宅 (18C~19C)	『蓬壺遺稿』	「遊金剛山記」	金剛山	江原	922
趙纘韓 (1572~1631)	『玄洲集』	「遊劍湖記」	盈德	慶尙	923
		「遊天磨聖居兩山記」	天磨山·聖居山	黃海	924
		「天王峯祈再同行記」	智異山	慶尙	925

著者(生歿年)	出典	記錄名	遊覽處名(現)	道名(現)	連番
趙亨道 (1567~1637)	『東溪集』	「五仙洞記」	青松	慶尙	926
曺好益 (1545~1609)	『芝山集』	「遊妙香山錄」	妙香山	平安	927
		「遊香楓山錄」	香楓山	平安	928
周世鵬 (1495~1554)	『武陵雜稿』	「遊淸凉山錄」	淸凉山	慶尙	929
周致兢 (18??~1885)	『玄嵒集』	「遊大明洞記」	大明洞	慶尙	930
蔡壽 (1449~1515)	『懶齋集』	「遊松都錄」	開城	黃海	931
蔡濟恭 (1720~1799)	『樊巖集』	「曹園記」	曹園	서울	932
		「重遊曹園記」	曹園	서울	933
		「遊吳園記」	吳園	서울	934
		「遊李園記」	李園	서울	935
		「遊北渚洞記」	城北洞	서울	936
		「遊七長寺記」	安城 七長寺	京畿	937
		「回龍寺觀瀑記」	道峯山	京畿	938
		「遊冠岳山記」	冠岳山	서울	939
		「明德洞記」	明德洞	서울	940
		「登硯滴峯記」	安城	京畿	941
		「臥龍瀑記」	水落山	京畿	942
蔡之洪 (1683~1741)	『三患齋遺稿』	「重遊俗離山記」	俗離山	忠淸	943
	『鳳巖集』	「東征記」	金剛山	江原	944
崔光璧 (1728~1791)	『雲广集』	「遊金山錄」	奉化	慶尙	945
崔奎瑞 (1650~1735)	『艮齋集』	「屛巖記」	海州 首陽山	黃海	946
崔東煥 (19C)	-	「東遊錄」	金剛山	江原	947
崔斗柄 (19C)	『坪菴集』	「南遊錄」	明川 七寶山	咸鏡	948

著者(生歿年)	出典	記錄名	遊覽處名(現)	道名(現)	連番
崔愼 (1642~1708)	『鶴庵集』	「華陽聞見錄」	俗離山	忠淸	949
崔惟允 (1809~1877)	『夢關集』	「三洞記」	安義三洞	慶尙	950
崔雲遇 (1532~1605)	『香湖集』	「五臺山錄」	五臺山	江原	951
		「金剛山錄」	金剛山	江原	952
崔惟允 (1809~1877)	『夢關集』	「四德記」	德裕山	全羅	953
崔有海 (1588~1641)	『嘿守堂集』	「嶺東山水記」	江原一圓	江原	954
崔日休 (1638~1699)	『蓮泉集』	「遊華陽院記」	槐山	忠淸	955
		「遊頭崙山記」	海南 頭崙山	全羅	956
		「西行日錄」	忠淸·全羅一圓	忠淸·全羅	957
崔鼎鎭 (18C~19C)	『花山集』	「重遊文殊山記」	浦項	慶尙	958
崔晛 (1563~1640)	『訒齋集』	「赤裳山寶鏡寺香爐峯記」	茂朱 赤裳山	全羅	959
		「洛山山水屛記」	襄陽 洛山寺	江原	960
崔鉉九 (19C)	『蘭史集』	「東遊錄」	金剛山	江原	961
崔孝述 (1786~1870)	『止軒集』	「北遊錄」	尙州	慶尙	962
崔興岦 (1736~1809)	『喘翁集』	「遊公山記」	公州	忠淸	963
崔興遠 (1705~1786)	『百弗庵集』	「遊伽倻山錄」	伽倻山	慶尙	964
河達弘 (1809~1877)	『月村集』	「頭流記」	智異山	慶尙	965
		「遊德山記」	智異山	慶尙	966
		「遊無住菴記」	智異山	慶尙	967
		「獐項洞記」	智異山	慶尙	968
		「安息洞記」	智異山	慶尙	969

著者(生歿年)	出典	記錄名	遊覽處名(現)	道名(現)	連番
河受一 (1553~1612)	『松亭集』	「遊靑巖西岳記」	智異山	慶尙	970
		「遊黃溪瀑布記」	陜川	慶尙	971
		「遊德山獐項洞盤石記」	山淸	慶尙	972
		「遊落水巖記」	山淸	慶尙	973
		「南磵記」	晉州	慶尙	974
		「西谷記」	晉州	慶尙	975
河益範 (1767~1815)	『士農窩集』	「遊頭流錄」	智異山	慶尙	976
		「義湘臺遊錄」	襄陽 義湘臺	江原	977
		「漂洛行日記」	忠淸一圓	忠淸	978
		「錦巖聯勝錄」	南海	慶尙	979
河鎭兌 (1737~1813)	『杏亭文集』	「遊伽倻錄」	伽倻山	慶尙	980
河必淸 (1701~1758)	『台窩遺稿』	「遊落水巖記」	智異山	慶尙	981
韓晩裕 (1746~1812)	『誠菴遺稿』	「東遊至雪嶽記」	雪嶽山	江原	982
		「自雪嶽遊嶺東詩勝記」	江原一圓	江原	983
		「遊金剛外山記」	金剛山	江原	984
		「入內山登毘盧峯記」	金剛山	江原	985
		「歷觀萬瀑洞諸勝還京記」	金剛山	江原	986
		「遊龍門記」	楊平	京畿	987
		「遊翠屛臺記」	淮陽	江原	988
		「金城江上運茷記」	金化	江原	989
		「洛山寺觀日出記」	襄陽	江原	990
		「遊嵐谷龍淵記」	金剛山	江原	991
		「游九岐淵記」	金剛山	江原	992
韓山斗 (1556~1627)	『秋月堂集』	「遊小白山錄」	小白山	慶尙	993
韓碩弼 (1672~1732)	『釣巖集』	「伽倻山記」	伽倻山	慶尙	994
韓章錫 (1832~1894)	『眉山集』	「遊水落山記」	水落山	京畿	995

著者(生歿年)	出典	記錄名	遊覽處名(現)	道名(現)	連番
		「遊清潭記」	清潭洞	서울	996
		「遊三十六洞記」	平安一圓	平安	997
		「東冷觀瀑記」	三角山	서울	998
韓鎭戹 (19C)	-	「入峽記」	忠清一圓	忠清	999
許堈 (1766~1822)	『默庵集』	「遊觀錄」	蔚州	慶尙	1,000
許筠 (1569~1618)	『惺所覆瓿藁』	「遊原州法泉寺記」	原州 法泉寺	江原	1,001
許穆 (1595~1682)	『記言』	「智異山記」	智異山	慶尙	1,002
		「智異山青鶴洞記」	智異山	慶尙	1,003
		「聖居天摩古事」	天摩山	黃海	1,004
		「紺嶽山」	紺嶽山	京畿	1,005
		「記行」	全國	全國	1,006
		「青鶴洞九龍淵記」	仁川	京畿	1,007
		「遊雲溪記」	雲溪	京畿	1,008
		「仰巖」	長湍 仰巖	黃海	1,009
		「白雲山」	華川 白雲山	江原	1,010
		「白鷺洲記」	抱川	京畿	1,011
		「遊三釜落序」	鐵原	江原	1,012
		「白雲溪記」	華川 白雲山	江原	1,013
		「禾積淵記」	抱川	京畿	1,014
		「澄波渡」	漣川 澄波渡	京畿	1,015
		「贈鄭君山水指路記」	京畿一圓	京畿	1,016
		「彌智山記」	楊平 龍門山	京畿	1,017
		「鏡潭水石記」	鏡潭	京畿	1,018
		「東界」	江原一圓	江原	1,019
		「五臺山記」	五臺山	江原	1,020
		「五臺山記」	五臺山	江原	1,021
		「太白山記」	太白山	江原	1,022

著者(生歿年)	出典	記錄名	遊覽處名(現)	道名(現)	連番
		「頭陀山記」	頭陀山	江原	1,023
		「楓嶽」	金剛山	江原	1,024
		「熊淵泛舟圓記」	熊淵	忠淸	1,025
		「淸凉山記」	淸凉山	慶尙	1,026
		「永山記」	尙州	慶尙	1,027
		「卦巖題名記」	坡州	京畿	1,028
		「德裕山記」	德裕山	全羅	1,029
		「月嶽記 」	月嶽山	全羅	1,030
		「天冠山記」	長興 天冠山	全羅	1,031
		「伽倻山記」	伽倻山	慶尙	1,032
		「月影臺記」	昌原	慶尙	1,033
許篈 (1551~1588)	『荷谷集』	「國島記」	通川	江原	1,034
玄商濬 (18??~18??)	『鎭菴集』	「遊武陵灘記」	定州	平安	1,035
玄翼洙 (1766~1827)	『晦堂集』	「遊七寶山錄」	七寶山	咸鏡	1,036
洪球 (17??~1836)	『迂軒集』	「遊淸凉山記」	淸凉山	慶尙	1,037
洪大龜 (1670~1731)	『東庵遺稿』	「遊俗離山記」	俗離山	忠淸	1,038
		「遊楓嶽記」	金剛山	江原	1,039
洪奭周 (1774~1842)	『淵泉集』	「頭輪遊記」	海南 頭輪山	全羅	1,040
		「松廣遊記」	順天	全羅	1,041
		「俗離遊記」	俗離山	忠淸	1,042
		「江行小記」	漢江	서울	1,043
		「延州北園記」	寧邊	平安	1,044
		「龍灣訪義記」	義州 龍灣	平安	1,045
		「登定州北城記』	定州	平安	1,046
		「渡鴨綠江記』	鴨綠江	平安	1,047
洪錫謨 (1781~1850)	『陶厓集』	「遊松京記」	開城	黃海	1,048

著者(生歿年)	出典	記錄名	遊覽處名(現)	道名(現)	連番
		「遊朴淵記」	開城	黃海	1,049
		「遊驪江記」	驪州	京畿	1,050
		「遊成川十二峯記」	成川	平安	1,051
		「遊香楓山記」	成川 香楓山	平安	1,052
		「遊白馬江記」	夫餘	忠淸	1,053
		「遊南漢記」	漢江	서울	1,054
		「遊玉龜島記」	玉龜島	京畿	1,055
		「金剛山記」	金剛山	江原	1,056
		「摩尼山紀行」	摩尼山	京畿	1,057
洪聖民 (1536~1594)	『拙翁集』	「觀海錄」	全羅一圓	全羅	1,058
		「遠遊錄」	慶尙一圓	慶尙	1,059
		「鷄林錄 」	慶州	慶尙	1,060
洪世泰 (1653~1725)	『柳下集』	「白頭山記」	白頭山	咸鏡	1,061
洪醇浩 (1766~1???)	『半蒼私稿』	「遊陟州中臺記」	三陟	江原	1,062
		「遊靑鶴洞記」	江陵 小金剛	江原	1,063
		「遊襄州雲岳山記」	襄陽 雲岳山	江原	1,064
		「溟州諸勝」	江陵	江原	1,065
		「遊五臺山記」	五臺山	江原	1,066
		「遊耳溪記」	耳溪	서울	1,067
洪養默 (18C~19C)	『月巖漫稿』	「遊龜潭記」	丹陽	忠淸	1,068
		「遊淸心樓記」	驪州	京畿	1,069
		「遊華陽記」	俗離山	忠淸	1,070
洪良浩 (1724~1802)	『耳溪集』	「遊耳溪記」	北漢山	서울	1,071
		「赤島記」	慶源	咸鏡	1,072
洪汝河 (1620~1674)	『木齋集』	「遊楓嶽記」	金剛山	江原	1,073
		「遊三日浦記」	高城	江原	1,074
		「遊國島記」	通川	江原	1,075
		「叢石亭記」	通川	江原	1,076
		「楓嶽漫錄」	金剛山	江原	1,077

著者(生歿年)	出典	記錄名	遊覽處名(現)	道名(現)	連番
洪仁祐 (1515~1554)	『恥齋集』	「關東錄」	江原一圓	江原	1,078
洪直弼 (1776~1852)	『梅山集』	「遊道峯記」	道峯山	서울	1,079
		「遊水落山記」	水落山	京畿	1,080
		「遊三藐記」	冠岳山	서울	1,081
		「淸冷浦記」	寧越	江原	1,082
		「彰烈巖記」	寧越	江原	1,083
		「善竹橋記」	開城	黃海	1,084
洪泰猷 (1672~1715)	『耐齋集』	「遊雪嶽記」	雪嶽山	江原	1,085
洪翰周 (1798~1868)	『海翁集』	「遊周房山記」	周王山	慶尙	1,086
		「再遊周房山記」	周王山	慶尙	1,087
黃景源 (1709~1787)	『江漢集』	「石門山水記」	平山	黃海	1,088
		「靈源石記」	金剛山	江原	1,089
		「九龍淵記」	金剛山	江原	1,090
黃德吉 (1750~1827)	『下廬集』	「巴上舟行記」	漢江	서울	1,091
黃道翼 (1678~1753)	『夷溪集』	「頭流山遊行錄」	智異山	慶尙	1,092
		「錦山遊行記」	南海 錦山	慶尙	1,093
黃勉基 (17??~1824)	『聽溪堂遺稿』	「南遊錄」	慶尙·全羅一圓	慶尙·全羅	1,094
		「西遊錄」	靈光	全羅	1,095
黃復性 (朝鮮後期)	『默齋集』	「遊長壽坊記」	安城	京畿	1,096
黃曙 (1554~1602)	『檜山世稿』	「遊淸凉山錄」	淸凉山	慶尙	1,097
黃壽延 (16??~1725)	『春坡遺稿』	「海嶽遊記」	金剛山	江原	1,098
黃信龜 (1633~1685)	『雲溪集』	「遊鰲山記」	求禮 鰲山	全羅	1,099
黃汝一 (1556~1622)	『海月集』	「遊內迎山錄」	浦項 內迎山	慶尙	1,100

著者(生歿年)	出典	記錄名	遊覽處名(現)	道名(現)	連番
黃源善 (1798~1873)	『藏園遺稿』	「遊丹陽山水記」	丹陽	忠淸	1,101

‖ 찾아보기 ‖

_ㄱ

ㅅ

_ㅇ

_ㅈ

_ㅊ

이상균(李相均)

강릉 출생
관동대학교 사학과 졸업
강원대학교 대학원 사학과 문학석사·박사
현재 강원도청 학예연구사
한국방송통신대학교·강원도인재개발원 강사

• 논저

『강원도사(3~10권)』
『양구군지』(이상 공저)
「조선시대 사대부의 유람 양상」
「조선시대 關東遊覽의 유행 배경」
「조선시대 사대부 유람의 관행 연구」
「관동지역 기행사경도의 사료적 가치 고찰」
「조선시대 유람을 통한 사대부의 交遊 양상」
「조선시대 유람의 유행에 따른 문화촉진 양상」
「춘천 위봉문·조양루의 원위치 비정과 현판 글씨 고찰」
「조선전기 국왕의 出遊性 행차와 이에 대한 관료들의 인식」
「조선전기 외국 使臣들의 금강산 유람과 그에 따른 폐해 고찰」 外

朝鮮時代 遊覽文化史 研究 값 30,000원

2014년 6월 16일 초판 인쇄
2014년 6월 26일 초판 발행

저　　자 : 이 상 균
발 행 인 : 한 정 희
발 행 처 : 경인문화사
서울특별시 마포구 마포대로4다길 8 (마포동 324-3)
전화 : 718 - 4831~2, 팩스 : 703 - 9711
이메일 : kyunginp@chol.com
홈페이지 : http://kyungin.mkstudy.com
등록번호 : 제10 - 18호(1973. 11. 8)

ISBN : 978-89-499-1022-2 93910
ⓒ 2014, Kyung-in Publishing Co, Printed in Korea
* 파본 및 훼손된 책은 교환해 드립니다.